KB111990

공자의 철학 체계와 구조를 밝히다

상론

공자의 철학 체계와 구조를 밝히다 상론

발행일	2024년 6월 21일		
지은이	성대현		
펴낸이	손형국		
펴낸곳	(주)북랩		
편집인	선일영	편집	김은수, 배진용, 김현아, 김다빈, 김부경
디자인	이현수, 김민하, 임진형, 안유경	제작	박기성, 구성우, 이창영, 배상진
마케팅	김회란, 박진관		
출판등록	2004. 12. 1(제2012-000051호)		
주소	서울특별시 금천구 가산디지털 1로 168, 우림라이온스밸리 B동 B113~115호, C동 B101호		
홈페이지	www.book.co.kr		
전화번호	(02)2026-5777	팩스	(02)3159-9637
ISBN	979-11-7224-156-8 04150 (종이책)		979-11-7224-157-5 04150 (세트)
	979-11-7224-158-2 05150 (전자책)		

(주)북랩 성공출판의 파트너

북랩 홈페이지와 패밀리 사이트에서 다양한 출판 솔루션을 만나 보세요!

홈페이지 book.co.kr   •   **블로그** blog.naver.com/essaybook   •   **출판문의** book@book.co.kr

---

작가 연락처 문의 ▶ ask.book.co.kr

작가 연락처는 개인정보이므로 북랩에서 알려드릴 수 없습니다.

공자의 철학 체계와 구조를 밝히다

상론

북랩

나의 다섯 번째 글을 소개하는 설렘과 즐거움으로 인사를 대신합니다. 2023년 봄, 전작(前作)인 〈유(儒), 불(佛), 도(道) 동양 3대 철학에 대한 이해〉에서 논어(論語)의 철학적 체계와 구조에 대한 해석 방법론과 함께 몇 구절을 설명했지만, 그것만으로는 부족하여 다시 필(筆)을 들었습니다.

구조적 해석 방법론을 통해서 통용되는 해석과 90% 이상 다른 관점에서 공자(孔子)의 철학을 살펴볼 수 있으며, 공자가 제시하는 95개 철학적 방법론을 배울 수 있습니다. 논어(論語)의 체계와 구조를 이해함으로써, 공자가 구한 철학이 무엇인지 깨달을 수 있습니다.

논어(論語)는 공자와 20여 명이 넘는 공자의 제자들이 자신들의 삶과 경험을 통해 배운 사항을 철학적 체계로 만들어 쌓아 올린 고층 건물과 같은 산물이라고 할 수 있습니다.

붓을 들어 논어(論語) 한 구절 한 구절 읽고 쓰기를 반복하면서, 그 생각의 체계와 틀을 찾고 생각이 전하는 의미를 살펴보는 과정은 공자가 14년간 전국을 주유하며 겪었을 애로사항에 비하면 아주 작은 노력에 불과하지만, 공자의 생각과 경험을 느끼고 이해할 수 있는 즐거운 여정이라고 할 수 있습니다. 그 기쁨과 희열을 같이 나누고자 이 글을 전합니다.

2024년 5월, 淸風明源에서

논어(論語)는 초급 수준의 독자를 위한 글은 아닙니다. 하지만 네이버 한자 사전을 옆에 두고 천천히 읽어 나갈 여유와 자신 생각의 틀을 조금씩 만들어 가면서 자신을 수양하고 싶은 독자라면, 크게 무리 없다고 생각합니다. 다만 글을 읽기 전에 다음 사항들에 대해 이해를 구하고 시작하면 많은 도움이 될 수 있습니다.

1) 춘추전국시대의 시대적 배경을 이해하고 시작하면 좋습니다. 가장 손쉬운 방법은 위키피디아에서 '춘추전국시대'로 검색하여 살펴보는 일입니다. 저자의 전작(前作) 〈유불도 동양 3대 철학의 이해〉를 참고해도 좋습니다.

2) 마찬가지로 '공자'에 대해 검색하여, 공자(孔子)의 일생을 대략적으로 살펴보고 시작하는 일이 바람직합니다.

3) 철학(哲學)을 다루는 글을 읽어가는 과정은 부단히 질문을 제기하고, 이에 대한 답을 구하는 일의 반복입니다. 질문이 떠오르면 어떤 질문이든 주저하지 말고 메모한 후, 그 답을 구하는 방식을 추천합니다. 느린 방법 같지만 가장 빠른 지름길이라고 할 수 있습니다.

4) 논어(論語)는 절대 급히 읽지 않는 것이 좋습니다. 한 구절에 대해 며칠이라도 그 의미를 생각해 보고 스스로 그 생각을 확장하여 자신의 삶에 대입해보면, 그 교훈이 나에게 피와 살이 되는 것을 느낄 수 있습니다.

5) 통상, 논어(論語)에 대해 구조(構造)가 없는 대화의 나열이라고 이야기합니다. 그러나 그것은 구조(構造)를 찾지 못한 사람들의 말이라고 할 수 있습니다. 구조를 이해하고 앞뒤의 구절들을 연결시켜서 읽다 보면, 공자가 전달하는 사항의 의미를 올바르게 이해할 수 있습니다.

6) 전작(前作)에서 소개한 논어 해석 방법론에 대해 간략히 소개합니다.

첫째, 글의 목적과 의도를 찾고 이해하자

둘째, 한자의 뜻과 의미에 대해 명확히 하자

셋째, 시대의 상황과 역사적, 문화적 배경을 반영하여 이해하자

넷째, 생략, 함축, 상징, 중의적 언어 해석에 주의하자

다섯째, 글의 흐름을 놓치지 않고 이해하자

이 글은 '논어 해석 방법론'을 활용하여 체계와 구조적 관점에서 논어(論語)를 번역 및 해설한 글입니다. 인간은 신(神)과 달리 삶을 이루는 현상을 100% 입체적으로 바라보는 능력이 없습니다. 자신의 위치, 입장에 따라 다른 시각과 관점에서 해석이 가능할 수 있다는 점은 항상 잊지 않아야 합니다. 시간과 노력, 지면이라는 자원의 한계로 더 다양한 관점과 생각을 다루지 못한 점을 아쉽게 생각하며, 부족한 부분에 대해서는 독자의 양해를 구합니다.

상론

1. 학이

제1장의 첫 구절에는 공자의 핵심 철학이 3개의 문장으로 정리되어 있습니다. 첫 번째, '어떻게 살아야 하는가?' 삶의 방법론에 대한 주제이며, 두 번째, '사람은 무엇으로 사는가?' 삶의 존재와 이유에 대한 주제이며, 세 번째, '사람은 어떤 목적으로 살아야 하는가?' 삶의 방향성에 대한 주제를 전개하고 있습니다. 이후, 두 번째 구절부터는 배움(學)에 대한 정의와 설명이 하나 하나씩 펼쳐집니다.

1장의 큰 틀인 동시에 주제는 따듯함(溫)입니다. 따듯함(溫)은 인간의 가장 큰 특징에 해당합니다. 동물의 상태에서 벗어나 인간으로 거듭나고, 문명과 문화를 발전시킬 수 있는 이유도 인간의 따듯한(溫) 본성에서 비롯됩니다. 따듯함(溫)은 물리적 온도 관점에서 생물학적 적정성을 이야기하지만, 사회적 관점에서 이야기하면 인간답게 살아가는 모습과 행위를 일컫습니다. 1장에서는 그런 인간만이 지닌 성질에 대해 제시하고 그것을 기반으로 소주제(主題)를 펼쳐가며 다양한 관점을 설명하고 있습니다.

> 子曰 : "學而時習之, 不亦說乎? 有朋自遠方來, 不亦樂乎? 人不知而不慍, 不亦君子乎?"

▶ **해석:** 공자께서 말씀하시길 "배우고 시간을 들여 익힌다면, 즐겁지 않겠는가? 먼 곳에서 찾아오는 사람들이 벗을 이룬다면, 또한 즐겁지 않겠는가? 사람들이 알지 못하고 화내지 않는다면, 군자가 아니겠는가?"

해설

構造: 溫[X=本質: 溫(x₁=學, x₂=有朋, x₃=知)]

1.1구절은 공자 사상(思想)의 가장 핵심입니다. 공자의 삶에 담긴 인생 철학을 요약한 구절이라고 할 수 있습니다. 신문도 헤드라인을 보면 그 설명하고자 하는 내용의 핵심이 드러나는 것처럼, 공자 생각의 틀과 인생에 대한 교훈을 전달하는 논어(論語)에서도 첫 구절, 3개의 문장으로 핵심을 요약하고 있습니다.

첫 구문은 "사람은 어떻게 살아야 하는가?", 삶의 방법에 대한 설명입니다. 사람은 태어나면서부터 죽을 때까지 배움(學)과 익힘(習)을 통해서 살아갑니다. 문명과 문화, 기술의 변화가 빠른 현대 사회에서는 더욱더 학습의 필요성이 증대됩니다.

사람은 아기 때부터 표정, 말, 걷기, 뛰기, 행동 등에 대해 부모와 주위의 사람들을 모방하면서 배우기 시작합니다. 학습은 내가 속한 집단과 사회의 주위 사람들과 동질성을 유지하기 위한 생존 본능에서부터 출발합니다. 성장하면서 언어를 통한 지식 습득도 사회 속에

構造: 溫[X=本質: 溫($x_1=學$, $x_2=有朋$, $x_3=知$)]

서 잘 살아가기 위한 동질성 확보의 과정이라고 할 수 있습니다.

사회의 규모가 커지고 세분화되면서 학습의 방향과 목표, 단계 등이 더욱 다양해지고 있습니다. 하지만 학습의 필요성은 동일합니다. 성인이 되어서도 그렇고, 노년이 되어도 마찬가지로 필요합니다. 학습을 멈추고 배움이 없는 상태를 생각해보면 오히려 이해가 쉽습니다. 배움(學)과 익힘(習)을 멈추는 기간이 지속될수록, 그만큼 내가 속한 사회와 시대 환경의 변화와 흐름에 뒤처지게 됩니다. 삶이 불편하게 되고 주변 사람들과 환경에 대해 거리감이 조금씩 늘게 됩니다. 자연적인 노화현상이나 질병보다 더 무서운 것은 주위 사람과 환경에 대한 거리가 벌어져 불편하고 외로워지는 일입니다.

그래서 평생 배우고 익혀 변화에 적응하고 사람들과 잘 어우러져 살아가는 일이 필요합니다. 학습을 통해서 그것을 찾고 그 과정에서 자신 스스로의 기쁨(說)을 얻는 것이 공자가 설명하는 삶을 살아가는 첫 번째 방법입니다.

두 번째 구문은 "사람은 무엇으로 사는가?", 삶의 존재 이유에 대한 설명입니다. 사람은 주위와 관계를 맺고 살아갑니다. 그런 관계 맺는 과정, 그리고 그 관계가 어떤 모습과 결과를 이루는 것이 바람직한 것인지에 대해 설명하고 있습니다.

통상적 해석인 "벗이 먼 곳에서 나를 찾아온다면 즐겁지 않겠는가?"로 이해한다면, 인생을 살면서 좋은 친구 몇 명이면 충분하다는 논리로 귀결됩니다. 즉 "친구를 잘 사귀어라" 정도의 의미 전달입니다. 무엇인가 빠진 듯한 느낌으로 조금 석연치 않습니다.

이 문장은 붕(朋)이라는 글자를 주의해서 이해해야 합니다. 붕(朋)은 같이 어우러지는 사람들의 모습을 의미합니다. 먼 곳과 가까운 곳, 어느 방향과 장소를 구분 지을 이유가 없습니다. 찾아오는 누구라도 함께 대화할 수 있고, 친화를 이루어 사회 집단을 이룰 수 있습니다. 즉 "어우러질(朋) 수 있다(有)면 즐겁지 않겠는가?"로 풀이할 수 있습니다. 유(有)라는 글자는 '있다 또는 그렇게 존재한다'는 의미에 해당합니다.

만약 사방 멀리서(自遠方) 찾아오는(來) 이질적 문화와 문명, 이질적 모습의 사람에 대해 적대적으로 대하고 우호적 관계(有朋)를 이룰 수 없다면, 사람들과 만나는 일이 갈등과 대립을 불러옵니다. 그 과정에 힘에 의한 정복이나 제압과 같은 일이 발생할 수 있습니다. 국가라는 커다란 집단에서 우호적 관계(有朋)를 포기하고 적대적 행위를 벌이는 대표적 예가 전쟁입니다. 국가를 초월하여 현대 사회의 동서 간 갈등도 이에 해당하며, 종교적 갈등도 다르지 않습니다. 이질적인 것을 밀어내려는 인간의 본성이 더 강하게 작용하기에 발생하는 일입니다. 우호적 관계(有朋)를 이루는 일에 실패하는 과정이 어떤 강력한 믿음과 고착되면 종교가 다르다는 이유로 무시무시한 일도 벌어집니다. 피부색이 다르다는 이유로 흑과 백으로 인간을 나누어 차별하는 일도 결국은 따뜻함이 부족한 것이 원인이라고 할 수 있습니다.

정리하면, 두 번째 구문은 사람들과 좋은 관계(有朋)를 맺고, 즐거움(樂)을 나누는 것이 사람이 사회 속에서 사는 이유라는 의미입니다. 그런 우호적 관계를 통한 다양한 사람과 집단의 융합이 이루어지고, 그 과정을 통해 문명과 문화가 발전해왔습니다.

세 번째 구문은 "사람은 어떤 목적으로 살아야 하는가?", 삶의 방향성에 대한 설명입니다. 통상적 해석인 "남이 나를 알아주지 않더라도 내가 노여워하지 않는다면 그 역시 군자답지 않겠느냐?"로 받아들인다면, 군자의 충분조건은 알아주지 않아도 잘 참고 내색하지 않으면 됩니다. 그렇다면 우리 시대에는 참으로 군자가 많을 것입니다. 다들

무시당하고 화를 입어도 내색하지 않고 잘 참으며 살기 때문입니다.

　기존의 통상적 해석으로 세 문장 모두 묶어보면, "(학교 가서) 공부 열심히 하고, 친구들과 사이좋게 지내며, 화내지 않고 싸우지 않는 사람이 되어라"라는 의미로 귀결됩니다. 초등학교 시절 많이 듣던 이야기입니다.

　공자 사상(思想)의 핵심이 과연 이런 정도의 의미일까요? 학교라는 테두리 내에서 생활하는 어린 학생들의 눈높이에 맞추는 설명이라고 할 수 있지만, 성인 관점에서는 적절하지 못합니다. 다양한 사회 현상 및 관계로 확장하여 이해할 필요가 있습니다.

　세 번째 문장을 해석할 때 주의할 사항이 있습니다. 접속사 이(而)의 쓰임새에 대해 명확히 해야 합니다. A 而 B의 경우 A와 B는 같은 동격, 즉 동질의 성질을 설명하는 일입니다. 이(而)는 영어의 'and'와 동일합니다. 논어(論語)를 읽기 어려운 이유는 주어가 생략되는 경우가 많기 때문입니다. 또한 목적어도 생략되는 경우가 많습니다. 그렇기 때문에 주어와 목적어를 임의로 적용하는 경우, 그 뜻을 반대로 해석하고 이해하기 쉽습니다.

　세 번째 구문의 주어는 사람(人)입니다. 정확히 표현하면 인(人)은 '사람들은'에 해당합니다. 특정인을 지정하지 않을 때에 단수가 아닌 많은 보편적인 사람들을 의미합니다. 즉 '인(人)'은 많은 사람들과 그 사람들 사이의 관계를 정확히 할 수 없을 때에 사용하는 표현입니다. 이를 이해하고 '人不知而不?'을 살펴보면, '사람들은 (나, 너, 군자를) 모릅니다. 그리고(而) 사람들은 (나, 너, 군자에 대해) 화내지 않는다.'는 2개의 문장으로 이루어져 있습니다. 주어는 모두 사람들입니다.

　목적어는 뒤에 나오는 군자(君子)입니다. 군자(君子)는 공자(孔子)를 지칭할 수도 있고, 나 또는 너, 누구라도 상관없습니다. 사람들이 나를 알지 못하고, 나에 대해 화내지 않는데, 어째서 군자라고 하는 것일까요? 군자의 조건을 2가지로 설명하고 있습니다.

군자(君子)는 사람들이 나를 알아주고 인정해주는 것을 추구하는 사람이 아닙니다. 역으로 사람들을 이해하고 사람들에 대해 아는 사람이 군자(君子)입니다. 즉 자기 중심적인 사람이 아니라 사회를 이해하고 사회를 살피는 사회 지향적인 사람을 의미합니다. 그런 군자(君子)가 사람들에게서 지탄을 받는 일은 곤란합니다. 사람들이 화내는 일을 하는 사람이 군자(君子)라면, 세상은 혼란스럽게 변하며 큰 어려움을 겪게 됩니다.

누군가 "내 인생의 목적지는 군자(君子)가 아닌데요? 남들에 대해 관심 없고, 내가 쓸 만큼 돈 벌고, 어느 정도 지위를 이루는 삶이면 충분합니다."라고 말할 수도 있습니다. 삶의 가치를 어디에 두는지에 따라 얼마든지 다른 목표를 가질 수는 있습니다.

하지만 잊지 말아야 할 사항은 그런 목표를 설정하는 과정에서 삶의 방향이 자기 자신을 위한 것인지, 그리고 사회에 악(惡) 영향을 주는 행위를 하는 것은 아닌지 살펴보는 일입니다. 결국 자신보다 사회를 위해 사는 모습을 지향점으로 두고 있습니다.

위 세 가지 사항 모두 사회 속에서 어우러져 평화롭고 행복하게 사는 방향이라고 할 수 있습니다. 그 핵심을 이루는 일는 인간의 따듯함(溫)에서 비롯됩니다.

1장의 대주제(大主題) 및 1.1구절의 소주제(小主題)는 모두 따듯함(溫)입니다. 따듯함(溫)으로 시작하고, 따듯함(溫)을 나누며 살아가고, 따듯함(溫)을 지키는 것을 목표로 살아가는 것이 공자가 그리는 삶의 철학이라고 할 수 있습니다.

有子曰 : "其爲人也孝弟, 而好犯上者, 鮮矣. 不好犯上, 而好作亂者, 未之有也. 君子務本, 本立而道生. 孝弟也者, 其爲仁之本與 !"

▶ **해석:** 유자(有子)가 말하기를, "그 사람됨이 효(孝)성스럽고 공손(弟)하면서 윗사람을 거스르기를 좋아하는 일은 드물다. 윗사람 거스르기를 좋아하지 않고, 질서를 어지럽게 만드는 것을 좋아하는 사람은 아직 없었다. 군자(君子)는 근본에 힘쓴다. 근본을 세우고(本立) 삶을 올바르게 이끈다. 효(孝)와 제(弟)는 바로 인(仁)의 근본이 되리라!"

해설 ──────────────────────●

構造: 溫[X=本質: 良(m₁=孝弟)]

$$構造: 溫[X=本質: 良(m_1=孝弟)]$$

 근본에 힘쓰고 근본을 세워 삶을 올바로 이끄는 것이 무엇인지 이해하기 어렵다면, 근본을 벗어나는 경우를 생각해보면 이해가 쉬울 수 있습니다. 위에서 설명한 사회 질서를 어지럽히고 혼란스럽게 만드는 일과 윗사람을 거스르는 것을 좋아하는 일이 해당됩니다.

 본(本)은 사회 체계의 질서를 올바로 세우는 일을 의미합니다. 위와 아래 순서에 따른 차례와 가정의 체계를 질서 있게 만드는 일부터 시작됩니다. 가족이라는 작은 사회가 확장이 되어 집단을 이루고, 그것이 확장되어 지역 사회를 이루며, 더 확장되면 국가와 인류 공동체로 그 범위가 넓어집니다.

 가장 작은 단위인 가정에서부터 부모와 자식의 역할이 뒤바뀌어 혼란스럽고, 순서와 질서가 흐트러져 체계의 질서가 원활히 운영되지 않는다면, 근본이 무너진 사항이 있기 마련입니다. 그 어긋남이 심할수록 인간의 본질을 벗어나는 행위를 벌이기 쉽습니다. 가정이라는 작은 사회가 무너지기 시작하면 사회로 확장되어 사회 윤리 형성과 사회 안정에 부정적 영향을 초래합니다.

그렇기 때문에 1.1구절에서 자신에 대한 철학을 가장 먼저 설명한 후, 가정과 사회의 근본이 되는 사항에 대해 전달하고 있습니다. 따듯함(溫)이라는 본질(本質)을 기반으로 사회 구성원이 따듯함을 지키기 위해 살펴봐야 하는 방법(良)은 가정을 이루는 기본(本) 틀이 되는 효제(孝弟)라고 할 수 있습니다.

子曰: "巧言令色, 鮮矣仁."

▶ **해석:** 공자께서 말씀하시길, "그럴듯하게 꾸민 교묘한 말과 행동(얼굴)에는 인(仁)이 드물다."

해설

構造: 溫[X=本質: 恭(u₁=巧言令色, 鮮矣仁)]

構造: 溫[X=本質: 恭(u_1=巧言令色, 鮮矣仁)]

사회 공동체가 서로를 공(恭)경하고 마음(心)을 같이(共)하기 위해서는 꾸미지 않는 말과 행동으로 다가가는 일이 필요합니다.

1.2구절에서 살펴본 가장 작은 단위 사회인 가정에서 교언영색(巧言令色)이 많아진다면, 효(孝)와 제(弟)를 기반으로 한 사랑과 질서에 거짓됨이 자리하게 됩니다. 위선(僞善)과 거짓은 인간의 따뜻한(溫) 본성을 녹슬게 만듭니다. 이런 현상은 가정에서 사회로 확장되어도 마찬가지라고 할 수 있습니다.

1.1구절에서 개인, 1.2구절에서 가족, 1.3구절에서 가족을 넘어 더 확장된 규모의 사회로 집단의 범위가 확장되고 있는 것을 눈여겨볼 필요가 있습니다. 사회 범위가 확장되면서 사람들은 서로 잘 보이기 위해 노력하는 모습이 오히려 자연스러운 일입니다. 그렇기 때문에 '교언영색은 어진 일이 아니다(巧言令色, 不仁)'라고 표현하지 않았습니다. 인간이기에 교언영색(巧言令色)은 있을 수 있기 때문입니다. 어떤 사회 집단에 속하더라도 그런 행위는 쉽게 찾아볼 수 있으며, 상황에 따라서는 선의(善意)의 거짓이 오히려 어진(仁) 행위가 될 수도 있습니

다. 다만, 그것이 어떤 목적을 위하고 욕심을 채우는 일에 활용되며 가벼운 정도를 넘어 심해지면, 인간 관계의 윤활유 역할을 벗어나 문제가 발생합니다.

정리하면, 사회 공동체 내에서 따듯함(溫)을 유지하기 위해서 서로를 대하는 과정에 교언영색(巧言令色)보다는 진실된 언어와 태도가 필요합니다. 그것이 바로 사회 공(共)동체 구성원이 마음(心)을 함께하는 공(恭)의 정신이라고 할 수 있습니다.

曾子曰 : "吾日三省吾身. 爲人謀而不忠乎? 與朋友
交而不信乎? 傳不習乎?"

▶ **해석:** 증자(曾子)가 말하기를, "나는 매일 세 가지에 대해 나 자신을 반성한다.
다른 사람을 위한 일에 충실(忠)하지 않았는지? 벗과 사귐에 신뢰(信)를 잃지 않았
는지? 배운 것을 스스로 익히지(習) 않았는지?"

해설

構造: 溫[X=本質: 儉(o$_1$=日三省)]

인간은 정해진 틀에 맞추어 동작하는 기계나 컴퓨터와는 다릅니
다. 때론, 모순되고 비합리적인 일도 당연하다고 여기는 존재입니다.
그래서 필요한 사항이 살피고 되돌아보는 성찰(省察)입니다. 성찰(省)
은 인간 활동에 있어서 불필요한 노력과 시간 등 자원의 낭비를 막고
효율성을 높이는 역할을 합니다.

증자(曾子)는 그 방법 3가지를 전(傳)달하고 있습니다. 가장 먼저 살
필 사항은 자신 마음(心)의 중(中)심이 어디에 있는지 확인하는 일, 충
(忠)입니다. 그다음 사항은 그것을 바탕으로 한 믿음(信)과 신(信)뢰입
니다. 그리고 위 2가지를 기반으로 문화와 문명을 통해 전(傳)수한 사
항을 배우고 익히는(習) 일입니다.

사회 공동체 내에서 진실된 언어와 태도로 소통이 이루어지면, 그
후에 필요한 사항은 상호 간의 효율적인 소통입니다. 충(忠), 믿음(信),
그리고 그것을 바탕으로 정보를 전(傳)하고 익히는(習) 일은 공동체 구

성원의 활동과 일에 대한 노력을 최소화하고, 효과를 높이는 효율성을 제공합니다. 사회적 자원을 낭비하지 않고 효율적으로 사용하는 방법, 검(儉)에 해당합니다.

이 구절은 공(恭)을 기반으로, 사회적 체계와 관계망의 복잡성에 대한 효율성 추구라는 의미를 담고 있습니다. 어떤 사회적 체계나 제도에 의지하기 이전에 자신 스스로의 생각과 행동에서 그 해답을 찾고 있다(日三省吾身)는 점을 눈여겨볼 필요가 있습니다. 공자의 철학은 무엇보다도 자신의 성(省)찰과 자기 수양(修養)을 기반으로 이루어져 있습니다.

子曰：“道 千乘之國, 敬事而信, 節用而愛人, 使民以時.”

▶ **해석:** 공자께서 말씀하시길, "천대의 전차(千乘)를 가진 나라를 이끄는(道) 경우에, 일을 정성껏 처리하고 신의를 다하며, 절약하고 사람들을 사랑하며, 서민들에게 일을 시킴에 있어서는 시기를 적절히 가려서 해야 한다."

해설

構造: 溫[X=本質: 讓(c₁=道千乘之國)]

構造: 溫[X=本質: 讓(c_1=道千乘之國)]

1.1~1.4구절까지 그 범위가 사회 공동체로 확장되었고, 이 구절에서 국(國)가라는 표현이 처음으로 등장합니다. 만(萬) 대의 전차를 가진 천자(天子)가 이끄는 국가를 만승지국(萬乘之國)이라고 하며, 천(千) 대의 전차를 가진 제후(諸侯)가 이끄는 국가는 천승지국(千乘之國)이며, 백(百) 대의 전차를 가진 대부(大夫)가 다스리는 지역을 백승지방(百乘之邦)이라고 합니다.

국가를 다스리는 일은 통상 정치를 한다(爲政)고 표현하지만, 여기서는 올바르게 이끈다(道)는 글자로 표현하고 있습니다. 통치의 개념이 아니라 국가를 올바른 방향으로 인도(道)하는 일이라는 뜻입니다. 군자(君子)가 가족이라는 작은 단위의 사회를 올바로 이끄는 일(君子務本:1.2)을 국가로 확장하는 의미를 지닙니다.

국가가 행하는 일(事)에 대해 존중(敬)하고 엄정하고 경(敬)건하게 행할 수 있도록 이끄는 일이 그 올바른 길(道)의 첫 번째 사항이며, 이런 행위는 신(信)뢰를 기반으로 합니다. 그다음은 자원에 대해 아끼고(節用) 사람을 사랑하도록(愛人) 하는 일입니다. 그리고 그것을 기반으로 서민(民)들에게 일을 시킬(使) 때에는 시간(以時)과 시기(以時)를 적절하게 하는 일이 필요합니다.

통상 서민(庶民)을 지칭하는 민(民)은 다수의 많은(庶) 보통의 사람(民)들을 의미합니다. 그러면 인(人)과 어떤 차이가 있을까요? 인(人)은 어떤 특징이나 속성이 없는 보편적 사람들(人)을 지칭할 때 사용합니다. 그렇기 때문에 애인(愛人)은 서민을 포함한 사람이면 누구나 사랑받는다는 의미입니다. 반면, 민(民)은 국가가 부역과 의무를 부과시키는 대다수의 피지배층을 의미합니다. 국가에 전쟁이 벌어지면 전쟁을 시키고, 평시 농사나 생산 활동에 임하면 그에 따라 국가의 관리 감독 대상이 되어 노동력이나 생산된 곡식, 물건 등으로 국가에 세금을 납부하는 사람들입니다. 국가 관료와 일부 귀족을 제외한 국민의 99% 이상을 차지하는 피지배 계급에 해당합니다.

그런 사람들에게 일을 시킬 때에는 시기를 가리고, 근로 시간을 과하지 않게 적정량의 일을 분배하는 것이 필요합니다. 농경 사회에서 파종의 시기를 잘 맞추는 일은 가장 중요한 일이라고 할 수 있습니다. 너무 이른 시작은 추위에 싹이 제대로 틔우지 못하며, 너무 늦은 시작은 곡식을 맺는 가을에 냉해를 입어 농사를 망치기 쉽습니다. 전쟁을 대비하여 부역을 시키는 일 또한 마찬가지입니다. 한참 농번기에 부역으로 사람들을 혹사시키면 농사가 원활히 이루어질 수 없습니다. 그렇기 때문에 국가를 이끄는 일에는 확신(信)과 믿음(信)이 절대적으로 필요합니다. 나라에 흉년이 들고 서민들이 기근에 시달리는 큰 원인은 국가가 농사의 시기를 제대로 유도하지 못하고, 불필요한 부역으로 사람들을 혹사함으로써 생업에 지장을 주기 때문입니다.

이는 현대 사회도 동일합니다. 국가의 행정 및 관리 체계가 서민들을 비효율적으로 이끌고 부유한 권력층이 편리하도록 설계되어 있다면, 서민들이 잘 사는 일은 점점 더 어렵게 됩니다. 국가가 기준 근로시간을 정하고 시행하는 것은 서민을 올바른 방향으로 이끌기(道) 위한 일(事)이라고 볼 수 있지만, '과연 서민 노동력이라는 자원을 낭비하지 않고 절제하여 효율적으로 활용(節用)하는 모습인가?', 그리고 '서민들을 사랑하는 마음이 담긴(愛人) 정책인가?' 묻고 싶습니다.

공자의 철학을 추종하여 국가를 이끈다면 국가 노동력의 효율성과 가치를 측정하고 평가하는 지수를 만들어 노동 시간과 연계 관리할 것이며, 그것으로 인해 서민에 대한 사랑이 구체화되는 관리 체계를 만들어 활용할 것입니다. 국가경쟁력 측정에 노동 시간과 삶의 질을 연계하여 살펴보고, 국가행복지수 평가에 노동 시간과 그 환경을 고려하여 반영하고 있는 점을 살펴보면, 어떤 방향으로 사회가 발전하고 있는지 이해하는 데 도움이 될 수 있습니다.

공자가 이런 사항을 언급한 이유는 국가적 규모와 체계에서는 위의 사항들이 가장 근원적이고 핵심이 되는 것이라고 생각했기 때문입니다. 이는 인간의 따듯함(溫)을 기반으로 더욱 커다란 사회를 이루고 확장하여, 사회 구성원이 그 체계에 대해 공경과 신뢰를 통해 따르도록 함으로써, 국가가 원활히 운영되어 서민에게 다시 혜택과 도움(讓)이 되돌아가도록 이끌기 위한 일련의 선순환 체계라고 할 수 있습니다.

子曰 : "弟子入則孝, 出則弟, 謹而信, 汎愛衆而親仁. 行有餘力, 則以學文."

▶ **해석:** 공자께서 말씀하시길, "젊은이들(弟子)은 집에서 부모님께 효도하고, 밖으로 나가면 윗사람을 공경하며, 언행을 신중히 하고 신의를 지키며, 널리 사람을 사랑하고 인(仁)을 가까이한다. 이렇게 하고도 여력이 있으면 학문에 힘쓴다."

해설

構造: 溫[X=本質: 溫(x₁=弟子)]

構造: 溫[X=本質: 溫(x_1=弟子)]

이 구절은 제자(弟子)에 대해서 언급하고 있습니다. 편의상 젊은이라고 번역했지만, 제자(弟子)는 절대적인 나이 기준이 아니라 상대적인 개념입니다. 제자(弟子)는 그 집단 구성원 가운데 상대적으로 젊은 사람을 의미합니다. 제(弟)는 순리와 순서에 따르는 모습, 그 순서와 차례를 공경하고 자신을 낮추어 공손함(弟)을 드러내는 자세와 태도를 의미합니다.

제자(弟子)가 사회 속에서 인간 본질을 충실히 실천하기 위한 사항을 설명하고 있습니다. 1.1구절에서 삶의 철학과 삶의 방향인 군자(君子)에 대해 설명했다면, 1.6구절에서는 현재의 학문을 배우고 있는 제자들(弟子)이 해야 할 일에 대해 구체화하고 있습니다.

효(孝)와 제(弟)의 실천은 '其爲人也孝弟:1.2', 언어와 행동을 살피고 신뢰를 중시함은 '巧言令色, 鮮矣仁:1.3'과 '三省吾身:1.4', 사람들을 사랑하고 인(仁)을 가까이함은 '節用而愛人:1.5'와 '務本, 本立而道生:1.2'

의 사항들을 재강조하고 있습니다. 정리하자면, 먼저 기본에 충실한 후에 책과 글(文)을 통해 배우는(學) 일이 필요하다는 설명입니다.

기본적인 사항을 제쳐 두고 학문을 통해서 높은 위치에 오르거나 성공을 이루면, 오히려 사회에 좋지 못한 모습을 보이고 악한 일을 행하기 쉽습니다. 글(文)을 통해 지식을 쌓고 편리하게 살아가는 요령과 방법을 터득하여 경쟁력을 갖추었더라도 인간다운(仁) 모습을 잃는 것은 어우러져 서로 아끼고 사랑하는 삶을 이루는 본질(本質)에서 멀어지는 일이라는 의미를 담고 있습니다.

제자(弟子)를 들어 이 구절을 설명하는 이유로 중요한 사항은 순서(弟)입니다. 차례에 따르는 겸손하고 공손한 마음의 실천입니다. 내가 먼저 가고 얻기 위해 치열하게 경쟁하는 사회 모습은 약육강식의 원칙만 통용되는 동물의 세계와 같습니다. 이 구절의 의도는 앞 구절에서 설명한 내용들을 단순히 강조하는 일이 아닙니다. 제자(弟子)의 의미를 전달하고, 그것이 인간만이 갖고 있는 따뜻한(溫) 마음에서 우러나오는 본질적인 아름다움이라는 것을 설명하고 있습니다.

子夏曰 : "賢賢易色, 事父母能竭其力, 事君能致其
身, 與朋友交言而有信. 雖曰未學, 吾必謂之學矣."

▶ **해석:** 자하(子夏)가 말하기를, "현명하고 현명한 사람은 보이는 현상(色)과 물질
(色)을 쉽게 여기며, 부모를 섬김에 있어서 온 힘을 다하고, 임금을 섬김에 있어서
자신의 몸을 다하며, 벗과 함께하는 가운데 언어에 신뢰가 있다. 비록 배우지 아
니했다 하더라도, 나는 필히 그것을 지칭하여 배웠다고 할 것이다."

해설

構造: 溫[X=本質: 良(m$_1$=易色, 能竭其力, 能致其身, 有信)]

현현(賢賢)의 표현은 현명하고 현명함을 지닌 현자를 의미합니다.
글자의 중복 활용을 통해 현명함을 강조하는 표현 기법입니다. 이는
12.11구절의 '君君, 臣臣, 父父, 子子'와 같이 정명(正名)을 표현한 사항
이라고 할 수 있습니다. 현자다운 현인으로 해석을 할 수 있습니다.
진실로 현명한 사람은 '색(色)'을 쉽게 여긴다는 뜻입니다.

'색(色)'은 현상계에서 일어나는 모든 상황과 물질을 뜻합니다. 천년
후, 당(唐)나라 초기에 불가(佛家)에서 반야심경(般若心經)에 색즉시공
(色卽是空)이라는 표현을 사용한 바 있지만, 이미 논어(論語)에서 색(色)
은 현상계에서 일어나는 현상과 물질을 지칭하는 포괄적 의미로 주
로 사용되고 있습니다. 가끔 좁은 의미로는 얼굴, 용모, 자세를 나타
내기도 하며, 더 한정적으로 여색(女色)을 줄여서 색(色)으로 표현하기
도 합니다. 하지만 여기에서는 특수한 상황이 아니라 철학적 관점에

서 포괄적 의미로 사용되고 있다는 점에 주의해야 합니다.

지식과 지혜가 높아질수록 현상에 대한 이해가 쉬워지고, 세상을 대하는 자세와 태도가 편안하게 됩니다. 아울러 물질과 사람의 관계에 있어서 집착하지 않게 되며, 생각이 유연하게 되어 그 행동이 여유로운 모습을 보입니다.

이 구절에서는 학문하는 목적을 앞부분의 4가지로 언급하고 있습니다. 즉, 세상을 쉽게 이해하고, 부모에게 효도하고, 국가에 충성하고, 인간 관계를 좋게 만들기 위한 목적입니다. 이런 삶을 살고 있다면 굳이 글을 통해 배우지 않았더라도 이미 삶을 통해서 배울 것을 모두 배웠다는 뜻입니다.

이 구절을 얼핏 보면 부모에게 효도하고, 국가에 충성하고, 믿음과 신뢰를 통해 좋은 관계를 형성하는 관점에서는 1.6구절과 크게 다를 바가 없다고 생각하기 쉽습니다. 하지만 이 구절은 단순히 그런 본질에 따른 행위를 해야 한다는 관점을 설명한 구절이 아니라, 그 행위를 수행하고 펼쳐가는 관점에서 그 최선을 다하고(能竭其力), 자신을 다 바쳐 행하고(能致其身), 믿음과 신뢰를 갖추는(有信) 방법(良)에 초점을 맞추어 설명하고 있습니다. 즉, 행위를 이끄는 좋은 방법론(良)에 대한 설명입니다.

부모와 다르게 군주에게는 자신의 몸을 바치는 일도 실행해야 한다고 설명하고 있습니다. 국가에 전쟁과 같은 위기가 발생했을 때, 전쟁을 피해 달아난다면 국가는 존립할 수 없습니다. 임금(君)이 위기에 처했을 때에 국민들에게 목숨을 바치는 요구를 한다는 의미입니다. 반면, 가족이 위기에 처했을 때에는 부모가 위기를 모면하기 위해 자식에게 목숨을 바치라고 명령하고 요구하는 경우는 없습니다. 자신이 목숨을 바쳐 자식을 구하는 것이 상식이고 자연스러운 일이기 때문입니다.

세상을 이해하는 방법론을 어려운 길을 택할 것인가? 아니면 쉬운 길로 갈 것인가? 그것은 선택의 몫입니다. 하지만 어떤 방법이 어렵고 어떤 방법이 쉬운 것인지, 스스로 깨닫는 것은 쉽지 않은 일입니다. 그래서 배움이 필요합니다. 1.6구절 제자(弟子)의 의미에 따르면, 먼저 살아간 부모, 선배, 스승과 같은 선인(先人)으로부터 경험과 지식에 대한 배움을 구하는 일이 자연스러운 일입니다. 그리고 추가적으로 책과 같은 문(文)자로 된 기록을 학습하는 일입니다.

제자(弟子) 자하(子夏)는 배움의 시작(夏)과 풍요로움(夏)을 상징합니다. '자(子)'는 사람에 대한 존칭입니다. '하(夏)'는 여름과 같이 풍성한 모습과 상태를 의미합니다. 하(夏)는 중국 역사에서 최초로 수립된 국가로서, 문명의 시작을 의미합니다. '하(夏)나라'가 세워지면서 국가 체계의 기본 틀이 형성되었으며, 문자가 만들어지고 지식과 지혜가 쌓여 그 문화가 전달되기 시작하였음을 의미합니다.

사회가 쌓아온 문명과 문화에 대한 배움의 시작이 있고, 그 본질을 충실히 이행할 수 있으며 살아가면서 맞이하는 다양한 상황에 대해 쉽게 이해할 수 있다면(賢賢易色), 굳이 무엇을 더 배울 필요가 있겠습니까? 하지만 문명과 문화가 발달하고 사회의 변화가 빠르면 빠를수록 그런 일은 불가능합니다. 공자도 죽는 날까지 배움의 끈을 놓지 않았다는 점을 고려할 때, 모든 사람들에게 배움은 평생 지속되어야 하는 삶의 일부라고 할 수 있습니다.

배워야 할 기본 사항과 목적을 이해하고, 현명한 방법과 방향을 설정한 후에는 본격적으로 그 과정을 밟아가는 일이 진행될 것입니다.

子曰 : "君子不重則不威, 學則不固, 主忠信, 無友
不如己者, 過則勿憚改."

▶ **해석:** 공자께서 말씀하시길, "군자(君子)는 무게 잡지 않는다. 즉, 권위(威)나 위(威)엄을 내세우지 않는다. 배움에 있어서 (기존의 틀을) 고집하지 않고, 충(忠)과 신(信)을 주된 가치로 삼고, 자기와 다른 사람과의 교류(友)에 대해 꺼려하지 않으며, 지나친 일(過)에 대해서는 서슴없이 고친다."

해설

構造: 溫[X=本質: 恭(u_1=學則不固)]

본격적으로 학습을 시작하기 전에, 이 구절에서는 학습자의 자세와 태도에 대해서 언급하고 있습니다. 군자(君子)가 되기 위해 배우는 사람의 마음 가짐은 스스로 공(恭)손하고 다른 사람과 사회에 대해 공(恭)경하는 일이라고 할 수 있습니다.

구절 이해에 주의할 사항은 '學則' 이후 4개의 구문은 모두 동격이고, 배움에 관련된 설명이라는 점입니다. 충(忠)이나 신(信)에 대해서도 일반적 의미가 아니라 배움 관련, 충실함(忠)과 신뢰(信), 확신(信)을 의미하는 뜻으로 이해해야 합니다. 각 구문들을 확대 해석하면, 이 구절은 뜻의 일관성을 잃고 무엇을 이야기하는 것인지 주제를 헤아릴 수 없는 구절이 됩니다.

고(固)정된 사고 방식과 고착화된 인식의 틀은 새로운 것을 배우는 과정에서 가장 걸림돌이 되는 사항입니다. 충(忠)은 마음(心)의 중(中)

심을 배움에 두어야 한다는 의미로 배우는 과정에 한눈팔거나 다른 길로 새는 일은 배움에 대해 충실하지 못함을 의미합니다. 신(信)은 배움에 대한 믿음을 갖고, 배운 것에 대해 확신을 갖는다는 의미입니다. 배움에 대한 믿음과 배운 내역에 대해 확신이 없다면 배움이 무슨 의미가 있겠습니까? 즉, 어설프게 설렁설렁 배우는 것도 아니고, 마음은 놀면서 억지로 끌려가 글을 읽는 모습이 아닙니다. 충(忠)과 신(信)을 자신의 주된 자세와 태도로 삼는다는 것은 학습에 최선을 다한다는 의미로 요약됩니다.

배우는 과정에서 자신과 유사한 사람만 벗으로 사귀고 같이 지내면 편할지 모르지만, 다양한 사람을 대하면서 얻는 이점을 놓치게 됩니다. 즉, 자신의 폭이 넓어질 기회를 잃는 일에 해당합니다. 그렇기 때문에 아직 배우는 단계에 있는 학생은 다른 부류의 사람과 교류하는 일(無友不如己者)에 대해 주저하지 말아야 합니다.

무(無)라는 글자는 '없다'는 의미 또는 '0'에 해당하는 상태를 의미하지만, 뒤에 동사가 오는 경우 동사가 의미하는 행위에 '집착하지 않는다'는 의미로도 자주 사용됩니다. 여기서는 교류하다(友), 벗하다(友)라는 의미의 동사와 결합하여 교류함에 집착하지 않는다는 뜻으로 이해해야 합니다.

유의해야 할 사항은 추악한 일, 저질의 행동을 일삼는 사람과 친하게 지내며, 그들에게 동화되어 같이 그런 행위에 참여하는 일에 대해 크게 경계해야 합니다. 그런 사람들을 현(賢)명한 방법으로 대하고, 그들의 행동을 거울삼아 교훈을 얻고, 그런 사람들을 올바르게 이끄는 방법을 배우는 것이 바람직합니다. 배우는 과정 이외에도 살면서 누구나 실수할 수 있고 지나친 일을 행할 수 있습니다. 하지만 중요한 사항은 지나침을 깨닫고, 인식한 후에는 언제든 그것을 되돌리는 용기입니다. 내가 손해 볼 일이 생길 것 같아서, 또는 주위 눈치가 보여서 주저하는 일은 자신의 발전과 사회에 전혀 도움이 되지 않습니다.

이 구절은 해석 과정에 '學則不固.'와 같이 마침표를 찍어서 해석하면 앞뒤 문장을 엉뚱한 곳에서 나누는 일이 됩니다. 문장을 나누어 일관성을 버리고 이해하는 오류를 범하게 됩니다. 논어(論語)의 원문에는 문장 부호 자체가 없습니다. 후세의 사람들이 이해 편의를 위해 문장 부호를 넣고 끊어서 읽는 과정에서 구문이 전혀 다른 의미로 전환되곤 했습니다.

군자는 배움에 있어서 권위와 위엄을 내세우지 않는다고 했습니다. 고정된 관념에 집착하지 않고, 배우는 것 자체에 충실하고 확신을 갖습니다. 확신이 없는 사항에 대해 권위와 위엄에 이끌려 기존의 것을 맹목적으로 따르는 일은 어리석은 일이라고 할 수 있습니다.

1.7구절에서 설명한 바와 같이 현명한 현자는 배움의 과정에서 쉬운 길(易色)을 택합니다. 쉬운 길(易色)이란 노력과 힘을 들이지 않는 것이 아니라, 내 눈앞에 펼쳐진 현상과 상황을 쉽게 이해하는 것을 의미합니다. 배움을 통해 이 구절의 이해가 쉬워졌다면 올바르게 학습한 것이라 할 수 있습니다. 어떤 일관성을 찾고 그것을 기반으로 이해함으로써 가능한 일입니다.

曾子曰 : "愼終, 追遠民 德歸厚矣."

▶ **해석:** 증자(曾子)가 말하기를, "삼가 (인생을) 마침에, 서민들로부터 멀리 추앙을 받으니 덕(德)이 두텁게 따르는 일이다."

해설

構造 : 溫[X=本質: 儉(o_1=曾)]

삶의 마침에 대해 서민들이 멀리 추앙(追遠民)하는 이유는 그 두터운 덕(德)이 추모되기 때문입니다. 즉, 인생(生)을 마친 사람의 덕(德)에 대해 저 멀리 추모하는 일이 서민(庶民)들로부터 이루어지고 있습니다. 가장 아래 계층의 대다수(庶) 사람(民)들에게서 추앙을 받는 일은 지위가 높다고 저절로 얻어지는 것은 결코 아닙니다.

자신의 권력과 지위나 부귀와 영화를 추구하지 않고, 진심으로 서민들을 위한 삶을 이룬 군자(君子)에게 해당하는 일입니다. 그 덕(德)의 크기만큼 서민들이 기억하고 추모하는 일이 길고 멀리 이어지기 마련입니다.

덕(德)이 두텁게 쌓이는 일(德歸厚)은 사람들의 삶을 따뜻하게(溫) 이끄는 일을 표현하고 있습니다. 덕(德) 대신에 부(富), 재화(財貨), 식량(食糧), 명성(名聲), 권력(權力), 학식(學識) 등 다른 어떤 것을 대입하여 누군가가 그것을 많이 쌓으면, 다른 한쪽의 사람들은 그것이 덜어지고 가난해지기 마련입니다. 하지만 덕(德)을 쌓는 일은 쌓을수록 모든 사람이 그것으로 인해 삶이 두터워지는 효과를 낳습니다. 나눔을 기반 속성으로 하는 덕(德)의 독특한 성질(性質)이라고 할 수 있습니다.

1.8구절에서 군자(君子)는 자신의 고정된 권위나 지식에 의존하지 않고, 평생 배움을 통해 살아간다고 설명했습니다. 그런 군자(君子)는 높은 지위에 오르고 부(富)를 일구는 일, 학식을 크게 높이는 일 등으로 사람들에게 명성을 얻지 않더라도, 사람들에게서 지탄을 받지 않는 삶(人不知而不慍, 不亦君子乎:1.1)이라면 그만입니다. 하지만 군자(君子)라고 불리는 사람들은 인생을 마치는 날(愼終)까지 사회에 별로 쓸모없는 삶을 지낸 사람이 아닙니다. 1.1구절의 구문에 생략된 것이 있습니다. 이 구절에서 언급한 덕을 두텁게 쌓는(德歸厚) 일입니다.

증(曾)은 '일찍이, 거듭, 이미'의 뜻을 지닌 글자입니다. 증자(曾子)는 일찍이(曾) 자신(子), 즉 미리(曾) 자신의 삶(子)을 돌아보는 일을 의미합니다. '죽는 날까지 무엇을 위해 살 것인가'에 대한 답을 일찍이 생각하는 일에 대해 전달하고 있는 사람이 증자(曾子)입니다. 이 구절을 증자(曾子)가 설명하는 이유라고 할 수 있습니다.

子禽問於子貢曰: "夫子至於是邦也, 必聞其政, 求之與? 抑與之與?" 子貢曰: "夫子 溫良恭儉讓以得之. 夫子之求之也, 其諸異乎人之求之與?"

▶ **해석:** 자금(子禽)이 자공(子貢)에게 물어보기를, "공자께서 어떤 나라에 도착하시면, 반드시 그 다스림(其政)을 들었을 것입니다. 구하지 않았겠습니까? 또는 나누지 않았겠습니까?"

자공(子貢)이 말하기를, "공자께서는 따듯함(溫), 선량함(良), 공경(恭), 검소(儉), 겸양(讓)을 그 다스림에 관하여 얻었습니다. 공자께서 구한 것입니다. 사람들이 구하는 것과 그것은 다르지 않겠습니까?"

해설

構造: 溫[X=本質: 讓(c₁=得)]

$$構造: 溫[X=本質: 讓(c_1=得)]$$

자금(子禽)은 공자의 제자로 40년 정도 연하로 알려져 있습니다. 즉, 2세대보다 더 후배인 3세대 제자에 속합니다. 자공(子貢)은 30살 연하이지만, 공자와 함께 14년간 전국을 떠돌며 세상 공부를 같이 했던 제자입니다. 갖은 어려움과 역경을 같이 보내고, 세상을 바라보는 공자의 시각을 공자 곁에서 체득하며 배운 인물입니다.

자금(子禽)의 '금(禽)'이라는 글자는 금수(禽獸)라는 단어에 많이 활용됩니다. 아직 글(文)과 문(文)화에 대한 배움이 적어 야생 그대로와 비슷한 상태라는 뜻입니다.

자공(子貢)의 '공(貢)'이라는 글자가 '이바지하다'라는 뜻을 지닌 점에서 크게 대비되는 인물의 등장입니다. 아직 배움이 부족해 공자(孔子) 사상(思想)을 잘 모르는 제자가 공자 사상(思想) 전파에 크게 이바지 (貢)한 제자에게 묻고 있는 상황입니다. 이런 대비를 만들어 설명하는 이유는 공자의 철학은 '바로 이것이다' 설명하려는 의도입니다.

첫 구문은 '공자께서 14년간 여러 나라를 다니며 구한 것도 있을 것이고, 그곳에 나누어 주신 사항도 있을 것인데, 그것이 무엇인지요?'라는 자금(子禽)의 질문입니다. '求之與? 抑與之與?'에서 구문 끝에 나오는 '與'는 어조사로 음운을 맞추기 위한 글자로 특별한 의미는 없다고 이해해도 좋고, 반어적 질문을 이끄는 어조사로 '구한 것이 있지 않겠습니까?'로 해석해도 좋습니다. 억(抑)은 여기에서 '또는'에 해당하는 접속사입니다.

두 번째 구문, 자공(子貢)의 답변에 그 해답이 있습니다. '溫良恭儉讓 以得之'가 바로 그것입니다. '온양공검양(溫良恭儉讓)'으로써 얻음(得)을 이루었다는 설명에서, 득(得)은 단순히 '얻다'라는 의미 이외에 '깨달음을 얻다'라는 뜻을 의미합니다. 쉽게 설명하면, 5가지 사항을 통해서 올바른 길(道)을 찾았다는 이야기입니다.

논어(論語) 전체를 읽기 전이라도 이 구절에서 공자가 논어를 통해 전달하고자 하는 핵심이 무엇인지 유추해 볼 수 있습니다. 이 5가지 사항이 공자가 세상을 바라보는 시각의 틀이라고 할 수 있습니다.

어떤 나라의 정치를 살펴볼 때에, 사람들을 따듯하게 이끄는 일(溫)이 무엇인지, 그 일을 이루는 좋은 방법(良)은 무엇이 있는지, 그것을 어떻게 사회 구성원 공(共)동의 마음(心)에 담아 어떻게 공(恭)경하도록 만드는지, 그 실행 과정에서 국가의 자원 낭비를 최소화하고 절약하는 효율화(儉) 방법은 무엇인지, 그 결과가 겸양(讓)과 양(讓)보를 통해 사람들에게 고른 도움(讓)을 주는지의 관점에서, 그 내역을 구하는 일입니다.

공자(孔子)가 살던 춘추전국시대에는 아직 종이가 발명되기 이전입니다. 대나무(竹簡), 또는 나무를 얇게 자른 편(片)에 글을 기재하고, 끈으로 엮은 그 두루마리를 권(卷)이라고 칭했습니다. 대나무 편을 사용하면 좋은 점은 언제라도 끼워 넣고 빼내는 일이 가능합니다. 즉, 편에 구절을 기재하면 얼마든지 순서를 바꿀 수 있다는 장점이 있습니다. 그 장점을 이용하여 각 구절마다 '온양공검양(溫良恭儉讓)' 5가지 주제 중에 하나를 정하여 공자와의 대화 속에서 배운 사항을 기재하고, 그 체계에 따라 순서대로 엮어서 정리할 수 있었습니다. 논어(論語)의 20개 장(章)을 1권씩 묶었다면, 총 20권(卷)의 책(冊)이었다고 할수 있습니다. 만약 5구절씩 1권(卷)으로 묶었다면, 517구절에 대해 약 103권(卷)의 책(冊)이 됩니다. 2500년 전에 논어 1질을 수레에 싣고 다닌다면 커다란 수레 몇 대 분량의 방대한 양이었을 것입니다.

이런 상황에서, 불필요한 미사여구는 사치에 해당합니다. 주어 또한 거의 생략합니다. 목적어도 이해하는 데 어려움이 없다면 과감히 생략합니다. 지면과 글자를 효율적으로 활용하기 위해서 글자에 중복적 의미를 부여하여, 한 글자로 몇 가지 뜻을 전달하곤 했습니다.

그래서 자하(子夏), 증자(曾子), 자금(子禽), 자공(子貢)과 같은 사람의 이름 하나에도 그 상징적 의미가 숨겨져 있습니다. 단어가 지니는 상징성 이외에도 한자(漢字)라는 상형조합 문자가 갖는 이점이 있습니다. 자공(子貢)의 공(貢)은 공(工)장에서 화폐(貝)를 제조(工)한다는 의미로 해체될 수 있습니다. 그래서 돈(貝)이 억(億)수로 많은 사람이라는 의미로 사용되기도 합니다. 이런 방식으로 하나의 글자가 다중적 의미를 지닐 수 있으며, 글의 주제와 상황에 따라 다른 뜻을 의미하기도 합니다.

5개 '溫良恭儉讓', 글자로 만든 각 구절의 주제에 대한 암호 해독키가 없으면, 그 구절의 대의(大意)가 무엇인지 찾아내는 일은 쉽지 않습니다. 1.3구절의 짧은 구문(巧言令色, 鮮矣仁:1.3)이 왜 1.2구절에 이어서 설명이 되고 있으며, 1.4구절에 어떤 연관적 의미를 전달하는가 이해하기 위해서는 공(恭)이라는 해독키가 글을 이해하는 데 큰 도움이 됩니다. 공(恭)경의 관점에서 사회 공동체의 구성원이 마음(心)을 같이하는(共) 과정에 경계해야 할 일이라는 의미를 도출하는 것은 결코 쉽지 않은 일입니다.

더 놀라운 사실은 5개의 주제(主題)를 각 장(章)의 대주제(大主題)와 각 구절의 소주제(小主題)로 나누어, 2차원적으로 활용함으로써 5X5=25개, 즉 제곱으로 그 주제의 다양성을 늘리는 방식을 활용했다는 점입니다. 1장(章)의 경우 인간의 따뜻함(溫)을 주제로 16개의 구절이 있습니다. 5개의 소주제(小主題)가 3번씩 순차적으로 반복 설명되고, 따뜻함(溫)을 소주제로 한 16번째 구절로 마무리하고 있습니다. 14장의 경우 최적화(儉)를 대주제로 삼고, 45구절에 걸쳐 5개의 소주제가 9번씩 반복되는 구조입니다.

마치 45층 건물을 지을 때에, 5개 층마다 하나의 집합으로 묶어 디자인을 다르게 설계하고, 각 층마다 5의 배수로 동일한 변화를 가져가는 구조라고 할 수 있습니다. 이런 구조의 장점은 9개의 그룹을 다시 3개씩 나누어 디자인의 변화를 주는 일처럼 그룹을 조합하여 의미를 점진적으로 확장하는 방식으로 글을 싣는 체계와 구성이 가능합니다.

이와 같은 방식으로 5개의 해석키(key)를 활용하여 2차원적으로 장(章)과 구절에 적용하면, 수백 가지 이상의 조합의 수를 가진 구조와 체계를 만들 수 있습니다. 논어(論語)의 체계와 구조를 찾기 어려운 이유입니다.

체계를 암호화한 키(key)가 무엇인지 모르고, 그것을 활용하여 해독하는 방법인 암호화 기법을 모른다면 짧고 아리송한 암호문과 같은 글이 전달하고자 하는 의미가 무엇인지 명확히 하는 일은 어렵습니다. 구절의 의미를 찾기 어려운 이유는 주제를 명확히 하지 못하는 것과 더불어 핵심이 되는 단어와 글자를 쪼개어 이해하는 과정에 해독키 활용이 필요하기 때문입니다. 주제와 구절의 단어와 글자가 암호화된 내역을 해독하는 과정을 수행하지 않는다면, 전달하려는 의도를 찾아내는 일이 결코 쉽지 않습니다.

이렇게 암호키를 활용하여 문장을 펼치고 압축하는 이유가 있습니다. 글의 분량이 현저하게 줄어든다는 이점이 발생합니다. 우선, 물리적으로 몇 대의 수레에 한가득 책(册)을 실어 나르는 불편함이 줄어듭니다. 나무로 만들고 끈으로 엮어 둘둘 말려져 있는 부피 큰 뭉치를 제작하여 지니고 다니는 어려움이 크게 줄어듭니다. 학교 갈 때에 한 지게 가득 짊어지고 가도, 논어 1장의 16편이 전부라면 어떨까요? 생각만 해도 웃음이 저절로 나옵니다.

물리적인 관점 이외에, 뇌 속에 학습 내역을 저장하고 처리하는 효율이 향상됩니다. 해독이 가능한 사람은 짧은 분량의 글에 많은 내용을 담는 것이 가능하기 때문에 적은 분량의 문장만 기억해도 됩니다.

암호화된 글의 또 다른 이점은 암호키를 갖고 있는 사람, 그것을 해독하고 이해하는 방법을 배운 사람에게만, 그 깊은 내용이 전달된다는 점입니다. 지식에 대한 독점권을 특정 집단에게만 허용하는 일을 가능하게 합니다.

고대에는 글을 배우고 사용하는 것은 사회적 상류층에서만 가능하였으며, 책을 구해 지식과 지혜를 쌓는 일은 그들이 경쟁하여 최고 상류층이 되기 위한 과정이자 도구라고 할 수 있었습니다. 어설픈 글 재주는 쉽게 배울 수 있을지라도 논어(論語)와 같이 깊이 있는 지식과 지혜를 배우는 일은 이런 체계를 만든 공자와 공자의 제자들이 운영하는 학교에서 배운 사람들만 가능한 일입니다.

전란(戰亂)이 많고, 이 나라 저 나라로 피란민이 많았던 춘추전국시대에 글을 알고 지식을 쌓아 지혜를 갖추고 있다는 것은 해당 국가에서 최고 상류층으로 발돋움할 수 있는 기회를 갖는 일입니다. 사람들이 선망하고 추구하는 일이라고 할 수 있습니다. 오늘날 좋은 교육을 받고 지식과 지혜를 쌓는 이유와 다르지 않습니다.

위와 같은 이유로 논어(論語)에 서술된 거의 모든 글자는 별 의미 없이 그냥 기재한 글자는 없습니다. 의미 전달에 꼭 필요하기 때문에 넣었다고 보면 틀림이 없습니다. 단어나 글자가 일반적으로 사용하는 글자가 아닌 경우에는 반드시 그 글자를 해체, 분해하여 의미를 살펴보아야 합니다. 해체된 조합의 글자들이 뜻하는 바가 있을 것이며, 전달하려는 의도가 그 글자에 담겨 있기 때문입니다.

이 구절의 대주제(大主題) 인간의 따듯함(溫)과 소주제(小主題) 양(讓)의 관점에서 조금 더 살펴보겠습니다. 양(讓)은 사회 속에서 서로 도움을 이루며 살아가는 가운데 발생하는 미덕입니다. 쉽게 이해하면 양(讓)보하고 자신을 내세우지 않는 겸양(讓)과 같은 덕목을 의미합니다. 양(讓)보나 겸양(讓)은 어떤 사항에 대해 나와 상대방이 그것을 이해함을 전제로 이루어집니다. 즉, 관계 속에서 묵시적 합의가 완료된 상태를 전제로 합니다. 만약 내가 그 사항을 감당할 수 있다는 이해가 전제되지 않는다면 양(讓)보가 발생하기 어렵습니다. 이해가 없는 상태에서 양(讓)보와 같은 형태의 일이 일어난다면, 그것은 오해 또는 사기를 당한 것이라고 할 수 있습니다. 아니면 아무런 조건이나 의미를 모른 채 항상 남에게 우선권을 주고 나를 포기하는 무력하고 어리석은 상태에 내가 빠져 있음을 의미합니다. 만약 상대방이 그 사항에 대해 이해가 부족한 상황이라면 내가 양(讓)보하더라도 상대방은 양(讓)보를 거부하거나, 양(讓)보로 받아들이지 않을 가능성이 높습니다. 양(讓)보가 아니라 당연한 상대방의 권리로 생각할 수도 있습니다.

양(讓)이라는 뜻을 명확히 하기 위해 글자를 풀어보면 언(言)어를 통한 도움(襄)입니다. 인간의 따듯함(溫)은 언어를 통해서 전달되고, 타인과 사회에 도움을 주는 일을 통해 이루어집니다. 이 장(章)의 대주제(大主題)에 해당하는 일입니다.

자공(子貢)이 설명하고 있는 사항 또한 논어(論語)의 구조와 체계에 해당하는 핵심키를 알려주는 도움의 행위(襄)입니다. 논어(論語) 이해를 위한 암호와 암호키(key) 사용에 대한 합의(讓) 사항을 전달한 것이라고 할 수 있습니다. 논어를 모르는 자금(子禽)과 같은 사람들에게 논어를 이해시키기 위한 방법으로써, 공자께서 올바른 길(道)을 찾았던 방법 5가지(溫良恭儉讓)를 따르라고 설명하고 있습니다.

이 구절에서 공자(孔子)는 자신의 말이나 가르침을 통해 '논어(論語)는 이렇다', '자신이 추구한 바', '자신의 철학이 무엇이다'라고 직접 언급하지는 않고 있습니다. 제자 자공(子貢)의 언어를 활용하여 간접적으로 설명하고 있습니다. 겸양(讓)과 양(讓)보의 미덕(美德)을 실천해 보인 것이라고 할 수 있습니다.

자금(子禽)의 질문, '必聞其政, 求之與? 抑與之與?'를 조금 더 살펴보겠습니다. 구하고(求之) 나누는 일(與之)이 논어 1장부터 20장까지 이루어지는 모든 일입니다. 대화를 통해서 질문하고, 배움을 구하고, 지식과 지혜를 전달하여, 나누는 일이 바로 그것입니다. 이는 필히(必)

언어를 통해 말하고 듣는(聞) 과정을 통해서 그 다스림(其政)이 이루어 집니다. 자금(子禽)과 자공(子貢)의 질문과 답에서, 논어(論語)라는 서술이 문답(問答) 형식의 대화(聞) 구조라는 점을 설명하고 있습니다.

인간이 사회 속에서 이루는 삶의 모습은 구하고 나누는 일, 즉 양(讓)에 해당하는 활동입니다. 무엇에 대해 전달하고 들었을까요? 바로 정(政)입니다. 정치(政治)라고 흔히 표현하지만, 그것은 현대인들이 사용하는 단어에 대해서 고정적 관념으로 이해하는 방식입니다.

철학을 학습하는 과정에 고정된 관념은 조심해야 할 사항에 해당합니다. 고정 관념을 활용하여 인식하고 대충 넘어가면 새로운 것을 배울 기회를 잃기 쉽습니다. 필자가 지어낸 이야기, 또는 필자의 의견이라고 생각하는 사람은 1.8구절에서 공자께서 강조한 사항(學則不固:1.8)을 다시 살펴보길 권합니다.

정(政)은 글자 그대로 올바름(正)을 추구하기 위해 두드리는(攵) 행위와 방법을 의미합니다. 정치(政治)를 통상 정치인들이 국가의 권력을 얻고 유지하고(政), 그것을 바탕으로 다스리는 활동(治)으로 이해하지만, 오히려 정치인의 권력 획득과 유지에 더 초점을 맞추어 생각하곤 합니다. 특정인이 권력 획득하고 유지하는 일을 위해 보여주는 모습과 행위로 오해하면 곤란합니다. 현대 사회의 정치는 사회적 합의(讓)된 뜻을 바탕으로 권력이 형성되고, 그 권력에 대해 공(恭)경하고 사회를 효율적(儉)으로 유지하기 위해 올바르게(正) 두드려(攵) 다스리는(政) 일이라는 것이 조금 더 정확한 의미의 설명이라고 할 수 있습니다.

필자가 길고 장황하게 설명하는 이유는 권위나 기존 고정 관념과 선입견을 버리고 충(忠)실하게 확신(信)을 얻는 논어 학습이 필요하기 때문입니다. 충(忠)과 신(信)이 부족하면, 이 구절의 자금(子禽)과 같이 질문이 필요합니다. 반어적 질문을 위한 어조사 여(與?)를 그냥 사용한 것이 아니라는 의미입니다. 억(抑)이라는 접속사 또한 그냥 사용한 것이 아니라, 위와 같은 사항이 부족하여 어림짐작 사항에 대해 명확함을 구하기 위해 질문하는 방법의 예시(例示)에 해당합니다.

마지막 문장에 사용된 질문을 통한 반어적 강조를 위한 어조사 여(與?)는 사람들이 구한 것과는 차별화된 것이라는 점을 명확히 하고 있습니다. 무슨 차이가 있는지 찾고, 이해하는 것이 앞으로 논어(論語)를 읽고 배우면서 독자가 할 일에 해당합니다.

子曰：“父在觀其志, 父沒觀其行, 三年無改於父之道, 可謂孝矣.”

▶ **해석:** 공자께서 말씀하시길, "아버지께서 살아 계실 때에는 그 뜻을 살피고, 돌아가신 후에는 그 행적을 살피며, 3년간 아버지께서 이끈 삶의 길을 따르고 고치지 않으면 가히 효(孝)라 할 수 있다."

해설

$$構造: 溫[X=本質: 溫(x_1=孝)]$$

1.10구절에서 논어(論語)의 체계와 구조, 그리고 핵심키에 대해 설명하였습니다. 교과서 1장의 개요 부분을 마치고, 이 구절부터 본격적인 수업(修業)의 시작이라고 할 수 있습니다.

이 구절의 소주제는 효(孝)입니다. 효(孝)는 인간 본연의 따뜻함(溫)을 바탕으로 합니다. 인간의 본질을 이루는 가장 기반이 되는 사항이라고 할 수 있습니다. 효(孝)의 핵심은 인간 세대를 이어주는 연속성에 있습니다. '효(孝)'라는 글자를 살펴보면, 늙은 사람(耂)이라는 글자와 자식(子)이 상하로 이어져 있습니다. 좌우로 붙어 있다면 같은 시간대의 일이겠지만, 상하로 이어져 있다는 것은 순서가 있다는 의미입니다. 즉, 늙은 부모를 이어 자식이 하나의 개체를 이루는 모습입니다. 부모와 자식은 하나로 이어져 세대를 거듭난다는 것을 의미입니다.

만약 유전자공학 및 생체공학이 급속한 발전을 이루어 인간 세대를 이어주는 방식에 커다란 변화가 일어난다면, 인류가 갖고 있는 가장 기본적 생각의 틀이 깨지는 것을 의미합니다. 지금까지 인간이 믿고 의지했던 철학이 무너진다면, 가장 밑바탕에서부터 새롭게 다시 철학 체계를 구축해야 합니다. 인간이 지니는 생각의 틀에서 가장 본질적인 사항이기 때문에 이것이 바뀐다면, 그에 따라 모든 생각의 틀과 생각의 질서가 크게 재정립되어야 함을 의미합니다.

공자는 인간 세대의 전환과 연속성에 대해 부모의 뜻(志)을 이어가는 것으로 보았습니다. 첫 번째 문장 '父在觀其志'가 바로 그것입니다. 부모가 살아 있는 동안에는 그 뜻을 살피는 일 관련, 부모의 생업을 이어받고 부모가 이루려고 했던 큰 뜻을 계승하여 나의 삶을 이어간다면 좋겠지만, 세상 사람들 모두 그렇게 할 수 있는 것은 아닙니다.

현대 사회에서 서민에 해당하는 소시민의 경우 대개, 부모의 뜻은 자식이 자신의 생업을 이어받는 것이 아니고, 자신보다 더 나은 삶을 사는 것을 기대합니다. 자신은 소시민에 불과하지만, 자식은 사회에 더 큰 기여를 이루는 일을 기대하고, 자신은 안정적이고 편안한 삶을 누리지 못했지만, 자식은 가시밭길이 아닌 탄탄한 대로를 걸어가는 삶을 기대합니다. 즉, 단순히 부모의 행동과 모습을 이어받으라는 것이 아니라, 부모가 자식에게 기대하고 희망하는 뜻(志)을 살펴서 자신 인생의 행로를 다지라는 의미입니다.

세상 어떤 부모가 자식이 잘되는 것을 바라지 않겠습니까? 다만, 부모의 경험과 지식이 부족하기 때문에 자식에게 바라는 바를 제대로 설명하지 못할 뿐입니다. 부모의 말씀을 듣고 따라야 한다는 설명이 아니라, 뜻(志)을 살피라고 한 이유입니다. 부모의 말씀과 진심으로 그 뜻하는 바가 일치되고 일관성이 있을 수 있지만, 그렇지 못한 경우가 흔하기 때문입니다. 부모의 욕심이 발원이 되어 자식에게 그것을 기대하는 경우, 그것이 진심 어린 부모의 뜻이었다고 볼 수 없습니다. 가난이 한이 되어 자식은 가난하지 않은 사람, 부(富)를 누리는 일을 뜻으로 간직하고 전달하였다고, 그 과정에서 올바르지 못한 방법으로 인정사정도 없는 사람이 되는 것도 그 뜻에 포함되어 있다고 생각하면 큰 오해입니다.

두 번째 구문에서는 부모가 죽으면, 그 행위를 살피라고 설명하고 있습니다. 그리고 최소 3년간 부모가 이끌어가던 길(道)을 따르는 일이 효(孝)라고 설명합니다. 왜, 굳이 3년일까요? 공자가 3년을 강조한 것은 17.21구절 제자 재아(宰我)와 3년 상(喪)에 대한 대화를 나누는 구절의 끝부분을 참고할 수 있습니다. 부모가 자식을 낳아 품 안에서 기르는 기간이 3년 정도이기 때문에, 그 원리를 따라 자식도 부모에 대해 최소 3년은 가슴에 품으라는 것입니다. 인간의 따듯한(溫) 체온이 남아 이어지는 기간이라고 볼 수 있습니다.

쉽게 생각하면 부모가 3년 품어주었으니, 자식도 똑같이 부모를 3년간 품어야 한다는 논리입니다. 하지만 생각해보아야 할 사항은 무엇을 위해서, 누구를 위해서 그렇게 해야 할까요? 효(孝)라는 글자에서 살펴보았듯이, 그 의의를 부모와 자식은 하나의 개체라는 관점에서 살펴봐야 합니다.

부모가 행하던 생업과 부모를 도와 함께하던 신하(臣下)나 친구(親舊)와 같은 사람들과 부모가 사망한 순간 이별을 고하면, 그들이 누구에게 원망하고 누구를 탓하겠습니까? 부모의 사망을 원망하고 그 자식을 원망하게 됩니다. 즉, 하나의 개체라는 관점에서 부모와 자식 모두 원망을 얻는 일이라고 할 수 있습니다. 즉, 하나의 개체가 이루는 삶의 연속성 측면에서 부모와 자식 이외에도 관계를 맺어왔던 모든 사람들에게 준비하는 시간을 주는 일이라고 할 수 있습니다.

고대에 부모와 자식이 같은 생업을 잇고, 같은 활동을 하던 방식과 다르게 현대인은 각자의 직업을 갖고, 각자의 활동을 이어갑니다. 그래서 3년간 부모와 자식이 하나의 개체라는 관점에서 연속성을 추구해야 할 사항과 범위가 현저하게 줄어들었습니다. 하지만 부모의 죽음 이후에 살면서 부딪히는 문제에 대해 살아있는 동안 부모의 행동과 행위는 자식에게 직접적 교훈으로 큰 가치를 지닙니다.

가장 가까이에서 그들의 행동과 행위 관련, 인간의 본성에 대해 숨김없이 진실된 모습을 볼 수 있는 기회는 부모 이외에는 거의 없기 때문입니다. 사회 속에서 관계를 맺는 수많은 사람들의 행동과 행위에는 그 사람의 본성이 상당히 가려져 있는 상태입니다. 진실된 모습을 찾으려면 수십 년 이상 좋고 싫은 모습과 행동을 포함하여 같이 지내며 이해하는 시간이 필요합니다. 그런 공유된 진실함은 유일하게 부모와 자식이 가질 수 있는 자원이며 가치라고 할 수 있습니다. 안타깝게도 현대 사회에서는 그런 관점의 축적된 자원과 가치가 점점 줄어들고 있습니다. 핵가족화와 교육의 분업화를 통해서 어린 나이부터 부모와 같이 활동하며 부모로부터 배우는 기회가 크게 줄어들었습니다. 학습의 관점이 아니라, 인간 본성을 드러내며 같이 부딪히고, 같이 어려움을 헤쳐가고, 좋은 점과 좋지 못한 점을 뇌와 몸속에 축적하고 동조하는 일을 통해 갖는 가치 측면에서, 고대 사회보다 현대의 삶이 더 인간적이라고 확신하는 일은 어렵습니다.

기회 비용 측면에서 생각해보면 효율성을 얻으면, 그 과정에서 누리는 느긋함과 여유로움, 인간미를 잃기 마련입니다. 우리가 무엇을 잃고 있는지 이해하는 일은 큰 의미가 있습니다. 잃고 있는 것을 회복하기 위해 할 수 있는 방법을 찾을 수 있기 때문입니다.

효(孝)라는 글자를 다시 살펴보면, 부모와 자식이 하나로 이루어진 개체에서 부모가 사라지면 자식(子)만 남습니다. 즉, 독립된 개체가 됩니다. 논어(論語)에서 '서다(立)'라는 글자가 지니는 의미입니다. 인간은 세월의 흐름을 멈추거나 바꿀 수 있는 능력이 없습니다. 시간이 지나면 부모는 늙어(耂) 사라지게 됩니다. 자식은 자신의 삶을 세우는 일(立)을 통해 연속성을 이어가고 다시 자식을 낳고 그 길을 반복하게 됩니다. 현재까지 인류가 이어오고 있는 인간 삶의 모습입니다.

만약 늙음(耂)을 늦춰 사라지는 일이 100년, 200년 후에 일어난다면, 지금까지 갖고 있는 우리의 철학이란 틀은 다시 세워야 합니다. 인간 노화가 늦춰지고 수명이 늘어남에 따라 다양한 문제가 대두되고 있는 현대 사회의 우리에게 필요한 일입니다. 이 구절이 제시하는 철학적 의의가 그렇습니다.

하나의 개체, 세대 연속성 관점의 효(孝)라는 근원적 생각의 틀이 무너지고 있는 이유이기도 합니다. 오래된 관념 위에 형식적 행동과 행위를 덧붙여온 보이는 모습, 실행 관점에서 효(孝)의 모습은 더욱 그렇습니다. 현대인에게 적용하기 상당히 부담스럽고 현실적이지 못한 일들이 많습니다. 사회와 문화가 바뀌었음에도 불구하고 형식을 고집하기 때문에 그런 일은 더욱 가중됩니다.

사회적 측면에서 조금 더 살펴보면, 공자는 부모의 죽음을 몰(沒)이라는 글자로 표현했습니다. 단순히 죽음만 의미하는 것일까요? 그렇지 않습니다. 몰(沒)은 커다란 세월의 흐름(氵)에 거스를 수 없는 칼(刀)들이 다시(又) 밀려오는 형상을 의미합니다. 춘추전국시대 전란이 잦았던 어지러운 상황에서, 부모가 전쟁에 나가 돌아오지 않는 상황, 난을 피해 달아났지만 소식이 끊긴 경우가 많았습니다. 사회적 측면에서 빈자리를 받아들이는 것을 연기하고, 부모의 생업을 이어가며, 생환을 묵시적으로 기대하는 기간이 3년이라고 볼 수도 있습니다. 평생 무한정 집으로 돌아오길 기대하며, 공식적인 활동을 멈춘다면 자식의 인생이 원활히 나아가기 어렵습니다. 이 또한 부모의 뜻이라고 볼 수 없습니다.

이 구절에서 중요한 사항은 덧붙여온 군더더기가 아니라, 이 구절이 전하는 생각의 틀이 무엇인가 살펴보는 일입니다. 핵심은 부모와 자식을 하나의 개체로 보고, 인간이라는 개체가 이어가며, 인류의 연속성과 지속성을 보장하는 방식이 효(孝)라는 점입니다. 구절의 군더더기 글자를 모두 제거하면 뜻을 이어 행동하는 일이, 효를 말한다 (志行, 謂孝)가 됩니다.

인간의 노화와 죽음이 늦춰지고, 생명의 시작이 부모로부터 비롯되지 않는 세상으로 근접하면 할수록 인간의 뜻과 행동을 이어가는 인류의 연속성 보장 활동의 의미는 전혀 다른 모습으로 바뀔 것입니다. 단순히 생명공학, 유전자공학, 생체공학, 의학 등의 분야에 한정된 문제가 아니라, 국가 철학의 기본 틀이 변해가야 한다는 의미입니다. 철학, 교육, 심리학, 사회학, 정치학 등의 분야에서 이 한 구절에 대해 깊이 이해하고 미래를 설계할 필요가 있습니다.

그때에 절대 잊지 않아야 할 사항은 이 구절의 대주제(大主題)와 소주제(小主題)인 인간의 따뜻함(溫)이라는 사실입니다.

有子曰 : "禮之用, 和爲貴. 先王之道, 斯爲美, 小大由
之. 有所不行, 知和而和. 不以禮節之, 亦不可行也."

▶ **해석:** 유자(有子)가 말하기를, "예(禮)의 쓰임은 조화로움을 귀하게 여기는 일이
다. 선왕(先王)의 도(道)는 이것을 아름답게 여기고, 작은 일과 큰일 모두 이것을 따
라 행했다. 행해서 안 될 바가 있으니, 조화로움에 대해 아는 것을 조화롭다고 여
기는 일이다. 예로써 행동을 절제하지 않는 것, 또한 행해서는 아니 된다."

해설

構造: 溫[X=本質: 良(m₁=禮)]

$$構造: 溫[X=本質: 良(m_1=禮)]$$

　제자 유자(有子)의 이름이 지닌 의미를 살펴보면 사람(子)이 존재(有)
하는 방식과 일을 뜻합니다. 사회를 이끄는 좋은 방법(良) 관점에서
좋은 관계를 이루는 체계를 의미합니다. 그래서 사회의 체계와 질서
인 예(禮)에 대해 설명하고 있습니다.

　1.11구절에서 부모와 자식의 연속성을 상하로 연결해 주는 것이 효
(孝)라고 설명했다면, 사회 속에서 좌우의 사람들 관계를 연결하는 방
식이 예(禮)라고 할 수 있습니다. 1.2구절에서 언급한 근본 가운데 효
(孝)가 나왔으니, 제(弟)가 더 가까운 것 아닐까요? 이와 같은 질문을
할 수 있습니다. 논어를 읽고 이해하는 과정에 스스로 질문하고, 답
을 구하는 과정은 좋은 방법이라고 할 수 있습니다. 그런 방법을 통
해 세상을 바라보는 다양한 시각을 키우고, 생각을 정리하는 능력이
성장하기 때문입니다.

제(弟)가 인간이 지니는 무형의 성질, 속성에 해당하는 관념이라면, 그것을 풍부(豐)하게 드러내고(示) 표현하는(示) 행위가 예(禮)라고 할 수 있습니다. 즉, 제(弟)의 속성을 기반으로 표현하는 행(行)동과 행(行)위가 예(禮)입니다. 이 구절에서 행(行)이라는 글자를 2번이나 사용하여 하지 않아야 할 것을 강조한 이유입니다.

방안에 혼자 있다면 굳이 예(禮)를 차릴 일은 없습니다. 과연 그럴까요? 사회적 관계 속에서 필요한 속성이지만, 그럼에도 불구하고 혼자 있을 때에도 예(禮)를 생각하는 이유는 자기 자신이라는 존재(有)에게도 하지 않아야 할 행동과 행위가 있기 때문입니다. 그것은 자신의 정신과 신체의 조화를 무너뜨리는 좋지 못한 행위로서, 그것이 습관화되어 자신도 모르는 무의식중에 자신을 드러내는 표현과 행위로 이어질 수 있습니다.

예(禮)의 쓰임, 즉 예의 효용성은 조화를 귀하게 여기는 일에 있습니다. 그 근원에는 나를 낮추고 상대를 존중하는 제(弟)라는 속성이 자리하고 있지만, 그것이 전부는 아닙니다. 조화를 소중히 생각하지 않는다면, 나홀로 방안에 있어서 온통 어지럽히기 쉽습니다. 조화와 균형, 절제 이런 속성들은 타인에게만 적용되는 것이 아니라, 나와 관계를 맺는 주변의 모든 것으로 확장될 수 있습니다.

나에게 어떤 귀한 물건, 소위 명품이라고 불리는 것이 있다면 함부로 다루지 않을 것입니다. 그것에 가치를 두기 때문입니다. 만약 내 주변에 있는 모든 사물과 환경에 대해 충분히 가치를 둔다면, 내 주위는 모두 명품으로 채워질 수 있습니다. 그런 상황에서 함부로 어지럽히고 무절제한 상태로 나를 방치하지는 않을 것입니다. 즉, 나의 삶이 명품과 같고, 그런 상태로 삶을 살아가는 사람이라면, 혼자 있더라도 흐트러진 모습이 아니라 절제하게 된다는 의미입니다. 결국 나 자신의 존재가 이 세상 무엇보다 명품이기 때문입니다. 제(弟)는 단순히 나를 겸손히 여기는 일이 이외에 나를 소중히 여기는 마음에서 비롯됩니다. 흔히 자존감이라고 일컫습니다.

그러면 자존감이 가장 높은 사람은 누구일까요? 흔히 고대의 왕(王)을 들 수 있습니다. 사람들 모두 임금을 가장 고귀하다고 생각하고, 자신도 그렇다고 생각하기 때문입니다. 그런 이전의(先) 왕(王)들도 사회를 이끄는 좋은 방법(王道)으로 여겼던 것이 예(禮)라는 설명입니다. 사람들 모두 체계의 질서(禮)를 귀하게 여기고 소중히 생각하여 그에 따라 조화롭게 행동한다면 이상적 사회가 만들어지지 않을까요?

문제는 사람들이 귀하고, 조화를 이루는 일이 중요한 것은 알겠는데(知和), 내가 더 소중하다는 것을 전제로 행동하는 사람들이 많다는 점입니다. 아는 것과 행동하는 것은 별개라는 의미입니다. 만약 사람들이 아는 것과 행동하는 것이 일치된다면 우리는 고민할 사항이 거의 없을 것입니다. 사람들에게 조화와 소중함에 대해 열심히 가르치고, 그 관념을 명확히 이해하는지 시험을 통해 사람들의 지식 수준을 높이면 그만입니다.

하지만 그렇게 하더라도 행동이 따로 움직이는 사람들이 발생할 수 있습니다. 왜냐하면 인간은 기계가 아니기 때문에 주입된 프로그램과 실행 명령에 따라 그대로 움직이지 않습니다. 아는 것과 행하는 것이 별개일 수 있다는 의미입니다.

1.11구절을 그냥 지나치지 않고 '志行, 謂孝'를 깊이 생각해 본 사람이라면, 지금쯤 이해하였을 것입니다. 효(孝)가 어려운 이유는 인간은 뜻(志)과 행(行)동이 따로 동작하기 때문입니다. 인간과 기계의 가장 큰 차이점이라고 할 수 있습니다. 우리는 기계에 그런 오류가 조금만 있더라도 허용하지 않으려고 합니다. 반면, 인간 사회는 그런 모습과

성향을 지닌 일이 일반적입니다. 오히려 그런 이유로 원활히 사회를 유지하기 위해서 예(禮)가 필요합니다. 이는 모순적인 일이라고 할 수 있습니다. 워낙 오류가 많은 인간의 모습과 사회 속의 인간 관계지만 인간(子)이라는 존재(有) 자체에 가치를 두고, 조화를 이루자는 사회적 믿음을 기반으로 한 약속이 예(禮)라고 할 수 있습니다.

소중히 여기는 일, 가치를 두는 일과 행위의 관계를 명확히 이해하기 위해 설명했지만 정작 중요한 일은 실행입니다. 마음에만 담아두고, 머릿속에만 머물러 있는 행위는 예(禮)의 관점에서 효용성이 없는 일입니다. 조화를 이루기 위한 약속인 예(禮)에 따라 절제(節)된 행동(之)을 하지 않는 일은 체계를 인정하지 않고 무질서로 향하는 일에 해당합니다.

현대의 철학자들이 이 구절을 읽는다면, 필자의 설명 중에 오류가 있다는 점을 지적할 것입니다. 컴퓨터의 발전이 거듭되어, 이제는 컴퓨터의 오류를 용인하면서도 활용되고 있다는 점을 들 수 있습니다. 소위 AI라고 말하는 것이 대표적인 사례입니다.

컴퓨터 분야에서 프로그램을 구성하는 코드는 이미 엄청나게 많은 오류와 버그를 포함함에도 불구하고 활용되고 있으며, 지속적인 패치를 이루면서 기술의 발전을 이루었습니다. 그중에서 AI기술은 네트워크와 결합하여 SNS라는 사회적 연결망을 활용하고 있으며, 단순한 코드 오류와 버그 이외에도 인간 사회와 연계되어 철학적, 논리적, 윤리적, 심리적, 사회적, 정치적으로 오류를 유발하고 있지만, 우리는 AI를 사용하고 있습니다. 이는 우리 시대에 해결해야 할 문제에 해당합니다.

그때에 고려할 사항은 인간 본연의 성질(溫)을 기반으로 한 좋은 방법론(良)을 찾고 도출하는 일입니다. 이 구절에서 전하는 철학적 전개 과정을 이해함으로써, 그것을 바탕으로 또 다른 사회 체계와 질서를 이루는 데 도움을 얻는 수 있을 것입니다.

有子曰：“信近於義, 言可復也. 恭近於禮, 遠恥辱也. 因不失其親, 亦可宗也.”

▶ **해석:** 유자(有子)가 말하기를, “신뢰(信)가 의(義)에 가까워지면, 언어(言)가 반복될 수 있다. 공(恭)경함이 예(禮)에 가까워지면, 수치와 모욕은 멀어진다. 그것으로 인하여 그 친함을 잃지 않으면, 또한 근원(宗)을 이룰 수 있다.”

해설

構造: 溫[X=本質: 恭(u_1=信, u_2=恭)]

이 구절의 소주제는 공(恭)입니다. 사회 공동체에 필요한 기본 틀에 대한 설명입니다. 유자(有子)가 언급한 이유는 존재(有)의 관점에서 인간(子)이 모여 사회를 이루는 일에 대한 설명이라는 의미입니다.

인간이 사회를 이룰 수 있는 이유는 언어를 통한 신뢰 기반으로 관계를 이루기 때문입니다. 그 관계 형성에서 자신을 겸손히(弟) 여기고 상대를 소중하게 대하는 행위가 예(禮)입니다. 그 예(禮)를 표현하는 행위는 크게 언어(言)와 행동으로 드러납니다.

하지만 예(禮)를 강조하다 보면, 풍성한(豊) 말(言) 잔치가 벌어지는 일이 쉽습니다. 온갖 좋은 말로 상대방의 귀를 즐겁게 만들어 호의와 믿음을 얻으려고 합니다. 일단 호의를 얻고 믿음을 조금씩 쌓아 나가면 어느 시점에는 팥으로 메주를 쑨다고 해도 믿게 됩니다. 그런 과정을 통해 무조건적 맹신(信)의 상태로 변하는 것이 인간의 한 모습이기도 합니다.

첫 구문은 현대에서 '신의(信義)'라는 단어로 널리 통용되는 사항을 풀어서 설명하고 있습니다. '信近於義'에서 신뢰(信)와 의(義)를 가깝게 붙여 놓은 단어가 신의(信義)입니다. 이 구절에서 설명하는 그대로 현대 사회의 언어에서 단어를 활용하고 있습니다. 인간(亻)의 언어(言)가 신뢰(信)를 기반으로 하고, 의(義)에 가까워질수록 그런 언어는 다시 반복 사용할 수 있습니다. 신뢰(信)하지만 의(義)와는 거리가 먼 언어는 사용하지 않는 것이 좋습니다. 신뢰할 수 없는 언어는 굳이 언급할 대상도 아닙니다.

즉, 언어의 쓰임과 목적은 예(禮)를 차리는 것이 아니라, 믿음과 신뢰를 바탕으로 나와 상대방이 포함된 우리를 의(義)롭게 이끄는 데 있습니다. 예(禮)는 두 얼굴을 가지고 있다고 할까요? 정확히 설명하면 예(禮)라는 것의 시초에는 고려하지 않은 것이 있습니다. 나와 상대와의 관계에서 출발한 관념이기 때문에, 나는 내가 보여주고 싶은 방식으로 풍성하게 표현하고, 상대는 자신이 보는 방식으로 그 풍성함을 평가하여 받아들입니다. 각자의 생각이 따로 분리되어 있습니다. 효(孝:1.11)와 같이 아버지와 아들을 놓고 하나의 객체로 연결하여 생각하는 관점이 포함되어 있지 않습니다.

그래서 전체를 하나로 묶어주는 관념인 공(恭)이 필요합니다. 현대에서 경(敬)이라는 글자와 함께 공경(恭敬)이라고 널리 사용하는 단어입니다. 공(恭)은 공(共)동체 구성원이 하나의 마음(心)을 기반으로 한다는 의미입니다. 그 마음(心)을 두드려(攵) 진실(苟)로 바른 방향으로 향하는 것이 경(敬)입니다.

의(義)를 풀어서 이해하면 양(羊)을 제단에 올려놓고 내(我)가 제단 아래에 있는 모습입니다. 고대에 혼자서 그런 행위를 했을까요? 아닙니다. 하늘(天) 또는 어떤 신(神)을 앞에 두고 우리라는 집단 전체(共)

가 같은 마음(心)으로 믿음(信)을 바탕으로 양(羊)을 바치는 행위가 의(義)입니다. 신(神)과 제(祭)사라는 행위를 언어로 삼아 소통하는 일이라고 할 수 있습니다. 그렇기 때문에 공(恭)손과 경(敬)건을 다합니다.

앞의 두 문장은 언어적 측면과 행위적 측면에서, 예(禮)의 출발점에 없던 관념인 공(恭)을 더해 우리 모두가 의(義)롭게 되는 방향으로 신(信)뢰 기반으로 언어를 사용하고, 의(義)에 가까운 행위를 실천하라는 설명입니다.

마지막 문장의 그(其) 친(親)함을 잃는 경우는, 신(信)과 의(義)의 사이가 멀어져서 믿음(信)은 있지만 의(義)가 없는 경우, 즉 신의(信義)가 없다고 이야기하는 경우와 공(恭)과 예(禮)가 별개로 일어나는 일, 즉 공(恭)경은 하지만 예(禮)가 없는 경우 또는 마음속에는 공(恭)경이 없지만 겉으로 예(禮)를 차리는 경우라고 할 수 있습니다. 신의(信義)와 공례(恭禮)는 각각 따로 떼어놓을 수 없는 속성을 지닌 것에 해당합니다.

종(宗)은 근원 또는 근본이라는 의미입니다. 보이는(示) 것 위에 집의 지붕(宀)을 쌓아 올렸습니다. 집 머리, 밖에서 바라보면 가장 먼저 눈에 띄는 것에 해당합니다. 집의 높이를 확인하려면 지붕 끝을 보는 것과 같습니다. 그러면 무엇이 무엇에 대해 근본이라는 것일까요? 신의(信義)와 공례(恭禮)가 우리라고 일컫는 공동체(共同體), 크게 보면 국가 사회의 근원을 이루는 속성이 된다는 의미입니다.

정리하면, 인간(子)이 사회를 이루어 존재하기(有) 위해서는 신의(信義)와 공례(恭禮)가 사회 공(共)동체의 마음(心)을 이루는 일이 기반이되어, 그 사회 문화와 문명 수준의 높이(宀)를 이룬다는 의미입니다.

1.14

子曰 : "君子食無求飽, 居無求安, 敏於事而愼於言, 就有道而正焉, 可謂好學也已."

▶ **해석:** 공자께서 말씀하시길, "군자(君子)는 배불리 먹는 일을 추구하지 않으며, 편안한 거처를 추구하지 않으며, 일에는 민첩하고 말을 삼가며, 올바른 길과 올바름을 취한다. 그리고 배움을 좋아한다고 말할 뿐이다."

해설

構造: 溫[X=本質: 儉(o_1=無求飽, 無求安, 敏於事, 愼於言, 就有道, 正)]

이 구절은 낭비를 최소화(儉)하고, 검(儉)약과 절제를 통해서 자원을 효율적(儉)으로 사용하는 일에 대해 설명하고 있습니다. 사회 구성원 모두 공통된 마음으로 이렇게 살아간다면, 빈부의 격차와 사회적 낭비에 따르는 많은 문제가 해소될 수 있습니다. 이런 사항 또한 알고 이해하는 것(知識)으로 그쳐서는 아무런 의의가 없습니다. 관념이 아니라 행동을 기반으로 실천을 요구하는 일에 해당합니다.

몇 가지 오해하지 말아야 할 사항을 살펴보겠습니다.

'食無求飽, 居無求安' 관련, 현실적으로 배불리 먹는 일은 있을 수 있습니다. 편안하게 사는 것과 편안하게 머무르는 것을 금하는 일이 아닙니다. 편안함이 없는 삶(居無求安)이 아니라 편안함을 추구하지 않는 삶(居無求安)입니다. 그런데 약간 이상합니다. 사치스럽고 부를 추구하는 것도 아닌데, 왜 편안함을 추구하지 않아야 할까요?

앉으면 기대고 싶고, 기대면 눕고 싶고, 누우면 포근하고 편안해지고 싶은 것은 인간의 본능적 성향입니다. 본능적 성향을 금하는 것은 주로 계율(戒律)을 중시하는 단체에서 수행 과정에 도구와 방법으로 삼는 일입니다. 본능과 친해지면 이성은 자연히 멀어지므로, 그런 상태를 경계하기 위한 노력입니다.

글자의 해석 과정에 무(無)라는 것을 '하지 말라'는 금지사로 대충 이해하면 그렇습니다. 정확히 이해하면 배불리 먹는 것에 집착하지 않고, 편안함 추구에 집착하지 않는다는 의미입니다.

군자의 삶은 안빈낙도(安貧樂道)라고 했습니다. 재화(貝)를 소유하고 나의 부(富)를 쌓는 것이 아니라 재화(貝)를 나누는(分) 것을 편안히 (安) 여기는 일을 통해서 올바른 길(道)을 다스린다(樂)는 뜻입니다. 이 구절을 활용하여 다시 적으면 '居求安貧, 就樂道'이라고 할 수 있습니다. 그런 길(道)을 가기 위해서는 자신에게 집착해서는 곤란하다는 설명입니다.

마지막 구문의 '可謂好學也已'에서 이(已)는 '~뿐이다'라는 단정적 어조사로 그것 이외에는 다른 것은 필요하지 않다는 의미입니다. 가히 말을 할 수 있다(可謂)는 것의 주어는 군자(君子)입니다. 군자(君子)라면 나 스스로 '학문을 좋아합니다. 오직 그것 하나뿐입니다.'를 신(信)념을 갖고 말할 수 있어야 한다는 의미입니다. 가볍게 해석할 수 있는 글자들이지만, 큰 의미를 담고 있습니다. 군자(君子)는 신념(信)을 갖고 사회의 대의(義)를 실현하는 일, 즉 신의(信義)를 실천해야 하며, 그것을 이루기 위해서는 배움을 게을리하지 않는 일이 필요합니다.

子貢曰: "貧而無諂, 富而無驕, 何如?" 子曰: "可也, 未若貧而樂, 富而好禮者也." 子貢曰: "《詩》云, '如切如磋, 如琢如磨' 其斯之謂與?" 子曰: "賜也, 始可與言《詩》已矣, 告諸往而知來者!"

▶ **해석:** 자공(子貢)이 말하기를, "가난하면서도 아첨하지 않고, 부유하면서도 교만하지 않으면 어떻습니까?" 공자께서 말씀하시길, "가능하다. 하지만 가난하면서도 즐거워하고, 부유하면서도 예(禮)를 좋아하는 것(者)만 못하다." 자공(子貢)이 말하길, "『시경(詩經)』에 '자른(切) 것 같고 간(磋) 것 같고 쫀(琢) 것 같고 닦은(磨) 것 같다'라고 한 것은 바로 이런 것을 두고 말하는 것 아니겠습니까?" 공자께서 말씀하시길, "사(賜)는 이제 함께 『시(詩)』를 이야기할 수 있게 되었구나. 지나간 일을 일러 주었더니 앞으로 닥쳐올 일을 아는구나."

해설

構造: 溫[X=本質: 讓(c_1=可與言)]

이 구절은 왜 시(詩)를 인용하여 설명하는 이유와 마지막 구문의 지난 것을 알려 주었더니 오는 것을 안다(告諸往而知來者)는 구절에서, '지난 것'과 '오는 것'이 무엇인지 이해를 한다면, 공자(孔子)와 자공(子貢)의 대화를 통해서 전달하고자 한 것이 무엇인지 명확히 할 수 있습니다.

그에 앞서 이 구절에서 눈에 띄는 것이 하나 있습니다. 자공(子貢)을 부를 때, 공자(孔子)가 사(賜)라고 칭하고 있습니다. 자공(子貢)은 위나라 사람으로 본명은 단목사(端木賜)로 성(姓)이 단목(端木)이고 이름이 사(賜)입니다. 자공(子貢)은 본명 대신 부르는 자(字)입니다. 통상 부르는 자(字), 자공(子貢) 대신 사(賜)라고 부른 것은 전하려는 내용 중에 사(賜)의 의미를 강조하려는 의도입니다. 사(賜)는 돈(貝)이 쉬운(易) 사람을 의미합니다. 자공(子貢)은 언어에 뛰어나고, 엄청난 재력을 소유한 정치인이었습니다. 다른 의미로 해석하면, 가치(貝)에 대한 변화(易)를 쉽게 이해하는 사람이라고 할 수 있습니다. 그런 자공(子貢)이 자신의 처신이 이러면(富而無驕) 어떻습니까? 묻고 있는 상황입니다.

1.10구절에서 자공(子貢)이 논어의 구조와 체계에 대해 설명한 바 있습니다. 그 체계에 따르면 이 구절의 소주제는 양(讓)에 해당합니다. 언어(言)를 통해 도움(襄)을 주고, 언어를 통해 사람들의 생각을 나누어 의견을 같이하는 일(讓)이라고 할 수 있습니다. 이 구절은 공자와 자공(子貢)이 스승과 제자의 입장에서 언어(言)를 통해 도움(襄) 주고 생각을 나누고 있습니다. 그 매개체가 시(詩)입니다.

시(詩)는 사람들의 마음을 진솔하게 담아 표현하는 글입니다. 공자의 학교에서 가장 먼저 가르치는 첫 번째 과목이 바로 시(詩)입니다. 사람들의 따듯한(溫) 마음, 인간적인(仁) 기쁨, 분노, 슬픔, 두려움, 사랑, 미움, 욕망 등을 나누는 언어에 해당합니다.

맨 마지막 구절을 조금 더 풀어서 설명하면 다음과 같습니다. 재산(貝)이 억수로 많은 제자, '사(賜)야! 시(詩)에 대해서 나와 함께 논(論)하는 일(可與言)이 가능하게 되었구나! 이를 시작(始)하도록 하자. 그 이유는 1.11~1.14구절을 알려 주었더니 1.15구절에서 무엇을 학습할 것인지 이미 알고 있구나!' 정도에 해당합니다.

그러면 자공(子貢)은 1.15구절의 내용을 어떻게 미리 알고 질문하였을까요? 그 해답은 1.6구절에 들어 있습니다. 1.6구절에서 공자는 제자들에게 다음과 같이 1.11~1.15에서 학습할 내용을 설명한 바 있습니다.

子曰 : "弟子 入則孝(1.11), 出則弟(1.12), 謹而信(1.13), 汎愛衆而親仁(1.14). 行有餘力(1.15), 則以學文."

이 구절에서 공자와 자공의 첫 번째 대화는 그 여력(餘力)을 확인하는 과정에 해당합니다. 가난하지만 아첨하지 않고 여유를 즐기며, 부유한 상태에서도 교만하지 않고 예(禮)를 좋아하는 일을 한다면 공례(恭禮:1.13)의 여력(餘力)을 갖춘 것이라 할 수 있습니다.

현대 사회의 소시민에게 가난하다면 어떻게 할 것인가요? 묻는다면, 대다수는 '돈 벌어서 가난을 면해야 하겠지요', 답변할 것입니다. 하지만 군자(君子)와 같이 더 큰 사람이 되기 위해서는 물질적으로는 가진 것을 나누는 일을 즐거워하며, 내가 챙기고 짊어지고 갈 것이 없어 시간적, 정신적 여유와 여력을 갖추었으니 학문에 힘쓸 것입니다.

이에 따라, 배움의 준비와 자세를 갖춘 제자(弟子)인 자공(子貢)은 미리 첫 번째 과목인 시(詩)에 대해 예습을 하고 '절차탁마(切磋琢磨)' 하는 자세로 학습에 임하겠다는 각오를 이야기합니다. 즉, 자공(子貢)이 처음 언급한 자세와 태도보다 공자가 이야기한 더 높은 수준으로 '절차탁마(切磋琢磨)' 하여 나아가는 일을 의미하며, 이것은 언가복야(言可復也:1.13)의 의미를 지니고 있습니다.

이에, 자공(子貢)의 여력(餘力)을 확인하였고, 준비가 되었기 때문에 이제 시(詩)에 대한 토론(論)을 시작하겠다는 공자의 선언입니다. 이 글을 읽는 독자 또한 논어 학습에 대해 준비가 되었는지요?

아직 조금 부족하다면, 이전 구절로 되돌아가 복습하면서 내용의 이해를 다지면 됩니다. 그 의미를 차근차근 생각해보고, 왜 이런 이야기를 하고 있을까? 왜 이런 글자를 활용하여 설명하고 있을까? 스스로 질문하고 답변하는 과정의 반복을 통해서 다음 구절을 학습할 여력(餘力)이 늘 수 있습니다.

자공(子貢)은 공자와 함께 중국 대륙의 여러 나라를 떠돌며, 최소 14년 이상 배운 후에 작성한 글이라는 점을 상기하면, 단기간 내에 논어를 이해한다는 것은 과욕이라고 할 수 있습니다. 많이 읽는 것보다, 습(習)의 과정을 통해 충분히 익히고 다음 구절 학습으로 전진하는 방식을 권합니다.

1.16

子曰 : "不患人之不己知, 患不知人也."

▶ **해석:** 공자께서 말씀하시길, "남이 나의 지식과 지혜를 알아주지 않음을 걱정하지 말고, 내가 사람들을 알지 못함을 걱정하여라."

해설

構造: 溫[X=本質: 溫(x_1=患)]

이 구절의 소주제는 인간의 따듯함(溫)입니다. 인간의 다양한 속성 가운데 하나는 걱정(患)입니다. 우리는 너무 뜨거워 열정적인 것도 걱정하고, 너무 차가워 냉소적으로 변하는 일도 걱정합니다. 지나치는 것을 피하고 항상 적당한 수준에서 일정하게 유지하는 모습을 더 좋아하곤 합니다.

'환(患)'이라는 글자의 자형은 참으로 재미 있습니다. 충(忠)이라는 글자 위에 입(口)이 하나 더 얹어져 있습니다. 말로만 충(忠)심을 다하는 위선에 해당합니다. 말로만 충심을 다하는 경우, 두려운 일이 벌어지기 쉽습니다.

대상이 국가가 아니라 학습자, 배우는 사람 관점에서 충(忠)은 마음(心)의 중(中)심을 배우는 일에 두는 것이지만, 그 위에 입(口)이 하나 더 있어서 이쪽 저쪽으로 떠벌리고 다니기 바쁩니다. 왜 입이 하나 더 튀어나와서 이런 저런 말을 하고 다니기 바쁠까요? 1.15구절을 이어서 생각해보면, 제자 자공(子貢)은 스승에게 인정받고 시(詩)에 대해 토론(論)하기 시작했는데, 내가 자공보다 부족한 것이 무엇인데 왜 스승님은 나를 바라보지 않을까? 이런 마음에서 비롯됩니다.

나의 지식이 부족한지 모르고, 자공(子貢)의 지식과 지혜의 깊이가 어느 정도인지 모르기에 일어나는 마음입니다. 1.15구절의 의미를 이해 못하고, 부러움과 걱정만 앞서는 제자(弟子)에게 전달한 말이라고 생각됩니다. 그런, 독자(學生)에게 공자가 먼저 따끔한 주의사항을 전달하고 있는 모습입니다.

이 구절은 1.6구절의 공자 가르침에 이어 1.8구절(學則不固, 主忠信:1.8)과 맥락이 맞닿아 있습니다. 배움(學)에 있어서 충(忠)과 신(信)이 부족하기 때문에 걱정(患)이 앞서게 됩니다. 만약 충(忠)과 신(信)이 가득 차 충만해 있다면, 그 마음(心) 중(中)심에 따르는 신(信)념을 추구하면 됩니다. 아직 마음의 중심이 곧바로 서 있지 않고, 신념이 부족하기 때문에 이곳저곳 묻기 바쁜 상황입니다. 그렇지 않다면, 사람들이 내가 알고 있는 바, 나의 지식이나 지혜가 얼마나 깊은지 알아주기를 바라고 걱정할 이유가 없습니다.

이해에 주의할 사항은 사람들이 나의 지식과 지혜를 안다는 것과 달리 나는 사람들을 이해해야 한다는 것입니다. 알아야 하는 대상이 동격이 아님을 명확히 할 필요가 있습니다.

만약 사람들이 나에 대해 알지 못하는 것을 걱정하는 경우는, 내가 권력, 재력, 권위, 학식이 많은 사람인데, 사람들이 나를 알지 못하는 일을 포함할 수 있습니다. 즉, 지식과 지혜의 측면이 아니라, 나의 모든 것을 포함하므로, 자칫 엉뚱한 것을 내세우고 알아주기를 원하는 사람으로 변할 수 있습니다.

두 번째 구문은 사람들의 모든 것을 포함합니다. 사람들이 처해 있는 상태, 환경, 성향, 어려움, 지식의 정도 등 사람들에 대한 전반을 이해하라는 의미입니다. 사람을 이해하지 못하고, 어떤 특정 가치나 기준으로만 사람을 평가하고, 다루며, 집착하는 일은 군자의 자세와는 거리가 먼 일에 해당합니다.

2. 위정

위정은 '다스림(政)을 이룬다(爲)'는 의미입니다. 정(政)은 정치(政)라는 협의의 의미 이외에, 포괄적인 다스림을 의미합니다. 제2장은 주제(主題)인 양(良)의 관점에서 자신에 대한 다스림(修養)과 국가와 사회 다스림(政)을 위한 방법론(良)을 담고 있습니다.

子曰 : "爲政以德, 譬如北辰, 居其所, 而衆星共之."

▶ **해석:** 공자께서 말씀하시길, "덕(德)으로써 다스림을 이루는 것은, 비유하자면 마치 북극성(北辰)과 같다. 북극성은 제자리에 머물러 있는데, 모든 별들이 그것을 향한다."

해설

$$構造: 良[M=方法: 溫(x_1=德)]$$

이 구절을 이해하는 과정에 오해하지 말아야 할 사항은 덕(德)이 북극성(北辰)과 같다는 의미로 비약하면 곤란합니다. 덕(德)으로써 다스리는 행위(爲政)가 북극성(北辰)과 같다는 비유입니다. 다스리는 행위(爲政)는 북극성(北辰)과 같이 항상 일정해야 한다는 뜻입니다.

모든 별들은 지향점인 북극성(北辰)을 중심으로 회전합니다. 만약 북극성의 위치가 수시로 변한다면 그것을 지향점으로 삼을 수는 없습니다. 바닷가의 등대 위치가 수시로 바뀐다면 그것을 활용하여 찾아가는 일이 곤란하지 않겠습니까? 마찬가지로 다스리는 행위(爲政)가 수시로 변한다면, 그것을 어떻게 따를 수 있을까요?

하지만 현실적으로 다스리는 행위(爲政)는 변할 수 있습니다. 법(法)과 명령은 국가와 사회의 구조와 체계의 상황에 따라 유동적이기 때문입니다. 그래서 앞에 덕(德)이라는 것을 활용한다는 전제 조건을 붙였습니다.

만약 도(道)로써 다스리는 행위(爲政)라고 설명했다면 당연히 시간,

장소, 환경, 사회의 변화에 따라 올바른 길은 다르기 때문에 북극성에 비유할 수 없습니다. 덕(德) 대신에 인(仁), 의(義), 예(禮), 지(智), 신(信), 법(法) 등 어떤 것을 사용해도 변하지 않는 속성은 찾기 쉽지 않습니다.

그러면 덕(德)은 무엇이기에 위와 같은 사항들과 달리 변하지 않는 속성을 지닌 것일까요? 사회가 지니는 보편적 규범이나 위에서 언급한 성질들과 다른 속성을 지닌 것일까요?

덕(德)은 사람 가까이(彳)에 마음(心)을 기반으로 따뜻한 눈길(目)을 하나로(一) 나누는(十) 행위입니다. 즉, 덕(德)은 인간의 따뜻함(溫)을 유지하기 위한 관념이자 도구입니다. 인간은 일정한 체온(36.5℃)을 유지하는 항온 동물입니다. 따뜻함(溫)을 기반으로 한 정체성을 이어가기 위해서는 변하지 않는 속성의 덕목이 필요합니다.

그래서 임금(君)은 변하지 않는 자세와 태도로 나라를 다스리는 일을 해야 한다고 설명합니다. 그 도구가 바로 덕(德)입니다. 다스림(爲政)의 정점에 위치한 임금(君)이 북극성에 비유되는 이유라고 할 수 있습니다.

덕(德)으로써 실행하는 정치의 속성은 다음과 같습니다. 북극성처럼 모든 별이 예외 없이 따릅니다. 덕(德)이 나누어지는 과정에 예외가 있다면 그것은 덕(德)이라고 하기 곤란합니다. 그것은 특정 집단이나 사람에 대한 특혜나 호혜라고 할 수 있습니다. 덕(德)은 모든 사람에게 보편적으로 적용되지만, 때로는 영향력이 적을 수 있으며 별로 관계가 없는 것처럼 느껴질 수도 있습니다. 덕(德)은 삶의 지향점이나 도덕적 행위에 대한 방향성 제공의 도구로 활용될 수 있습니다. 덕(德)은 해와 유사하여 때로는 구름에 가려 보이지 않을 수도 있고, 낮 시간에는 보이지 않을 수 있지만 항상 그 자리에 머물러 있습니다.

또한 해보다 더 영향력이 강한 존재가 앞에 있는 경우에는 그 영향에 가려 보이지 않을 수 있습니다. 그런 경우라도, 북극성이 사라지지 않는 것처럼, 덕(德)은 우리가 인식할 수 없는 경우도 많지만 인간 사회 속에 항상 존재하고 있습니다.

정리하면, 2장의 대주제(大主題)는 양(良)입니다. 올바른(正) 방향으로 두드려(攵) 다스려가는 행위(爲)에 대한 최선의 방법론(良)을 제시하고 있습니다. '爲政以德'이라는 방법입니다. 그 방법은 2.1구절 소주제(小主題)인 인간의 따듯함(溫)이라는 항상성(恒常性)을 기반으로 합니다. 인간의 정체성을 따듯함(溫)으로 출발하여, 덕(德)을 지향점으로 삼는 이유입니다.

2.2

子曰: "詩三百, 一言以蔽之, 曰 思無邪."

▶ **해석:** 공자께서 말씀하시길, "『시경』의 시 삼백 편을 한마디로 개괄한다면, 생각에 사악함이 없다."

해설

構造: 良[M=方法: 良(m₁=一言以蔽之)]

시(詩)는 마음속 깊이 자리한 진심을 드러냅니다. 시(詩)를 접하는 것은 생각의 본질에 가까워지는 일입니다. 화려한 기법의 언어로 포장한 시(詩)보다 기쁘고, 슬프고, 그립고, 아쉬움과 진솔함이 깊이 담겨 있는 시(詩)를 좋아하는 이유입니다. 사악한 거짓과 위선으로 쓴 시(詩)는 얼마 지나지 않아 사장되고 잊혀집니다.

시(詩)는 인간의 언어가 문화를 이루면서 만들어낸 가장 오래된 형태의 산물에 해당합니다. 시경(詩經)은 주(周)나라 초기에 중국 대륙 각 지역에서 수집한 시(詩)를 모아서 만든 시집(詩集)입니다. 그래서 지은이와 창작 시기는 알려져 있지 않습니다. 시(詩)는 종이가 없던 시절부터 만들어진 가장 절제되고 함축적인 형태의 언어로서, 글 또는 구전을 통해 전해왔습니다. 함축된 언어에 마음을 담아 전달하기 위해서는 교언영색(巧言令色:1.3)에 해당하는 꾸밈이 많은 표현은 사람들에게 외면당하기 쉽습니다. 순수한 마음이 아닌 사악하고, 사기를 담은 글, 또한 마찬가지입니다. 그래서 3백여 편의 시를 한마디로 설명하면, '사악함이 없다'고 했습니다.

이 구절에서 전달하는 방법론(良)을 한마디로 설명하면, '一言以蔽之'입니다. 필자가 각 구절의 해설 첫머리, 구조 부분에 기재하고 있는 사항도 이 방법을 활용한 것에 해당합니다. 구절의 보조적 생각은 모두 지우고, 한 마디 또는 한 단어로 요약하는 것의 장점은 가장 중요한 생각의 틀 또는 가장 핵심적인 인자를 구분하여 이해하는 데 효과적입니다.

시(詩)에 담겨 있는 배경, 기쁨, 분노, 애환, 두려움, 사랑, 증오, 욕망, 욕심 등의 군더더기를 다 덜어내고, 시(詩)를 쓴 사람의 마음을 한마디로 표현하는 일과 동일합니다.

중국 대륙 각 지역에서 모아온 사람들의 마음(詩)을 요약하면 한마디로 사악함이 없다(思無邪)는 것은 사람들의 마음이 선량(良)하다는 것을 의미합니다. 사람들이 이루는(爲人:1.2) 성향(性向)이 양민(良民)이라는 의미를 담고 있습니다. 덕(德)으로 정치를 행해야 하는 이유입니다. 양민(良民)에 대해 강제하고, 강압하며, 그들의 삶을 어렵게 만드는 일에 대해 선(善)한 정치라고 할 수 없습니다.

만약 대다수의 사람들이 따뜻하지 못하고, 착하지(良) 못한 세상이라면 사람들이 지은 시(詩) 또한 사악함이 넘쳐날 것입니다. 정치도 덕(德)으로 다스리는 일이 어렵게 될 것입니다. 다른 관점에서, 법(法)이라는 체계가 생겨난 이유라고 생각해볼 수 있습니다.

子曰 : "道之以政, 齊之以刑, 民免而無恥. 道之以德, 齊之以禮, 有恥且格."

▶ **해석:** 공자께서 말씀하시길, "다스림(政)으로써 올바르게 이끌고(道), 형(刑)벌로써 질서(齊)를 유지한다면 서민들은 그것(政刑)을 모면하려 하고 수치심이 사라진다. 덕(德)으로써 올바르게 이끌고, 예(禮)로써 질서를 유지하면 수치심과 품격(格)을 갖게 된다."

해설

構造: 良[M=方法: 恭(u₁=道之以德, 齊之以禮)]

2.1구절에서 다스림의 지향점, 즉 종점을 이야기했다면, 2.2구절에서는 다스림의 출발점을 설명했습니다. 이 구절은 국가를 이끌고 다스리는 방법, 즉 중간 과정에 대한 설명입니다. 소주제(小主題)인 공(恭)의 관점에서 어떻게 하면 사람들이 공(共)동체를 향한 마음(心)을 올바르게 할 수 있을까요?

공자가 1.10구절의 5가지 사항, 온양공검양(溫良恭儉讓)을 항상 가슴에 품고, 여러 나라를 주유하며 그 관점에서 세상을 이해하려고 했던 것과 같이 사회 체계와 문명의 구조를 이해하려는 노력은 논어를 이해하는 과정에서 꼭 필요한 일입니다. 그런 노력을 통해서 현실 세계에 대한 이해를 높이고, 현실 세계의 문제 해결 능력을 기를 수 있기 때문입니다.

현실 세계의 사회적 문제는 수많은 관계 그물로 엮여 있는 상황에서 발생하므로, 하나의 방법으로 문제를 해결할 수 있는 사항은 별로 없습니다. 과학이나 수학 분야의 실험이나 문제 풀이와 같이 단순하지 않은 것이 사회 문제입니다. 하지만 현상으로 드러나는 일과 문제가 복잡하면 복잡할수록 더 중요한 것이 있습니다. 체계의 순서와 질서입니다.

체계의 순서와 질서를 한 글자로 표현하면, 예(禮)라고 할 수 있습니다. 체계의 순서와 질서를 정리하기 위해 문서화한 것이 법(法)입니다. 공자의 시대에는 아직 오늘날과 같은 성문법(法)이 없던 시대였다는 점을 고려하면 형(刑)과 법(法)은 같은 의미로 이해할 수 있습니다.

첫째 구문은 무엇이 문제일까요? 왜 서민들이 다스림과 형에 대해 모면하려 하고, 수치심을 잃게 될까요? 어떻게 하는 것이 올바른 방법일까요? 방법은 수없이 많을 수 있습니다. 이 구문에 나오는 사항을 도치하여 살펴보면, 올바른 방법으로써 정치를 행하고, 체계의 질서로써 형을 행하는 일(政之以道, 刑之以齊)이 됩니다. 그렇게 한다면, 어떤 양민이 그것을 거부하고, 수치심을 잃을 수 있을까요? 첫 구문은 순서가 뒤집혀 있기에 문제가 발생합니다.

순리를 뒤바꿔 권력의 힘(政)을 이용하여 올바르게 이끌려고 하니(道之以政), 올바름에 대해 생각하기도 전에 힘과 권위를 사용하기 바쁘고, 사람들은 그것을 피하기 위해 온갖 노력을 다하게 됩니다. 힘센 사람이 칼을 들고 나타나면 그것이 정의를 위한 것이든, 어떤 것이든 우선 멀리 떨어져 있는 것이 상책입니다. 위험을 피하는 인간의 본능이라고 할 수 있습니다. 그 과정에서 수치심은 둘째입니다. 목숨을 부지하고 사는 것이 최우선이기 때문입니다.

더욱 곤란한 사항은 올바른 길(道)은 사실 아무도 모른다는 점입니다. 아무도 장담할 수 없는 사항에 대해 사회구성원 모두가 공(共)통된 마음(心)을 갖는 일은 이루기 쉽지 않습니다. 공통된 마음을 얻기 어렵기에, 체계의 질서(齊)라는 틀을 만들어 그것을 기준으로 삼아 사회를 유지합니다. 그런데 체계의 질서(齊)를 기준으로 형벌을 집행해야 하는데, 그것을 거꾸로 활용하는 사람들이 있습니다. 권력과 힘에 의지하여 가혹한 형과 벌로 문제를 해결하는 경우입니다.

두 번째 문장의 의미를 살펴보겠습니다. 덕(德)과 예(禮)는 지향점입니다. 즉, 방향성을 의미하는 사항이지, 기준을 마련하고 준수해야 하는 성질의 사항이 아닙니다. 예(禮)에 대해 온갖 기준과 절차를 마련하고 실천을 강요하는 일은 예(禮)를 행한 것이 아니라, 그 사람들이 사회를 통제하고, 다스리기 위한 방편으로 체계의 질서(齊)를 잔뜩 마련하고 강요한 것이라 할 수 있습니다. 이 또한, 순리와 순서를 뒤바꾼 일이라고 할 수 있습니다.

그렇다고 오해하지 말아야 할 사항은 예(禮)가 없어도 좋다는 의미는 아닙니다. 체계의 질서(禮)가 사라진 세상을 꿈꾸는 일은 상상하기 어려운 일입니다. 예(禮)를 지향하여 순리에 따르는 순서와 질서를 유지하는 과정에 과도한 절차와 강제라는 것을 제외하면 사회공동체를 원활히 이루기 위해 꼭 필요한 사항입니다.

덕(德)과 예(禮)라는 지향점으로 향하기 위해 과정을 이루는 일에 필요한 사항이 도(道)와 제(齊)입니다. 도덕(道德)이라는 단어가 의미하는 사항도 순서에 따라 올바르게 이끌어(道) 덕(德)으로 향하는 일이라는 뜻입니다. 제례(齊禮) 또한 국가와 사회의 질서 체계를 기반으로 예(禮)를 추종하는 일을 의미합니다.

논어에서 의미하는 예(禮)의 실행 방법과 행위는 제례(齊禮)를 뜻합니다. 제(祭)사의 례(禮)를 뜻하는 설명은 극히 일부분에 불과하며, 주로 잘못된 관행을 설명하는 경우가 대부분입니다. 논어에 대한 이해가 짧은 사람들이 유학 교육(儒教) 과정에서 제례(祭禮) 같은 작은 단편의 형식적 모습을 강조하고, 오해하도록 이끈 결과라고 할 수 있습니다. 공자 철학의 체계와 구조를 모른 채 순서를 뒤바꿔 엉뚱한 곳으로 사회를 이끈 모습이라고 할 수 있습니다. 경계하고 주의할 사항입니다.

子曰 : "吾十有五而志于學, 三十而立, 四十而不惑, 五十而知天命, 六十而耳順, 七十而從心所欲, 不踰矩."

▶ **해석:** 공자께서 말씀하시길, "나는 열다섯 살에 학문에 뜻을 두었고, 서른 살에 기반을 세웠으며, 마흔 살에는 미혹되지 않았고, 쉰 살에는 (나에게 주어진) 천명(天命)이 무엇인지를 알게 되었으며, 예순 살이 되어서는 순(順)리가 들리게 되었으며, 일흔 살에는 마음이 이끄는 대로 행해도, 법도에서 벗어나지 않았다."

해설

構造: 良[M=方法: 儉(o₁=不踰矩)]

이 구절은 앞의 구절들과 어떤 연관성을 갖고 있을까요? 갑자기 왜 이런 얘기를 하고 있을까요? 워낙 널리 알려진 구절이라, 자신의 나이를 되돌아보며 한 번쯤은 생각에 잠겨본 구절일 것입니다.

인생과 나이를 연결하여 의미를 부여하는 관점에서 필자의 설명은 하나의 의견에 불과합니다. 각자의 인생이 다르고, 저마다 삶의 관점이 다르기 때문입니다. 하지만 공자의 철학을 이해하는 관점에서 위 2가지 질문에 대해 확신을 갖고 답을 할 수 있다면, 나름대로 자신의 철학이 있다고 이야기할 수 있습니다.

시작점(2.2구절)과 목적지(2.1구절), 그리고 그 길로 가는 방법(2.3구절)을 설명했다면, 그다음은 무엇일까요? 현대인은 누구나 차를 탄 후, 시동 걸고, 내비게이션에 출발지, 목적지를 넣고 방법과 경로를 확인합니다. 그다음은 경로가 최적의 방법인지 확인하고 운전을 시작합니다. 꼭 최단거리일 이유는 없습니다. 자신이 가려고 하는 과정에 간선 도로의 여유를 즐기고, 주변 경치를 감상하려는 사람은 오히려 이곳저곳으로 둘러서 가는 경로를 더 선호합니다. 장거리 여행이라면 중간 기점을 다시 목적지로 변경하는 일이 오히려 효율적일 수 있습니다.

공자가 설명하는 인생 목적지에 이르는 마지막 단계는 '불유구(不踰矩)'라고 할 수 있습니다. 필자는 편의상 법도를 넘어서지 않는다고 번역했지만, 정확한 의미는 구(矩)라는 글자에서 찾을 수 있습니다. 사람이 화살(矢)을 쏘는 모습(巨)을 형상화한 글자입니다. 화살을 쏘면 목표에 명중하면 더없이 좋지만 과녁을 벗어나지 않으면 나름 성공한 일입니다. 즉, 70대에 이르러, 인생이란 활터에서 내 마음에 따라 화살을 쏴도 목표를 벗어나지 않는다는 의미입니다.

여기에서 목표는 개인적인 목표에 더하여, 2.3구절에서 설명한 사회 공동체의 덕(德)과 예(禮)를 목표로 두는 일을 의미합니다. 만약 개인의 삶에서 경제적으로 성공하여 천억을 벌었고, 살면서 사회에 어느 정도 도움이 되었으며, 사후에 재산의 상당 부분을 기부할 예정인 사람은 공자가 제시하는 틀 안에 들 수 있을까요?

살펴봐야 할 사항은 본인은 덕(德)이라고 생각했지만, 2.3구절 첫 구문처럼 순서가 뒤바뀐 상태로 과정을 지나쳐온 경우, 올바른 길(道)을 따른 것이 아니라, 힘과 권력을 기반으로 남들과 경쟁에서 앞서고 이긴 성과라면 곤란합니다. 과정에서 올바른 길(道)을 따르지 않았다면, 덕(德)을 향해 사회 공동체를 이끈 것이 아니라, 어떤 목적지를 향해 자신만 앞서 나간 일에 해당합니다.

효율성과 힘과 능력을 활용하여 앞서 나가는 것이 인생의 목적지에 이르는 최선의 방법이라면, 항상 경쟁 우위에 있는 사람들만 행복한 세상이 됩니다. 효율성(俛)을 따지기 이전에 논어(論語)의 핵심 체계 가운데 3번째 사항인 공(恭)을 살펴야 합니다. 사회 공(共)동체를 생각하고 마음(心)에 담아 공(恭)경하는 일이 우스워지고, 효율성만 추구하는 사회로 변한다면, 사회는 극심한 경쟁과 스트레스로 채워지는 모습이 됩니다.

기반을 이루는 틀이 부실하면, 그 위에 세운 구조물은 쌓을수록 위태롭게 변합니다. 이 구절에 따르면, 최소 15년은 배움의 길을 걸어야 제대로 자신의 구조물을 세울(立) 수 있다고 설명하고 있습니다. 그것도 공자처럼 젊어서 다양한 일을 가리지 않고 그런 일을 통해서 체득하고 배움을 늦추지 않는 경우에 그렇습니다.

나이 오십을 뜻하는 지천명(知天命) 관련, 공자의 천하 주유 시작 시기가 53세라는 점에 주목해야 합니다. 하늘의 뜻(天命)을 알 수 있는 사람은 없습니다. 하늘이 나에게 부여한 명령, 즉 나의 삶이 가야 할 길이 무엇인지 명확히 이해하는 나이라는 의미입니다. 공자는 자신 삶이 가야 할 길이 무엇인지 확신하고, 14년간 천하를 주유한 후 이순(耳順)이 넘어 60대 후반 고국인 노(魯)나라로 돌아옵니다.

이 구절은 인생이라는 먼 여정의 중간 기점에 대해 설명하고 있습니다. 그 정도 나이가 되면 해당 사항을 돌이켜봐야 한다는 의미를 담고 있습니다.

그러면 2.4구절을 배우고 있는 현 시점은 어떤 의미를 지닐까요? 자동차로 비교하면 논어(論語)라는 차에 타고 시동을 건 상태입니다. 2.1~2.3구절을 통해 출발지와 목적지를 이해한 후, 중간 기점이 어디인지 확인하여 나의 최적(俛) 경로가 무엇인지 살펴본 상황입니다.

이 구절에 놓치지 말아야 할 사항은 결국 인간은 자신 욕구에 의해 움직인(從心所欲)다는 점입니다. 이 구절에 대한 실행을 어렵게 생각할 수도 있지만, 죽기 전까지 자신의 의지에 따라 삶을 이루는 과정에서 사회의 지향점과 법과 규범 같은 것의 범위를 벗어나지 않는 선량(良)한 삶이면 충분할 수 있습니다. 그것만으로도 사회는 따듯함(溫)을 지속할 수 있기 때문입니다.

孟懿子問孝. 子曰: "無違." 樊遲御, 子告之曰, "孟孫問孝於我, 我對曰無違." 樊遲曰 : "何謂也?" 子曰, "生, 事之以禮. 死, 葬之以禮, 祭之以禮."

▶ **해석:** 맹의자(孟懿子)가 효도에 관해 여쭤 보자 공자께서 말씀하시길, "어기지 않는 것이다." 번지(樊遲)가 공자를 모시고 수레(御)를 몰 때에, 공자께서 그에게 말씀하시길, "맹손(孟孫)이 나에게 효도에 대해 묻기에, 내가 어기지 않는 것이라고 대답했다." 번지가 "어떤 의미를 지닌 말씀이십니까?"라고 하자, 공자께서 말씀하시길, "살아 계실 때는 예(禮)로써 섬기며, 돌아가신 후에는 예(禮)로써 장사를 치르고, 예(禮)로써 제사를 지내는 것이다."

해설

構造: 良[M=方法: 讓(c_1=無違, c_2=告之)]

맹의자(孟懿子)는 맹씨 가문(家門)의 후손(孫)으로 맹의(孟懿)는 중의적 의미를 지니고 있습니다. 맹(孟)은 아들 가운데 첫째를 의미합니다. 동양에서는 첫째 아들인 장자(長子)가 가문(家門)을 이어가는 역할을 합니다. 즉, 해당 성(姓)씨의 근원을 이어가는 종(宗:1.13)가를 의미합니다. 그래서 부모의 장례와 제사를 주관하는 것도 장자(長子)의 역할에 해당합니다. 부모를 이어가는 종중(宗中)이라고 할 수 있습니다. 그런 으뜸 사항(孟)에 아름다움(懿)이 뒤따르고 있습니다. 사회의 근원적(宗:1.13) 아름다움을 만드는 것은 1.13구절에서 학습한 바 있습니다. 신의(信義)와 공례(恭禮)입니다. 이는 국가라는 커다란 사회와 가족이라는 작은 사회 구분 없이 모든 사회에 공통적 사항이라고 할 수 있습니다.

그런 제자 맹의자(孟懿子)가 효(孝)에 대해 공자에게 묻고 있습니다. 부모와 자식을 하나로 묶어주는 것이 효(孝:1.11)입니다. 1.11구절의 형식을 빌려와 살아 있을 때와 돌아가신 후, 2가지 상황에 대해서 설명하고 있습니다. 공통적으로 어기지 않는 것이라고 간략히 설명했는데, 1.11구절에 대입하면 뜻을 어기지 않는 것이고, 돌아가신 후 부모가 행하던 일의 연속성을 어기지 않는 일(無違)이라고 할 수 있습니다.

무위(無違)는 2.4구절과 이어지는 의미입니다. 즉, '從心所欲, 不踰矩, 無違'입니다. 사회가 정한 법, 규정, 관례, 규범 등을 넘지 않는 일이 바로 어기지 않는 일입니다.

아마 이 구절에서 눈에 익숙한 글자가 많이 보이는 분들이 있을 겁니다. '교통법규 속도 위반고지(違反告之)', 소위 딱지 많이 끊으신 분들은 이런 글자가 찍힌 우편물을 많이 접하셨을 것입니다. 위반(違反)하지 않는 무위(無違)와 공자가 번지에게 설명하는 일을 고지(告之)라고 표현한 의미가 쉽게 와 닿을 수 있습니다.

2.4구절에서 목적지에 대한 경로를 확인 후에, 이 구절에서 초보 학습자의 관점에서 과속이다 싶을 정도로 달리고 있는 느낌입니다. 2.4구절 끝나기가 무섭게 엄청난 속도로 달리고 있기에, 특히 초보 학습자(운전자)는 주의할 필요가 있습니다.

다행히 번지(樊遲)가 수레를 운전하고(御) 있는 상황입니다. 번지(樊遲)는 공자의 제자로 30~40살 정도 연하로 알려져 있습니다. 아직 나이 어린 초보지만 신의(信義) 하나는 굳게 지키는 사람입니다. 절대로 과속하지 않고 천천히 수레를 운전합니다. 어떤 이유일까요? 번지(樊遲)라는 이름에서 그 의미를 찾을 수 있습니다.

번(樊)은 큰 울타리를 의미하고, 지(遲)는 물소(犀)가 느리게 지나가는(辶) 모습을 뜻합니다. 사회의 범위와 규칙을 상징하는 울타리를 넘지 않고, 그 내에서 천천히 가는 사람을 상징합니다. 누가 보든지 말든지 자신의 방식대로 울타리를 벗어나지 않고, 천천히 나아갑니다(從心所欲, 不踰矩, 無違). 이 구절 소주제인 양(讓)보와 겸양(讓)을 의미합니다. 내가 먼저 나아가려는 마음을 절제하고, 남들을 배려하는 마음에서 비롯되는 덕목입니다.

이름에서 이미 신의(信義)를 지니고 있으므로, 공자는 다음 단계인 공례(恭禮)를 깨우쳐(告之) 주고 있습니다. 고지(告之)라는 단어에는 '그 것을(之) 소(牛)에게 말(口)한다'는 의미가 들어 있습니다. 물소(犀)를 의미하는 번지(樊遲)에게 그것을 전하는 일을 의미합니다. 고지(告之)의 핵심은 그것을 전달받는 사람에게 필요한 말만 해주어야 합니다. 필요하지도 않은데 이것저것 알려주는 것은 고지(告之)를 벗어난 일입니다. 신의(信義)를 갖춘 자에게 불필요하게 신의(信義)를 설명하고 강조하면 듣는 사람이 의아하게 여길 수 있습니다. 이 또한 언어(言)로 도움(襄)을 주고, 구성원들이 내용의 합의(讓)를 얻는 일로서, 이 구절의 소주제(讓)에 해당합니다.

공자 왈(曰)이라는 표현 대신 '고지(告之)'라는 표현이 사용되고 있기에 주의 깊게 살펴봐야 한다는 점을 강조 드렸습니다. 이에 대해 대략 넘어가면, 번지(樊遲)와 신의(信義)에 대한 연관성, 그리고 1.13구절과의 연관성을 이해하는 일을 간과하기 쉽습니다.

마지막 공자의 설명은 살아 계실 때에도 돌아가신 후에도 항상, 가족이라는 작은 사회에서 예(禮)를 지향점으로 두고 공(恭)경을 다 한다(恭禮)는 의미입니다.

孟武伯問孝. 子曰: "父母唯其疾之憂."

▶ **해석:** 맹무백(孟武伯)이 효에 관하여 여쭤 보자 공자께서 말씀하시길, "부모는 오직 그것을 질병처럼 싫어하는 일을 걱정한다."

해설

$$構造: 良[M=方法: 溫(x_1=疾之憂)]$$

맹무백(孟武伯)은 2.5구절에 나온 맹의자(孟懿子)의 아들입니다. 무백(武伯)이라는 이름의 중의적 의미는 다음과 같습니다. 무(武)는 '강함, 무력, 힘, 계승'을 의미하고, 백(伯)은 '첫 번째, 으뜸, 뛰어나다'는 의미입니다. 즉, 강하고 무력과 같은 힘을 좋아하는 사람이라는 의미입니다. 맹(孟)이란 글자가 백(伯)과 같은 의미를 지니고 있기에 처음부터 끝까지 무(武)를 앞세우는 사람입니다. 지나친 일입니다.

그 아버지인 맹의자(孟懿子)의 이름과 대조적이라 할 수 있습니다. '맹(孟)씨 가문의 종중(宗中)을 계승(武)하는 으뜸(伯)이 되라'는 의미로 지은 아름다운 이름이지만, 무(武)가 통상 많이 사용되는 무력, 힘을 뜻한다는 점에서 이름을 작명하는 일로는 지나친 바가 있습니다.

왜 그렇게 이름 지었을까요? 맹(孟)씨 가문은 노(魯)나라 3환(桓)으로 불리는 3대 세도 가문(家門)의 맏이(孟)입니다. 즉, 노나라 15대 제후(諸侯), 환공(桓公)의 서자 중 맏이로 나라의 첫 번째 세도가(勢道家)로 왕족의 후손입니다. 맹의자(孟懿子)에서 의(懿)자는 흔히 사용되지 않는 글자입니다. 임금의 호칭에서 주로 찾아볼 수 있습니다. '무(武)'

자가 '계승한다'는 의미로 사용되는 일도 일반적 의미가 아니라 임금의 호칭에서 주로 찾아볼 수 있는 뜻입니다.

주(周)나라를 세운 임금은 무(武)왕으로 선왕의 호칭이 문(文)왕입니다. 은나라 폭군 주(紂)왕으로 무너진 문(文)명을 다시 일으킨 것을 상징하는 이름으로 아버지를 추대하고, 그 뜻을 계승(武)하여 새로운 국가를 세운 임금이 무(武)왕입니다. 아름다운 이름(名)이라 할 수 있습니다.

하지만 제후(諸侯)도 아니고, 그 서자의 후손이 그런 의미를 활용하여 이름 짓는 행위는 공례(恭禮:1.13)의 관점에서 크게 지나친 일입니다. 공(恭)이 없는 관례(冠禮)라고 할 수 있습니다.

나라의 첫째가는 세도가(家)의 힘을 등에 업은 젊은이가 아버지에 이어서 공자에게 효(孝)에 대해 묻고 있습니다. 맹의자(孟懿子)가 일찍이 공자에게서 예(禮)를 배웠다는 것은 잘 알려진 일입니다. 그 아들이 같은 질문을 하고 있는데 어떤 의미일까요? 배움의 자세에 공(恭)이 빠져 있습니다. 스승에 대한 결례(缺禮)라고도 할 수 있습니다. 하지만 나라의 첫째가는 세도가(家)의 장자(長子)라는 관점에서 바라보면, 권위와 권력의 측면에서 공자는 서열이 보이지도 않는 일개 훈장에 불과합니다. 힘센 사람이 대학자(大學者)를 대하는 태도가 이렇다면 곤란하겠지요.

이 구절은 2.5구절을 이어가는 구문입니다. 즉, '從心所欲, 不踰矩, 無違, 疾之憂'라고 할 수 있습니다. 그런데 묻고 있는 내용이 효(孝)이기 때문에, 효(孝)의 의미에 해당하는 인간 세대의 계승(武) 관점에서 부모의 뜻(志)을 이어가는 일이라는 점(:1.11)을 참고하면, 부모의 뜻을 거스르지 않는 일(無違)까지는 좋았는데, 이 구절에서 거스르고 있습니다(疾之). 그래서 그 거스르는 일과 행위에 대해 부모는 걱정(憂)한다는 의미입니다.

공자의 설명에 생략된 것은 목적어입니다. 부모가 효에 대해 이야기하고 있기 때문에 굳이 자식을 넣어 글자수를 늘릴 이유가 없습니다. 목적어를 생략하지 않으면, '父母唯其子疾之憂'입니다. 질(疾)은 단독적으로 사용되면 질병(疾病)이라는 의미로 쓰이고, 뒤에 어떤 목적어가 나오면 목적어에 대해 '병처럼 아주 많이 싫어한다'는 의미로 사용됩니다. 논어(論語)에서는 두 가지 용법 모두 자주 활용되고 있습니다. 이 구문에서도 그것(之)이라는 글자는 허수가 아니라 목적어에 해당합니다. 문장 전체로 볼 때 효에 대해 묻고 있기 때문에, 효(孝)를 지칭하는 대명사(之)입니다. 그 의미는 1.11구절에서 배운 '세대의 계승(武) 관점에서 부모의 뜻(志)을 이어가는 일'에 해당하는 효(孝)입니다.

맹의자(孟懿子)의 부친 맹희자는 예(禮)를 제대로 배우지 못한 것이 한(恨)이 맺힌 사람이었습니다. 외교적 무대에서 행한 무례(無禮)한 행위로 무식하다고 소문난 것이 이유가 되어, 아들 맹의자를 공자에게 보내 예(禮)를 배우도록 한 것은 널리 알려져 있습니다. 아마도 부친의 뜻을 따라 예(禮)에 대해 열심히 배운 것 같습니다. 2.5구절의 공자의 마지막 설명, "生, 事之以禮. 死, 葬之以禮, 祭之以禮."에 대해 종중(宗中)을 이끄는 사람인 맹의자가 얼마나 많은 예(禮)의 격식과 형식을 차려서 자신의 집안을 다스렸을지 상상이 됩니다. 반면에 그의 장자(長子)이자 혈기 넘치는 젊은이, 맹무백(孟武伯)은 거칠 것이 없습니다. 형식과 절차가 가득한 예(禮)라는 틀이 이루는 삶은 병(疾)처럼 지겹게 여겨질 수 있습니다.

맹무백(孟武伯)은 위(違)라는 글자와 동일한 의미를 상징합니다. 앞(孟)과 뒤(伯)를 뒤집어도 같은 의미를 지닌 모습은 위(韋)에서 찾아볼 수 있습니다. 울타리(口)를 중심으로 (允)과 (中)이 같은 모습으로 뒤집혀 있습니다. 즉, 어긋난(韋) 채 지나간다(辶)는 의미를 지닙니다.

결국 부모는 자식이 자신의 뜻을 거슬러 위반하는 일을 걱정합니다. 자식이 효도하기 위해 할 일은 뜻을 거스르지 않고, 따르는 일이라고 할 수 있습니다.

여기에서 놓치지 말아야 할 사항은 공례(恭禮)에서 공(恭)이 빠진 형식적인 예(禮), 즉 허례(虛禮)허식만 강력하게 실천하는 과정이 문제라는 점입니다. 정신이 없는 형식은 아무런 의미가 없습니다. 지나친 일이며 과욕(過欲)입니다. 형식에 대해 정성을 다 갖추고, 공경을 다해서 예를 행하는데 무슨 문제인가요? 이런 반문을 할 수 있습니다. 이때에는 공(恭)의 근본적 의미가 무엇인지 살펴야 합니다. 공심(共心)입니다. 함께하는 마음을 외면하고, 그것이 부족하다면 공(恭)이 빠진 상태입니다. 현대 사회에서도 예(禮)가 외면 받는 요인은 함께하는(共) 마음(心)을 잃어버린 채, 예(禮)의 형식 위주로 강조하기 때문입니다.

앞뒤 구절의 연계성 없이 그냥 '부모는 자식이 질병에 드는 것을 걱정한다'고 쉽게 이해해도 크게 무리는 없습니다. 자식이 질병 드는 것에 대해 걱정하지 않는 부모는 없기 때문입니다. 그 부모의 뜻을 헤아려 항상 자신의 생활습관을 바르게 하여 건강을 유지하는 것으로 이해해도 좋습니다. 사람들이 말하기를, "다른 것 다 필요 없고, 삶은 건강하기만 하면 돼." 이것이 진심이 담긴 부모의 뜻이라고 할 수 있습니다. 그 이상을 원하는 것은 원하는 사람의 과욕(過欲)입니다. 그렇기 때문에, 삶을 올바로 이끄는 길(道) 관점에서 같은 맥락이라고 할 수 있습니다.

子游問孝. 子曰: "今之孝者, 是謂能養. 至於犬馬, 皆能有養. 不敬, 何以別乎?"

▶ **해석:** 자유(子游)가 효도에 관하여 여쭤 보자 공자께서 말씀하시길, "오늘날의 효도는, 단지 부모를 봉양하는 능력을 말한다. 그러나 개와 말도 모두 먹여 살리는 일이 있다. 공경하는 마음이 없다면 무엇으로 개나 말과 구별할 것인가?"

해설

構造: 良[M=方法: 良(m$_1$=敬)]

부모의 뜻을 이어가는 일(孝)에 꼭 필요한 것을 경(敬)이라고 설명하고 있습니다. 경(敬)은 진심(苟)으로 어떤 것을 두드려(攵) 완성해 가는 모습을 의미합니다. 양(養)은 음식을 제공하고 돌보는 일입니다. 단순히 음식을 제공하고 돌보는 일이 아니라, 진심으로 부모의 뜻을 자식의 손길로 두드리고 이어가는 것을 의미합니다.

자유가 공자에게 효(孝)에 대해 물어보는 이유가 있습니다. 자유(子游)의 이름 유(游)라는 글자에서 알 수 있듯이 인간(子)의 흐름(游)을 의미합니다. 부모(耂)로부터 자(子)식으로 연속성을 이어받아 원활하게 흐르는(游) 일을 설명하고 있습니다. 자(子)식이 떠나 진심(苟)이 담긴 손길(攵)이 부족하다면 그 흐름(游)은 끊기고 늙은(耂) 사람만 쓸쓸히 남습니다. 경(敬)이 사라진 상황이 뜻하는 모습입니다.

子夏問孝. 子曰, "色難. 有事, 弟子服其勞, 有酒食, 先生饌, 曾是以爲孝乎?"

▶ **해석:** 자하(子夏)가 효도에 관하여 여쭤 보자 공자께서 말씀하시길, "(부모 앞에서는) 안색을 드러내는 일이 어렵다. 일이 있으면, 공손히 자식이 그 노력을 다하고, 술과 음식이 있으면, 부모가 먼저 드시게 하는 일, 어찌, 이 일만 효(孝)를 이루겠는가?"

해설

構造: 良[M=方法: 恭(U₁=色難)]

공경(恭敬)이라고 흔히 말하는 것과 같이 경(敬)은 공(恭)을 전제로 합니다. 즉, 가족이라는 공(共)동체에 하나라는 마음(心)이 전제된 진심이 부모에 대한 공경(恭敬)입니다. 2.7구절에서 경(敬)의 관점에서 효를 설명했다면, 이 구절은 공(恭)을 추가한 설명입니다. 가정(家庭)이라는 작은 사회 속에 가족이 함께 있는 상황을 설명하고 있습니다.

색(色)은 안색 및 태도, 행동 등, 보이는 모습(色)을 모두 의미합니다. 색난(色難)은 부모에게 근심을 끼치는 모습을 보이지 않는 것이 어렵다는 설명입니다. 함께하며 정성을 다해 부모를 봉양(奉養)하는 모습이 이어서 설명되고 있습니다. 자하(子夏)의 이름인 여름(夏)이 상징하는 것과 같이 공경(恭敬)과 풍성한(夏) 손길이 펼쳐지는 모습입니다.

이 구절에서 효(孝)의 의미에 대해 빠진 것이 있습니다. 인간 세대의 계승(武:2.6) 관점에서 부모의 뜻(志)을 이어가는 것의 관점입니다. 즉,

국가의 시작(夏:1.8해설) 관점에서 일찍이(曾) 설명한 사항입니다. 그것이 누락된 것이 효의 전부라고 생각하면 곤란하다는 공자의 반문입니다. 자하(子夏)가 등장하여 질문하는 이유에 해당합니다.

2.9

子曰 : "吾與回言終日, 不違如愚, 退而省其私, 亦足以發, 回也不愚."

▶ **해석:** 공자께서 말씀하시길, "내가 회(回)와 종일토록 이야기해 보니, 어긋남이 없으니 마치 어리석은 사람인 것 같았다. 물러간 뒤에 그의 생활을 살펴보아도, 역시 드러나 보이는 것들이 만족스럽구나. 회(回)는 어리석지 않구나!"

해설

構造: 良[M=方法: 僩(o₁=回)]

$$構造: 良[M=方法: 僩(o_1=回)]$$

안회(顔回)는 공자가 가장 아끼는 제자였습니다. 밖으로 드러나는 모습(色)은 청빈하고 군자에 가까운 사람이었습니다. 학습(學習)을 게을리하지 않고, 사람들에게 자신을 드러내지 않는 겸손(弟)하면서도 뛰어난 제자(弟子)였습니다.

그런 제자(弟子)와 하루 종일 무슨 얘기를 나누었을까요? 그리고 어리석다고 평가하고 있습니다. 왜 이런 설명을 하고 있을까요?

회(回)의 본명은 안연(顔淵)입니다. 여기서 자(字)를 호칭으로 부른 이유는 돌아보라(回)는 의미입니다. 2.5~2.8구절까지 효(孝)에 대해 열심히 학습했으니, 하루 종일 시간을 내어 복습(回)하는 모습입니다.

철학과 교수님과 효(孝)에 대해 하루 종일 토론의 결과 어긋남이 없었다면, 그 학생에게 어떤 평가를 할 수 있을까요? 대부분 사람들은 10분만 토론해봐도 땀을 뻘뻘 흘릴 상황입니다. 물론 농담이나 여담, 주제와 관련 없는 다른 얘기는 배제하고 진지한 토론을 나눈 것을 전제합니다. 학습한 내용으로 대화를 통해, 의견을 토론(論)하는 것이 논어(論語)의 학습법입니다. 그냥 읽고 외우는 방식이 아닙니다.

어긋나지 않는다(不違)는 것은 무위(無違:2.5)에 해당합니다. 효(孝)라는 도로를 운전해가는 동안에 과속이나 차선 위반 등이 전혀 없이 달려가니, 오히려 어리석은 사람같이 보인다는 뜻입니다. 만약 2.5~2.8구절의 효(孝)를 학습하는 동안 마음속으로 어긋난 생각이 한번도 없었던 사람이 있다면, 안회(回)와 같은 인품으로 가히 군자(君子)의 경지에 있다고 할 수 있습니다.

2.4~2.8, 5개 구절의 핵심 사항을 하나의 구문으로 엮어보면, '從心所欲, 不踰矩, 無違, 疾之憂, 敬, 色難, 爲孝'와 같습니다.

이를 기반으로, 공자가 안회(回)의 행동을 살펴보고 그 행동이 일어나는(發) 모습을 근거(以)로 만족(足)했습니다. 그리고 최종적으로 어리석지 않다고 결론짓고 있습니다.

배운(學) 것을 돌이켜보고, 익히는(習) 일은 절대 어리석은 일이 아닙니다. 배움의 속도를 절제(儉)하여 나의 삶에 최적화(儉)하는 과정이라고 할 수 있습니다. 빨리 배우고, 많이 배우려는 욕심에 정작 가장 본질에 해당하는 일에 힘쓰는 일(君子務本:1.2)에 소홀한다면, 그것이 오히려 어리석은 일이라고 할 수 있습니다.

子曰 : "視其所以, 觀其所由, 察其所安, 人焉廋哉?
人焉廋哉?"

▶ **해석:** 공자께서 말씀하시길, "그 일의 이유(所以)를 바라보고, 그 과정(所由)을
관찰하고, 그 이어지는 바(所安)를 살핀다면, 사람들이 어떻게 숨기겠는가? 사람
들이 어떻게 숨기겠는가?"

해설

構造: 良[M=方法: 讓(c₁=所以, 所由, 所安)]

이 구절은 철학, 정치, 사회 현상 등에 대한 공자의 분석 방법론이
라고 할 수 있습니다. 언어(言)의 구조적 분석 방법을 설명함으로써,
이해에 도움(襄)을 주고 있습니다. 내용에 대해 학습자와 전달자가 의
미를 같이 나누는 일(讓)에 해당합니다. 이 방법론은 단순히 글을 읽
는 도구로 한정되지 않습니다. 사회 모든 현상에 적용하고 활용하여
이해를 구하는 것이 가능합니다.

3단으로 구성된 방법은 3가지 사항(所以, 所由, 所安)입니다. 2.9절까
지 학습하는 동안 '以~ 이후에 나오는 내용은 그 이유, 까닭, 도구(所
以)라고 할 수 있습니다. '由'는 말미암다, 원인이 된다는 의미로 원인
이 되어 이루어지는 과정을 의미합니다. 즉, 중간 과정의 원인과 과정
의 결과가 어떻게 진행되는지 찾아보는 일(所由)입니다. '安'은 변화가
마무리되고, 편안한 상태로 귀결됨을 의미합니다. 최종적으로 도달
하는 곳, 진행 과정이 결과가 되어 도달한 곳(所安)입니다. 수학이나

과학적 실험 같이 딱 떨어지는 최종 결론이 있을 수도 있지만, 사회 현상에서는 결론은 없지만 안정된(安) 상태로 머무르는 시점과 장소(所)를 의미합니다.

2.9구절은 이 3가지 사항을 전제로 설명하고 있습니다. 되돌아가서(回) 확인해보면, 공자가 안회(顔回)를 어리석다고 여긴 까닭과 근거(所以)가 있고, 물러난 후(退), 사생활을 살펴보고, 그 생활이 일어남으로 말미암아 만족하게 되는 중간 과정(所由)이 있습니다. 마지막으로 안회(顔回)가 어리석지 않다는 결론에 도달(所安)하는 것으로 마무리 짓고 있습니다. 같은 방식으로 2.5~2.9구절에서도 이와 같이 그 의미를 찾아볼 수 있습니다.

이 방법론을 활용하여 내용의 의미를 찾아가면, 구절이 전달하고자 한 것이 무엇인지 명확히 이해할 수 있습니다. 핵심 사항과 주제(主題)와 소재를 감추고, 사람의 호칭을 상징과 중의적 의미로 감추어 두었더라도, 크게 바라보고(視), 관심을 갖고 관(觀)찰하며, 세심히 살펴(察)보면 그 숨겨진 의미를 명확히 찾을 수 있습니다. 공자가 무엇을 숨기겠는가(人焉廋哉?)를 2번이나 강조하며 반문한 이유입니다.

2.5~2.9구절을 읽는 과정에 숨은 내용을 찾지 못한 사람은 이런 방법론의 의미를 충분히 이해하지 못하였거나, 숙달을 위한 연습이 필요하다고 할 수 있습니다.

논어에는 다양한 철학적 해석 방법이 제시되고 있습니다. 특히 대주제와 소주제가 양(良)에 해당하는 숫자 5로 나누어 나머지가 2인, 장(章)과 구절(句節)들에는 이런 주옥과 같은 좋은 방법론이 담겨 있습니다. 다만, 우리의 눈이 어두워 그것을 찾지 못하는 경우는 있을 수 있습니다. 공자가 무엇을 숨겼겠습니까?

2.11

子曰 : "溫故而知新, 可以爲師矣."

▶ **해석:** 공자께서 말씀하시길, "옛것을 되살려 새로운 것을 아는 일은, 스승으로 삼는 것이 가능하다."

해설

構造: 良[M=方法: 溫(x₁=溫故而知新)]

옛것을 통해서 새로운 것을 안다(溫故而知新). 워낙 널리 알려진 구문이라, 굳이 설명이 필요할까 싶지만, 혹시 논어(論語)에 도전하는 과감한 청소년이 있을 수 있어 설명을 이어갑니다.

2.10구절의 방법론과 함께 대표적인 공자의 학습 방법론이라고 할 수 있습니다. 인류가 이루어 낸 모든 문명과 문화는 이 방법론을 통해서 이루어졌다고 해도 틀린 말이 아닙니다. 과거를 살피고 과거를 통해 새로운 지식을 얻어 현재를 이루어 가는 것이 인간이기 때문입니다. 한 단어로 '기억'이라고 이야기합니다. 기억하는 능력은 동물과 가장 큰 차이점이라고 할 수 있습니다. 인간이 동물의 상태에서 점점 멀리 벗어나 문화와 문명을 만드는 기반 능력이라고 할 수 있습니다.

약 백만 년 전 유인원 상태의 인간이 아침에 사냥을 떠나, 오후에 되돌아오는 길을 잊어버린다면, 어두워진 후에 맹수의 위험을 피해 살아남을 생존 가능성은 희박합니다. 나무를 잘라 날카롭게 다듬고, 돌을 갈아 날카롭게 만드는 이유를 잊어버린다면, 도구를 만들어 사용하지 못했을 것입니다.

온고지신(溫故而知新) 대신 온고지신(溫古而知新)이라고 했다면, 그 의미가 상당히 달라집니다. 고(古)는 단순히 옛것, 지나간 과거를 의미하지만, 고(故)는 과거(古)를 두드려(攵) 보는 일로서, 과거를 기억하여 그 이유를 헤아린다는 의미가 포함되어 있습니다. 고(故)라는 글자가 과거, 이유, 까닭 등의 의미로 활용되는 이유입니다.

필자도 편의상 해석을 '옛것'이라고 했지만, 단순히 과거만 의미하는 것이 아니라, 이유와 까닭을 헤아려 새로운 것을 안다는 의미라고 할 수 있습니다.

2.10구절 마지막에 '사람이 어떻게 숨길 수가 있는가?' 반문한 이유는 사람들이 일부러 숨긴 것이 아니지만 과거는 시간이 흘러가면 잊혀지고 기억 속에 묻히기 마련입니다. 이유와 까닭과 같은 보이지 않는 것은 기억 속에 오래 남지 않습니다. 인간은 시각에 의존하는 동물이기 때문에, 주로 물질로 이루어진 것과 같은 보이는 것을 기준으로 기억하기 때문입니다.

보이지 않는 관념에 대한 기억은 보이는 것에 연관 지어 이끌어내는 것이 효율적입니다. 만약 원리나 원칙과 같은 보이지 않는 관념에 우리가 눈으로 보는 물질과 현상을 연관 지어 기억하는 형태로 인간의 뇌가 동작한다면, 뇌의 용량과 처리속도가 지금보다 100배 이상 증가해도 부족할 것입니다. 왜 그럴까요? 그렇게 인간이 진화해왔기 때문입니다. 그 근거, 이유는 무엇일까요? 이 부분은 온고지신(溫故而知新)의 원리와 그 이유에서 찾을 수 있습니다. 관련, 연구는 뇌 공학자에게 맡기고, 다시 설명을 이어 가겠습니다.

온(溫)이라는 글자는 따뜻함을 의미합니다. 2.10구절의 3단 방법론을 활용하는 도구에 해당합니다. 시(視), 관(觀), 찰(察)의 방법을 동원하여 과거에 대해 온기(溫氣)가 남아 있는 상태와 같이 생생하게 헤아린다는 의미입니다. 단순히 수학이나 과학적 방법의 헤아림을 의미하는 것이 아니라, 까닭과 이유에 대해 따듯한 마음으로 헤아린다는 의미도 포함합니다. 즉, 사회와 사회 현상을 바라볼 때에 그 이유와 까닭에 대해 인간의 따듯함을 유지하는 관점입니다. 감찰하고 면밀히 조사하여 벌을 가하려는 행위를 위한 도구가 아닙니다.

지신(知新)은 '새로운 것을 안다'는 의미로 단순히 새로운 지식을 얻는 일보다 더 확장된 의미라고 할 수 있습니다. 2.10구절의 3가지 사항(所以, 所由, 所安)에 대해 헤아려 이해하는 것을 의미합니다.

이런 의미를 지니고 있기 때문에 이 방법론을 가히, 내 스승으로 삼아 활용할 수 있다는 뜻입니다. 글자는 알고 있지만, 그 의미를 이해하지 못하면, 그 용도에 맞게 활용할 수 없습니다. 공자가 말하길, "이 방법론은 나의 스승이다."라고 했습니다. 공자의 스승에게서 직접 배울 기회가 있다면, 그것을 마다할 이유가 있겠습니까?

항상 가까이하고, 이를 통해 배움을 이루는 것이 마땅합니다. 하지만, 대부분의 사람들은 글자 따로, 나의 삶 따로 그냥 기억 속에 묻고 지나쳐 버립니다. 왜 그럴까요? 사람들이 문제일까요? 아닙니다. 우선 의미를 이해 못한 사람은 제외합니다. 원시인도 그랬듯이 돌칼의 의미를 모르면, 그냥 굴러다니는 돌이기 때문입니다. 인간은 관념적인 사항을 잘 기억하지 않으려는 속성이 있기 때문입니다. 관념은 쉽게 잊어버립니다. 그래서 활용하는 방법은 책상 앞에 좌우명과 같은 글을 기재하여 소중히 올려 놓습니다. 단순히, 그 글귀를 장식하여 보여주기 위해 하는 일이 아닙니다. 나의 곁에 항상 가까이 두고, 눈으로 반복 인식하기 위한 노력입니다.

과거의 역사, 지나간 일이 있어도 따듯하게 살피고, 헤아려 그 의미를 새롭게 받아들이는 일이 없다면, 지혜를 활용하여 밝히지 않고 묻어두는 일이라고 할 수 있습니다. 사람들이 숨긴 것이 아니라, 나 스스로 숨긴 것이라 할 수 있습니다. 2.10구절 마지막에 공자가 '사람들이 어떻게 숨길 수가 있는가?'라고 탄식한 이유는 사람들이 숨긴 것이 아니라 내가 구하고 찾지 않은 것이라는 의미를 담고 있습니다.

공자가 논어를 어렵게 서술하여 무엇을 숨긴 것이 아니라, 내가 시(視), 관(觀), 찰(察)이 부족하여 까닭과 근거(所以), 그 변화의 과정(所由), 귀결되는 결과(所安)를 찾지 못한 것이라고 할 수 있습니다.

子曰 : "君子不器."

▶ **해석:** 공자께서 말씀하시길, "군자는 (어떤 의도와 목적을 갖고 일을) 수행하지(器) 않는다."

해설

構造: 良[M=方法: 良(m₁=不器)]

이 구절의 대주제(主題)와 소주제(主題)는 모두 양(良), 좋은 방법입니다. 2.11구절에 이어 또 하나의 좋은 방법론에 대해 설명하고 있습니다.

공자가, "君子不器."라고 말하고, '토론해보자'라는 형식으로 진행하고 있습니다. 이 글을 읽는 학습자도 같은 형식으로 진행을 권합니다. 공자의 의도와 방식을 따르는 것이 좋은(良) 배움의 자세이기 때문입니다. 혹시 주변에 누가 있다면 같이 한번 토론해보는 일을 권합니다. 아무도 없다면 시간을 충분히 갖고, 혼자서 자신과 토론해보는 것도 좋습니다. 공자도 스승이 없었기 때문에 그런 방법을 활용했을 것입니다.

토론 전에 주의할 사항은 그것에 대해 모르는데 토론할 수는 없습니다. 먼저 충분히 이해하고 토론을 진행하는 일이 순서입니다. 순서가 뒤바뀌면, 엉뚱한 길로 들어서게 됩니다. 북쪽으로 가야 하는데 방향을 모르고, 무작정 가보는 일이라고 할 수 있습니다.

워낙 짧은 구절이라, 어떤 의미인지 찾아내는 일은 쉽지 않습니다.

글을 서술한 공자의 의도와는 별개로 읽는 이가 자의적으로 해석할 여지가 많은 구절입니다. 그렇기 때문에 글의 의도를 살피는 것이 좋습니다. 소이(所以)에 해당하는 사항입니다.

공자가 좋은 방법론을 하나 더 설명하려는 것 같은데, 언뜻 답이 나오지 않습니다. 그러면 다음에 할 일은 그 시작과 중간에 보이는 모습, 즉 과정을 살피는 일이 필요합니다. 소유(所由)에 해당합니다. 무엇, 어디로부터 나왔는지(由) 살펴보니, 2.11구절 '溫故知新, 爲師'로부터 이어지는 구절입니다. 그러면 과거의 역사나 지식을 활용하여, 2.10구절의 3가지 시(視), 관(觀), 찰(察)을 활용하여 따듯하게 돌아보는 일이 필요하며, 그 과정에 이유가 무엇인지 명확히 하는 일이 필요합니다.

그런데 스승으로 삼는다(爲師)라는 힌트가 하나 더 있습니다. 공자의 스승이 누구였을까요? 그러나 알려진 스승이 없습니다. 그러면 무엇을 스승으로 삼았을까요? 이 또한 생각해볼 과제 중 하나입니다.

어떻게 하든 정답은 아니더라도 편안하고 안정된 결론(所安)으로 정리하는 일은 필요합니다. 짧은 구문일수록 보는 사람의 환경과 배경에 따라서 다른 상황으로 해석하기 쉽습니다. 자신이 하고 있는 일에 따라서 그것의 원인과 발단(由)을 각각 다른 곳에서 찾게 됩니다. 그러면 결론 또한 전혀 다른 의미가 도출되기 마련입니다.

즉, 사회적 관점에서 사회 현상에 대한 이해는 정답이 없습니다. 자신이 세상을 이해하는 편안하고 안정된 해석을 얻으면 그만입니다. 강제로 무엇을 답이라고 정하는 것이 오히려 정답이 아닌 것이라는 의미입니다.

위 구절에서 군자(君子)라는 관념은 통상적으로 이해되는 의미로 받아들이면 큰 무리가 없습니다. 필자는 굳이 군자(君子)의 정의와 관념에 대해 의심하고 싶지는 않습니다. 그러면 불기(不器)라는 두 글자만 헤아리면 끝입니다. 이미 반은 해결했습니다.

'불(不)'이라는 글자는 의미적으로 '아니다'라는 뜻입니다. 그러나 문장의 형식, 문법적으로 살펴보면(察) 동사가 아닙니다. 쓰임은 형용사와 같이 명사 앞에서 꾸며주는 용도가 아니라, 동사 앞에서 동사의 행위를 부정하는 의미로 사용됩니다. 고대의 언어 형식은 다를 수도 있지 않을까요? 논어(論語)의 구절들을 하나하나 찾아봐도 모두 동사 앞에서 부정을 의미하는 용도로만 사용되고 있습니다. 그런 이유(以由)로, 기(器)는 통상적으로 활용하는 기기, 기구, 그릇이라는 의미의 명사가 아니라는 것을 알 수 있습니다.

위의 확인 과정에 대해 정확히 언급하면, 1~5장까지의 모든 용례를 확인하였으니, 6장 이후에 명사 앞에서 형용사로 쓰인 용례가 있다면 필자의 설명은 99.9% 가운데, 0.1%의 예외 사항에 의해 뒤집힐 수 있습니다. 하지만 필자는 6장 이후부터 나머지 모두를 확인하는 노력보다는 다른 부분에 더 집중하는 것이 좋다고 선택했습니다. 필자가 이렇게까지 밝히는 이유는 소유(所由), 즉 과정에 대해 명확히 한다는 의미입니다.

기(器)는 그릇이나 기기를 만드는 일과 같이 계획, 의도와 같은 어떤 목적을 갖고 '이행한다. 수행한다'는 의미입니다. 문장 전체를 다시 보면(視), '군자는 수행하지 않는다.'입니다. 그 이유를 살펴(視其所以) 설명하면, '군자는 [의도와 목적을 갖고 큰 그릇을 만드는 일과 같은 어떤 사업을] 수행하지 않는다.'입니다. 단어 자체가 목적을 포함한 동사이기 때문에 군이 목적어를 구체화하여 넣을 필요가 없었습니다.

위 구절의 근원을 살펴보면(觀其所由), 공자의 스승은 그 당시 전해 오는 글(文)과 삶을 통해서 이룬 경험입니다. 공자 시대 이전의 글은 시(詩)경, 서(書)경, 역(易)경이라고 통용되는 책과 임금(君)을 위한 도덕경(道德經)이라는 글이 거의 전부였다는 점을 고려해볼 수 있습니다. 도덕경(道德經) 40장에 보면 '대기면성(大器免成)'이라는 구문이 나오는데, 이 구문을 따듯하게 관찰하고(溫故) 새롭게 이해하여(知新) 전달하는 구절이 '君子不器'라고 할 수 있습니다.

'대기면성(大器免成)'의 의미는 큰 그릇은 이루는 일을 면한다, 즉, 쓰임이 없는 과도한 일은 벌이지 않는 것이 좋다는 의미입니다. 이때에 기(器)를 동사로 해석하면, 의미가 더 명확하게 됩니다. '큰 사업(大)을 만들어 수행하는(器) 일은 이루는(成) 것을 피해야 한다(免)'는 의미입니다. 그렇기 때문에 군자(君子)는 굳이 목적이나 의도를 갖고 추구하는 어떤 작위적 사업을 수행하지(器) 않습니다(不). 노자(老子)의 철학, 인위적으로 무엇을 추구하지 않음(無爲)의 뜻을 이어받아 설명하고 있습니다. 그러면 군자는 무엇을 추구해야 할까요? 어떤 일을 해야 할까요? 간략히 설명하면, 체계의 구조와 질서를 세우고, 그것을 따르도록 사람들을 이끄는 일(道)과 그 프로세스에 따라 덕(德)이 고루 펼쳐지도록 만드는 일이라고 할 수 있습니다.

마지막으로 살펴볼 것은 그 뜻을 이어 어떤 결론과 방향이 될 것인가(察其所安)에 대한 사항입니다. 결국은 모두가 편안(安)해지는 일이 되어야 할 필요가 있습니다. 왜 위와 같이 설명할 수 있을까요? 그 답은 2.10~2.12구절의 방법론을 학습하기 이전에 열심히 배웠던 효(孝)에 그 의미가 담겨 있습니다.

세상 사람들을 모두 편안(安)하게 만들고, 편안(安)하도록 이끄는 것은 누구일까요? 임금(君)의 역할입니다. 이는 하늘에서 임금(君)에게 내린 천명(天命)입니다. 노자(老子) 도덕경(道德經)은 그런 임금(君)을 위한 교과서에 해당합니다. 세상을 이끄는 올바른 길(道)과 세상 사람들을 덕(德)으로 이끄는 일이 담긴 책이기 때문에, 글이 목적하는 바가 임금(君)에게 그런 내용을 전달하는 일입니다.

그러면 임금(君)의 뜻을 이어가는 사람(子)은 누구일까요? 바로 군자(君子)입니다. 임금(君)의 뜻을 이어받아, 나라를 이끌어가는 사람이 군자(君子)입니다. 효(孝)가 부모의 뜻을 이어받아 자식이 행하는 것이라는 의미에서, 군자(君子)가 임금(君)을 부모와 같이 섬기고, 뜻을 이어 온 국민을 편안하게 이끈다는 효(孝)의 의미가 담겨 있습니다.

사람을 그릇에 비유하여 크기를 재고 남을 평가하여 우위를 논하는 일은 소인(小人)들이 좋아하는 일입니다. 그 의미를 이해하지 못하고, 사람을 비교하는 관점에서 언급한 의미로 이해하는 언어가 널리 퍼지면서, 옛 사람의 깊은 생각이 잊혀지고 사라져 의미가 퇴색되고 있습니다. 그 원인은 사람은 보이는 것(色)에 더 치중하기 때문에 발생하는 일입니다.

보이는 것(色)의 모습과 가치에 치중하는 일보다, 그 쓰임이 무엇인지에 더 관심을 두고 쓰임의 관점에서 가치를 부여하는 일이 더 좋은 방법이라고 할 수 있습니다.

子貢問君子. 子曰: "先行其言, 而後從之."

 해석: 자공(子貢)이 군자(君子)에 관하여 여쭤 보자 공자께서 말씀하시길, "(군자는) 먼저 자신의 말을 실행하고, 그 이후 (사람들이) 그것을 따른다."

해설

構造: 良[M=方法: 恭(u₁=先行其言)]

構造: 良[M=方法: 恭(u_1=先行其言)]

이 구절의 소주제는 공(恭)입니다. 사회 공동체 구성원이 마음(心)을 나누기(共) 위한 방법(良)을 설명하고 있습니다. 이 구절은 2.12구절과 하나의 구절이라고 할 수 있습니다. 하지만 가르치고 배울 내용이 많고, 주제가 다르기에 나누어 놓았다고 볼 수 있습니다. 묶어보면 아래와 같습니다.

군자는 사업을 수행하지 않고, 자신의 말을 먼저 행하고, 이후 사람들은 그것을 따른다(君子不器, 先行其言, 而後從之).

군자(君子)의 방법론은 사람들이 행하는 일의 어려움과 가능성을 자신이 먼저 해보고, 사람들이 자연스럽게 그것을 따르도록 하는 일입니다. 어려움과 가능성은 접어두고, 계획만 세우고, 지시하고, 어떤 사업 실행을 명령하는 모습이 아닙니다.

사람들과 일에 대해 공(恭)이라는 관점에서 접근합니다. 같이하는 마음이 부족하다면, 너희는 아랫사람이고 그 대가를 지불 받으니, 해야 한다는 관점에서 접근하기 쉽습니다. 이런 방식은 나와 사람들을 분리시켜 생각하는 일에 해당합니다. 나는 국민의 보통 사람이 아니라, 임금(君)의 바로 아래, 서열 2위에 해당하는 군자(君子)이기 때문에 특별한 대우가 필요하다는 나누고 차별하는 생각의 틀에서 비롯됩니다. 공(恭)이 부족한 행동을 보이는 사람은 어떤 방법이라도 사용하여 자신은 예외로 두려고 합니다.

그런 근거(所由)는 그 사람의 행동과 행위를 살펴보면 알 수 있습니다. 공(恭)이 부족한 사람이 나라를 다스리면, 사람들이 공(工)을 들여 이루는 것의 가치(貝)를 헛되게 만들기 쉽습니다. 나라에 이바지(貢)하는 일과 반대 방향으로 향하는 일에 해당합니다. 이 구절을 자공(子貢)과 묻고, 논(論)하는 이유입니다.

2.14

子曰 : "君子周而不比, 小人比而不周."

▶ **해석:** 공자께서 말씀하시길, "군자(君子)는 두루 길하게 하되 비교하지 않고, 소인(小人)은 비교하고 두루 길하게 하지 않는다."

해설

構造: 良[M=方法: 儉(o₁=周而不比)]

논어(論語) 2.14구절에서 처음 나오는 단어가 있습니다. 소인(小人)입니다. 현대에서는 성인과 어린이를 구분하는 의미로 대인(大人)과 소인(小人)으로 나누어 호칭하지만, 고대에는 의미가 달랐습니다. 대인(大人)은 귀족 계층 중에서도 큰 사람, 즉 높은 인품 또는 높은 지위를 가진 사람을 의미합니다. 소인(小人)은 작은 사람, 즉 낮은 인품 또는 낮은 지위를 가진 사람을 의미합니다.

여기에서 중요한 점은 조건이 '또는'이라는 사실입니다. 낮은 지위를 갖고 있지만 선량한 사람은 얼마든지 있습니다. 낮은 지위를 갖고 있지만, 자신의 위치에서 최선을 다하고 성실한 사람은 얼마든지 있습니다. 모든 소인(小人)을 도맷값으로 묶어서 낮은 인품과 낮은 지위의 사람으로 생각하면 곤란합니다. 물질에 대해 비교하는 과정에 큰 것과 작은 것으로 구분하는 일은 당연하다고 할 수 있습니다. 대(大)와 소(小)를 나누는 것이 문제가 아니라, 사람을 그런 방식을 나누어 비교하는 일이 결코 좋은 방법이 아니라는 점에 유의해야 합니다.

공자가 '소인(小人)'이라는 단어를 사용함과 동시에, 사람을 비(比)교하지 말라고 단단히 주의하고 과정을 이끄는 중입니다. 우리는 은연중에 대인과 소인을 비교하는 관점에서 생각하고 활용하곤 합니다. 우리가 익혀온 삶의 틀 안에 그런 방식이 너무 많고 익숙해져 있기 때문에 쉽게 벗어나기 어렵습니다. 군자(君子)와 같은 대인(大人)의 방식(道)을 따른 것이 아니라, 낮은 인품의 소인(小人)의 방법을 따라서 세상을 바라보았기 때문입니다.

배우고 익히는 일(學習)의 의의는 그것에 대해 모르고, 제대로 인식하지 못하는 과정에서 만들어진 생각의 틀을 올바로 만드는 것에 있습니다. 하지만 매번 설명 과정에 낮은 인품의 소인(小人) 또는 낮은 지위의 소인(小人)이라고 나누어 기재하는 일은 번거로운 일이라, 편의상 소인(小人)이라고 칭하겠습니다. 이 글을 읽는 독자는 대인(大人) 또는 대인(大人)이 될 사람들이므로, 앞으로 편협한 비교와 차별의 의미로는 이해하지 않으리라 생각합니다.

'주(周)'라는 글자는 넓게 열린 테두리(冂)에 '길하게(吉) 하다'는 의미가 들어 있습니다. 그래서 닫힌 모습이 아니라, '두루, 널리 세상을 길하게 한다'는 뜻입니다. 주(周)나라의 건국 이념에 해당합니다.

글자의 의미를 이해하였으니, 해석에 큰 어려움은 없을 것입니다. 그다음에 살펴볼 사항은 이 구절 소주제(小主題)인, 검(儉)의 관점에서 앞 구절과 연계성을 잃지 않고 의미를 살펴보는 일입니다. 앞 구절에서 다루었던 사항은 군자의 행(行)입니다. 어떻게 행동하는 것이 군자의 마음가짐이 담긴 것인가라는 관점이 이 구절에 이어지고 있습니다. 군자가 세상을 바라보는 방법을 배우고 그에 따라 행(行)하도록 하는 일입니다. 이 글을 읽는 군자(君子)와 같은 사람들이 행(行)할 일입니다. '君子行周而不比, 小人行比而不周.'로 행하다(行)라는 동사가 생략된 문장으로 보면 그 설명의 의도가 더욱 명확합니다.

그러면 '세상을 이롭게 하고, 사람 비교하지 말라'는 교훈 전달이 전부일까요? 조금 더 의미를 살펴보면, 세상은 크고 작은 형태로 나누어 구별됩니다. 이것은 사실에 해당합니다. 하지만 먼저 생각해야 할 사항은 이전 구절의 소주제, 공(恭)입니다. 크고 작은 형태로 구별되는 것 이전에 세상이라는 곳에 공존하고 있다는 공동체 의식을 전제로 큰 역할의 사람과 작은 역할의 일을 수행하는 사람이 나누어진다는 의미입니다. 국가의 모든 사람을 군자(君子)로 만들고 그 지위와 역할을 부여하면, 군자(君子)가 농사지으러 가야 합니다.

큰 사람의 관점은 나누고 분할하는 데 있지 않고, 전체를 두루 살피는 일입니다. 반대로 작은 역할을 지닌 사람이 전체를 두루 살피고 다니면 문제가 발생합니다. 농사지어야 할 사람이 군자(君子) 행세하여, 자신의 농지라는 테두리 내에서 농사짓는 일 대신 두루 살피는 일만 한다면 곤란하지 않겠습니까? 만약 큰 사람이 비교 분리하여 무리 짓고(比), 특정 집단(比)만 길(吉)하도록 한다면 마찬가지로 곤란합니다. 이는 모두 공동체라는 인식, 공(恭)이 부족하기 때문에 벌어지는 일이지만, 자원의 활용과 효율성 측면에서 보면 자신의 위치에서 절제(儉)가 없는 행위에 해당합니다.

군자는 군자대로, 소인은 소인대로 절제가 없는 행위가 공동체에 만연하다면, 국가의 물질적, 인적, 시간적 자원은 비효율적으로 낭비되어 국가는 가난하게 됩니다. 국민의 삶이 안(安)의 상태로 향하는 일이 아니라, 불안(不安)하고 가난한 상태로 향하게 됩니다. 소인(小人)의 위치에 있는 사람 일부가 자신의 위치를 잊고, 무절제해도 그것이 소수라면 전체에 크게 문제는 없습니다. 하지만 군자(君子)의 위치에 있는 사람이 자신의 의의를 잊고, 무절제하면 국가는 쇠퇴의 길로 들어서게 됩니다.

그러면 이런 부작용을 해결하기 위해서는 수많은 소인(小人)이 모범이 되어 국가를 이끌어야 할까요? 아니면 군자(君子)가 모범이 되어 국가를 이끌고, 국민이 따르도록 해야 할까요? 어떤 방법이 더 효율적일까요? 그 답은 독자에게 맡기겠습니다.

子曰 : "學而不思則罔, 思而不學則殆."

 해석: 공자께서 말씀하시길, "배우고 생각하지 않으면 스스로 기만하는 일이고, 생각만 하고 배우지 않으면 위태롭게 된다."

해설

構造: 良[M=方法: 讓(c_1=學而思)]

망(罔)은 그물(冂)에 갇히는 모습을 형상화한 글자입니다. 그물이 쳐져 있는 것을 잊고 지나가다 걸리는 일, 또는 그물의 테두리와 범위를 모르고 걸려드는 일에 해당합니다. 여기에서는 배운 지식에 대해 그것을 그대로 믿는 일, 배운 것의 의미와 범위를 모르고 보이는 글자만 맹신하는 모습을 의미합니다. 이는 자신 스스로 기만하는 일(罔)에 해당합니다.

논어의 의미를 필자가 열심히 설명했지만, 그것은 필자가 이해한 내역을 전달한 것에 불과합니다. 공자가 더 큰 뜻을 두거나 다른 관점에서 언급했는지는 2500년전으로 돌아가 공자께 직접 물어보기 전에는 그 뜻을 다 알 수는 없습니다. 공자와 제자들이 글로 남긴 것은 부인할 수 없는 사실입니다. 인간은 문화와 문명이라는 지식과 지혜를 공유하고 남기지만, 그것을 배우고 뜻을 헤아리고 활용하는 것은 각자의 몫입니다.

필자는 그것을 편하게 이룰 수 있게 설명으로 도움을 주는 사람에 불과합니다. 필자의 설명에 동의하더라도 생각 없이 그냥 받아들인다면 곤란합니다. 그것은 약 9백년 전 송(宋)나라 주희가 이 사람 저 사람의 의견을 모아 '논어집주(論語集註)'를 만들어 전파한 것을 많은 사람들이 맹신해왔던 일과 같습니다.

　반면에 생각만 하고 배우지 않는다면, 그것은 나의 독단에 빠지는 위험한 일입니다. 그런 방식은 자신만의 논리에 빠지기 쉽습니다. 배움은 학생에게만 국한되는 일은 아닙니다. 공자 또한 평생 배움의 자세를 놓지 않았던 이유는 세상의 지식과 지혜는 배우고 이해하면 할수록 더욱 모르는 것이 많아지기 때문입니다. 더 배운 사람들이 겸양(謙讓)의 모습을 보이는 이유입니다.

　생각과 배움은 사회에 도움이 되는 일을 하기 위한 기반(讓)이라고 할 수 있습니다. 언어(言)라는 체계를 통해서 상호 작용하며 서로에게 도움(襄)을 주는 역할을 합니다. 마치 전기처럼 양과 음의 작용에 의해 전류가 흐르고, 그 쓰임을 활용하는 것과 같습니다. 양이나 음만 존재하는 경우, 흐름이 없다면 별 도움이 되지 않습니다. 한쪽의 전압만 지나치게 과한 경우, 오히려 흐르지 않아야 할 곳으로 전류가 흘러 기기 고장을 일으키거나, 감전을 유발하며 해를 끼칩니다.

　생각과 배움은 내 머릿속에서 일어나지만, 언어를 통해 사회의 문화와 문명의 흐름에 대한 이해를 구하고 받아들이는 활동입니다. 언어를 통해 사회로부터 도움을 구하여 얻은 후에, 그 행동이 사회에 해를 끼치거나 악영향을 미치는 일은 곤란합니다. 조금 해를 입었더라도 용서하고 그것을 거울삼아 도움이 되는 일을 행하는 것이 바람직한데, 사회로부터 도움을 얻고, 사회를 위태롭게 만들거나 해를 끼치는 일은 크게 순리에 어긋나는 일이라 할 수 있습니다. 지위고하를 막론하고 누구나 배우는 일은 항상 필요하다는 의미를 담고 있습니다.

2.16

子曰 : "攻乎異端, 斯害也已."

▶ **해석:** 공자께서 말씀하시길, "이단에 빠지면, 해로울 따름이다."

해설

構造: 良[M=方法: 溫(x₁=異端)]

이단(異端)의 뜻을 풀어 보면, 다른 끝, 즉 서로의 본질과는 다른 끝단(端)에 위치(立)한 것을 의미합니다. 현대에서 이 단어가 주로 활용되는 의미로는 서로 다른 대립적 입장의 주장이나 신념을 의미합니다.

종교적으로 대립되는 상황 또는 동서 간 정치적 신념이 다르기 때문에 대립되는 상황에서 갈등이 지나치면 물리적 충돌을 야기합니다. 2.15구절에서 살펴본 것과 같이, 생각만 하고 상대의 관점을 배우고 이해하려 하지 않기 때문이거나, 자신이 속한 진영의 주장과 신념을 배우기는 했으나 생각 없이 맹신하는 자세와 태도를 보이는 사람들이 그런 갈등의 폭을 크게 만듭니다. 무엇이 문제일까요? 두 가지 경우 모두 문제입니다.

이단(異端)을 위와 같은 한정된 의미로만 생각하면 왜곡하여 이해하게 됩니다. 의미에 대한 배움(學)이 부족하고, 생각(思)이 부족한 모습이라고 할 수 있습니다.

2.14구절과 2.15구절에서 설명된 대립 사항은 모두 이단(異端)에 해당합니다. 큰 것과 작은 것은 크기의 관점에서 서로 다른 양쪽 끝입

니다. 동과 서, 흑과 백, 남과 북, 음과 양, 배움과 생각, 과거와 미래 (故, 新:2.11) 등 우리 주변에서 대립적 관계를 이루는 사항은 무수히 찾아볼 수 있습니다. 이를 정치적, 종교적 문제 상황으로 이끌어 생각의 테두리를 좁히는 바람에 생각이 그물에 갇힌 모습이 되었습니다.

음과 양이 조화를 이루 듯, 음과 양극이 서로 통하여 전류가 흐르고 쓰임이 있는 것처럼, 서로 대립적 성질의 사항들은 서로 통하여 적절한 중간 지점에서 생산적인 쓰임을 이룹니다.

2.11구절에서 살펴본 '溫故而知新' 또한 과거와 새로운 미래를 연결하는 일은 현재의 나에게 의미를 주는 일입니다. 과거를 기억하지 못한다면, 미래를 새롭게 열고 꿈꾸는 일도 불가능합니다. 문제는 과거를 기억하여, 미래를 암울하게 생각하고 현재의 나를 괴롭히는 일에 있습니다. 지식은 있지만 그물에 갇힌 한정된 지식에 의존하기 때문에, 미래를 불투명하게 여기며, 그물에 갇힌 물고기처럼 버둥거립니다. 망(罔)이라는 글자처럼 그물은 들어오는 길이 있어야 하기에, 항상 한쪽은 열려 있습니다. 그것을 잊고 갇히는 방향으로 나를 몰고가는 일에만 치중하면, 그물에 걸려 잡히는 신세가 됩니다.

서로 대립된 이단(異端)도 상호간에 열린 상태로 교류할 수 있는 지점과 통로가 있기 마련입니다. 다만, 그것을 모른 채 대립되는 방향으로 자신들을 몰고가기 때문에 대립과 갈등이 점점 커집니다.

산과 계곡도 대립되는 이단(異端)에 해당합니다. 산은 비바람으로 낮아지고, 계곡은 산에서 내려온 돌과 흙으로 채워져 어느 순간 평평한 평원을 이룹니다. 이 모습이 우리가 살고 있는 계(界)의 변화 모습입니다. 지구를 떠나 화성이나, 달의 산과 계곡에서는 찾아볼 수 없는 일입니다. 작용하는 법칙, 즉 계(界)의 변화를 이끌어 가는 방법(道)이 지구라는 우리가 살고 있는 계(界)와 다르기 때문입니다. 지구라는 하나의 커다란 공간에서 같은 법칙을 따르고 같이 살아가는 존재라는 관점에서 다르다는 점을 갈등의 빌미로 삼아 공(攻)격하는 일은 어리석은 모습이라고 할 수 있습니다.

그러면 대립되는 성질이 존재하는 것은 당연한 일이고, 서로 통하는 경로가 있어 연결되어 있는 것도 자연스러운 일인데, 무엇이 문제인 것일까요? 왜 공(攻)격하고 해(害)가 되는 일이 일어나는 것일까요? 같이 존재한다(共存)는 의미를 배우고(學) 이해하며, 연결되는 변화를 생각(思)하면 대립하여 갈등을 심화하고 싸울 일은 없습니다. 그것이 부족하기 때문입니다. 문제는 인간은 신이 아니기 때문에 지식과 생각이 부족한 것이 당연한 존재라는 사실입니다.

사회의 갈등, 정치적 갈등이 발생하는 이유도 대립적 의견과 생각이 존재하지만, 그것에 대한 이해와 서로에 대한 생각이 부족한 것이 원인이 되어 그 연결 통로에 해당하는 지점과 방법을 찾지 못하고 갈등이 만들어집니다. 이 또한 어리석음을 지닌 인간이기 때문에 당연한 일이라고 할 수 있습니다.

공자는 이에 대한 해법을 '공(攻)'이라는 글자에서 찾고 있습니다. 장인(工)이 망치를 들고 두드리는 일(攵), 즉 인위적 힘을 가하여 강제하는 일을 배제하자는 해법입니다. 인간은 쇠뭉치와 달리 36.5도의 따뜻함(溫)을 지닌 연약한 존재입니다. 물리적 힘에 의한 강제에 의해 다치기 쉽습니다. 쇠뭉치와 달리 끓는 물 한 바가지만 부어도 해(害)를 입습니다. 인간은 인위적인 변화에 취약한 존재입니다. 어떤 대립적 생각이나 이해에 초점을 두기보다, 인간을 먼저 바라봐야 한다는 뜻입니다.

子曰 : "由, 誨女知之乎! 知之爲知之, 不知爲不知, 是知也."

▶ **해석:** 공자께서 말씀하시길, "말미암음, 너에게 이것에 대해 가르쳐 주마! 아는 것을 안다고 하고, 모르는 것을 모른다고 하는 것, 이것이 (근거를) 아는 것이다."

해설

構造: 良[M=方法: 良(m₁=由)]

이 구절은 대주제, 소주제가 모두 좋은 방법(良)을 전달하는 구절입니다. 이전 구절과 연계하여 이단(異端)의 상태에서 상대를 공(攻)격하는 일을 방지하기 위한 방법론을 설명하고 있습니다.

인간을 먼저 생각하여 공격을 하지 않는 것이 최선의 방법이지만, 현실은 그렇지 않습니다. 대립은 발생하고 자신의 이익이나 권리를 침해당하지 않고, 자신을 보호하기 위해 수비보다 공격이 나은 방법이 될 수 있기 때문입니다.

꼭 필요한 공격이라면 그 근거가 명확해야 합니다. 상대에 대한 지식과 이해가 부족한 상태, 또는 나의 생각이 앞서는 경우 모두 그 근거(由)가 명확하지 않은 상태에서 상대를 공격하는 일입니다.

유(由)라는 글자는 이유, 까닭, 근거와 같이 명사로 쓰이지만, 어떤 이유로 말미암아 따르는 행위까지 포함된 의미입니다.

이유 불문하고 당(黨)이 다르니까 공격하는 일은 근거와 이유는 필요 없고 공격을 통해 나의 목적을 이루려는 행위입니다. 상대와 상관없이 나의 힘을 이용하여 목적을 추구하는 행동입니다. 이와 같은 일은 도적질이 대표적인 사례라고 할 수 있습니다.

그러면 이유(由)와 근거(由)를 어떻게 명확히 할 수 있을까요? 가장 좋은 방법은 기록으로 남기는 일입니다. 기록으로 남기고 사회가 그것에 대해 공동으로 합의(議)를 이루는 방법이 가장 좋습니다. 언(言)어가 사회에 도움(襄)을 주는 방식입니다. 하지만 정치나 사회 문제에서 그 언(言)어는 교묘하게 치장되고 부풀린 말로 끝나기 쉽습니다. 사회적 합의를 형성하는 과정에 명확하지 않은 근거로 의혹만 제기하고, 내가 유리한 쪽으로 이끌고 가려는 의도로 언(言)어를 활용하기도 합니다. 우리가 흔히 보는 정치(政治)의 모습입니다. 만약 정치인들의 언어를 모두 기록하고, 추후 AI를 활용하여 근거가 불충한지 유무를 확인하여 신뢰성을 평가한다면, 함부로 떠들지는 못할 것입니다. 기록이 이끄는 힘입니다.

그러나 대개 양측이 모두 기록으로 과정을 남기는 일은 원치 않습니다. 그 과정을 다 밝히고, 이유와 근거를 다 공개한다면, 사실 다툴 일이 거의 없습니다. 최초 가정한 지식과 이해의 부족이 사라지기 때문입니다. 원하는 바 또는 이권이 있더라도 상대와 내가 모든 것을 다 공개하고 이해를 전제로 대화하면, 해결하지 못할 일이 별로 없습니다. 양자 회담과 협의 과정에서 원하는 사항이지만, 이 논리에도 맹점은 있습니다. 원하는 바와 이권이 무엇인지 자신도 정확히 모르는 경우, 그것이라고 생각하는 것을 제시하게 됩니다. 진실로 원하는 것과는 다른 일에 해당할 수 있습니다.

그래서 근거(由)와 이유(由)에 대해 아는 것을 명확히 하는 일이 먼저 이루어져야 합니다. 첫 단추가 잘못 끼워지는데, 뒤에 이어지는 것이 올바를 수는 없습니다. 공자가 제시한 아는 것(知)에 대한 초점은 근거(由)와 이유(由)에 대해 안다는 것에 한정됩니다. 결과에 대해 아는 것과는 별개 사항입니다.

첫 문장을 살펴보면, '由, 誨女知之乎!'에서 유(由)는 근거, 이유를 의미합니다. 목적과 대상을 강조하기 위해 문장의 맨 앞에 둔 표현입니다.

통상, 해석하기를 '유(由)'에 대해 공자의 제자 자로(子路)의 본명, 중유(仲由)를 줄여서 호칭한 것으로 이해하지만, 이는 공자가 아는 것이 무엇인지 그 명확한 설명을 이끌고, 제자들을 시험하기 위해 일부러 중의적으로 표현하고 있다고 볼 수 있습니다.

논어에서 제자 중유(仲由)를 정겹게 부를 때에는 주로 '유야(由也)'와 같은 형태로 어조사를 동반합니다. 토론이 한창인 경우, 이름을 짧게 줄여서 말할 때에는 '유(由)'라는 이름 뒤에 어떤 구문이 연속적으로 이어져 붙어 표현됩니다. 단독으로 '유(由)' 글자만 사용되는 경우 호칭이 아니라, '근거'라는 명사로 사용된 이유(由)를 설명 드렸습니다.

뒤에 이어지는 구문, 지지(知之) 관련, 앎(知)의 의미가 무엇인지 설명하겠다는 의도라면 굳이 지(之)를 붙이지 않아도 됩니다. 글자수를 최대한 줄여 기재하는 것은 필수인데, 불필요하게 한 글자를 넣었다면 이유(由)가 있습니다. 그것(之)이라는 대명사로, 문장 앞으로 빼내어 강조한 '근거(由)'라는 목적어를 지칭하고 있습니다. 논어(論語)에서 글자수를 줄인다고, 불완전한 문장으로 표현하여 뜻을 애매하게 하는 일은 없습니다. 거의 모두 하나의 문장으로 완결을 이루고 있습니다.

그러면 호(乎?)는 그냥 붙인 것일까요? 1.1구절에서 사용했듯이 반어적 의문사에 해당합니다. '자네(女)에게 그것(之)을 안다는(知) 것에 대해 인도해(誨) 주면 어떻겠는가?' 정도의 의미입니다. 제자가 이 구절을 받아들일 여력이 되는지, 첫 구문에서 시험을 통해 근거에 대해 안다는 것과 모르는 것의 차이를 명확히 이해시키려는 의도로 풀이됩니다.

첫 구문의 해설과 같이 근거(由)와 이유(由)를 명확히 하는 일은 지루할 정도로 꼼꼼한 관찰과 깊은 생각의 시간이 필요합니다. 그냥 쉽고 빠르게 지나가면, 못 보고 지나치는 사항들이 많을 수 있습니다.

나머지 구문은 지(之)의 쓰임을 명확히 하면 이해에 큰 어려움이 없습니다. 다만, 눈여겨볼 사항은 두 번째 구문의 '不知爲不知'에는 지(之)가 들어있지 않습니다. 시(詩)와 같은 문장이라면 운율을 맞추기 위해 생략했다고 보아도 좋지만, 논어(論語)는 철학 교과서에 해당합니다. 그것(之)을 빼고 설명한 이유는 넣고 읽어보면 크게 다르다는 것을 쉽게 알 수 있습니다. 이미 그것(之)이라는 것을 특정하고 있다는 것은 알고 있다는 의미입니다. 알고 있는데, 정확히 모르기 때문에 모른다고 하는 경우도 있지만, 알고 있지만, 그것을 모르는 척하는 경우도 포함됩니다.

이런 경우 아주 위험한 상황을 이끌 수 있습니다. 불의(不義), 비윤리(非倫理)적 행위에 대해 알고 있으면서 모르는 척 행동하는 것은 더 나쁜 사람들과 같은 악인(惡人)들의 행위입니다. 그러나 현실 세계에서는 이와 같은 일, 또한, 흔히 벌어집니다. 사람들은 이런 부분까지 세세하게 이해하고 정확히 하는 일을 별로 좋아하지 않기에 오히려 자주 발생합니다.

그런 언어적, 논리적 허점을 이용하여 대다수의 사람들을 현혹시키고(罔) 어떤 틀에 가두어(罔) 자신에게 유리하도록 이끄는 사람들이 존재합니다. 그런 부분을 투명하게 밝히고, 올바르게 사람들을 이끌어야 할 역할이 정치와 언론을 다루는 사람들에게 있습니다. 정치인과 언론인이 올바른 방법을 배우지 못하고, 생각이 깊지 못한 사람들로 이루어져 있다면, 과연 그 일을 누가 할 수 있겠습니까? 나라가 혼란스럽게 이끌리는 이유(由)입니다.

> 子張學干祿. 子曰: "多聞闕疑, 愼言其餘, 則寡尤.
> 多見闕殆, 愼行其餘, 則寡悔. 言寡尤, 行寡悔, 祿
> 在其中矣."

▶ **해석:** 자장(子張)이 (국가의) 녹(祿)의 본질에 대하여 배우고 있다. 공자께서 말씀하시길, "많이 듣고 나서 의심스러운 것을 제외하고, 그 나머지를 신중히 이야기하면 과실이 적을 것이다. 많이 보고 나서 위태로운 것은 제외하고, 그 나머지를 신중히 실행하면 과실이 적을 것이다. 말에 과실을 줄이고, 행동에 후회를 줄이면, 녹(祿)은 바로 그 중심에 자리한다."

해설

$$構造: 良[M=方法: 恭(u_1=干祿)]$$

이 구절의 소주제(主題)는 공(恭)입니다. 국가 사회에서 사람들이 공(共)동의 마음(心)을 갖도록 만드는 일과 관련이 있습니다. 그리고 대주제(主題)인 좋은 방법(良)을 제시하는 것을 기반으로 합니다. 이 틀을 벗어나지 않도록 해석에 주의할 필요가 있습니다. 2.17구절에서 설명한 바와 같이 그 근거(由)에 대해 아는 것이 중요하므로, 이 구절 이해를 위해서는 그 발단의 시작, 말미암(由)은 사항이 무엇인지 명확히 하는 일이 먼저입니다.

제자 자장(子張)이 논어에 처음으로 등장하고 있습니다. 자장(子張)은 공자보다 40살 정도 연하로 2세대 제자라고 할 수 있습니다. '장(張)'은 '베풀다'는 의미로 높은 지위의 공직자를 상징합니다. 현대로 견주면 장관, 기관장 정도에 해당할 수 있습니다. 앞으로 자장(子張)이 공자와 대화를 하고 있다면, 장관 정도의 높이에 오를 사람이 배움을 구하고 있구나! 또는 장관의 위치와 관점에서 행하는 일과 방법을 설명하려고 하는구나! 생각하면 이해가 더욱 쉽습니다. 오해를 줄이는 방법입니다. 약간 알 것 같은데 정확히 그것이 무엇인지 말하지 못하는 상황은 아직 모르는 상태라고 할 수 있습니다. 오해는 잘 모르는 상황에 안다고 생각을 굳혀버리는 과정에서 일어납니다.

간록(干祿)에 대해 살펴보겠습니다. 단어가 생소합니다. 현대에서는 잘 사용되지 않는 단어이기 때문입니다. 오해하지 않도록 의미를 살피는 과정에 특별한 주의를 기울여야 하는 이유(由)입니다.

간(干)은 방패를 뜻합니다. 어떤 사항의 몸체를 이루는 것을 말합니다. 구조물의 뼈대와는 약간의 차이가 있습니다. 방패가 뼈대만으로 이루어져 있다면, 그것을 들고 전쟁터에 들고 나갈 수 있을까요? 끔찍한 일이지요. 국가를 위험과 위기에서 방어하는 틀은 뼈대, 즉 핵심에 해당하는 장관이나 주요 공직자만 잘한다고 되는 일이 아니라는 의미를 갖고 있습니다.

방패의 기본과 핵심 쓰임은 방어하는 일입니다. 2.16구절에서 공(攻)격을 저지하는 일에 대해 언급했지만, 복잡한 사회 속에서는 인간미(溫)에 호소해도 보이거나 들리지 않는 경우가 많습니다. 2.17구절에서 근거를 명확히 하고, 자신과 상대를 살피는 이성에 호소했지만 그런 일보다 자신을 위한 말과 행동이 앞서는 사람들이 많습니다. 사회는 그런 사람들도 어우러져 구성원을 이룹니다.

그런 상황에 사회를 이끄는 높은 위치의 사람이 할 수 있는 일은 무엇일까요? 자장(子張)은 그것을 배우고 있습니다. 예나 지금이나 사람을 부리는 일은 녹(祿)과 밀접하게 관련이 있습니다. 그런 녹(祿)의 기본과 핵심이 무엇인지 전달하고 있습니다.

봉록(俸祿) 또는 녹봉(祿俸)이라고 주로 말하는 녹(祿)은 현대에서는 봉급(俸給)이라는 단어로 널리 통용되고 있습니다. 같은 의미일까요? 일한 대가를 지급하는 관점에서는 같다고 볼 수 있지만, 무엇인가 약간 부족한 느낌입니다. 정확한 지식(知:2.17)을 얻기 위해서는 조금 더 근거(由:2.17)를 살펴보는 일이 필요합니다.

'녹(祿)'이라는 글자는 보이는 일(示)과 새기는 일(彔)의 조합입니다. 종이가 없던 시절이라 국가 공직(公職)에서 수행한 공적(功績)을 나무 판에 새겨 기록하고, 그것을 증표로 봉(俸), 즉 사람(亻)이 국가에 봉(奉)사한 대가를 지불하는 행위를 통칭하여 녹봉(祿俸)이라고 합니다. 녹(祿)이 없다면 당연히 대가를 지불하는 일(俸)도 없을 것입니다.

녹(祿)은 단순히 일의 실적(實積)만을 의미하지는 않습니다. 고위직으로 올라갈수록 자신의 직접적 실적보다, 자신이 거느리는 조직에서 이룬 실적이 더 중요합니다. 나라를 세우는 시점이나 전쟁과 같은 일을 통해 드러나는 눈에 띄는 공적(功績)과 달리 평시에는 직급과 직책에 따라 제공하는 대가를 기록하는 일이 주를 이룹니다. 즉, 녹(祿)은 공적과 직책, 직급을 포함한 기록이라고 할 수 있습니다. 그 기록에 따라 봉(俸)으로 토지를 지급하는 경우와 곡식을 제공하는 경우로 나뉩니다. 토지를 받는 것은 고위직 일부에 해당하고, 대부분 1년에 1~2회 정도로 나누어 곡식을 지급받는 것이 일반적이었습니다.

현대의 봉급과는 실행 방식에서 다소 차이가 있습니다. 지급 횟수가 적다는 것은 유연성이 훨씬 낮다는 것을 의미합니다. 생계를 이어가는 녹봉(祿俸) 제도가 유연성이 적다는 것은 그만큼 더 조심스럽고, 절실한 생계 수단이 된다는 뜻입니다. 말 실수 한번으로 바로 봉직을 잃는 일이 쉬운 고대의 공직 생활에서 자신을 보호하고 지켜줄 수 있는 후원자와 파당은 그들이 공직을 유지하는 눈에 보이지 않는 방패라고 할 수 있었습니다. 현대와 다른 상황과 배경에 대한 이해는 이 구절 해석의 근거(由)를 더욱 군건히(干) 만드는 일이라고 할 수 있습니다.

이 구절에서 공자는 봉(俸)은 제외하고, 녹(祿)의 관점에서 공직 사회 구성원들을 이끌어 정치를 올바르게 하는 핵심이 무엇인지 설명하고 있습니다. 국가 관료라는 커다란 사회에서 서로 대립되는 업무, 대립되는 관점을 주장하고 수행하는 과정에 상대를 공격하는 일이 난무하기 쉽습니다. 조선 시대만 파당 정치가 있었던 것이 아니고, 큰 조직으로 이루어진 관료 체계에는 이미 그런 일이 흔했다고 볼 수 있습니다.

그런 상황에 공(攻:2.16)격을 다스리는 관점이 아니라, 방어(干)의 관점에서 일을 수행하는 방법론이라고 할 수 있습니다. 단순히 개인이 이 구절을 잘 활용해 고위직으로 올라가는 방법을 설명하는 관점이 아닙니다. 관료 사회에서 어떤 편파적인 의견이나 힘에 휘둘리지 않고, 일의 근거와 이유를 정확히 확인하기 어려운 상황에, 과실을 줄이면서 일을 처리하는 방법입니다.

궐(闕)이라는 글자는 이중적 의미를 내포하고 있습니다. 흔히 대궐(闕)이라는 의미로 사용되지만, 여기에서는 뒤에 목적어가 나오므로 동사에 해당합니다. '마땅히 해야 하는 일이지만 제외한다'는 의미로 이해할 수 있습니다. 관료 세계에서 국가에 올라오는 상소와 민원, 국가 운영을 위해 수행해야 하는 일은 끝이 없습니다. 국민 한 명까지 소중히 여기면, 어느 것 하나 그냥 무시하고 제외하는 일은 쉽지 않습니다. 하지만 모든 사항을 다 처리할 수 없는 것, 또한 현실입니다. 그래서 우선 순위를 정하는 일이 필요합니다. 그런 관점에서 필요한 사항이지만, 제외한다는 의미로 받아들여야 합니다.

'궐(闕)'의 다른 의미로는 의심나는 일에 대해 의심을 '파헤치고, 그 핵심을 뚫어' 확실히 한 후, 일을 수행한다는 뜻으로 받아들일 수 있습니다. 국가에 필요한 중요한 일에 대해 의심 가는 부분이 많기 때문에 제외한다면, 누가 중요한 일을 할 수 있겠습니까? 세세한 방법과 과정을 살피는 일은 실무진을 통해 더 가다듬을 수 있습니다. 대의(大義) 차원에서 고려해야 할 사항에 대해 자장(子張)과 같은 기관의 장(長)이 두려워하고 회피하면서, 눈에 보이는 자신의 녹봉(祿俸)에만 관심을 둔다면 국가는 곤란한 방향으로 향하게 될 것입니다.

임금(君)은 자신이 아니라, 국가가 후회(悔)할 일을 살피고 관장하는 사람입니다. 마찬가지로 군자(君子)는 임금의 뜻을 이어 국가가 후회(悔)에 이르지 않도록 실행력을 확보하고 그 길(道)을 이끄는 사람입니다. 자장(子張)의 위치에 군자(君子)와 같은 사람이 아닌, 얌전히 앉아 시키는 일에 충실한 사람 또는 독불장군처럼 독단적 생각이 강한 사람이 자리한다면, 국가는 조화와 균형 잡힌 중도(中道)를 따르는 모습보다 한편으로 치우쳐 심하게 흔들리는 모습이 됩니다.

마지막 구문에 반복 강조하며 중(中)이라는 글자로 표현한 이유라고 할 수 있습니다. 방패(干)를 만들 때에 좌우 대칭으로 중(中)심을 잡는 일과 같습니다. 중심이 한쪽으로 치우친 방패나 중심의 뼈대가 허약하고, 얌전한 방패는 방패로서 쓰임새가 없기 때문입니다.

哀公問曰：“何爲則民服？” 孔子對曰：“擧直錯諸枉, 則民服, 擧枉錯諸直, 則民不服."

▶ **해석:** 애공(哀公)이 묻기를, "어떻게 하면 서민들이 잘 따르겠습니까?" 공자께서 대답하시길, "정직한 사람을 천거하여 무릇 굽은(올바르지 못한) 사람들 가운데 두면 서민들이 잘 따를 것이고, 굽은(올바르지 못한) 사람을 뽑아서, 정직한 사람들 사이에 두면 서민들이 따르지 않을 것입니다."

해설

構造: 良[M=方法: 儉(o₁=擧直錯諸枉)]

애공(哀公)은 공자와 동시대에 살던 노(魯)나라의 제후(諸侯)입니다. 논어(論語)에서는 공(公)의 계층인 제후가 물어보는 경우, 문장에서도 예(禮)를 다 갖추어 대답합니다. 공자(孔子)라는 성(孔)과 직함에 해당하는 자(子)가 기재되고, 답변 시에도 '대답하여 답변합니다(對曰)' 형태로 표현하고 있습니다. 논어(論語)에서는 이런 형태를 취하는 제후와의 문답이 6회 있습니다.

참고로 자(子)를 썼다는 것은 공직자가 아니기 때문에, 그냥 존칭을 사용한 것입니다. 굳이 낮은 직함보다 '존중할 가치가 있는 사람(子)'이 더 의미 있기 때문에 이렇게 사용했다고 생각할 수도 있습니다.

애공(哀公)은 글자 그대로 슬픈(哀) 임금(君)입니다. 자신을 보호하고 방어할 방(干)패와 같은 신하가 없기 때문입니다. 맹씨, 숙손씨, 계씨, 세 가문에 의해 국가의 권력과 재산이 좌지우지되던 시절입니다. 임금은 허수아비와 다름없고 3환(桓)이라 불리는 세 가문의 명령에 의해 움직이는 허울만 남은 구신(具臣)들만 가득합니다.

환공(桓公)의 후손으로 군자(君子)에 해당하는 세 가문이 정권을 잡고 자신들 마음대로 명령하고 국가 사업을 벌여 사람들을 괴롭게 만듭니다(君子器, 其言而民從之). 자신들의 파당에 속하지 않으면 관료 세계에서 배척하고(比而不周), 아집과 고집만 가득하고 배움이 부족한 사람들이 나라를 위태롭게 만들어 갑니다(思而不學則殆). 자신들과 반대된다면 공격하며(攻乎異端), 무엇을 모르는지 모르며 안다고 여깁니다(不知爲知). 그리고 국가의 토지와 세수는 이들이 가져가 마음대로 쓰는 상황입니다(祿在其三桓). 이런 모습에 애공(哀公)이 할 수 있는 일이 무엇일까요?

그저 슬픈 마음만 달래고 있습니다. 그 와중에 공자의 수업에 대해 들었는지, 녹(祿)에 대한 배움이 끝나자마자, 임금(君)이 나서서 묻고 있습니다. 왜 서민들이 잘 복종하고 따르도록 하는 것이 궁금했을까요? 그 답은 독자의 생각(思)에 맡기도록 하겠습니다. 필자는 구절 내용상 추정할 만한 단서를 찾지는 못했습니다.

하지만 이 구절에서 이런 질문을 하고, 답변을 하는 상황을 설정한 이유는 녹(祿)의 근원이 서민들이기(祿在於其民) 때문이라는 이유를 들 수 있습니다. 즉, 국가를 움직이는 자원의 근원은 국민과 국민의 세금으로부터 나옵니다. 그 세금이 낭비(不儉)되는 이유는 곧고 바른 일에 사용하지 않고, 굽은 일에 활용되기 때문입니다. 한정된 국가의 자원, 세금을 사용하여 국가를 이끄는 일을 수행하는 사람이 공직자입니다. 그렇기 때문에 굽은 사람을 뽑아서 올바르지 못한 일을 자꾸 만들어가면 서민들은 국가에 대해 원망하게 됩니다. 2.18구절에서 국가 사회를 위해서 공적을 올바르게 쌓는 방법을 군자(君子)에게 전달했다면, 이 구절은 그런 군자(君子)를 등용하는 임금(君)이 해야 할 사항을 전달하고 있습니다. 결국, 관료가 공직에 임하는 자세와 태도에 대한 이야기입니다.

임금(君)의 대화에서는 어떤 복잡한 기법이나, 암호화 같은 단어, 상징성을 띤 언어를 사용하지 않습니다. 내용 그대로 이해하면 그만입니다. 임금(君)에게 답변하는 가운데 직언(直言)이 아닌 굽은(枉) 언어를 사용하면 곤란하기 때문입니다.

직(直)은 가장 절제(儉)되고, 자원 소요가 적게 드는 일이라고 할 수 있습니다. 의심이 된다면 종이 위에 두 점을 찍고, 연결해보면 그 말이 거짓이 아니라는 것을 확인할 수 있습니다.

季康子問: "使民敬, 忠以勸, 如之何?" 子曰: "臨之 以莊則敬, 孝慈則忠, 舉善而敎不能則勸."

▶ **해석:** 계강자(季康子)가 묻기를, "서민들로 하여금 공경(敬)하고, 가르침으로써 충성스럽게 하려면 어떻게 해야 합니까?" 공자께서 말씀하시길, "엄정함(莊)으로 서민들에게 임하는 것이 즉, 공경(敬)이요. 효(孝)와 자(慈)애로움은 즉, 충(忠)이요. 잘하는 사람을 기용하여 무능한 사람을 교육 일이 즉, 가르침(勸)입니다."

해설

構造: 良[M=方法: 讓(c_1=季康)]

군자(君子)의 위치에 있는 계강자(季康子)가 묻고 있습니다. 계씨(季氏)는 3환(桓)의 성씨 가운데 가장 막내(季)를 의미하지만, 노나라 봉지(俸地)를 4등분하여 그중 2를 차지하고 있는 탐욕스러운 세도가(勢道家)입니다.

임금(君)인 애공(哀公)이 물었으니, 따라서 군자(君子)가 묻고 있습니다. 형식상으로는 임금의 뜻을 따르는 모양새를 갖추고 있으나, 질문의 의도는 세도가인 자신을 공경하고, 자신이 시키는 것에 충성하도록 함에 있습니다.

공자는 답변은 질문자의 의도와 다르게 올바른 것이 무엇인지 전달하고 있습니다. 국가를 운용하는 세수(稅)의 기반이 되는 서민을 아주 엄격한 기준으로 공정하게 대하는 일이 경(敬)의 시작이자 근본이라고 설명합니다. 현대에서도 힘 있고 가진 자에게는 완곡하고, 서민들에게는 무 자르듯 엄격하게 대하는 일이 잦습니다. 이에 대한 경종을 울리고 있습니다.

엄정(莊)하다는 글자 이해에 주의해야 합니다. 윗부분에 초두머리(艹)를 포함하고 있습니다. 모든 지역에 흔한 풀, 즉 서민을 머리 위에 이고 있는 모습입니다. 서민 위에서 군림하라는 의미가 아니라, 서민을 소중히(敬) 여겨 위에 두고, 굳고(爿) 곧은(爿) 선비(士)와 같이 그들의 기반이 되라는 의미입니다. 국가를 하나의 커다란 나무로 본다면, 뿌리는 그 시작, 근원을 이루는 임금(君)과 그 선조들이 땅속에 묻혀(宗廟) 지탱하는 것에 비유되고, 줄기는 나무 전체를 지지하고 물과 양분을 조절하며 전달하는 굳고, 곧은 선비와 같은 공직자라고 할 수 있으며, 서민들은 끝 단에 위치한 무수히 많은 잎(艹)에 해당합니다. 물과 양분을 잎에 제대로 전달하지 않으면, 잎에 해당하는 서민들은 말라 죽습니다. 줄기가 올바른 방향으로 지지하며 자라지 않으면, 잎의 무게에 늘어져 결국 꺾이게 됩니다. 공직자의 역할과 자세가 어떻게 되어야 좋을지 이해하는 일은 어렵지 않습니다.

충(忠) 관련, 서민들은 효도하고 자식에게 자애로운 일을 행하는 것에 마음(心)의 중(中)심을 두는 것이 올바르다(直)는 설명입니다. 그것이 바로 서민들이 할 직접적인(直) 일입니다. 국가에 충성을 다하는 것은 공직자인 계강자(季康子) 자신이 직접(直) 해야 할 사항입니다. 충(忠)에 대해 서민들에게 힘써 권(勸)하고 가르칠(勸) 일이 아니라, 자신이 배워야 할 사항입니다.

서민들에게 권(勸)하고 가르칠(勸) 사항은 잘하는 사람을 뽑아서, 그렇지 못한 사람들을 교육시키는 일입니다. 그렇게 함으로써, 서민들의 삶이 윤택하고 편하게 이루어질 수 있기 때문입니다.

현대 사회의 모습은 잘하는 사람을 뽑아서 특수한 집단에 몰아주고, 특수한 집단은 그 기술과 능력을 활용하여 벽을 높이 쌓고, 서민들에게서 재화를 벌어들이기에 바쁜 모습은 아닌지 살펴볼 필요가 있습니다. 기술과 문화를 고르게 펼치고 전파하여 두루 모든 사람들이 길하게 하는 방법(周)과는 상이한 모양새라면, 계강자(季康子)만 비난할 일은 아닐 수 있습니다.

사회 구성원 모두에게 도움을 주는 일(讓)과 점점 멀어져 가는 체계와 구조를 만들어가고 있다면, 그런 정치는 계강자(季康子)가 행했던 길을 따르는 일이 됩니다. 공자가 계강자의 질문 의도가 다르다는 것을 알면서도 올바른 길을 설명한 이유는 마지막까지(季) 사람(子)들을 건강(康)하게 만들고 싶었기 때문입니다.

썩은 곁가지가 있다면 잘라내는 것이 좋지만, 큰 나무의 기둥을 이루는 가지를 잘라내면 수많은 잎들이 같이 피해를 입고 죽게 됩니다. 그런 과정은 많은 서민들이 다치고, 다시 새 가지와 잎이 돋아나는 데는 오랜 시간이 소요됩니다. 망치가 되었든 도끼가 되었든 자신과 다른 방향에 있더라도 인위적으로 힘을 사용하여 치고 두드려(攵) 굴복시키는 일(工)은 좋은 방법(攻乎異端)일 수 없습니다.

이 구절 하나에서도 2.10~2.19구절까지 연계하여 활용된 교훈을 모두 살펴보는 일이 가능합니다. 아름드리 나무가 되기 위해서는 지지하는 기초와 기반이 곧고 튼튼함이 필수라는 점을 잊지 않아야 합니다.

或謂孔子曰 : "子奚不爲政?" 子曰 : "《書》云, '孝乎, 惟孝 友于兄弟, 施於有政.' 是亦爲政, 奚其爲爲政?"

▶ **해석:** 어떤 사람이 공자에 대해 말하기를, "선생님께서는 어찌하여 정치를 하시지 않습니까?" 공자께서 말씀하시길, "『서경』에, '효구나! 오직 효도하고 형제간 우애하니, 이것이 정치를 이룸(有政)에 널리 퍼진다'라고 했으니, 이 또한 정치를 위한 일이다. 어찌 이것을 위하는 것이 정치하는 일(爲政)이 아니겠는가?"

해설

構造: 良[M=方法: 溫(x₁=施)]

임금인 애공(哀公)에게도 의견을 올리고, 국가 최고 실세에게도 조언을 하는 공자가 왜 정치를 하지 않았는지, 뒤에서 누군가 수군거리는 상황입니다. 혹(或)자는 누구인지는 모르지만 그럴 것이라는 가정 아래에 설명하는 것을 의미입니다. 공자와 직접 대면을 하여 대화하는 상황은 아니고, 혹시나 있을 질문에 대해 공자가 답을 전하는 형식입니다.

위(謂)의 쓰임은 가볍게 언급한다고 해석해도 되고, 누군가 심히 의구심을 갖고 공자를 평가하는 일로 보아도 무방합니다.

이에, 공자가 누군가(或)에게 서경(書經)의 구절을 인용하여 정치의 시작과 근원이 무엇인지를 전달하고 있습니다. 1.2구절에서 설명한 인(仁)을 이루는 본질인 효제(孝弟)라는 의미입니다. 이것이 가족에서 사회로 확장되어(施), 널리 국가의 모든 사람에게 펼쳐지고 적용되는 일(施)이 정치라는 의미입니다.

'시(施)'는 사방으로 널리 영향이 미치는 것을 의미합니다. 동물의 세계에서도 자식을 사랑하고, 부모를 돌보는 일(至於犬馬, 皆能有養:2.7)은 있을 수 있습니다. 하지만, 다른 가족이나 집단을 통해서 배우고, 좋은 점을 널리 전파하는 일(施)은 인간의 특질이라고 할 수 있습니다. 올바른(正) 길로 향하도록 서로 배려하고 두드려(攵) 가는 일(政)이 우리가 사회를 이루고 살아가는 모습입니다. 서민들이 그렇게 살 수 있도록 만들어 주는 것이 나라를 다스리는 사람이 할 일입니다.

2.19구절, 애공(哀公) 질문의 대답에서 직함으로 공씨(孔氏)성을 가진 그냥 보통의 사람(子)이라고 답변한 것은 모든 사람을 대표한다는 의미를 품고 있습니다. 실제 공자가 수행했던 대사구(大司寇)라는 관직, 또는 사후 추대되었던 문선왕(文宣王)이라는 칭호 또한 공자가 이룬 덕(德)에 비하면 너무도 초라한 명칭에 불과합니다. 그럼에도 불구하고 높은 직위를 좋아하고, 직위로 사람을 평가하는(謂) 것을 일삼는 사람들이 공자의 호칭을 더 높이지 못해 안달입니다.

공자 철학의 의미를 깊이 생각해보지 않았기 때문입니다. 세상 사람들을 대표하는 '자(子)'는 모든 사람, 전 인류를 끌어안는 포괄적인 인간에 대한 사랑(人間愛)을 담고 있습니다. 모든 인간이 수용하고 따를 수 있는 큰(孔) 사람(子)이 논어(論語)를 서술하고 널리 펼쳐서(施), 그것을 사람들 삶의 기틀로 만든 큰(孔) 덕(德)을 제쳐 두고, 역사를 거쳐온 수천 명의 왕들과 같은 위치의 왕으로 호칭하고, 추대하는 것에 힘쓰는 일이 어떤 의미가 있을까요? 혹(或), 그런 일에 치중하고 있다면, 삼갈 사항입니다. 공자의 철학을 올바로 전파하는 일에 힘쓰는 것이 더 좋다고 할 수 있습니다.

子曰：“人而無信, 不知其可也. 大車無輗, 小車無
軏, 其何以行之哉?”

▶ **해석:** 공자께서 말씀하시길, “사람들에게 믿음이 없다면, (사람들은) 그 가능함
을 알지 못한다. 큰 수레에서 소에 거는 수래채의 마구리가 없고, 작은 수레에서
말에 거는 멍에걸이가 없다면, 어떻게 그것을 몰고 가겠는가?”

해설

構造: 良[M=方法: 良(m_1=信)]

이전 구절에서 설명한 가족 내에 펼쳐지는 효(孝)와 제(弟)를 모든
가족과 사회로 널리 펼쳐 나갈 수 있도록 연결해 주는 도구가 신(信)
입니다.

신뢰(信), 믿음(信)을 의미하는 신(信)의 속성은 가장 중심이 되는 사
항이 아닙니다. 수레의 중심은 수레 본체와 그것을 끌고가는 동력원
에 해당하는 소나 말입니다. 하지만, 수레가 이동하는 데 꼭 필요한
사항은 그것을 연결시키는 연결고리입니다. 만약, 연결고리에 해당하
는 마구와 멍에걸이가 없다면, 수레가 어떻게 동작할 수 있겠습니까?

신(信)은 눈에 잘 보이지 않는 속성을 갖고 있습니다. 그래서, 그 중
요함에도 불구하고 사람들이 잊기 쉽습니다. 커다란 국가와 사회를 연
결시켜 주고 이끌고 갈 수 있도록 만들어주는 믿음과 신뢰(信)가 없다
면, 사람들은 각자 자신의 짐을 지고 무거운 걸음을 걸어가야 합니다.

子張問：“十世可知也?” 子曰：“殷因於夏禮, 所損益, 可知也. 周因於殷禮, 所損益, 可知也. 其或繼周者, 雖百世可知也.”

▶ **해석:** 자장이 "열 세대 이후의 일을 알 수 있습니까?" 하고 여쭤 보자, 공자께서 말씀하셨다. "은나라는 하나라의 예를 따랐는데 무엇이 줄고 무엇이 늘었는지 알 수 있으며, 주나라는 은나라의 예를 따랐는데 무엇이 줄고 무엇이 늘었는지 알 수 있다. 만약, 어떤 누군가가 주나라를 잇는 일이 있다면, 비록 백 세대 이후라도 알 수 있다."

해설

$$構造: 良[M=方法: 恭(u_1=因, u_2=繼)]$$

2.22구절이 믿음(信)이란 연결고리를 통해 사람들을 공간적으로 잇는 것을 설명했다면, 이 구절은 시간적으로 이어가는(繼) 것을 설명하고 있습니다. 세대와 세대를 연결하여 문명과 문화를 전달하는 일이 이루어지는 원천에는 믿음(信)과 신뢰(信)라는 끈이 있습니다. 믿음(信)과 신뢰(信)를 바탕으로 지식이라는 매개체를 통해서 전달됩니다.

2.22구절에서 예시로 든 눈에 보이는 수레와 소나 말, 그리고 눈에 잘 띄지는 않지만 연결고리에 해당하는 수레채나 멍에걸이와 다르게, 이 구절에서는 눈에 보이지 않는 무형의 것들을 잇는 모습을 설명하고 있습니다. 국가의 질서 체계를 의미하는 예(禮)와 그것을 담고 있는 지식(知)이란 것을 세대를 거쳐 이어가는 경우에도 신뢰(信)와 믿음

(信)이라는 연결고리가 작용한다는 점에서는 동일합니다. 만약 지식 (知)과 체계의 질서인 예(禮)라는 틀에 대해 신뢰와 믿음을 갖지 못한 다면 다음 세대로 전달되지 못하고 사라질 것입니다.

일부 수정은 있을 수 있다는 점은 기술의 발전에 따라 수레채와 멍에걸이의 모습은 달라질 수 있어도, 근원적으로 어떤 연결고리가 없을 수는 없다는 점과 동일합니다. 무형의 연결고리도 마찬가지로 그 내용의 일부가 추가되고 삭제되는 변화는 있더라도, 그 큰 틀이 사라지지는 않는다는 의미입니다.

믿음과 신뢰를 바탕으로 그것을 계승하는 일이 지속된다면, 100세대가 지나도 그 모습을 아는 것이 가능하다고 선언하고 있습니다. 약 2,500년, 100세대가 지난 오늘의 시점에서 일부 예(禮)의 형식이 변하긴 했지만, 기본적 의미와 틀은 계승되고 있습니다. 공자의 선언이 허황된 거짓이 아닌 이유이자 증거입니다.

인(因)은 이유와 원인을 이루는 근본이라는 명사적 의미로도 사용되지만, 여기에서는 '이어받다'라는 동사로 사용되고 있습니다. 국가의 큰(大) 틀(口)을 이어간다(因)라는 연결성을 지닌 이중적 의미로 쓰이고 있습니다. 계(繼)는 이어간다, 계승한다는 의미로 많은 다발(絲)의 실(糸)로 엮고 엮어서 이어가는 모습이며, 이전의 내역을 잃지 않고 전수한다는 의미가 더 강합니다. 큰 틀은 이어가되(因) 세세한 것은 변할 수 있기 때문에 추가, 삭제의 변화가 발생하는 인(因)이 뜻하는 바와는 약간의 의미 차이가 있습니다.

두 글자의 의미 차이를 두고 세심하게 글을 서술한 이유는 믿음과 신뢰 또한 사회 공동체의 문화와 문명의 발달에 따라 조금씩 변한다는 의미를 지닙니다. 믿음과 신뢰가 고정되고 불변한다면, 역으로 사회가 변하지 않는 것이라 할 수 있습니다. 사회의 체계와 제도, 문화,

문명을 이루는 기술 등이 멈춰서는 일은 인간에게 재앙이 따르는 일이라 할 수 있습니다. 우리가 살고 있는 지구라는 계(界)는 물리적으로 한순간도 멈춰 있지 않았습니다. 아울러, 그 속에 살고 있는 인간역시, 2.21구절에서 살펴본 것 같이 한순간도 멈추지 않고, 문화와 문명을 지식이라는 매개체로 활용하여 널리 퍼뜨리고 전파(施)하여 나누는 행위를 이어왔습니다. 사회 공동체에서 무엇인가 전달하고 계승하는 일이 멈추고, 사회적 단절을 이룬 시기를 역사 속에서 찾아보면 처절하고 암울한 시대에 해당합니다. 지식과 지혜가 그물에 갇힌(罔) 시대라고 할 수 있습니다.

사회는 시간과 공간이라는 장이 자유롭게 열릴수록 역동적이고 발전을 이루는 모습을 보입니다. 닫히고 갇힌 모습이 아니라, 열린 사회로 이끌어 더 크고 넓게(張) 세상을 만들어 좋은 문화를 계승하고 더욱 발전(張)을 이루는 미래를 기대하는 것이 인간(子)입니다. 제자 자장(子張)과 문답을 잇고 토론한 이유입니다.

子曰 : "非其鬼而祭之, 諂也. 見義不爲, 無勇也."

▶ **해석:** 공자께서 말씀하시길, "자신의 귀신(부모)이 아닌데, 그에 대해 제사 지내는 일은 아첨이다. 의로운 일을 보고서도 행하지 않는 것은, 용기가 없는 것이다."

해설

構造: 良[M=方法: 儉(o_1=勇)]

효(孝)와 제(弟)를 통해 세대(世代)를 잇고, 인(仁)의 기본을 이루는 덕목인 효제(孝弟)를 바탕으로 가족 공동체를 올바른(正) 길로 두드려(攵) 나아가는 일이 정(政:2.21)의 의미입니다. 그것을 믿음(信)과 신뢰(信)라는 끈으로 연결하여 온 세계로 펼쳐 넓혀 가는 것이 신(信:2.22)의 쓰임에 해당합니다. 그 신뢰(信)는 문화와 문명을 지식과 기억이라는 도구에 실어 과거와 미래를 연결(繼:2.23)합니다.

그 과정에서 인간이기 때문에 어쩔 수 없는 사항이 있습니다. 삶의 근원인 시작과 죽음이 존재하고, 그 이전과 이후에 대해서는 지식과 기억이라는 도구가 닿지 못합니다. 그저 타인의 죽음을 바라보고 이해하려 하고 추측할 뿐입니다. 부모와 형제라고 예외는 아닙니다. 그 슬픔의 기억을 살피고, 과거 존재했던 사랑(愛)하는 사람의 가치를 잇기 위해 뜻을 되돌아보는 행위가 추모와 제사와 같은 형식으로 이어오고 있습니다.

사랑(愛)과 믿음(信)이라는 끈이 없다면, 제(祭)사와 같은 추모 행위는 이어지지 못합니다. 현대의 가정에서 제(祭)를 지내지 않는다면,

그 믿음(信)이라는 끈이 끊어졌기 때문입니다. 그런 형식을 빌려 추모를 한다는 믿음(信)이 약해진 결과입니다. 물론, 그런 문화 자체를 잇지 않아 문화가 없는 경우는 말할 것도 없습니다. 믿음(信)이 약해진 이유는 사랑(愛)이 없거나 식었기 때문입니다.

그러면 사랑(愛)은 어떤 속성을 지니고 있을까요? 사랑(愛)을 논하는 것은 끝이 없을 수 있습니다. 거의 모든 것에 적용되어 표현되기 때문입니다. 사랑(愛)은 애착이라고 표현할 수 있습니다. 필자의 표현에 '어! 그거 아닌데~' 이런 생각을 하시는 분도 있을 것입니다. 관념에 대해서는 우리의 언어가 표현할 수 있는 한계가 있기 때문입니다. 받아들이는 사람마다 다른 의미와 관점으로 받아들이기에 사랑과 같은 관념을 설명하는 과정에 어려움이 발생합니다. 왜 그런 어려움이 발생할까요? 설명의 과정에서 다른 강도, 다른 관점, 다른 방식, 다른 모습으로 그 관념의 속성을 이해하기 때문에, 수만 가지 언어로 표현하더라도 사랑에 대해 전부 설명하기 어렵습니다.

정확한 설명이 어려운 경우는 반대되는 속성을 살펴보는 것이 도움이 될 수 있습니다. 그러면 사랑이라는 단어가 적용되지 않는 경우, 반대되는 사항은 무엇일까요? 우선 저 멀리 안드로메다 은하의 어느 별에 있는 어떤 모르는 존재는 사랑의 범위에 해당하지 않습니다. 모르는 존재를 사랑할 수는 없습니다. 즉, 나와 연결의 끈이 없는 경우, 연결된 끈이 너무 멀어 영향이 미치지 않는 경우는 사랑(愛)이라는 관념에서 제외됩니다. 그래서, 흔히 무관심이 사랑의 반대적 속성이라고도 말합니다. 물리적 거리는 가깝지만 싫어하는(惡) 마음이 작용하는 경우에는 사랑(愛)이라는 작용력이 줄어들고 미워하(惡)는 마음이 더 커진다고 볼 수 있습니다.

즉, 사랑은 작용력이라고 해석할 수 있습니다. 물리적으로 설명하면 끌어당기는 힘이 사랑이고, 밀어내는 힘이 증오입니다. 남(男)과 여(女)가 당기는 힘이 대표적인 예입니다. 음양이 서로 당기는 것이 우리가 살고 있는 계(界)의 기본 원리라고 할 수 있습니다. 음양이 서로 밀어내는 힘만 있다면, 세상의 구조는 지금과는 전혀 다른 모습일 것입니다.

필자가 장황하게 설명했지만, 결국 전달하고 싶었던 것은 죽음 이후는 우리가 알 수 없는 전혀 다른 계(界)로 전환된다는 것과 점점 멀어져 당기는 힘이 사라지는 과정이 사랑(愛)이라는 힘의 작용이 줄어드는 것과 같다는 점입니다.

우리가 전혀 모르는 사람을 모셔 놓고 제(祭)를 지내고 추모하지 않습니다. 그럼에도 불구하고, 제(祭)사 또는 추모를 행하는 이유가 있습니다. 그 행위를 함으로써, 내가 얻는 것이 있기 때문입니다. 그 행위를 통해 이익이 발생한다는 연결고리를 만들 수 있다는 믿음(信)이 작용하기 때문입니다. 그 제(祭)사를 사랑하기 때문에 하는 것이 아니라는 뜻입니다.

고대에는 거북이 등 껍질을 활용하여 제(祭)를 올리고 길흉을 점치곤 했습니다. 그것에 어떤 믿음을 부여했기 때문에 가능한 일입니다. 1.1구절에서 이 구절까지 공자의 철학은 주로 효(孝)와 제(弟)라는 틀과 부모, 형제, 자식, 그리고 그것을 사회로 확장하여 이루어져 있습니다. 공자의 철학은 나로부터 출발하여 나와 가장 밀접하게 존재하며 나와 연결되어 사랑이라는 힘이 작용하는 대상에 대한 해석이자 설명입니다. 어딘가 멀리 있는 곤륜산(崑崙山)의 산신도 아니고, 바닷속 거북이가 남긴 등껍질도 아닙니다.

즉, 내가 가장 가까이에서 사랑하고 믿음을 부여하는 대상에 대한 이야기입니다. 그런 가까운 존재에 대해서 밀어내고 멀리하며 믿음을 해체하는 행위를 하는 이유는 나에 대해 더 집착하고 사랑하기 때문입니다. 즉, 자신에 대한 애착이나 이기심이 더 강하기에 발생하는 현상입니다.

이 구절에서 귀(鬼)신과 제(祭)사를 소재로 설명하는 이유는 우리가 모르는 사후 세계와 우리가 모르는 어떤 힘에 의해 이루어지는 작용과 현상에 대해 우리가 어떻게 받아들이고, 어떤 태도를 취하고 있는가에 대해 설명하려는 의도입니다. 다른 사람이 거북이 등껍질에 대해 어떤 마음을 갖고, 어떤 믿음을 부여하는지 대략 짐작은 하지만 그 속 마음을 다 알 수는 없습니다. 하지만, 공자의 관점으로는 부모, 형제, 자식과 같은 자신의 귀신이 아닌 것은 확실합니다.

그런 제(祭)사를 행하는 일에 참여하는 것은 그 믿음의 강도만큼 튼튼한 끈으로 자신의 마음을 그 행위에 묶어 놓은 상황이라는 설명입니다. 그것에 의지하고자 하는 나 스스로의 애(愛)착이라고 할 수 있습니다.

현대사회에서 반려 동물에 대해 애착을 갖고 키우며, 죽은 후에 장례를 치르는 일 또한 그것에 의지하는 나의 애착이 출발점입니다. 반려 동물에 대한 사랑과 인간에게 행하는 사랑과 같은 사랑이라는 단어를 사용하기 때문에, 사람들은 마치 동일한 사랑처럼 혼동합니다. 심지어 사람에 대한 사랑은 멀리하면서, 반려 동물에 대한 애착은 지나치게 집착하는 경우도 어렵지 않게 찾아볼 수 있습니다.

동물이나 식물, 사물, 돈, 재화와 같은 물질적 요소에 대한 애착은 그것과 맺는 관계를 통해 자신을 사랑하는 욕구를 해소하기 위한 행위라고 할 수 있습니다. 효(孝)와 제(弟), 자(慈), 그리고 부부간의 사랑과 사람에 대한 사랑과는 차이가 큰 행위라고 할 수 있습니다.

길게 설명했지만, 결국 사랑이라는 힘의 작용을 통해 무엇을 끌어

당기고 있는지 살펴보면, 그 행위의 의미가 타인에 대한 사랑인지, 자신 이기심에서 출발한 애착인지 쉽게 구분할 수 있습니다. 나와 가장 가까운 사람이 아닌, 다른 것을 끌어당기는 행위의 모습에 대해 공자는 첨(諂)이라는 글자로 표현하고 있습니다. 아양 떨고, 아첨(諂)하는 행위라는 의미입니다. 만약, 자신과 가장 가까운 사람이 아님에도 불구하고, 아무런 조건 없는 사랑의 힘이 작용하고 있다면, 그 사람은 성인(聖人)에 가까운 사람이라고 할 수 있습니다.

자신의 귀신이 아님에도 제사를 지내는 경우, 공(共)동의 믿음(信)이란 연결고리를 갖고 행하는 공동체를 위한 행위, 의(義)인 듯 보이지만, 그것은 일종의 아첨 행위라는 뜻입니다. 제(祭)와 의(義)를 연결하여 설명하는 이유입니다. 그런 행위, 즉 의(義)를 보고도 추구하지 않고, 불의(不義)를 행하는 것을 보면서 따르는 일에 대해 용(勇)기가 없다고 설명하고 있습니다.

가족과 사회라는 공동체에서 공(共)동의 믿음(信)이 없는 가운데, 자신에 대한 애착과 이기심에서 비롯된 행위는 공동체의 관점에서 볼 때 낭비(不儉)의 요인이 됩니다. 구성원들이 그런 애착과 이기심을 바탕으로 일을 수행하는 과정에는 절제가 함께하기 어렵습니다. 공동체에서 구성원들의 절제(儉)가 부족하면, 시간, 자원, 노력이라는 요소가 공동체를 위해 쓰이지 못하고 낭비되며, 특정인의 애착을 채우는 일, 이기심과 욕심을 채우는 과정의 도구로 활용되기 마련입니다.

이는 공동체 전체를 향한 사랑, 즉 의(義)를 추구하려는 작용력이 부족하기에 발생합니다. 용(勇)기는 의(義)를 추구하려는 작용력에 비례하여 발현된다고 할 수 있으며, 용(勇)기가 실현되는 일이 부족한 것은 결국 그 공동체 내에 사랑의 힘이 약하다는 것을 의미합니다.

정리하면, 우리가 모르는 어떤 현상과 일에 대해 맹목적으로 따르는 일은 그것과 관련, 언(言)어를 통한 함(陷)정에 빠지는 일이며, 그런 현상이나 일이 구성원 전체의 의(義)를 향한 방향이 아님에도 행하는 것은 용(勇)기가 부족하다는 설명입니다.

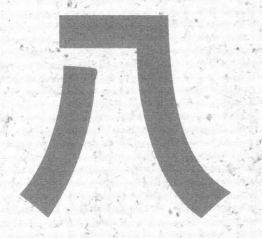

3. 팔일

3장 팔일(八佾)은 공(恭)을 주제(主題)로 하고 예(禮)를 주요 소재로 다루고 있습니다. 노(魯)나라 대부이자 세도가(勢道家)의 계씨(季氏)가 자신의 뜰에서 팔일무(八佾舞)를 벌인 무례(無禮)함을 꾸짖으며, 그 첫 번째 구절을 시작하고 있습니다. 국가 사회 체계의 질서(禮)를 올바르게(正) 펼쳐서, 국가와 사회가 불의(不義)라는 함정(陷穽)에 빠지지 않도록 이끌고(道) 있습니다.

子謂季氏："八佾舞於庭, 是可忍也, 孰不可忍也?"

▶ **해석:** 공자께서 계씨(季氏)에 대해 말씀하시길, "팔일무(八佾舞)를 자신의 뜰에서 벌였으니, 이것을 참을 수 있다면, 다른 것이야 무엇인들 참지 못하겠는가?"

해설

$$構造: 恭[U=共心: 溫(x_1=忍)]$$

예(禮)에 따라 천자만 즐길 수 있는 팔일무를 계씨가 자신의 뜰에서 벌였으니, 이 얼마나 황당한 일이 아닌가! 경대부라는 신분에 따라 표현한다면, 2.20구절 표현처럼 '계강자(季康子)'라고 적어야 하나, 예의(禮義)를 모르는 놈이라는 뜻으로 씨(氏)를 붙여 소인 취급하여 기재했습니다. 마지막(季)을 행하는 놈(氏)이란 의미로 소위 현대의 막장 드라마에 나오는 안 좋은 모습이라고 할 수 있습니다.

팔일무(八佾舞)는 천자(天子)가 참석하는 연회에서 64명의 무희가 가로, 세로 여덟 줄로 서서 춤을 추는 공연입니다. 제후(諸侯)는 8×6, 48명, 대부(大夫)는 8×4의 32명, 부(夫)는 8×2, 16명으로 공연을 열 수 있었습니다.

당시, 노(魯)나라를 좌지우지한 가장 힘센 세도가에 대해 이렇게 기재할 수 있었다는 것은 계씨의 지배력이 끝난 후에 논어가 작성되지 않았을까? 조심스럽게 추정해 봅니다. 그렇지 않았다면 잡혀가 죄인으로 몰려 처단을 면하지 못했을 것입니다. 철저한 신분제 사회에서 세도가(勢道家)인 왕족의 후손을 함부로 이야기하는 것은 위험한 일이었습니다.

그런 측면에서, 2.24구절에서 설명한 용(勇)기를 실천하는 발언입니다. 불의(不義)를 보고 그것에 대해 지탄하고, 맞서는 용(勇)기를 의미합니다. 하지만 그 바로 앞에서 그런 말을 하는 것은 죽음을 택하겠다는 절실한 각오와 자신의 죽음과 바꿀 만한 이유와 의의가 있을 때에 실행할 일입니다.

대개 사람들은 그런 권력자에게 첨(諂)으로 접근하기 더 바쁩니다. 자신에게 불이익을 원치 않는 것이 당연한 일입니다. 많은 사람이 이루어 살아가는 공동체 속에서 반은 좋은 일, 반은 좋지 못한 일이라고 할 수 있습니다. 좋지 못한 일에 대해 참(忍)지 못하고 항상 나선다면, 목숨이 수백 개라도 부족할 것입니다.

다행히, 공자와 계씨는 직접적인 관계가 아닙니다. 멀리서 바라보고 언급하는 정도의 관계입니다. 용(勇)기를 내는 일은 공동체에 대한 사랑(愛)과 믿음(信)이란 연결고리가 필요합니다. 3장의 주제인 공동체와 함께(共)하고 있다는 마음(心), 공(恭)에는 공동체에 대한 사랑(愛)이 바탕을 이루고 있지만, 현실적으로는 공동체의 삶 속에서 가장 먼저 살펴볼 사항은 참(忍)는 것입니다.

국가 최고 위치의 정치인이 믿음(信)과 신뢰(信)를 버리는 행동을 하더라도, 나에게 직접적으로 미치는 영향이 적다면, 내가 직접 어떤 노력을 들일 이유는 작아집니다. 그래서 웬만한 일에 대해서는 참(忍)습니다. 그리고 2.16구절에서 학습한 것과 같이 힘을 활용한 강제와 상대에 대한 공격은 나에게 해(害)를 불러올 수 있습니다.

이 구절의 소주제(疏)는 인간의 특질 가운데 참(忍)는 것에 대한 설명입니다. 사회 공동체, 믿음(信), 함께하는(共), 마음(心)과 같은 것이 변수가 되어 그 거리에 따라 사랑(愛)과 애(愛)착의 영향력이 달라지는 지점이 참(忍)는 행위의 한계점이라 할 수 있습니다.

물론, 이 글과 같이 참(忍)지 않고 멀리서 비난하며, 선비들에게 그런 행위는 올바르지 못한 것이라 가르치는 간접적 방식을 택하는 것도 하나의 방법입니다. 방식과 방법에 따라 사랑의 표현 모습이 달라지는 것과 비슷합니다.

권력자도 자신의 즐거움을 누릴 권리는 있습니다. 다만, 그 과정에서 지나친 낭비를 일삼고, 윤리를 벗어나며, 국가를 이끄는 사람으로서 본보기가 아닌 추한 모습으로 사람들에게 비춰진다면 곤란하지 않겠습니까? 그것을 살피지 못하고, 자신의 쾌락과 자신의 부(富)를 추구하는 권력자가 있다면 안타까운 일입니다. 그러나 그런 모습마저 부러워하며 애(愛)정 어린 마음으로 바라보는 사람도 있기 마련입니다.

물론, 권력자가 자신의 권력과 부(富)를 추구하기 위해, 사람들의 생명과 재산, 자유와 같은 것을 위협하고 탈취한다면 얘기가 달라질 것입니다. 내가 속한 가족, 집단, 사회의 정의(義:2.24)를 포기하고, 참아야 하는 이유를 살피거나 용(勇)기를 내어 그에 대응해야 하는 일에 직면하기 때문입니다.

계씨를 비난하는 일로 그치는 것이 아니라, 무엇을 참고 무엇을 참지 않아야 하는지 구분하는 지혜를 갖추는 것에 초점을 맞추어 이 구절을 이해하는 일이 필요합니다. 그 과정에, 2장 구절들이 제시하는 좋은 방법론을 활용할 수 있는지 살피는 일이 오히려 현명하다고 할 수 있습니다.

三家者以 『雍』徹. 子曰:"'相維辟公, 天子穆穆', 奚取於三家之堂?"

▶ **해석:** 세 가문의 제사에서『옹』으로써 제사를 마치고 있다. 공자께서 말씀하시길, "'(나라를) 이끄는 일을 돕고 제후를 다스림으로써, 천자를 기쁘고 기쁘게 하라'라는 노래(雍)를 어찌하여 세 가문의 집에서 취할 수 있다는 말인가?"

해설

構造: 恭[U=共心: 良(m₁=相維)]

構造: 恭[U=共心: 良(m_1=相維)]

노나라 3대 세도가(勢道家) 맹(孟)씨, 숙손(叔孫)씨, 계(季)씨의 집에서 제사를 마치고 음식을 정리하는 동안 노래, '옹(雍)'을 부르는 일을 행하고 있습니다. '옹(雍)'은 천자(天子)가 주관하는 제례의 종료 시에 사용되는 노래입니다. 노래의 구절을 살펴보면, 제후들이 각자의 나라를 잘 다스릴 수 있도록 만들어, 천자를 기쁘게 하라는 의미입니다. 3대 가문은 환(桓)공의 먼 후손이기는 하지만, 정실이 아닌 후손으로 경대부의 신분에 해당합니다. 감히, 제사 마무리에 부를 수 있는 노래가 아닙니다.

이 구절에는 현대에 거의 사용되지 않는 글자들이 많아 의미를 이해하는 과정에 더욱 주의를 기울여야 합니다.

3장의 대주제(主題)에 해당하는 공(恭)의 관점에서 국가라는 커다란 사회 공동체의 조화(和)를 이루는 것이 국가의 가장 큰 일이라 할 수 있습니다. '옹(雍)'이라는 글자의 의미에 해당합니다. 국가의 선왕들에 대한 제사를 지내고, 마무리에 그 노래를 부르는 이유 또한 조화(和)를 기반으로 국가를 다스리는 것을 기원하는 행위에 해당합니다. '목(穆)'이라는 글자는 사회의 조화(和)를 바탕으로 국가가 풍요로운 상태를 의미합니다. 벼(禾)가 잘 익어 온 세상이 넘실넘실(㣿) 물결치는 모습이라고 할 수 있습니다. 온 세상이 그런 모습을 지니면, 천자가 즐겁고 기뻐하는 일은 당연할 것입니다.

철(徹)은 철(徹)수하다는 단어로 많이 사용됩니다. '치우다'라는 의미로, 제사를 마치고 음식을 치우는 과정을 의미합니다.

상유벽공(相維辟公)의 의미를 살펴보겠습니다. 상(相)은 명사로 쓰이면, 재상이라는 직위를 의미하고, 동사로 쓰이면 '돕다'는 의미입니다. 여기서는 유(維)라는 글자를 돕는 행위입니다. 유(維)는 벼리라는 것을 의미하는데, 그물에서 맨 첫 번째 줄, 그물을 끌고가는 기준이 되는 실(糸)을 의미합니다. 벼리 강(綱)이라는 글자와 같은 의미로 통상 삼강오륜(三綱五倫), 삼강사유(三綱四維)라는 단어에서 활용됩니다. 어떤 일의 모범, 귀감, 표준이 되는 것을 의미합니다.

상유(相維)는 국가의 표준과 귀감이 되어 국가를 이끄는 일(維)에 대해 돕는 행위(相)입니다. 국가를 이끄는 사람은 제후(諸侯)인 공(公)이고, 그것을 돕는 것은 신(臣)하입니다. 그러므로 이 구절의 주어는 제사를 지내는 사람들, '문무백관 신(臣)하들'이 생략되어 있다고 할 수 있습니다. 벽(辟)이라는 글자는 '다스린다'는 뜻입니다. 세상을 다스리는 일을 벽세(辟世)라고 합니다. 그런데 제후(諸侯)인 공(公)이 목적어 자리에 있습니다. 제후(諸侯)를 다스린다는 의미가 무엇일까요? 벽(辟)을 해체하면 '엉덩이, 볼기'(尸)와 매섭다(辛)는 글자의 조합입니다. 볼기를 매섭게 쳐서 다스리는 것을 의미합니다.

즉, 국가의 모범이 되지 못하고, 올바르게 나라를 이끌지 못하면,

제후의 볼기를 매섭게 치는 것을 통해 국가를 올바로 이끄는 일이 상유벽공(相維辟公)입니다. 그렇게 해서 국가가 잘 이루어지면, 천자는 기뻐하고 또 기뻐하게 된다는 노래입니다.

조금 더 의미를 살펴보면, 제후(諸侯)는 천자의 아들(子)인 동시에 신(臣)하입니다. 아들이 아버지인 천자의 뜻을 헤아리지 못해서, 나라를 잘 다스리지 못하면 아비인 천자(天子)가 엉덩이를 매섭게 치는 과정을 통해서라도 나라를 잘 다스린다는 의미를 포함합니다.

그런 노래를 노(魯)나라의 경대부가 부른다면, 3대 세도가(勢道家)들이 허수아비 제후 볼기를 치고, 마음대로 주무르겠다는 의미로 바뀝니다. 공자가 크게 탄식한 이유입니다. 3.1구절에서 계(季)씨가 혼자서 예(禮)를 벗어나는 사치와 향락을 즐기는 것과는 차원이 다른 상황입니다.

국가의 수장이 올바르지 못하면, 신하들은 올바른 방향으로 이끌 수 있도록 돕는 것(相維)이 올바른 도리(道理)이며, 임금이 올바른 일을 행하지 못하는 경우는 간언(諫言) 통해 상유(相維)를 취하는 것이 올바른 방법입니다. 어찌 임금을 내 마음대로 좌지우지할 수 있겠습니까?

참(忍)지 않고 어떤 행위를 할 때에 나에게 주어진 환경과 상황에서 어떻게 해야 하는지, 어떤 방법이 현명하고 올바른 것인지 살피라는 교훈을 전달하고 있습니다.

3.3

子曰 : "人而不仁, 如禮何? 人而不仁, 如樂何?"

▶ **해석:** 공자께서 말씀하시길, "사람들이 어질지 않다면, 예(禮)를 행하는 것이 무슨 의미 있겠는가? 사람들이 어질지 않다면, 즐거움(樂)이 무슨 소용인가?"

해설

$$構造: 恭[U=共心: 恭(u_1=仁)]$$

이 구절은 대주제(大主題)와 소주제(小主題)가 모두 공(恭)입니다. 사회 공(共)동체의 마음(心)과 정신에 관련한 교훈이라고 할 수 있습니다.

논어(論語)에서 인(人)이라는 글자는 특별한 예외가 없다면 '한 사람'이 아니라 '사람들'이라는 의미로 쓰입니다. 철학적 관점에서 한 사람에 대한 언급과 사람들에 대한 언급은 커다란 차이가 있습니다. 개인에 대한 주제인가? 아니면 사회 공동체에 대한 주제인가? 주제에 대한 관점이 크게 바뀌기 때문입니다.

주어진 상황과 조건의 관점에서 먼 거리에 위치한 대부가 사치하고 즐기는 일은 나와 직접적인 연관이 적습니다. 대부가 임금의 볼기를 치는 방식으로 나라를 다스리는 일 또한 나와 직접적인 연관은 크지 않습니다. 내 주변의 부모, 형제와의 관계가 더 직접적이고 중요하다는 의미입니다.

그런 부모 형제에 대해 불량(不良)하고 불선(不善)한 마음과 행위, 즉 어질지 못한 일(不仁)이 사람들 사이에 널리 퍼져 있다면, 예(禮)와 즐거움(樂)은 무의미하다는 의미입니다. 인(仁)은 보편적인 인간의 착하고 현명한(善良) 모습을 의미하지만, 그 근본에는 효(孝:1.2)와 제(弟:1.2)가 자리합니다. 사람들이 효제(孝弟)와 같은 인(仁)이라는 모습을 벗어나면, 예(禮)와 즐거움(樂)이나 다스림(樂)을 위한 조화와 균형(樂)도 의미가 없다는 의미입니다.

이 구절의 예(禮)가 어긋난 모습은 3.1구절의 상황에서 찾아볼 수 있으며, 락(樂)의 어긋난 모습은 3.2구절의 상황에서 찾아볼 수 있습니다. 3.1~3.2구절을 연계하여 통합적으로 설명을 이어가고 있는 중입니다.

락(樂)은 통상 즐거움이라 해석하지만, 조화(和)롭고 풍요(穰)로움을 이룬 상태를 의미합니다. 동시에 락(樂)은 조화와 균형을 이루는 다스림(樂)을 뜻합니다. 여기에서는 중의적으로 이런 의미를 모두 포함한다고 할 수 있습니다.

하지만, 춘추전국시대의 현실은 제후(公)들이 천자(天子)를 유명무실하게 만들었고, 노(魯)나라의 현실은 더욱 참담하여 경대부인 3환(桓)이 제후(公)의 볼기를 치며 다스리고 있는 상황입니다. 천자와 제후의 관계가 부(父)와 자(子)라면, 제후와 3환(桓)의 관계 또한 혈연을 따져 올라가면 부(父)와 자(子)의 관계에 해당합니다. 모두 효(孝)를 역행하고 있습니다. 그렇기 때문에, 제후가 국민들의 벼리(維)가 되어 국가를 조화롭게 이끄는 일은 더욱 먼 나라 이야기라고 할 수 있습니다.

국가를 이끄는 지도자들이 인(仁)에 해당하는 효(孝)와 제(弟)를 역행하는 것이 본보기가 되어, 국민들이 효(孝)와 제(弟)를 잃어버리는 일이 크게 두렵습니다. 그런 이유로, 이 구절에서 사회 공동체의 마음에서 효(孝)와 제(弟)를 기반으로 하는 인(仁)을 강조하고 있습니다.

林放問禮之本. 子曰:"大哉! 問. 禮, 與其奢也, 寧儉. 喪, 與其易也, 寧戚."

▶ **해석:** 임방(林放)이 예(禮)의 본질이 무엇인가를 여쭤보았다. 공자께서 말씀하시길, "커다란 질문이구나! 예(禮)는, 사치스러운 것보다, 차라리 검소해야 한다. 상(喪)사는, 능숙하게 치르는 것보다, 차라리 슬퍼해야 한다."

해설

構造: 恭[U=共心: 儉(o_1=儉)]

3.3구절에서 인(仁)을 강조한 사항 관련, 1.2구절에서 이미 인(仁)의 근본을 이루는 일에 대해 설명한 바 있습니다. 하지만 예(禮)의 근본(本)에 대해서는 알려준 사항이 없기에, 임방(林放)이 질문하고 있습니다. 3.3구절의 토론을 이어가는 중입니다. "선생님, 그러면 예(禮)의 본질은 무엇입니까?" 정도의 질문입니다.

임방(林放)은 누구일까요? 커다란 나무들이 숲(林)을 이루어 사방으로 퍼져(防) 나가는 모습을 뜻하는 이름이 임방(林放)입니다. 뿌리에 해당하는 효(孝)를 충실히 하고, 줄기에 해당하는 제(弟)가 할 일을 다할 때, 그 연결고리(信)를 통해 더욱 크게(大) 번성하게 됩니다. 나무 하나 하나가 모두 그런 일을 통해 숲(林)을 이루는 모습은 3.3구절에서 희망했던 일입니다. 숲(林)처럼 사람들이 효(孝)와 제(弟)를 다하고 그것이 퍼져서(放) 사회로 확장(放)되는 모습의 상징입니다. 그런 사회 속에서 공(共)동체가 이루는 마음(心)이 조화(和)롭게 어우러지는 것에 대해 질문하고 있습니다.

조화(和)와 균형에 맞추어 체계의 질서(禮)가 원활히 이루어질 때 즐겁고(樂) 기쁜(穆穆:3.3) 상황이 의미가 있습니다. 임방(林放)이 뜻하는 바가 작지 않습니다. 질문 또한 크기가 작지 않습니다. 어울려가는 방식과 방법(禮)의 근본과 본질을 무엇이라 할 수 있을까요?

공자는 그 근본 사항에 검(儉)이 있다고 설명하고 있습니다. 어울리는 과정에 부풀리고, 낭비하고, 번거로운 방식은 효율적이지 못하기 때문입니다. 나무가 어울려 숲을 이루는 과정을 비교하여 살펴보아도 좋습니다.

그리고 검(儉)에 대해 추가로 한마디 덧붙여 설명하고 있습니다. 척(戚)입니다. 어울려 효율성을 이루는 방법에서 오해하지 않아야 할 사항을 설명하기 위한 글자입니다. 절제하고 낭비하지 않으며, 효율적인 것을 쉽(易)고, 구조적으로 단순(易)하고, 정해진 절차와 규칙을 잘 따르는(易) 일만 있다고 생각하면 오해입니다. 그런 것보다 우선하는 것이 '척(戚)'입니다. 크게 2가지 의미를 띠고 있습니다.

하나는 장례에는 슬퍼(戚)하는 일이 가장 우선입니다. 방식이나 방법은 부차적인 것이라는 의미입니다. 즉, 눈에 드러나 보이는 예(禮)는 형식과 방법이기 때문에 슬퍼하는 마음을 앞설 수 없습니다. 인(仁)이라는 덕목을 기반으로 예(禮)라는 방식과 방법을 쌓아가는 일이 필수적입니다.

다른 하나는 친인척(戚)으로 한정해야 한다는 의미입니다. 척(戚)은 가깝다는 의미입니다. 사람이 관계를 맺는 사회라는 점에서 볼 때 무수히 많은 사람들과 관계를 맺게 됩니다. 직접적인 관계 이외에도 나와 별로 연관도 없는 고위층의 사람을 안다는 것만으로도 장례식에 찾아가 수고를 아끼지 않는 사람들이 많습니다. 고위층이 잘 못하면 찾아가 그 앞에서 비난하는 시간과 노력을 들이지 않지만, 신기하게도 장례식장에는 친척(親戚) 이외에 엄청나게 많은 사람들이 찾아옵니다.

이전 동일한 소주제에서 설명한 첨(諂:2.24)에 해당하는 일입니다. 사회적으로 시간과 노력, 물질적인 자원을 아첨(諂:2.24)에 쏟아붓고 있습니다. 사람들이 2.24와 3.4구절의 뜻을 새기고 실천하면 벌어지기 어려운 현상입니다. 아첨(諂:2.24)하지 않으면, 뭔가 불이익을 얻지 않을까 걱정이 앞서고, 그런 걱정이 미치는 작용력을 이겨 낼 용(勇)기가 부족하기 때문에 발생하는 일입니다.

직접적으로 마음을 나누는 일, 공심(共心)은 친인척(親人戚), 즉 주위의 친한 친구와 가족이면 충분합니다. 그것을 넘어서서 마음을 나누는 일은 자원을 비효율적으로 낭비하는 일이라 할 수 있습니다. 선거철에 고위 정치인이 진정 마음을 나누기 위해 직접 자신을 찾아왔는지, 무엇을 얻기 위해 찾아왔는지 손을 가슴에 얹고 생각해보면 쉽습니다. 그 사람의 따듯함(溫)과 선량(良)함을 느끼고 이해했다면, 그 정치인을 믿고(信) 따라도 좋습니다. 만약, 그런 일이 이루어지고 있다면, 사회는 공동체가 지닌 체계의 질서(禮)와 사회 정의(義)에 따라 더없이 효율적(儉)인 방향으로 가는 길이라고 할 수 있습니다.

3.5

子曰: "夷狄之有君, 不如諸夏之亡也."

▶ **해석:** 공자께서 말씀하시길, "오랑캐(夷狄)들이 그들의 임금을 가지고 있지만, 이는 중원에 군주가 없는 것보다 못하다."

해설

構造: 恭[U=共心: 讓(c_1=亡)]

제하(諸夏)는 하(夏)나라의 예(禮)를 이어받아 여러(諸) 세(世)대와 여러(諸) 제후가 다스리는 나라로 확장(放)되어 큰 사회라는 숲을 이루는 중국 전체를 의미합니다. 즉, 하(夏)나라를 근원으로 시작하여, 예(禮)라는 문화가 넓혀져(放) 이룬 커다란 문화 사회를 의미합니다(殷因於夏禮 ~ :2.23).

100여년 전 청나라에서 새로운 중국으로 바뀌는 시기에, 국호 후보가 중국(中國), 중화(中華), 화하(華夏), 대하(大夏), 제하(諸夏) 등이 있었고, 그중에 중화(中華)가 채택되어 오늘날까지 '중화(中華)인민주의공화국'이란 이름으로 유지되고 있습니다.

찬란하게 번성한다는 화(華)는 여름처럼, 넓고 크게 확장된다는 뜻의 하(夏)와 같은 의미라고 할 수 있습니다. 하지만 화(華)려하게 꽃피는 모습만 강조하는 경우, 중원을 기점으로 크게 확장(放)하고 잘사는 일에만 치중하게 됩니다. 모두 같이 체계의 질서(禮)를 기반으로 문화를 확장(放)하고, 낭비를 줄이며 절제하여 다 같이 번영을 이룬다는 의미는 퇴색될 수 있습니다.

'중화(中華)'에는 목적을 이룬 화려한 모습만 담겨 있습니다. 크게 번영하는 일이면 충분합니다. 효(孝)와 제(弟)를 근본으로 인(仁)을 이루고, 사회의 공(恭)을 추구하며, 사회가 어울리는 과정과 방법으로 체계의 질서(禮)를 올바로 하는 일과 절제(儉), 이 구절에서 다룰 주제인 사회 공동체에 필요한 '양(讓)'이라는 덕목이 빠져 있습니다. 만약, 그런 것을 아우르는 제하(諸夏)를 국호로 사용했다면, 오늘날 중국의 모습과는 크게 달라졌을 수 있습니다. 국민 모두가 부르는 국가의 이름은 그 국민들이 나아가는 방향으로 이끄는 힘이 있기 때문입니다.

제하(諸夏)가 추구하는 최종적 목표는 '양(讓)'을 이루는 사회를 의미합니다. 이 구절의 북쪽(狄)과 동쪽(夷)의 오랑캐에 없는 것이 양(讓)이라고 할 수 있습니다. 나름대로 자신들이 만든 체계의 질서인 예(禮)와 그것을 위한 효율성(儉)은 갖고 있지만, 양(讓)이라는 덕목을 기반으로 쌓은 것이 아니기 때문에 부족합니다.

양(讓)은 언(言)어를 통한 도움(襄)이라는 글자로 구성됩니다. 언(言)어를 통해 예(禮)라는 문화를 사회에 도움(襄)이 되도록 수정하고 보완하며 계승하고 발전을 이루어가는 것이라고 할 수 있습니다. 그 과정에서 자연스럽게 사회적 합의(議)가 이루어져 문(文)화를 이룹니다. 그런 문화 형성 과정에서 필요한 모습이 겸양(讓)과 양(讓)보와 같은 덕목입니다. 무력과 강제를 통한 절제와 효율성만 추구하는 일이 아니며, 사람들 스스로 아름다운 모습을 발휘하여 절제하고 타인과 사회를 배려하고 돕는 일입니다.

현대의 중화(中華)에 빠져 있는 부분이 무엇인지 명확하지 않습니까? 타국에 대해 평가한 일에 고개를 끄덕일 수 있지만, 이런 설명은 온양공검양(溫良恭儉讓)의 쓰임에 대한 이해를 돕기 위한 것에 불과합니다. 정작 필요한 사항은 자신을 돌아보고 성찰하는 일입니다. 논어가 추구하는 방향은 배움을 통해 이해를 구하고, 그것을 타인이 아니라, 자신을 돌아보고 자신을 수양하는 일에 활용하는 일이라고 할 수 있습니다. 과연, 우리는 어떤 모습인지, 우리가 추구하는 방향은 무엇인지, 먼저 반성하는 겸양(謙讓)의 자세가 필요합니다.

춘추전국시대에도 양(讓)이라는 덕목이 부족했기 때문에, 주변국과 싸움이 끊이지 않았습니다. 양(讓)보와 겸양(謙讓)보다 인접국가의 자원과 부(富)를 빼앗는 일을 더 효율적(儉)인 방법이라고 생각했습니다. 세상(天下)을 인류 공동체로 크게 여기는 관점, 제하(諸夏)가 아니라 자국과 자신의 이익을 더 중요하게 생각하는 문화가 만연했기 때문입니다.

인류라는 큰 틀(大哉!:3.4)에서 바라보면 국소적이고 작은 이익을 추구하는 이기심에 불과합니다. 그런 낮은 수준의 문화를 지닌 강력한 지도자가 이끄는 국가보다는, 그런 지도자가 없더라도 온양공검양(溫良恭儉讓)의 틀을 문화로 만들어, 사람들을 아름다운 삶으로 이끄는 것이 더 좋다는 설명입니다.

季氏旅於泰山. 子謂冉有曰: "女不能救與?" 對曰: "不能" 子曰: "嗚呼! 曾謂泰山不如林放乎?"

▶ **해석:** 계씨(季氏)가 태산(泰山)에서 산신제(旅)를 지냈다. 공자께서 이를 가리켜 염유(冉有)에게 말하시길, "네가 구제할 수 없었는가?" 염유(冉有)가 대답하길, "할 수 없었습니다." 공자께서 말씀하시길, "슬픈 일이다! 어찌 태산(泰山)이 숲의 확장(林放)보다 못하다고 할 수 있겠는가?"

해설

構造: 恭[U=共心: 溫(x₁=?)]

임금(君)만 지낼 수 있는 산신제를 계(季)씨가 예(禮)를 무시하고 산신제(山神祭)를 주관했습니다. 3.5구절에서 언급한 내역과 반대되는 일이 벌어진 상황입니다. 오랑캐의 나라에는 양(讓)을 기반으로 한 문화와 예(禮)가 부족하기 때문에 제하(諸夏)에 임금(君)이 없는 것보다 못하다고 했는데, 임금(君)인 제후(諸侯)가 있음에도 불구하고 계(季)씨가 이런 일을 벌였습니다.

태산(泰山)은 중국 동쪽지역인 산둥성에 있는 중국의 5대 악산(岳山)입니다. 산의 형태와 모습이 험하고(岳) 기이하여, 예부터 신령스러운 산으로 여겨왔습니다. 도교의 성지로 알려져 있으며, 진시황이 천하를 평정하고 산신제를 지냈었고, 공자(孔子), 이태백(李太白), 두보(杜甫) 등의 발자취를 비롯하여 문화, 역사적 가치가 풍성하여 유네스코 세계문화유산으로 등재되어 있습니다.

공자가 계(季)씨의 가신(家宰)인 염유(冉有)에게 산신제에 대해 말릴 수 없었는지 물어보고 있습니다. 염유(冉有)의 이름을 살펴보면, 다중적 의미를 지니고 있습니다. 풀이 무성하게(冉) 존재(有)한다는 의미는 숲이(林) 넓게 확장(放)된다는 의미를 지닌 임방(林放)과 유사한 뜻입니다. 3.4구절이 전하는 예(禮)의 속성에 대해 이미 알고 있다는 전제를 의미합니다. 그런 전제를 기반으로 공자가 묻고 있습니다.

그런데 약간 이상한 사항이 있습니다. 염유(冉有)는 본명과 자(字)가 바뀐 형태입니다. 본명은 염구(冉求)이고, 자(字)가 자유(子有)인데 엇갈려서 호칭하고 있습니다. 상황이 꼬여 있는 모습을 전달하려고 의도적으로 엇갈려 부른 것이라고 할 수 있습니다. 계씨의 어긋난 행위를 구(求)제하기 어려운 상황이라는 의미를 담고 있습니다.

염(冉)의 또 다른 의미는 유연하고 부드럽게 나아가는 모습을 의미합니다. 3.1구절에서 계씨의 행위에 대해 참는 것(忍)을 설명한 것에 이어 이번에는 조금 더 나아가, 유연함(冉)이 있는(有) 응대를 보여주고 있습니다. 공자가 이름 구(求)와 자(字) 유(有)를 바꿔 불러도 개의치 않고, 부드럽게 이어 대답을 한 모습에서 그 성향을 엿볼 수 있습니다. 단순히 참(忍)는 것과 부드럽게 나아가는 것(冉)의 차이입니다.

하지만 계씨(季氏)가 예(禮)라는 체계의 질서를 넘어서 참람한 짓을 한 사실은 변하지 않습니다. 고대부터 발전시켜온 질서 체계와 문화(文化)인 예(禮)가 아니라, 태산(泰山)의 어떤 신령스러움에 의지하여, 더 큰 무엇인가를 얻으려는 계씨(季氏)의 어긋난 욕심에 대해 공자가 오호(嗚呼)!라고 크게 한탄하고 있습니다.

공자가 슬퍼하며, 한마디 덧붙이고 있습니다. "어찌 천하 제일의 명산인 태산(泰山)이 새로 숲(林)이 생성되고 확장(放)되는 것보다 못하다고 할 수 있겠는가?"이라는 구절은 여러 가지 의미를 담고 있습니다.

태산(泰山)은 제하(諸夏), 즉 중국 역사를 시작(夏:2.23)으로 축적하고 전승해온 예(禮)라는 문화의 크기를 상징합니다. 임방(林放)은 새로 숲이 확장되는 모습으로 태산(泰山)에 비교할 수 없이 아주 작은 크기를 상징합니다. 태산(泰山)이 비록 험준한 명산이고, 그 축적된 문화(文化)가 크다 할지라도, 그 앞에 가서 무당이 굿을 하고, 그 무당이 천하를 대표하면, 얄궂은 굿판의 터전에 불과합니다. 임방(林放)의 모습이 아직 초라하고 볼 것 없더라도, 본질을 추구하고 올바른 길에 따라 사람들에게 도움이 되는 숲이 된다면, 사람들 가까이에 존재하는 안식처라는 의미입니다.

태산(泰山)과 같이 크고 깊은 문화를 소유한들, 그 의미를 모르고 어긋나게 사용하면 큰 문화가 굿판 무당의 터전으로 하찮게 변할 수 있습니다. 즉, 태산(泰山)이 문제가 아니라, 그것을 바라보고 이해하는 사람이 문제라는 설명입니다. 태산(泰山)과 사람을 비교한 이유입니다.

통상 평가하여(謂) 말하는 경우, 동등한 산을 비교하거나 동등한 사람을 비교하여 평가하는 것이 논리적으로 적절하지만, 공자는 엇갈려서 비교하며 평가하고 있습니다. 논리적으로 엇갈린 비교를 통해서, 그것을 받아들이고 이해하는 사람이 중요하다는 것을 전달하려는 의도입니다. 그렇기 때문에, 글자 그대로 해석하고 이해하려고 하면 의미가 아리송하게 느껴지는 이유입니다.

정리하면, 쓰임을 어떻게 받아들이고 활용하는지에 따라 그 의미가 크게 달라질 수 있다는 점을 강조하고 있습니다. 중요한 사항은 자신의 자세와 태도라고 할 수 있습니다.

> 子曰 : "君子無所爭也. 必也射乎 ! 揖讓而升, 下而飲. 其爭也君子."

▶ **해석:** 공자께서 말씀하시길, "군자는 경쟁(爭)을 다투는 것(所)에 집착하지 않는다. 있다면, 그것은 활쏘기이다. 읍(揖)을 하고 겸양(讓)의 뜻을 표시한 뒤에 사(射)선에 오르며, 끝나면 내려와서 술을 마신다. 그것이 바로 군자(君子)의 경쟁이다."

해설

構造: 恭[U=共心: 良(m_1=無所爭)]

이 구절의 소주제(主題)는 경쟁(爭)에 집착하지 않는 일입니다. 공동체를 이루는 삶에 있어서 더없이 좋은 방법론(讓)입니다. '무(無)'는 뒤에 나오는 동사에 대해 '집착하지 않는다'는 뜻입니다.

무소유(無所有)로 널리 알려진 구문도 '유(有)'를 존재라는 명사로 받아들이면, '존재하는 것이 없다'로 해석되고, '존재하다, 있다'라는 의미의 동사로 받아들이면 '존재하는 바에 집착하지 않는다'는 의미입니다. 명사로 받아들이는 경우, 불가(佛家)의 철학 '존재는 곧 공이다(色即是空)'라는 의미를 담고 있으며, 동사로 받아들이는 경우 삶의 실천을 이루는 관점에서 눈높이를 낮추어 '소유(所有)'에 대해 집착하지 않는다'는 의미입니다. 같은 글자이지만, 어떤 의미로 받아들이는가에 따라 그 차이는 태산(泰山)과 비교할 바 없이 크다고 할 수 있습니다.

태산(泰山)의 높이는 비록 1535m이지만, 진시황이 천하를 통일하고 태산(泰山)에 올라 천하를 하나로 이루었다고 하늘에 보고한 봉선의식을 거행한 신령스러운 산입니다. 태산(泰山)은 굳이 여느 산이나 무엇과도 경쟁하지 않습니다. 그렇기 때문에, 3.6구절과 같은 비교에도 아랑곳할 이유가 없습니다. 어떤 숲이 넓어지고 사람들 가까운 곳에서 도움을 주고 이름을 알리더라도, 태산(泰山)은 지고의 시간을 쌓아온 자신의 정체성에 대해 부정하거나 조급하게 여길 이유가 없습니다. 태산(泰山)은 그저 태산(泰山)이기 때문입니다.

그러나 태산(泰山)을 바라보는 사람의 마음은 사람마다 다릅니다. 3.6구절의 산신제를 통해 계씨는 자신을 높이고, 노(魯)나라의 임금(君)을 하찮게 여기는 모습을 엿볼 수 있습니다. 그러나 엄연히 제후(諸侯)가 자리에 있습니다. 그리고 계씨는 맹씨, 숙씨보다 가장 막내 가문에 해당합니다. 하지만 3대 세도가(勢道家) 사이에서 국가의 권력을 더 차지하려고 경쟁, 즉 정치적 정쟁이 붙은 모양입니다. 내분과 세력 다툼이 일어나면 국가는 크게 혼란에 처하게 됩니다. 사회의 질서 체계인 예(禮)가 무너지고, 그런 정치인들의 눈에는 서민은 보이지 않습니다.

그런 상황에 대해 공자가 제시하는 해법은 경쟁(爭)에 집착하지 않는 일입니다. 활쏘기(射)를 통해서 체계의 질서인 예(禮)에 대한 수양을 강조하고 있습니다.

활쏘기(射)는 칼을 들고 힘과 기술을 겨루는 일과 다릅니다. 자신이 쏠 차례를 기다리고, 상대방이 행하는 과정과 결과를 지켜보는 것이 규칙입니다. 상대방이 활을 쏠 때에는 집중할 수 있도록 조용히 기다립니다. 배려와 겸양의 자세가 기본을 이룹니다. 자신이 쏠 때에는 한번 날아가면 되돌릴 수 없는 화살에 자신의 마음과 정신을 담아 놓아주는 행위를 취합니다. 드러나 보이는 표현, 절차와 순서인 예(禮)를 중시합니다. 말과 행동은 날아간 화살과 같이 한번 행하면 없던 일로 만들 수 없습니다. 그렇기 때문에, 미리 상대와 나를 살피고 어긋나지 않는 자신의 노력이 필요합니다. 이런 관점에서 활쏘기(射)는 점수를 계산하여 경쟁하는 단순한 게임과는 현저하게 구분됩니다.

정리하면, 활쏘기(射)에는 공손함(弟), 신중함(謹), 믿음(信), 어진마음(仁), 공(恭), 양(讓) 등의 정신이 들어 있습니다. 공자가 제자들을 가르치는 6가지 과목인 시(時), 서(書), 예(禮), 사(射), 어(御), 수(數) 육예(六藝)에 포함한 이유입니다.

子夏問曰："'巧笑倩兮, 美目盼兮, 素以爲絢兮', 何
謂也?" 子曰："繪事後素." 曰："禮後乎?" 子曰：
"起予者商也! 始可與言《詩》已矣."

▶ **해석:** 자하(子夏)가 여쭤 보기를, "고운 미소에 팬 보조개, 아름다운 눈을 나누
는 또렷한 눈동자, 흰 바탕에 아름다운 문채를 이루었다!'라고 한 것은 어떤 의미
입니까?" 공자께서 말씀하시길, "그림을 그리는 일은 먼저 바탕을 마련해 놓고 난
뒤에 한다는 말이다." 자하(子夏)가 말하길, "예(禮)가 나중이라는 말씀입니까?"라
고 하자, 공자께서 말씀하시길, "나의 뒤를 이어 일어서는 것은 상(子夏)이구나! 이
제, 너와 함께 시(詩)를 이야기할 수 있게 되었구나."

해설

構造: 恭[U=共心: 恭(u₁=繪事後素)]

사람을 비교 평가하는 일은 전혀 바람직한 일이 아니지만, 뛰어난
사람들에 대해 좋은 의미와 관점에서 비교 평가하는 일은 사람들이
그것을 이해하고 따르는 데 도움(讓)을 제공합니다. 논어에서 '자(者)'
라는 글자가 나오면, 어떤 사람을 낮춰 부르는 용도로 쓰인 것으로
해석하는 일보다 '~것'이라는 행위로 해석하는 것이 좋습니다. 사람을
낮추고 비교하고, 사람에 대해 평가하는 일은 가급적 피해야 합니다.

이 구절에서도 '자(者)'는 행위로 해석하며, '起予者'의 해석에 주의해
야 합니다. 일어나다(起)를 의미하는 기'起'는 뒤에 나오는 것으로부터
의지하여 '일어난다'는 자동사입니다. '일으키다'는 타동사로 사용되는

경우는 흔하지 않습니다. 이 구문에서는 나(予), 공자의 학문을 이어받아 일어나는 것(者)은 바로 상(商)이라는 의미입니다.

만약, 아주 특수한 경우라고 여겨 타동사로 해석하면 '공자를 일으키는 사람'이 됩니다. 공자가 자하(子夏)에 의지하는 모습이 됩니다. 스승과 제자의 위, 아래 순서가 뒤바뀐 일이라고 할 수 있습니다. 이 구절에서 설명하는 바탕이 공자가 되고, 그 위에 문채를 형성하는 것이 제자들이어야 하는데, 바탕이 부족하므로 문채를 칠하다 바탕을 보완하는 격이 됩니다. 체계의 질서(禮)의 관점에서 위, 아래 순서를 거꾸로 만드는 일입니다. 한마디로 예(禮)의 없는 해석법이라 할 수 있습니다.

'이제, 함께 시(詩)를 논하는 것이 가능하겠구나(始可與言《詩》已矣)'는 1.15구절의 자공(子貢)과 절차탁마(切磋琢磨)에 대한 설명에서 나온 구문과 동일합니다. 자공(子貢)은 1.15구절, 그리고 자하(子夏)는 3.8구절에서 같은 구문이 동일하게 나온 상황이기에, 은근히 누가 더 뛰어난 제자였을까? 비교해보고 싶은 마음이 듭니다.

순서상으로는 자공(子貢)이 훨씬 더 진도가 빠릅니다. 하지만 내용을 살펴보면, 1.15구절에서 자공(子貢)에게 공자가 한 말의 의도는 이제 학습의 준비가 되었으니, 시작해보자는 스승과 제자의 관계라면, 이 구절에서 자하(子夏)에게 한 말의 의도는 시(詩)에 대해 한번 흥정해 보고 거래(商)해보자는 뜻으로 나와 겨루어도 손색이 없구나, 나의 뒤를 이어 일어서는 것이 가능하겠다는 칭찬입니다. 그렇기 때문에, 1.15구절의 지공(子貢)과 다르게 구문 뒤에 굳이 부연 설명이 필요 없습니다. 앞에 나온 대화 구문의 의미를 스승과 제자가 서로 꿰뚫고 있기 때문입니다.

3.7구절에서 군자(君子)를 태산(泰山)에 비유했습니다. 즉, 군자(君子)

는 태산(泰山)과 같이 크고, 그 어떤 상황이 앞에 놓여 있어도 흔들리 거나 마음이 요동하지 않는 모습을 의미합니다. 태산(泰山)이 버티고 있더라도, 어떤 바람이 불더라도, 자신의 마음을 가다듬고 사(射)선에 올라 시위를 당기고, 화살을 놓아 보냅니다.

눈에 보이는 모습과 현상을 색(色)이라고 합니다. 색(色)에 끌려 마 음이 요동치고, 순서가 뒤바뀌는 일이 일어나지 않는 자세와 태도가 군자(君子)의 모습이라고 할 수 있습니다. 자하(子夏)가 아름다운 여성 의 얼굴(色)에 대한 화려한 묘사를 들어 의미를 묻는 이유입니다. 공 자는 그 표현이 이루는 색(色)에 대해 자신의 생각이 조금도 미동하지 않고, '繪事後素'라는 핵심을 찔러 설명하고 있습니다. 비유하자면, 장 사꾼 상(商)이 광(光)내고 아름답게 꾸며 진열을 잘한 후에 가격 좀 높 여 보려고 "어떻습니까?" 운을 띄워 봤는데, 구매자는 여지없이 본질 로 돌격한 모양새입니다. 이에 질 수 없다는 듯이 "예(禮)가 의미하는 것 아닙니까!"라고 답변합니다. '물건 좀 보실 줄 아시는군요!' 정도의 맞장구라고 할 수 있습니다.

불가(佛家)에서 말하는 선문답(禪問答)은 이런 형식의 대화라고 할 수 있습니다. 눈에 드러나 보이는 것(繪事)에는 그것을 이루는 밑바탕 (後素)이 자리하고 있습니다. 아무것도 없는 상황에, 아무런 힘과 영 향이 작용하지 않는다면, 아무런 일도 일어나지 않습니다. 우리가 사 는 세상은 모두 그 원리를 따릅니다. 불가(佛家)에서 말하는 연기(緣 起)라고 할 수 있습니다. 세상 모든 일은 인연(緣)이라는 보이지 않는 끈(糸)으로 연결되어 일어난다(起)는 관점에서 회사후소(繪事後素)와 유사한 의미를 지닙니다.

3.9

子曰 : "夏禮, 吾能言之, 杞不足徵也. 殷禮, 吾能言之, 宋不足徵也. 文獻不足故也. 足, 則吾能徵之矣."

▶ **해석:** 공자께서 말씀하시길, "하(夏)나라의 예(禮)는 내가 이야기할 수 있지만 그 후예인 기(杞)나라의 예(禮)를 증명하기에는 부족하고, 은(殷)나라의 예(禮)는 내가 이야기할 수 있지만 그 후예인 송(宋)나라의 예(禮)를 증명하기에는 부족하다. 그것은 문헌(文獻)이 부족한 까닭이다. 문헌이 충분하다면, 나는 그것들을 증명할 수 있다."

해설

構造: 恭[U=共心: 儉(o₁=文獻)]

하(夏)나라의 예(禮)에 대해 충분히 언급할 수 있다는 것은 중의적 설명입니다. 글자 그대로 고대 역사의 시초 국가 하(夏)나라의 예(禮:2.23)에 대해 설명할 수 있다는 뜻과 3.8구절에서 자하(夏)가 말한 예(禮)의 의미에 대해 설명할 수 있다는 의미입니다.

즉, 그 역사가 문헌으로 기록되어 전해오는 경우에는 그것에 대해 증명(徵)할 수 있지만, 전해오는 기록이 없다면 추정과 상상에 불과합니다. 증명(徵)할 수 있는 근거가 없습니다.

어떤 문명이나 문화를 이루는 일 관련, 과거의 기록이 없다면 새로 시작하고 처음부터 쌓아 나갈 수밖에 없습니다. 아인슈타인의 논문과 그것과 관련된 문서를 모두 지워버린다면, 우리는 그 이전의 시점에서 다시 에너지와 질량과 속력(E=mc²)의 관계를 연구하고, 증명을 다시 세워야 할 것입니다. 만약, 진시황이 분서갱유를 일으킨 것처럼, 현 시점에 과거의 문헌과 기록을 모두 지워버린다면, 우리는 그동안 쌓아온 문명과 문화를 모두 처음부터 새로 시작해야 할 것입니다. 어떤 모습이 될지 상상조차 쉽지 않습니다.

우리의 문명과 문화는 문헌과 기록을 통해서 이어진다고 할 수 있습니다. 언어와 글(文)이라는 도구가 주는 효율성(儉)에 해당합니다. 언어와 글이라는 도구가 없다면, 인류는 무수히 많은 시간과 노력을 낭비하는 일을 반복하며, 동물과 같은 수준으로 살아왔을 것입니다.

이는 예(禮)라는 사회의 체계와 행동 관습을 지배하는 틀에 있어서도 동일하게 적용됩니다. 하(夏)나라 이후부터 문자와 글을 통해 그 내역을 기록하고 유지하는 일을 통해 무엇이 추가되고, 무엇이 삭제되었는지 알 수 있습니다. 눈에 보이는 말과 행동의 형식과 절차라도 문서화되지 않는다면 다음 세대로 전달 계승되는 일에 한계가 있습니다. 과정에 누락 및 전달의 오류가 일어나고, 임의로 추가되는 사항들이 발생하여 어느 것이 원형의 모습인지 알기 어렵습니다.

자원을 절약하고 아끼는 일은 기록을 정확히 남기고, 효율적으로 관리하며, 그것을 배워 다시 삶에 적용함으로써 가능합니다. 사관(史官)이 왕의 실수와 잘못된 부분도 사실적으로 기록하는 이유는 그 실수를 통해서 배울 것이 있으며 같은 실수를 되풀이하는 낭비를 막기 위한 의도가 담겨 있습니다.

세상 일은 한번에 완벽하게 모든 것이 잘 이루어질 수 없습니다. 인간은 그렇게 완벽한 존재가 아니며, 인간이 만드는 사회는 그렇게 잘 만들어진 체계를 갖고 있지도 않기 때문입니다. 하(夏)나라, 은(殷)나라는 완벽한 체계는 아니었지만, 문헌을 통해 기록을 남기고, 그 기록이 조금씩 보완을 이루어 그 문화가 주(周)나라로 이어졌다는 데 의의와 가치가 있습니다. 사회라는 커다란 구조물을 만들기 위해서는 수많은 시행 착오를 거치는 과정을 통해 낭비를 줄이고(儉), 효율적인 방식(儉)을 택하면서 조금씩 발전하기 때문입니다. 마치 오랜 시간 동안 태산(泰山)이 조금씩 지표에서 융기하여 그 높이가 쌓여 태산을 이룬 것처럼, 문화도 기록된 문서가 조금씩 쌓여 오늘날의 문화를 만든다고 할 수 있습니다.

기(杞)는 주(周)나라 태조 무왕(武王)이 하(夏)나라 우왕의 후예인, 동주공으로 하여금 우왕의 제사를 지내게 하기 위해 세워준 나라입니다. 송(宋)은 주(周)나라 태조 무왕(武王)이 은(殷)나라 탕왕의 후예인, 미자(微子)로 하여금 탕왕의 제사를 지내게 하기 위해 세워준 나라입니다. 명목상 역대 왕조인 조상을 섬기도록 만들어 준 나라이지만, 공식적인 문서와 기록을 남길 수 없는 체제는 역사가 없는 나라입니다. 역사가 없는 나라는 미래 또한 보장될 수 없습니다. 역사 속으로 사라지고 잊혀지는 이유입니다.

현대에서도 표현의 자유를 중시하는 이유라고 할 수 있습니다. 문서화와 기록이 보장되지 못하고, 통제되며, 재단되는 체제는 과거 역사를 올바르게 기록할 수 없기에 미래를 올바르게 열어가기 어렵습니다.

이 구절에서 문서화와 기록에 대해 설명하면서 예(禮)를 언급한 이유에 대해 살펴보겠습니다. 당시 문명과 문화는 지금처럼 수많은 분야로 분화되고 발전을 이룬 형태가 아니었습니다. 시(詩)경, 서(書)경, 주역(易) 정도의 문헌과 주나라 초기 노나라 시조 문공(文公)이 예(禮)를 집대성하고 체계화한 문헌 정도가 거의 전부라 할 수 있었습니다.

논어(論語)에 나오는 예(禮)의 의미는 현대인이 통상 생각하는 예절(禮節)에 한정되지 않습니다. 예(禮)는 국가의 관료 체계에 따른 일련의 절차와 의식을 기록한 것 또한 포함합니다. 즉, 국가를 운영하는 체계의 기틀이라고 할 수 있습니다. 예(禮)는 사회와 가족 체계에서 이루어지는 일련의 행사에 대한 절차와 의식을 정하고 있습니다. 예(禮)는 사람들이 따라야 하는 순서와 절차에 따르는 예의범절이라고 부르는 행동 규칙을 정하고 있습니다. 즉, 예(禮)는 국가, 사회, 가족에 이르는 모든 사회 구성원의 일련의 행동 규범이라고 할 수 있습니다. 언어, 행위, 행동 습관, 관습 등 생활의 활동을 이루는 모든 범위에 광범위하게 적용되는 문화에 대한 정리가 예(禮)라고 할 수 있습니다.

도덕경(道德經)이 약 5천자, 논어(論語)가 약 1.6만자, 맹자가 약 3.4만 자로 이루어져 있는데, 예기(禮記)는 8만자를 넘는 분량이므로 예(禮)가 고대 문헌에서 차지하는 비율이 어느 정도인지 참고해 헤아려 볼 수 있습니다.

정리하면, 예(禮)는 사회 공동체가 이루는 문화의 형식과 틀을 의미합니다. 즉, 사회 공동체의 마음(共心)을 담는 그릇에 해당합니다. 예(禮)에 대한 문서는 공(恭)이라는 것을 표현하고 설명하는 문서라고 할 수 있습니다. 그것을 효율적으로 관리하는 일(儉)을 포기하고 문서와 기록을 잃어버리면 아무것도 확신하고 신뢰(信)할 수 없습니다. 즉, 사회의 과거와 현재를 이어주는 연결고리, 신뢰(信)를 버리는 일이라고 할 수 있습니다.

子曰: "禘 自旣灌而往者, 吾不欲觀之矣."

▶ **해석:** 공자께서 말씀하시길, "체(禘)제사에서, 처음인 강신례(灌)부터 이후 진행되는 것, 나는 그것을 보고 싶지 않았다."

해설

構造: 恭[U=共心: 讓(c_1=灌)]

이 구절을 제사에 초점을 맞추어 바라보면, 무엇을 전달하려고 한 것인지에 대한 이해가 흐려지기 쉽습니다. 체제사(禘祭祀)라는 현상(色)에 생각을 팔기 쉽습니다. 공자가 왜 이런 이야기를 했을까요? 무슨 교훈을 전달하고 싶었을까요? 한글자로 의미를 개괄하면 '관(灌)'이라고 할 수 있습니다.

'관(灌)'은 관수(灌水)라는 단어로 널리 사용되지만, 제사에서는 술을 부어 신(神)에게 첫 잔을 올리는 행위입니다. 즉, 제사의 시작, 강신례(降神禮)라 부릅니다. 제사에서는 신(神)에게 술을 부어(灌) 첫 잔을 올리는 행위(灌)이지만, 농사(事) 관점에서 바라보면 관수(灌水)는 식물들에게 생명을 불어넣는 일이라고 할 수 있습니다. 봄에 관수(灌水)가 원활히 이루어지지 못하면, 식물들이 말라죽거나 제대로 성장하지 못하여 일년 농사를 망치게 됩니다. 관수(灌水)를 독점하는 일은 나의 물을 절약(儉)하는 일이 될 수 있을지는 몰라도, 사회 전체로 볼 때에 전혀 도움(讓)이 되지 않습니다.

노(魯)나라에서 체(禘)제사를 행하는 일은 관수(灌水)를 독점하여 노

(魯)나라만 사용하는 일과 같습니다. 이 구절의 주제는 공동체(恭)와 합의(讓)를 이루고 도움을 주는 일(讓)입니다. 3.2구절에서 살펴본 것처럼 천자(天子)가 기쁘고 즐겁게 되기 위해서는 천하(天下) 모든 제후국의 농사가 잘 이루어지고 번영하는 모습(穆穆)이어야 합니다. 이를 위해서는 먼저 제후국 간에 화목(雍)함을 이루어야 합니다. 제후국 간에 이권을 위해서 다투고, 전쟁을 벌이는 것과는 반대되는 일입니다.

주(周)나라의 태조 무왕(武王)은 중국 대륙을 9개로 나누어 형제들과 개국 공신 중에서 9제후로 삼아 나라를 다스렸습니다. 세월이 흐르고 수십 세대가 지나자 국가 수립 당시의 초심을 잃어갔습니다. 제후국은 분할되었으며, 후손들은 형제임에도 불구하고, 서로의 이권을 위해 전쟁을 벌이고 천하를 혼란스럽게 만들었습니다.

체(禘)제사는 황제가 제후들을 거느리고 하늘의 신, 천제(帝)를 모시는(示) 제사입니다. 황제가 주관하며 제후국의 임금(君)들이 5년에 한 번씩 모여 제사를 지냅니다. 체계의 질서인 예(禮)에 따르면 노(魯)나라는 체제사가 불가하지만, 자체적으로 행하고 있는 상황입니다. 노나라의 시조인 주공(周公)이 주나라의 기틀을 세운 업적을 치하하여 2대 황제 성왕(成王)이 제사를 허락하였다는 이유입니다. 이와 관련, 3.9구절에서 언급한 사항인 문헌(文獻)적 기록은 불분명한 상황에 해당합니다.

공자가 보고 싶지 않았던 것은 단순히 예(禮)에 어긋난 제사 행위가 아닙니다. 그 안에 담겨 있는 의미라고 할 수 있습니다. 천하(天下)라는 사회 공동체에서 언어와 문자를 통해 도움을 주는 일이 아니라, 특정 제후국이 체계의 질서를 무시하고 자신들 마음대로 행하는 것은 공(恭), 검(儉), 양(讓)이라는 관점에서 바람직하지 못한 일이기 때문입니다.

현대 사회가 주요 자원을 차지하려 하고, 독점을 위해 노력하며, 심지어 전쟁을 벌이는 모습은 2500년전 춘추전국시대와 다를 바 없습니다. 인류라는 공동체를 바라보는 공(恭)이 부족하고, 자원을 아끼고 절제(儉)하는 일의 의미를 잊고, 같이 어우러져 살아가는 가운데 양(讓)보하고 인류 전체에 도움을 주는 일(讓)보다 자신의 국가, 사회, 지역을 더 우선으로 여기기에 발생하는 일입니다.

或問禘之說. 子曰: "不知也. 知其說者之於天下也, 其如示諸斯乎!", 指其掌.

▶ **해석:** 어떤 사람(或)이 체(禘)제사의 이치를 여쭤보았다. 공자께서는 말씀하시길, "모릅니다. 그 이치를 아는 사람이 천하에 있다면, 아마 여기에 보이는 것과 같을 것입니다" 하면서, 자신의 손바닥을 가리키셨다.

해설

構造: 恭[U=共心: 溫(x_1=示)]

인간의 속성 중에 하나는 무엇인가 사람들 앞에서 드러내며(示) 보여주고(示) 싶어하는 마음입니다. 그리고 알 수 없는 사항에도 불구하고 마치 아는(知) 것 같이 설명하고, 그것을 믿습니다. 만약 아는 것만 믿고, 아는 것에만 의존하여 살아간다면, 삶은 원활히 이루어질 수 없을 것입니다. 우리가 세상에 대해 알고 있는 것은 극히 일부분이기 때문입니다.

이 구절에서는 체(禘)제사를 통해서 앎(知)과 모름(不知), 그리고 그것에 대해 설(說)명하고 아는 것 같이 보여주고 행동하는 일(示)에 대해 이야기하고 있습니다.

3.10구절의 설명을 듣고 누군가가 의혹을 가질 수 있습니다. 체(禘)제사가 무엇이기에 공자가 더 이상 지켜보고 싶지 않았다고 했을까요? 그 이유가 있을 것입니다. 혹시, 공자가 생각하는 체제사의 의미는 특별한 것이 있지 않을까 궁금하여 묻는 질문입니다.

그러나 공자가 체(禘)제사에 대한 설명 요구에 대해 답을 모른다고
한 것은 실제로 모르기 때문입니다. 그 이유는 3.9구절에서 밝힌 것
과 같이 문헌(文獻)이 없기 때문에 증명할 수 있는 것이 없습니다. 과
거부터 행해온 관습은 있지만, 언제부터, 누가, 왜 이것을 행하여 왔
는지 명확하게 얘기할 수 있는 것이 없습니다.

행위가 존재하기에, 사람들은 이런 말, 저런 말을 덧붙이지만 설(說)
에 불과합니다. 3.10구절에서 필자의 설명 또한 한자의 의미를 기초
로 설(說)명을 드린 것을 넘어설 수 없습니다. 증명은 불가한 사항입니
다. 제(帝)라는 글자 역시 고대의 관념으로는 천제(天帝)를 의미하지만,
하늘이라는 곳 어딘가에 있는 천제(天帝)를 본 사람도, 접한 사람도
없습니다. 사람들이 만들어낸 상상을 기반으로 지어낸 관념이라고
할 수 있습니다.

천자(天子)는 천제의 아들이라는 의미이지만, 그것은 숭상하고, 신
격화하기 위한 노력에 불과합니다. 하늘에서 천자를 내려 보냈다고
증명할 수 있는 것은 없습니다. 그냥 그렇게 믿는 것 이외에 설(說)명
을 하면 할수록 오류에 빠지기 쉽습니다.

'설(說)'이라는 글자는 '언어(言)'와 '바꾼다(兌)'는 조합으로 만들어져
있습니다. 정의, 증명, 정리와는 다른 의미를 지닙니다. 다른 말로 바
꾸어 언급할 수 있다는 것은 또 다른 말로 바꿀 수 있다는 것을 의미
합니다. 이해를 돕기 위한 언어로서, 정확성은 부족할 수 있다는 뜻입
니다.

그래서 공자는 이 구절에서 말(言)로 설명하지 않고, 손바닥을 지시
하는 행위로 설명을 대신하고 있습니다. 체(禘)제사에 대한 설(說)명은
언제든지 손바닥 뒤집듯이 바꿀 수 있는 사항이라는 의미입니다.

인간이 큰 사회를 이루어 살아가면서 활용하는 언어 가운데, 정의,

정리, 증명처럼 사회 공동체가 부인하거나 대체할 수 없는 언어가 있는 반면, 해설(說)이나 설(說)명처럼 이해를 위해 편의대로 언어를 사용하는 경우도 있습니다.

특히, 우리가 알지 못하는 영역을 포함하고 있는 사항들에 대해서는 정의, 정리, 증명이 불가하므로 편의대로 언어를 사용할 수밖에 없습니다. 그런 과정에서 믿음이라는 요소가 강하게 가미되면, 때로는 정의나 증명보다 더 강력한 신뢰를 얻기도 합니다.

사회 현상은 정의, 정리, 증명을 할 수 없는 것들이 대부분입니다. 그래서 믿음과 신뢰를 의지하는 설(說)이 더욱 많이 활용됩니다. 조금 더 그럴듯한 설(說)명을 제시하는 사람에 대해 믿음을 주기 마련입니다. 순박한 사람들은 그런 교언영색에 혹하기 쉬우며, 진심으로 사회 공(共)동체를 위한 마음(心), 궁극적으로 사회의 자원을 절약(儉)하고 절제(儉)하는 일을 행하는 것인지, 사회 전체에 도움(讓)이 되는 정의 (義)로운 일인지 구분하지 못하는 경우가 많습니다.

이때에, 필요한 사항이 누군가 의혹(惑)을 제기하고 질문하는 일이며, 그것에 대해 사회를 이끄는 현명한 누군가가 올바르게 의미를 제시(示)하는 일이 필요합니다. 공자가 이 구절을 설명하는 방법과 방식을 주의 깊게 살펴야 하는 이유입니다.

3.12

祭如在, 祭神如神在. 子曰 : "吾不與祭, 如不祭."

▶ **해석:** 제(祭)사를 지낼 때는 마치 (부모가) 계시는 것처럼 (정성스럽게) 하고, 신(神)에게 제사(祭)를 지낼 때는 마치 신(神)이 계시는 것처럼 한다. 공자께서 말씀하시길, "내가 제(祭)사에 참여하지 않으면, 제(祭)사를 지내지 않은 것과 같다."

해설

構造: 恭[U=共心: 良(m₁=~如~, ~如~)]

$$構造: 恭[U=共心: 良(m_1=\sim如\sim, \sim如\sim)]$$

이 구절의 대주제와 소주제를 풀어서 설(說)명하면 사회 공(共)동체 구성원 마음(心)을 바탕으로 이루는 삶이나 활동 등에 대한 좋은 방법(良)입니다. 이 구절을 통해 좋은 방법론을 배우는 것으로 충분합니다. 알 수 없는 영역에 대해서 어떤 믿음을 강조하는 구절이 아님을 먼저 강조합니다.

제(祭)사에 대한 기본적인 공자의 원칙은 2.24구절에서 찾아볼 수 있습니다. 자신의 귀신이 아닌데 제사를 지내는 것은 아첨(諂)입니다. 즉 보통의 사람들이 지내는 제사는 부모님을 모시는 정도라고 할 수 있습니다.

그렇기 때문에, 첫 구문의 '祭如在'는 제사를 지내는 일은 부모님의 혼령이 여기에 와 있는 것과 같다는 의미입니다. 마찬가지로, 신(神)에 대한 제사는 신(神)이 여기에 와 있는 것과 같다고 했습니다. 2개의 구문을 논리적으로 풀어보면, a→b, A→B라는 동일 논리식입니다.

이어지는 구문, '내가 제사에 참여하지 않으면, 제사를 지내지 않은 것 같다'는 것을 다시 풀어보면, '내가 제사에 참여하지 않으면, not a → (not b)에 해당합니다. (not b)에는 부모님의 혼령이 여기에 없는 것, 오지 못하는 것과 같다는 구문이 생략되어 있습니다.

조금 더 확장하여 not A→not B의 경우를 살펴보면, 신에 대한 제사를 지내지 않으면, 신이 여기에 없는 것과 같다는 의미입니다. 즉, 신에 대해 제사를 지내지 않는 사람은 신을 믿지 않는 것이라는 의미입니다.

부모님에 대해 제사를 지내지 않는 사람은 결국, 부모의 혼령을 믿지 않는다는 이야기에 해당합니다. 누군가가 "부모님의 혼령은 천당에 가 있을 거예요. 단지, 오시지 못할 뿐이에요." 말할 수 있습니다. 이런 설(說), 또한 그렇게 믿는다면 크게 나쁠 것은 없을 수 있습니다. 신에 대한 믿음이 워낙 크고 깊어 그렇게 생각한다면, 그것은 스스로의 자유에 해당합니다.

죽음과 영혼, 신(神) 이런 이야기는 책 몇 권 분량의 설(說)을 논해도 다 설명하기 어렵습니다. 무엇보다 언(言)어로 정의, 정리, 증명할 수 있는 것과는 거리가 먼 사항들입니다. 만약, 그런 것을 할 수 있다고 여긴다면, 3.11구절의 의미를 다시 살펴보는 것이 더 좋습니다.

하지만 사랑(愛)이 그 힘의 작용이 미치는 작용 거리라는 관점에서 생각해보면, 영원히 저 하늘 어느 곳 천당에 머물러 있는 것보다 주기적으로 찾아와 맞은 편에 앉아 정성껏 마련한 음식을 나눌 수 있는 거리가 훨씬 가깝고 친근하게 느껴집니다.

3.11구절에서, 우리가 알 수 있는 것은 극히 일부분이고, 알 수 없는 것이 더 많다고 설명 드렸습니다. 그렇기 때문에 사람의 마음에는 믿음(信)이라는 끈이 작용합니다. 사회를 이루는 기반에도 그 믿음이라는 보이지 않는 끈과 힘에 의해 사람들의 마음이 움직이며, 그 움직임은 사

회적 성향을 나타냅니다. 믿음의 끈이 악(惡)과 이기심이 가득한 부정적 방향과 더 많이 연결고리를 맺는다면 사회는 어두워지고, 긍정적 방향과 연결될수록 사회는 밝아질 것입니다. 그 믿음의 끈이 내가 생각하는 것과 다르다고 무조건 배타적으로 여길 사항은 아닙니다.

알 수 없는 사항에 대해서 솔직하게 알 수 없는 일이라고 밝히는 것(:3.11)도 하나의 방법입니다. 그리고 그런 인식을 기반으로 서로를 용인하는 것이 갈등을 최소화하는 일에 도움이 됩니다. 알 수 없는 영역을 구분하고, 그런 사항에 대해 해석하는 방법론을 배울 수 있다면, 그것 또한 즐거운 일 아니겠습니까?

3.13

王孫賈問曰: "與其媚於奧, 寧媚於竈, 何謂也?" 子
曰: "不然. 獲罪於天, 無所禱也."

▶ **해석:** 왕손가(王孫賈)가 물었다. "'안방(奧)에 아첨하는 것보다, 차라리 부엌(竈)
에 아첨하는 편이 낫다'는 것은 무엇을 말하는 것이겠습니까?" 공자께서 말씀하
시길, "그렇지 않습니다. 하늘(天)에 죄를 지으면 빌 곳이 없습니다."

해설

構造: 恭[U=共心: 恭(u₁=獲罪於天, 無所禱)]

왕손가(王孫賈)는 위(衛)나라의 대부이자 실세(實勢)입니다. 공자가 위
나라에서 영공(靈公)을 만나자 왕손가(王孫賈)가 영공을 안방 아랫목
의 주인에 비유하고, 실세인 자신을 부엌의 주인으로 비유하여, 자신
에게 잘 보이는 것이 오히려 좋지 않겠느냐? 공자를 떠 본 상황입니
다. 공자가 이에 대해, 하늘에 죄를 짓고 속일 수는 없다고 정중히 응
답하고 있습니다.

3.12구절 관련, 제(祭)사의 아름다운 모습은 죽은 자에 대한 애도와
추모를 지속하는 데 있습니다. 단순히 죽은 부모에 대한 추모와 그리
움이 아니라, 그 영혼이 현재 이곳에 와 있음으로 인해, 삶에 대한 방
향과 철학을 다시 묻는 계기와 역할을 합니다. 즉, 효(孝)를 바탕으로
부모의 뜻을 살피고 이어가는 일을 의미합니다. 알 수 없는 일들에
대해 믿고 의지하는 방법을 가장 가까이에서 믿었던 사람인 부모에
게 의지하고 부모에게서 구하는 일입니다. 하늘에 올라가신 부모님이

자신을 항상 바라보고 있다고 생각하면, 어떻게 죄를 지을 수 있겠습니까? 하늘에 죄를 짓는다는 것의 의미는 하늘이 보고 있다는 뜻으로 생각할 수 있지만, 하늘에 계신 부모님을 뵙기에 부끄러운 행위라고 할 수 있습니다.

하늘이 엄숙하게 느껴지는 이유는 부모님을 비롯한 먼저 간 분들이 하늘로 올라가 세상의 아들과 딸과 같은 후손을 지켜본다는 믿음이 사회 공동체 구성원의 마음 밑바탕에 자리하기 때문입니다.

이 구절에서는 왕손가(王孫賈)의 역할은 국가 사회 공동체 구성원의 믿음을 무너뜨리는 사람에 해당합니다. 국가에는 임금이 종주로 자리해야 하지만 실세가 따로 있습니다. 그 이름에서 의미를 보여주고(示) 있습니다. 왕(王)을 겸손(孫)하게 가(賈)격 매기는 사람이라는 뜻입니다. 3.8구절에서 제자 상(商)과 흥정했던 공자가 이 구절의 대화에서는 왕손가(王孫賈)와 흥정하는 모양새입니다. 역시, 흥정에 넘어가지 않고, 본질을 꿰뚫는 답변 한마디로 제압합니다.

"하늘에 죄를 지을 수는 없다"는 의미는 하늘이 운영하는 세상의 체계를 이루는 공심(共心)을 속여 어떤 이익이나 영합을 위해 교묘히 활동하는 일은 자신을 속이고, 하늘을 속이는 일이라는 의미입니다. 올바른 사람이라면 임금은 허수아비이고, 내가 실세(實勢)이므로 나에게 잘 보이라는 생각을 갖고 정치를 할 수 없습니다. 국가의 체계와 정치를 우습게 생각하는 일이라 할 수 있습니다. 사람들은 그런 모습을 '국정 농단'이라고 표현합니다.

사회를 이끄는 사람들이 간과하지 말아야 할 사항은 하늘이 보고 있다는 그런 인식을 통해 자신의 양심, 사회 구성원의 믿음을 허물지 말고 국가를 올바로 이끌어야 한다는 점입니다.

3.14

子曰:"周監於二代, 郁郁乎文哉!吾從周."

▶ **해석:** 공자께서 말씀하시길, "주(周)나라는 2대(하나라, 은나라)를 거울로 삼았다. 찬란하도다. 그 문화여! 나는 주(周)나라를 따르겠다."

해설

構造: 恭[U=共心: 儉(o₁=監)]

3.9구절에서 살펴본 것과 같이 사회 공동체의 의식은 문화에 담기고, 그 문화는 기록된 문헌에 의해 지속 이어지고 발전할 수 있습니다. 만약 문화가 기록되지 않는다면 후세에 그것에 대해 올바른 이해를 구하는 일이 어려워질 것입니다. 다시 처음부터 쌓아 가야 하는 일이 반복될 수 있습니다. 즉, 기록된 문헌이 없다면 자원이 낭비되고 비효율적이라는 의미입니다.

'울(郁)'이라는 글자는 '존재한다(有)'는 의미와 문명과 문화를 만들어 내는 도시라는 글자 읍(邑)이 합해져서 문화와 문명이 존재하고, 번성함을 의미합니다. 그런 의미의 울(郁)자를 2번 중복 사용하여 그런 일이 반복되고 있음을 강조하고 있습니다. 하(夏)나라, 은(殷)나라 2대의 문화를 이어받아 번영을 이루는 모습에 대한 감탄의 표현입니다.

그런 번영은 감(監)이라는 방법을 통해서 이루었습니다. 감찰(監察)이라는 단어로 흔히 사용되는 감(監)은 거울에 자신을 비춰보는 것을 의미합니다. 검찰(檢察)과 차이가 있다면, 대상이 자신이라는 점입니다. 그렇기 때문에 법과 원칙에 비추어 살펴보는 일과는 다릅니다.

자신을 바라볼 때에 어떤 기준을 만들어 자신을 뜯어고치는 일에 치중하면 온갖 상처와 인위적인 변형의 흔적만 가득할 것입니다. 거울을 바라보면서 자신의 외모만 바라보는 일이라고 할 수 있습니다. 활짝 웃고 있는지, 삶의 스트레스에 자신의 내면과 모습이 초라하게 변한 것은 아닌지, 건강 상태 등과 같은 사항들에 대해서도 관심을 두는 것이 좋지 않겠습니까?

건강한 자신의 모습에는 신체적인 측면 이외에도 정신적 측면인 인식과 문화적 측면이 크게 자리합니다. 정신적 측면인 문화가 빈곤하면 할수록 눈에 보이는 색(色)에 의존하게 됩니다. 지식과 문화는 단기간 쌓고 이룰 수 있는 속성의 것이 아니기에 이전 세대로부터 이어받고 다듬어가면서 조금씩 쌓는 올리는 것에 해당합니다.

그럼에도 불구하고, 실수하기 쉬운 일은 기존의 정통성과 종주에 해당하는 사항들을 낮게 평가(孫賈:3.13)하고 서슴없이 없애는 일입니다. 눈에 보이는 무엇인가를 드러내기 위해 새롭게 만들고, 그 외형을 포장하는 일(色)에 치중합니다. 비효율적인 방법이라고 할 수 있습니다. 고치고 다듬어 개선할 수 있는 것들을 버리고, 새로 구하는 일은 낭비 아니겠습니까?

공자의 설명 구절 가운데, '오(吾)'라는 글자가 나오는 구절은 자신의 소신을 담아 선언하는 구문입니다. 즉, 강한 강조의 말씀에 대해 가볍게 여기는 일은 곤란합니다. 나를 살펴보는 일(監)을 통해 문화를 풍성하게 만드는 일은 강조해도 지나치지 않음을 의미합니다.

3.15

子入大廟, 每事問. 或曰: "孰謂鄹人之子知禮乎? 入大廟, 每事問." 子聞之, 曰: "是禮也."

▶ **해석:** 공자께서는 태묘(大廟)에 들어가서, 매사에 꼬치꼬치 물으셨다. 어떤 사람이 말하기를 "누가 추인(鄹人)의 사대부(공자)가 예(禮)를 안다고 했는가? 태묘(大廟)에 들어가면, 매사에 묻는다"라고 했다. 공자께서 이 말을 들으시고 말씀하시길, "이것이 바로 예(禮)이다."

해설

構造: 恭[U=共心: 讓(c_1=每事問)]

예(禮)라는 것은 사회 체계의 질서와 순서입니다. 태묘(大廟)는 왕가(王家)의 무덤으로 그 행동과 절차가 그 격에 맞추어 엄격하게 정해져 있습니다. 왕가의 무덤에 일반인이 출입하는 일은 드문 일입니다. 잘 모를 수 있으며, 익숙하지 않기 때문에 결례를 범하기 쉽습니다. 그래서 공자는 행동 하나하나에 대해 묻고 행하였습니다.

사회 체계의 구조가 복잡할수록, 특수한 상황과 형식에 따른 질서 체계도 복잡해지기 마련입니다. 그런 상황에 자신 마음대로 거침없이 행동하는 것보다, 겸양(讓)의 자세로 어떻게 하는 것이 좋은 방식인지 묻는 것이 더 좋습니다. 그렇게 함으로써 도움을 구할 수 있으며, 그 특수한 상황과 장소에서 결례(禮)를 범하지 않을 수 있습니다. 그들이 만든 체계의 이해에 대해 같이 하는 일(讓)이라고 할 수 있습니다.

이 구절의 특이점을 찾아보면, 공자를 언급할 때에 굳이 추인지자

(鄹人之子)라고 지칭하고 있습니다. 추(鄹)라는 글자의 형태를 살펴보면 '모으다'라는 뜻의 '취(聚)'와 오른쪽에 도시(邑)를 의미하는 글자가 포함되어 있다. 이전 3.14구절의 울(郁)이라는 글자와 맥락이 닿아 있습니다. 읍(阝)에서 귀를 기울여 대다수 사람들의 의견을 듣고 모으는 사람이라는 의미입니다. '취(朘)'는 '취(聚)'와 같은 글자로 '모은다'는 의미가 더욱 명확하게 드러나 있습니다. 사람들의 의견을 청취하는 일(鄹人)은 위정자가 주로 행해야 할 일에 해당합니다.

묘(廟)는 묘소가 있는 곳의 사당을 의미하기도 하지만, 임금의 업무가 행해지는 궁궐, 정전(正殿)을 의미합니다. 즉, 태묘(大廟)는 대전(大展)과 동일한 의미입니다. 정치가 이루어지는 곳입니다. 국회에 모여서 일하는 행위의 본질을 설명한 구절입니다. 대다수 사람들의 의견을 듣고(鄹人), 정치하는 사람들이 서로 질문을 통해(每事問) 체계의 질서(禮)에 대해 의견을 나누고, 사람들에게 도움이 되는 방향(讓)으로 나라를 다스리는 일입니다.

子曰: "射不主皮, 爲力不同科, 古之道也."

▶ **해석:** 공자께서 말씀하시길, "활을 쏠(射) 때에는 과녁의 가죽을 뚫기 위함이 아니다, 사람마다 가해지는 힘이 같지 않기 때문이다. 옛날부터 내려오는 방법이다."

해설

構造: 恭[U=共心: 溫(x_1=古之道)]

예(古)부터 이어오는 방법(道)에는 인류에게 도움이 되는 가장 근원적인 사항이나 속성이 포함되어 있습니다. 활은 구석기 시대부터 전해오는 도구입니다. 인간의 힘과 속력으로는 동물을 사냥하는 일이 쉽지 않습니다. 하지만 활을 사용하면 얘기가 달라집니다. 나무 몽둥이나 돌칼을 들고 동물에게 달려가는 방법과는 비교가 되지 않습니다. 사람들에게 별 도움이 되지 않는 방법이라면, 이미 사라지고 없어졌을 것입니다. 하지만 총이 발명되기 전까지 활은 가장 효율적이고 안전한 도구였습니다.

총이나 활이 있다고 하더라도 엉뚱한 곳에 사격하면 있으나 마나 한 거추장스러운 짐에 불과합니다. 가죽을 뚫는 것보다, 목표를 적중시키는 일이 우선이자 목적입니다. 한 개의 화살로 부족하기 때문에, 여러 사람이 같이 공동의 목표를 향해 화살을 날림으로써 성공의 확률을 높입니다. 혼자서 사냥을 나가 성공하는 일보다 여러 사람이 같이 하는 방법은 성공의 확률을 수십 배 이상 증대합니다.

사(射)는 활과 화살을 형상화해서 만든 글자이기도 하지만, 글자를 해체해 보면 자신(身)과 목표물과의 거리를 짧은 시간(寸)에 헤아린다는 의미를 담고 있습니다. 시간적으로 볼 때 지나가면 의미 없다는 뜻입니다.

이 구절은 3.15구절에 이어서 정치에 관한 설명입니다. 정치인이 사람들을 목표로 일을 하지 않으면, 쓸모없는 짐에 불과한 존재로 바뀝니다. 사람들이라는 목표와 방향을 잃어버리면 아무 의미가 없다는 의미입니다. 또한 한번에 어떤 것을 뚫으려 하는 일은 특정한 일에 대한 특혜라고 할 수 있습니다. 정치인들이 공동의 목표를 가져가는 것이 사회 공동체의 지속적이고 고른 이익을 위해 더 좋습니다. 하지만 중요한 사항은 적절한 시간(寸)에 사람들에게 도움이 되지 않는다면, 그것 또한 의미가 퇴색됩니다.

필자가 임의로 정치에 붙여서 설명한다고 여겨지면, 과거의 방법을 살펴보길 권합니다. 논어에서 과거의 방법을 살펴보는 것은 같은 주제의 이전 구절로 돌아가 그 의미(古之道)를 확인하는 일이라 할 수 있습니다. 3.11, 2.16, 1.16구절과 연계하여 이 구절의 의미를 되돌아본다면 더욱 뜻을 명확히 할 수 있습니다.

인간의 특성은 과거(古)를 되돌아보고, 그것이 사회에 도움이 되는 일인지 확인하여 좋은 사항이라면, 그 기술과 방법(道)을 기록하고 쌓아가는 일에 있습니다. 인류의 문명과 문화가 발전하는 이유라고 할 수 있습니다.

3.17

子貢欲去告朔之餼羊. 子曰 : "賜也 ! 爾愛其羊, 我愛其禮."

▶ **해석:** 자공(子貢)이 초하루를 알리는 의식에 양을 바치는 일을 하지 않으려고 했다. 공자께서 말씀하시길, "사(子貢)야, 너는 그 양을 아끼고, 나는 그 예(禮)를 아낀다."

해설

構造: 恭[U=共心: 良(m₁=愛其禮)]

삭(告朔)은 달을 기준으로 한 음(月)력에서 달이 차오르기 시작하는 날, 즉 한달의 시작일, 초하루를 의미하며, 그 초하루를 알리(告)는 행사가 고삭(告朔)입니다.

천자(天子)는 하늘에서 내려온 신(神)의 아들을 상징했습니다. 천자(天子)의 일 중에서 가장 중요한 것 중에 하나는 해와 달, 별 등 하늘의 변화를 관찰하여 이해하고, 이에 따라 인간의 세계를 다스리는 일이었습니다. 그중에서 인간의 삶에 가장 큰 영향을 미치는 일은 시간의 흐름을 이해하고 시간에 대해 관리하는 일이었습니다.

그래서 고대에 천자(天子)는 달의 변화를 기준으로 음력을 만들어 배포했습니다. 달이 차고, 기우는 주기에 따라 1년을 12개의 달로 나누고 이를 삶의 기준으로 삼았습니다. 천자는 월력을 만들어 제후들에게 배포하고, 제후는 그것을 받들어 농사를 이끌고 나라를 통치했습니다. 천자에게서 받은 월력의 원본은 종묘에 모시고, 매월 초하루 양(羊)을 제물로 바쳐 제사를 지냈습니다. 하지만 매달 제사를 지내는 일이 번거롭기 때문에, 제후가 실제로 제사를 지내는 일은 사라지고, 그 형식만 남아 양(羊)만 희생하는 날이 되었습니다.

그래서 자공(子貢)은 고삭(告朔)의 행사에 바치는 양(餼羊)을 낭비라 생각하고, 양을 바치는 일을 개선하고자 공자에게 의견을 묻는 중입니다.

3.16구절에서 위력(爲力)은 사람마다 다르다고 설명했습니다. 자공(子貢)의 본명인 사(賜)라는 글자에는 돈(貝)과 쉽다(易)라는 뜻이 들어 있습니다. 즉, 엄청난 부자이기 때문에 돈이 쉬운 사람이지만, 자공(子貢)은 돈의 가치를 잘 알고 낭비하지 않는 장점도 지니고 있습니다. 아울러 공(貢)은 '바친다'라는 뜻을 지니기 때문에 자공(子貢)은 제물을 바치는 자(子)라는 의미를 중의적으로 담고 있습니다. 이 구절을 자공이 소개하는 이유입니다.

엄청난 부(富)자인 자공이 바라보는 시각은 돈(財貨)의 관점입니다. 양을 보낸다는 의미의 희양(餼羊)에서 희(餼)라는 글자를 해체해 보면 식량(食)과 기운(氣)이라는 조합의 글자입니다. 즉, 재물의 기운, 힘을 상징합니다. 하지만 3.16구절에서 힘을 이루는 방법(爲力)에서 살펴봤듯이, 힘은 공동체의 마음이 하나를 이루는 데에서 나온다는 관점에서 설명하고 있습니다. 화살로 양을 쏴서 희생하는 것에 의미를 두기보다, 그 행위 체계와 절차(禮)를 통해서 사람들의 마음을 하나로 이루는 것에 더 중점을 두고 있습니다.

즉, 국가가 지니고 있는 오랜 체계의 질서(禮)를 통해서, 서민들이 농사를 잘 행하도록 이끄는 일(古之道)과 그 정신을 더욱 소중히 여기는 관점입니다. 국가라는 커다란 사회 체계에서 행해지는 오랜 전통을 단순히 재화의 관점에서 낭비라고 여기기 이전에, 먼저 그것이 갖는 의미를 살펴보는 것이 좋습니다. 물질적 관점보다 더 소중한(愛) 일은 국민 정신을 하나로 묶어 사람들을 올바른 방향으로 이끄는 일이라 할 수 있습니다.

子曰 : "事君盡禮, 人以爲諂也."

▶ **해석:** 공자께서 말씀하시길, "임금을 섬김에 예(禮)를 다하면, 사람들은 아첨한다고 여긴다."

해설

構造: 恭[U=共心: 恭(u₁=盡禮人)]

그러면, 아첨한다고 여기는 사람들이 문제일까요? 아니면, 나의 행동이 문제인 것일까요?

문제의 근원에는 이 구절의 소주제인 공(恭)이 자리하고 있습니다. 사람들과 나의 마음이 같은 곳(共心)을 바라보도록 만드는 과정이 부족하기 때문에 발생하는 일입니다. 이 구절은 같은 소주제인 3.13구절과 대립되는 상황이라고 할 수 있습니다. 문제를 해결하는 처방에는 같은 해법, 공(恭)이 필요합니다.

이때에, 잊지 말아야 할 사항은 공(恭)은 지위고하, 상하좌우 등 방향과 위상을 가리지 않습니다. 누구에게나 필요합니다. 우리는 모두 공동체를 이루는 하나의 구성원입니다.

定公問 : "君使臣, 臣事君, 如之何?" 孔子對曰 : "君
使臣以禮, 臣事君以忠."

▶ **해석:** 정공(定公)이 묻기를, "임금(君)이 신하를 부리는 것과 신하가 임금을 섬기는 것은 어떻게 해야 합니까?" 공자께서 대답하시길, "임금은 예로써 신하를 부리고, 신하는 충성으로써 임금을 섬깁니다."

해설

構造: 恭[U=共心: 恭(u1=盡禮)]

임금과 신하의 공심(共心)이 무너지면(참조:3.13, 3.18) 국가는 흔들립니다. 공자가 살던 시대 노(魯)나라의 모습에 해당합니다. 임금인 제후는 제후대로, 신하는 신하대로 자신의 이익만 추구하고 있는 상황입니다. 그런 노(魯)나라의 정공(定公)이 공자에게 어떻게 해야 할지, 그 해법을 묻고 있습니다.

이에 공자는 임금에게 신하를 대할 때에 국가 사회의 질서 체계인, 예(禮)를 준수하여 대하라고 권고하고, 신하들은 임금을 마음의 중심(中心)에 두고 섬겨야 한다고 설명하고 있습니다. 왜 그렇게 해야 할까요? 임금과 신하와의 관계를 정리(定理)한 약속이라고 할 수 있습니다. 정공(定公)이 묻는 이유입니다.

임금과 신하의 관계는 국가라는 커다란 공동체를 올바르게 이끌겠다는 믿음과 신뢰를 기반으로 하는 약속(定)이 핵심이라고 할 수 있습니다. 그 외에 나머지는 모두 부차적인 사항이라 할 수 있습니다.

그런 약속(定)을 기반으로 하는 이해(利害)가 틀어지면, 서로 다른 생각을 품게 되고, 서로 간의 신뢰 또한 무너지기 쉽습니다.

또한 임금과 신하는 국가가 존재하기 때문에 존립합니다. 국가가 없다면, 임금도 신하도 굳이 필요하지 않을 것입니다. 국가가 있기 때문에 임금(君)을 꼭짓점으로 하는 관료 체계가 구성될 수 있습니다. 그 관료의 체계와 질서를 규정하고 다룬 것이 예(禮)라고 할 수 있습니다. 그런 체계의 질서인 예(禮)를 지키지 않고, 임금이 마음대로 신하들을 다룬다면, 신하들이 일을 수행하는 과정이 혼란스럽게 됩니다.

예(禮)를 벗어나 일을 시키는 것에는 어떤 것이 있을까요? 여기에서 예(禮)는 단순한 에티켓이나 예의범절이 아니라, 체계의 질서와 순서를 의미합니다. 현대로 비유하면, 국가 수장이 장관이나 차관을 건너뛰고, 국장이나 실무자에게 직접 업무를 지시하는 경우라고 할 수 있습니다. 그렇게 되면 곤란한 일이 벌어집니다. 지휘 계통, 체계가 무너짐을 의미합니다. 업무를 빠르게 행하기 위해서 지휘 체계를 줄이면, 임금이 엄청나게 많은 일을 수행해야 할 것입니다. 효율적일 것 같지만, 국가와 관료의 규모가 커질수록 그런 일은 비효율을 초래합니다. 임금이 모든 실무를 알 수 없고, 모든 것을 관장할 수 없기 때문입니다.

업무는 분업을 이루는 것이 효율적(儉)입니다. 같은 위치, 위상의 수평적 분업과 다른 위상과 층위를 이루는 수직적 분업 또한 필요합니다. 그런 분업이 효과적이고 효율적으로 이루어지기 위해서는 그 일을 수행하는 사람들의 마음이 다른 곳에 가 있으면(利害分離) 곤란합니다. 신하의 마음이 국가와 국민을 위하는 일에 없고, 자신의 이익과 재산을 늘리는 데 있다면 어떻게 될까요? 굳이 묻지 않아도 결과는 당연합니다. 하지만 현실 세계에서는 국가를 위해 일하는 공직자들에 대해, 일하는 가운데 그 마음(心)의 중(中)심을 어디에 두고 있는지 묻는다면 얼마나 점수를 줄 수 있을까요? 진심을 측정하는 도구가 있다면, 한번 묻고 싶습니다. 충(忠)이라는 덕목이 국가에 대해 충성(忠誠), 충실(忠實) 등의 단어로 더 알려져 있지만, 결국은 자신의 진실한 마음을 중심으로 국가나 국민을 향해 일한다는 의미입니다.

3.20

子曰 : "『關雎』, 樂而不淫, 哀而不傷."

▶ **해석:** 공자께서 말씀하시길, "『관저』는 즐겁지만 음탕하지 않고, 슬프지만 마음에 상처를 주지 않는다."

해설

構造: 恭[U=共心: 讓(c₁=樂哀)]

시(詩)는 사람들 마음에 담긴 감정을 언(言)어로 전달하고 공유하는 문학의 분야로 가장 오래된 글의 형태임과 동시에 가장 오래도록 사람들과 함께(讓)해 온 언어라고 할 수 있습니다.

관저(關雎)는 시경(詩經)의 첫 번째 시(詩)입니다. 가장 널리 사랑받는 대표작이라고 할 수 있습니다. 이 시(詩)는 군자(君子)와 아름다운 여인 사이의 그리움과 좋아하는 감정이 움트는 모습을 담고 있습니다. 음(淫)란한 마음과는 거리가 먼 순수하고 담백한 표현이라고 할 수 있습니다. 그런 사랑을 기대하지만, 아직 그런 사랑을 이루지 못하고 기다리는 모습이 안타까움마저 불러옵니다.

관저(關雎)는 짧은 구절에 함축적 언어로 표현하고 있기 때문에, 각 구절들을 정확히 해석하는 일은 어렵습니다. 다만, 그 언(言)어가 주는 상징, 비유, 의인화, 아름다움, 기다림, 여운, 솔직, 사랑, 설렘 등 이런 요소들이 사람들의 마음을 흔들고 감정을 일깨워 정화(淨化)하여 그 시대 사람들의 사랑을 받았습니다.

공자는 사람들이 즐거우나(樂) 슬프거나(哀) 이 시(詩)를 통해서 마음의 위안을 얻는 모습을 설명하고 있습니다. 그 삶이 즐거우나 슬프거나 항상 곁에 있어주고 위안을 주는 존재의 역할이 이 구절의 소주제 '양(讓)'이라고 할 수 있습니다. 가정에서는 부부의 관(關)계이며, 국가에서는 임금(君)과 신(臣)하의 관(關)계에 해당합니다.

노(魯)나라 25대 임금 소공(昭公)이 오랜 망명의 기간 끝에 타국에서 죽고, 정공(定公)이 즉위하여 새로운 시대를 열고 있습니다. 공자에게 임금과 신하와의 관계를 묻고(3.19구절), 어떻게 나라를 다스려야 할지 구상 중에 있습니다. 관저(關雎)라는 시(詩)를 통해 사람들이 마음을 나누듯, 임금(君)과 신하(隹)는 즐거우나(樂) 슬프거나(哀) 함께하는 (且) 관(關)계라고 할 수 있습니다.

哀公問社於宰我, 宰我對曰 : "夏后氏以松, 殷人以柏, 周人以栗, 曰使民戰栗." 子聞之, 曰 : "成事不說, 遂事不諫, 既往不咎."

▶ **해석:** 애공(哀公)이 재아(宰我)에게 사직(社稷) 신(神)의 신주(神主)에 관하여 묻자, 재아(宰我)가 대답하기를, "하후(夏后)씨는 소나무를 사용했고, 은(殷)나라 사람은 잣나무를 사용했고, 주(周)나라 사람은 밤나무를 사용했습니다. 서민들에게 전율을 일으키려는 것이지요." 공자께서 이 말을 들으시고 말씀하시길, "완성된 일은 거론하지 않고, 완성에 이르는 일은 간언하지 않으며, 이미 일어난 일은 탓하지 않는 법이다."

해설

構造: 恭[U=共心: 溫(x₁=說諫咎)]

$$構造: 恭[U=共心: 溫(x_1=說諫咎)]$$

이 구절은 노(魯)나라 임금(君), 애공(哀公)과 신(臣)하인 공자의 제자, 재아(宰我)의 문답을 듣고 공자(孔子)가 추후 보충 설명하는 형식을 취하고 있습니다. 3명이 이끄는 대화의 구도에 대해 주의하여 해석할 필요가 있습니다.

3자 형식의 구도가 이루어지는 구절은 특별한 의미를 지닙니다. 이 구절은 대화자마다 다른 관점으로 세상을 바라보고 있습니다. 마치 시(詩)를 읽는 사람이 자신의 관점에서 해석하는 것과 유사합니다. 다른 각도와 관점에서 바라보기 때문에 전달하는 교훈도 제각각 다릅니다.

3.20구절에서 '애이불상(哀而不傷)'이라는 구문과 연계되어 이 구절의 질문자는 애공(哀公)입니다. 어떤 연관성이 있을까요? 역사적 측면에서 연결성을 제공합니다.

26대 제후인 정공(定公)은 임금과 신하의 관계를 회복하는 일이 절실했던 임금(君)입니다. 계(季)씨의 가신(家臣) 양화(陽貨)가, 계씨를 가두고 국가의 정치를 뒤흔들고 반란을 일으키는 등, 임금과 신하, 신(臣)하와 신하의 가신(家臣) 사이의 관계가 극단으로 흘렀던 시기였습니다. 결국, 그런 정치적 대결과 암투 속에서 계씨는 기사회생(起死回生)하여 다시 정권을 잡고, 정공(定公)은 물러나 죽었으며, 27대(代) 제후(諸侯), 애공(哀公)이 27년 간 노(魯)나라를 다스리는 새로운 시대가 열렸습니다.

애공(哀公)은 계(季)씨, 맹(孟)씨, 숙(叔)씨 세력에 의해 정치적 영향력을 잃고 근근이 버티는 군주(君主)였습니다. 명목만 임금(君)인 애공(哀公)은 슬픈(哀) 처지가 아닐 수 없습니다.

그런 애공(哀公)이 사직(社稷) 신(神)의 신주(神主), 위패에 대해 재아(宰我)에게 묻고 있습니다. 아마도, 새로운 시대를 열고, 농사를 잘 짓기 위해 기원하는 제사의 의의를 찾으려는 모양입니다. 임금이 즉위한 이후, 최우선적으로 할 일은 국민들의 생업인 농사를 잘 이끌어 민심을 높이고, 국가 안정을 찾는 일이라고 할 수 있습니다.

이에 대해 재아(宰我)는 공자의 제자답게, 옛사람들의 방법(古之道:3.16)을 활용하여 설명하고 있습니다. 하(夏)나라, 은(殷)나라, 주(周)나라에서 신주(神主)로 사용했던 나무를 들어 답변하고 있습니다.

즉위하여 사직(社稷) 신(神)에게 제사를 지내는 일은 농사를 기원한다는 측면에서 바라보면 좋은 일 같으나, 결국은 신(神)에게 의존하는 일입니다. 임금(君)이 스스로(自) 주(主)가 되지 못하고 의존적이라는 의미를 담고 있습니다. 정공(定公:3.19)이 공자와의 대화를 통해 나누었던 사항, 임금(君)과 신(臣)하와의 관계를 바로잡는 일이 가장 급한 일이지만, 아직 그럴 힘이 부족한 듯합니다.

애공(哀公)의 마음은 사직(社稷) 신(神)의 신주(神主)에 가 있습니다. 농업(農業)을 의미하는 사직(社稷)을 잘 이끄는 일이 아니라, 그 신(神)을 모실 때 사용하는 나무로 만든 위패(位牌)에만 마음이 쏠려 있는 모습입니다. 임금 마음(心)의 중(中)심이 어긋나 있는 모습이라고 할 수 있습니다. 마음의 중심이(忠) 쉽게 흔들리고 자신도 모르는 어떤 것에 의지하려는 성향이 강하면, 감정에 치우치고 슬픔에 빠지기 쉽습니다. 임금(君) 자신을 먼저 다스리는 일이 절실히 필요한 상황입니다.

공자(孔子)의 제자 재아(宰我)는 논어(論語)에서 주로 꾸중을 듣거나, 엉뚱한 대답을 하는 제자로 등장합니다. 이름이 뜻하는 바는 나(我)를 다스린다(宰)는 의미입니다. 재아(宰我)가 등장하는 이유입니다. 아직 배움이 부족한 상황인데, 높은 자리(宰)에 올라 임금 옆에서 엉뚱한 방향의 조언을 하고 있습니다. 애공(哀公)과 재아(宰我)라는 등장 인물의 구도만으로도 좋지 못한 정치 모습이 무엇인지 알 수 있습니다.

이런저런 사정과 정황은 모두 제외하고, 어찌되었든 새로운 군주가 새 시대를 열고 있으며, 정작 군주(君主)에게 필요한 사항은 사직신(社稷神)을 모시는 어떤 형식이 아니라, 선왕 정공(定公)의 뒤를 이어 나라를 올바르게 이끄는 일이 필요합니다. 공자의 답변에 그 최선의 방법이 들어 있습니다.

공자(孔子)는 새 시대에 국가를 올바로 이끄는 방법 3가지를 설명하고 있습니다. 성사(成事)는 이미 시간적으로 완결(成)이 이루어진 일이나 사건(事)입니다. 과거의 일에 대해 성공적 결과를 자랑하거나 업적을 늘어놓지 말라는 의미로 '불설(不說)'이 사용됩니다. 과거의 일에 대해 기뻐하고, 헤아리며, 아첨하며, 따른다는 의미로 해석한다면 '불열

(不說)'이라고 독음하고 이해할 수 있습니다. 두 가지 모두 과거에 집착하지 말라는 의미로 이해할 수 있습니다.

수사(遂事)는 진행되고 있는 일(事)에 해당합니다. 진행 정도에 있어서, 거의 완결을 이루는 단계를 의미합니다. 이 시점에 간섭하거나 관여하지 않는다는 의미로 '불간(不諫)'이라고 표현하고 있습니다. 진행되고 있는 일에 대해 비난(諫)하거나 간(諫)섭 행위를 하지 말라는 뜻입니다.

기왕(旣往)은 이미 벌어진 일(事)입니다. 성사(成事)와 시점상 구분없이 혼용하여 사용하는 경우도 있지만, 현재 인식하는 시점에 더 가깝습니다. 그리고 다소 부정적 사건과 결과를 지칭하는 경우가 많습니다. 재아(宰我)의 답변(遂事)을 보면 과거의 의미를 되돌아보는 답변이지만, 마지막 구문 '전율을 일으키기 위함'이라는 구문에서 어긋난 설명을 더하고 있습니다.

공자(孔子)의 답변에서 가장 주목해야 할 사항은 '누구를 바라보고, 무엇을 위해서 그런 일을 하는가'에 있습니다. 임금인 제후 자신을 위한 방향이 아닙니다. 신(神)을 위하고, 신(神)에게 의지하려는 일도 아닙니다. 전해오는 형식에 치우친 절차나 방법(禮)을 지키기 위함도 아닙니다. 그것은 서민들이 잘 살 수 있도록 국가를 이끄는 방법입니다.

공자(孔子)가 답변을 통해 보여준 태도, 또한 질문자(哀公)와 답변자(宰我)를 탓하거나 허물 들추는 방식이 아닙니다. 올바로 바라보아야 할 사항에 대한 설명으로 일관하고 있습니다.

세상의 많은 일이 양자 간의 관계가 쟁점이 되기도 하지만, 그 쟁점 자체가 무의미한 경우가 허다합니다. 관점이 어긋난 의미 없는 일을 두고 열심히 논쟁하고 다툼을 일삼는 경우 노력과 시간 낭비만 초래하게 됩니다. 누군가는 본질을 바라보고 올바르게 설명하는 사람이 필요합니다. 3자의 구도를 활용해 엇갈리도록 글의 구조를 만든 이유입니다.

子曰: "管仲之器小哉!" 或曰: "管仲儉乎?" 曰: "管氏有三歸, 官事不攝, 焉得儉?" "然則管仲知禮乎?" 曰: "邦君樹塞門, 管氏亦樹塞門, 邦君爲兩國之好, 有反坫, 管氏亦有反坫. 管氏而知禮, 孰不知禮?"

▶ **해석:** 공자께서 말씀하시길, "관중(管仲)의 사업 수행은 작다!." 어떤 사람이 말하기를, "관중은 검소합니까?" 공자께서 말씀하시길, "관(管)씨는 집을 세 군데나 가지고 있고, 관(官)직을 돌보지 않는데, 어떻게 검소할 수 있겠는가?" (어떤 사람이) 말하기를, "그러면 관중은 예(禮)를 아는 사람입니까?" (공자께서) 말씀하시길, "임금이 문 앞에 (시야를 가리는) 가림나무를 두자, 관씨도 역시 가림나무를 두고, 임금이 두 나라 사이의 우호 증진을 위하는 자리에 술잔을 놓는 잔대를 설치하자, 관씨도 잔대를 설치하였는데, 그런 관씨가 예(禮)를 안다면, 누가 예(禮)를 모르겠는가?"

해설

構造: 恭[U=共心: 良(m_1=官事攝儉, m_2=好知禮)]

3.21구절에서 살펴본 바와 같이 나라의 새 시대를 열고, 도약을 이루기 위해서는 좋은 인재가 필요합니다. 이 구절은 그런 국가의 주요 공직자 선발 조건을 설명하고 있습니다.

관중(管仲)은 공자가 살던 동시대 사람으로 관(管)직의 가장 고위층 다음 단계(仲)에 해당하는 사람입니다. 관포지교(管鮑之交)로 잘 알려져 있는 관중(管仲)은 제(齊)나라 사람으로 공자의 시대보다 2백년 정도 앞선 인물로 여기 언급되는 관중(管仲)과는 다른 사람(同名異人)입니다.

'管仲之器'는 통상 관중의 사람됨의 크기, 그릇이라고 해석하지만, 더욱 정확히 하자면, '계획에 의한 사업 수행'을 의미합니다. 즉, 관중이 계획하고 수행하는 사업은 작다는 의미입니다. 현대로 견주면 장차관급 고위공직 업무를 맡기에는 추진하는 사업이 자잘하다는 의미입니다. 결국 같은 의미로 이해할 수도 있지만, 공자의 언어는 행위에 대해서는 평가하고 구별하나 사람을 폄하하지는 않습니다.

사업 수행이 작다는 의미를 어떤 사람이 검소한 것으로 오해하고, 관중이 검소한지 묻고 있습니다. 돌아갈 집이 3곳이나 있다는 표현은 당시 노(魯)나라의 권력과 봉지(俸地)가 3환(桓)이라 불리는 세도가에 의해 3등분 되어 있기 때문에, 각각에 집을 두고 그들의 명령을 수령하고 아부하는 모습을 의미합니다. 그러하니, 공직(官事)은 돌볼 겨를이 없는데(不攝) 어떻게 검소하다고 이야기할 수 있겠습니까?

혹(或)자가 그 모습에 대해 큰 사업은 윗분이 수행한 것으로 하고, 자신을 낮추는 행위로 이해하여 다시 묻고 있습니다. '체계의 질서인 예(禮)를 잘 아는 사람이 아닙니까?'라는 질문을 하는 이유입니다.

수색문(樹塞門)이란 대문이 열리고 닫히는 동안에도 집 내부와 활동이 보이지 않도록 문 앞에 심는 나무들입니다. 나무들이 가려주기 때문에, 집에 누가 출입하는지, 누가 찾아와서 문 앞에 기다리는 동안에도 외부에 노출되지 않는 은밀성을 보장합니다. 수색문(樹塞門)을 갖추고 있다는 것은 임금만 그럴 수 있다는 체계의 질서, 예(禮)를 모르는 사람인 동시에 밀실 정치를 행한다는 의미를 지닙니다.

반점(反坫)은 현대로 견주면, 야외에서 정상급 회담이 이루어질 때에 각 정상의 좌, 우측에 협탁을 마련하고 그 위에 음료를 준비한 상황이라고 할 수 있습니다. 당시에는 흙으로 빚은 큰 항아리(坫)를 뒤집어 받침대로 놓음으로써, 허리를 숙이지 않고 술잔이나 물잔을 들고 마실 수 있었습니다. 반점(反坫) 사용은 누구에게도 허리를 굽히지 않는 권력자라는 의미입니다. 즉, 관중(管仲)은 예(禮)를 모르는 것뿐만 아니라 권위적이라는 의미입니다.

여기에서 오해하지 말아야 할 사항은 2500년 전의 도기 기술로 큰 항아리를 빚는 것은 쉽지 않았습니다. 현대로 견주어 비유하면, 크리스털 항아리를 받침대로 사용하는 정도의 고가품이라고 할 수 있습니다.

정리하면, 국가가 올바른 길로 나아가기 위해서는 좋은 인재를 선발하는 방법과 기준이 필요합니다.

공자는 그 기준으로 충(忠), 즉 공직자 마음(心)의 중(中)심이 국가 사업에 있어야 한다는 점(官事攝)과 검소(儉)해야 함을 설명하고 있습니다. 그리고 체계의 질서인 예(禮)를 혼란스럽게 만들지 않는 일이 필요합니다. 관료 사회에서 위로는 아부하고, 아래로 권위적인 사람은 사람들에게 상처를 주고, 조직을 병들게 만듭니다(哀而傷).

그리고 선발 방법으로는 은밀한 방법이 아닌 그 사람의 자질을 공개 석상의 탁자에 올려놓고 투명하게 선발하는 일을 소개하고 있습니다. 그런 자질과 태도를 갖춘 사람으로 국가의 인재(人材)를 채우는 일이 국가 기반을 튼튼히 하는 방법(良)입니다.

그러면 좋은 인재(人材)를 등용한 후에 살펴야 하는 일은 어떤 것일까요? 그 설명이 다음 구절에서 이어집니다.

子語魯大師樂曰：“樂其可知也. 始作 翕如也, 從之 純如也 皦如也 繹如也, 以成.”

▶ **해석:** 공자가 노(魯)나라 태사(大師)에게 음악에 관하여 전하기를, "음악은 가히 알 수 있습니다. 시작 후 여러 가지 소리가 혼연일체를 이루다가, 그것을 이어서 순(純)음, 교(皦)음, 현악기의 당기는(繹) 음이 소리를 이룹니다."

해설

構造: 恭[U=共心: 恭(u₁=翕)]

'자어(子語)'라는 표현으로 구절이 시작됩니다. 통상 공자(孔子)가 말씀하신 경우, '자왈(子曰)'이라는 표현을 사용하는데 '자어(子語)'로 표현한 것은 이유가 있습니다. 이 구절은 대화가 아니라, 말씀을 3자에게 전달하는 상황입니다. 같은 시간과 장소에서 벌어지는 상황이 아닙니다. '어(語)'는 나(吾)의 의지가 담겨 있는 언(言)이라는 뜻입니다. 즉, 공자(孔子)의 의미심장한 뜻이 담겨 있는 말씀이 뒤를 이을 것이라고 유추할 수 있습니다.

그러면 누구에게 어떤 뜻의 언어(語)를 전달하고 있을까요? 그 뜻을 헤아리는 과정에 자연스럽게 '왜?'라는 질문에 대한 해답도 같이 살펴볼 수 있습니다. 전달 대상이 노나라 태사(魯大師)입니다.

태사(大師)는 논어 전편 3.23구절과 후편 18.9구절에 2번 나오는 단어입니다. 후편을 참고하여 태사(大師)를 악관의 우두머리, 즉 악단의 지휘자로만 이해하면 숨어져 있는 의미를 헤아리기 어렵습니다. 주

(周)나라부터 이어오는 관직 서열 체계에 따르면, 국가(國家)의 3부 요인(要人)은 태사(大師), 태부(大傅), 태보(大保)입니다. 그 가운데 가장 높은 서열은 태사(大師)로서 왕을 보필하는 신하들 가운데 우두머리에 해당하는 사람입니다.

공자(孔子)가 음악(樂)을 즐겨 했기 때문에, 악관(樂官)의 지휘자 태사(大師)에게 언어를 전달했을 수 있겠지만 그 전달하는 언어(語)에 담긴 숨은 뜻은 악관(樂官)의 지휘자 태사(大師)에게 전달하는 사항이 아니라, 국가의 2인자 태사(大師)에게 전하는 뜻이 담긴 언어입니다.

'악기가지야(樂其可知也)'는 음악(樂)은 가히(可) 알(知) 수 있다는 뜻으로, 즐겁고(樂) 편안함(樂), 조화와 균형을 갖춘 다스림(樂)이라는 것은 가히 알 수 있다는 중의적 의미로도 해석할 수 있습니다. 악(樂)이라는 글자를 좁은 의미로 해석하여 음악(樂)이라고 결부 지을 수 있지만, 국가 정치가 조화와 균형을 이루어 편안한 다스림(樂)으로 이해할 수 있습니다.

'시작(始作) 흡여야(翕如也)', 음악(樂)의 시작은 합주(合奏) 형식으로 이루어집니다. 음악의 시작, 합주(合奏)를 흡(翕)이라는 흔하지 않는 글자로 표현했을까요? '흡(翕)'이라는 글자는 '합(合)'과 '우(羽)'의 조합으로 이루어져 있습니다. 날개의 깃(羽)처럼 가볍게 합해진 형태라는 뜻입니다. 합(合)주 중에서도 불협화음 없이 가볍게 이루어지는 모습을 의미합니다. '흡(翕)'은 날개 깃(羽)이 글자 아래에 기반을 이루고 있습니다. '우(羽)'는 동양 5음계(궁, 상, 각, 치, 우) 가운데 가장 높은 음으로, 우렁차고 힘이 있는 소리입니다. 악기로 치면 피리에 해당하며 음악(다스림)을 이끄는 역할을 합니다. 지상(地上)을 초월하여 날개(羽)를 달고, 하늘(天)로 올라갈 수 있는 하늘의 아들(天子), 임금(君)을 상징합니다. 즉, 흡(翕)은 날개를 달고 하늘에서 내려온 임금(君)이 이루는 조화로운 정치, 하늘의 뜻과 의지를 기반으로 한 합치(合治)라는 상징적 의미를 지닌 글자입니다.

임금(君)이 하늘의 뜻과 의지에 따라 다스림(樂)을 시작하고, 그 뜻을 이어서(從之), 3개의 악기가 연주에 등장합니다. 순(純), 교(皦), 역(繹)에 해당하는 악기를 순차적으로 설명하고 있지만 각각의 독주가 아니라 3개의 악기가 동시에 연주(合奏)함을 의미합니다.

순(純)은 대금 소리입니다. 피리(羽)의 고음과 달리 대나무의 깊은 저음을 활용하여 임금의 뜻을 받들어 넓게 펴는 역할을 합니다. 국가의 서열 2번째, 태사(大師)의 역할입니다. 교(皦)는 화려한 소리를 내는 악기로 소금 정도에 해당합니다. 피리처럼 굳세고 씩씩하며 널리 퍼지는 소리는 아니지만 피리의 소리를 화려하게 꾸며주고 덧붙이는 역할을 합니다. 임금을 보좌하는 태부(大傅)의 역할에 해당합니다. 역(繹)은 당기는 소리, 즉 현악기입니다. 현악기는 음을 이어주고 보(保)전하는 역할로서, 정치적 역할에 견주면 태보(大保)에 해당합니다.

음악(樂)의 형식은 임금(君)이 이끄는 합주(翕奏)로 시작하고, 임금(君)의 악기인 피리(羽)가 잠시 쉬는 동안, 3명의 신하에 해당하는 악기(純, 皦, 繹)가 연주를 이어 음악을 완성하는 형식입니다. 이런 연주 형식을 국악에서는 연음구조라 부릅니다. 연음구조에서는 조화와 균형이 중요합니다. 왕의 악기(羽)인 피리 소리가 너무 약하면 힘이 빠진 연주가 되고, 너무 강하면 피리 소리만 들리는 형태로 연주의 균형이 일그러집니다. 또한 순(純), 교(皦), 역(繹) 3개 악기 간에 조화와 균형이 무너지는 경우에도 편안함이 느껴지지 않고 한쪽으로 치우치는 느낌을 받게 됩니다.

맨 마지막 구절에서 '이로써 연주가 완성된다(以成)'는 표현은 어떤 형태로든 연주는 완성되지만 조화와 균형이 무너지면 첫 마디에 표현된 즐거움(樂)을 주지 못하는 연주가 됩니다. 음악이나 정치 모두 조화와 균형을 이룸으로써, 그것의 즐거움(樂其)을 알 수 (可知) 있습니다.

우리나라 고전 음악 중에는 2천년 전 삼국시대부터 전래되어 오는 '향악(鄕樂)'이 있으며, '수제천(壽齊天)'이라는 향악은 이와 같은 연음구조를 지닌 연주에 해당합니다. 삼국시대 유교 문물 전래에 따라 중국으로부터 음악적 형식도 전달되었을 것으로 추정합니다. '수제천(壽齊天)'은 하늘(天)이 내린 체계(齊)의 질서를 길고 길게(壽) 이어감을 의미합니다. 체계의 질서(禮)를 거스르지 않고, 하늘의 뜻과 순리에 따라 조화와 균형을 이루며 행복하게(樂) 사는 모습, 태평성대(太平聖代)를 그린 음악으로 공자가 추구한 예악(禮樂)이 다스리는 정치 모습과 일맥상통합니다.

'수제천(壽齊天)'이라는 음악을 필자의 서툰 글솜씨로 설명하는 것보다 유튜브를 열고 국립국악원의 연주를 검색하여, 음악의 형식을 확인하고 감상하시길 권합니다. 악기의 구성과 연음구조, 그리고 피리가 연주를 이끌 때 앞으로 전진하는 힘찬 느낌과 피리가 연주를 잠시 쉬는 동안에 이루어지는 3가지 악기의 균형감에 따라 연주의 완성도를 느껴볼 수 있습니다. 태평성대를 기원하는 '수제천(壽齊天)'의 의미와 왕과 신하에 해당하는 3개 악기가 조화와 균형이 어우러져 만드는 연음 형식을 이해하고 감상한다면 이전과는 다른 느낌을 경험하실 것입니다.

이 말을 전할 당시 공자(孔子)는 노(魯)나라 실세도, 고위 관직에 있는 상황도 아니었습니다. 유가(儒家)를 이끄는 사립학교 교장에 해당하는 사람이 이런 뜻이 담긴 이야기를 국가 2인자에게 전했다면, 공자의 목숨이 편안하지 못할 것입니다. 철저한 신분제 사회에서 이와 같은 의미가 담긴 언어 전달은 쉽지 않으므로, 자신 처신에 대한 결단을 내린 후에 가능한 일입니다.

음악(樂)에 비유하여, 삼환(三桓)이 국가의 조화와 균형을 어지럽힌다는 쓰디쓴 말을 간접적으로 전달했으니, 공자(孔子)의 목숨이 위태롭겠구나! 생각이 드는 구절입니다. 다음 구절에서 이어지는 내용을 살펴보겠습니다.

儀封人請見曰: "君子之至於斯也, 吾未嘗不得見也." 從者見之, 出曰: "二三子何患於喪乎? 天下之無道也, 久矣. 天將以夫子爲木鐸."

▶ **해석:** 의(儀)나라의 봉인(封人)이 만나 뵙기를 청하면서 말하길, "군자(君子)가 이 곳에 오면, 나는 아직 뵙지 못한 적이 없었습니다." 종자가 그를 공자에게 안내해 주었다. (봉인이 공자를 만나고) 나오면서 말하길, "여러분은 어째서 초상난 것처럼 근심하시나요? 천하에 도(道)가 없어진 것이 오래되었습니다. 하늘이 장차 선생을 (세상의) 목탁으로 삼으려는 것입니다."

해설

構造: 恭[U=共心: 儉(o₁=木鐸)]

3.23구절의 사건이 계기가 되어, 공자는 노(魯)나라를 떠나 14년간 천하(天下)를 유랑합니다. 유랑의 시작을 의(儀)나라 국경을 지키는 사람(封人)과의 만남을 일화로 설명하고 있습니다. 이때가 공자의 나이 53세 정도였으니, 지천명(知天命)에 이르러, 하늘의 뜻을 받들고 세상을 주유하면서 공자의 사상을 전파하던 시기입니다.

이 구절의 소주제는 검(儉)입니다. 목탁(木鐸)의 의미와 3.19구절의 핵심 글자 정(定)이라는 것을 조합하면, 이 구절의 숨은 뜻을 더욱 명확히 이해할 수 있습니다.

목탁(木鐸)이라는 단어를 통해서 유랑의 의의를 찾을 수 있습니다. 목탁(木鐸)은 오늘날 불가(佛家)에서 주로 사용됩니다. 스님들이 불법

(佛法)을 전파하기 위해 돌아다니면서, 사람들에게 자신이 여기 와 있음을 알리는 도구로 두드리는 것을 볼 수 있습니다. 시주를 얻기 위한 모습을 머릿속에 떠올리고 있다면, 약간의 오해가 더 해진 상황입니다. '세상에 부처님의 말씀을 전하여 중생들의 고통을 낮추어' 편안한 삶으로 이끌기 위한 도구가 목탁(木鐸)입니다. 즉, 부처님 말씀 전하러 왔습니다. 똑똑똑…. 정도입니다.

불교(佛敎)는 공자(孔子) 시대보다 500년 후인 한(漢)나라 시대에 중국에 전파되었으며, 본격적으로 활성화된 것은 그보다 한참 이후인 당(唐)나라 초기입니다. 논어 3.24구절 목탁(木鐸)이라는 단어를 통해서, 목탁이 불가의 전유물이 아니었다는 것을 알 수 있습니다.

목탁(木鐸)은 소리를 전달하여 사람들을 모으고, 공자의 사상을 전달하는 기회를 제공하는 도구라고 할 수 있습니다. 3.23구절에서 사용된 궁중 음악의 악기에 비해서 검(儉)소한 도구라고 할 수 있습니다. 국가의 조화와 균형이 무절제(無儉)하게 무너지고, 되돌릴 수 없는 상황에, 공자가 선택(定)한 방향은 천하를 떠돌며 자신의 사상을 전파하는 일이었다고 볼 수 있습니다.

지천명(知天命)의 나이에 이르러 자신의 천명(天命)을 알고, 천명(天命)을 따르는 것은 삶의 실천적 관점에서 의미가 깊습니다. 천명(天命)을 알지만, 실천이 따르지 않는 인생의 행보는 위선(僞善)입니다. 천명(天命)을 모르고, 그냥 그대로 삶을 살아가는 대다수는 보통 사람들(人)입니다.

의(儀)나라 봉인(封人)은 국경을 봉(封)쇄하고 지키는 임무가 직업인 보통의 사람입니다. 의(儀)나라 봉인(封人)은 상징적인 표현에 해당합니다. 인간(亻) 사회의 정의(義)가 한계(封)에 다다른 곳이라는 의미를 담고 있습니다. 의(儀) 봉인(封人)의 언어를 빌려서 공자(孔子)의 행보를 설명하고 있습니다. 공자(孔子)가 여러 국가의 국경을 넘어 천하를 주유하며 찾아 다닌 것, 또한 인간(亻) 사회의 정의(義) 추구라는 의미로 유추할 수 있습니다.

의봉인(儀封人)이 공자(孔子)를 뵙고 나오면서 한 말은 그림을 그리는 듯한 묘사적 표현입니다. '이삼자(二三子)'는 공자의 수레를 따르는 2세대, 3세대 제자들을 의미합니다. 초상(喪)집 행렬처럼 우환(患)과 근심이 가득한 모습을 표현하고 있는 제자들에게 세상 어느 곳에서도 올바른 길(道)이 사라진 지 오래되었는데 어디에 간들 삶의 고난은 같지 않겠는가? 천명(天命)을 받들어 군자(君子)를 모시고 가는데 무엇이 그리 걱정이기에 초상 길 수레 행렬처럼 행차하는가? 반문하고 있습니다.

자신에게 주어진 천명(天命)에 대해 짐작은 하지만, 행하지 못하는 사람들이 있습니다. 의(義)가 부족하기 때문입니다. 보통 사람이라 할 수 있습니다. 군자(君子)의 길을 따르는 제자들이 아직 부족한 모양입니다.

새 시대를 열고 새로운 임금이 정치 방향을 올바로 하고(:3.21), 좋은 인재를 등용하며(:3.22), 등용된 인재와 조화, 균형을 이루는 정치를 행해야 국민을 행복하게(:3.23) 만들 수 있지만, 현실은 거리가 먼 상황입니다.

신하는 어리석고(:3.21), 관중(管仲)의 지위에 있는 사람들은 자신의 이익과 영달을 위해 살고 있으며(:3.22), 임금과 신하의 조화와 균형은 한참 어긋나 있습니다(:3.23). 국가에 대한 충(忠)이 사라지고 입(口)만 살아있는 충(忠)이 가득합니다. 충(忠)에 입(口)을 하나 더 올리면 환(患)이 됩니다. 마음의 중심을 바로 하고, 진실로 그 길을 향해 나아가는 것이 아니라, 입으로만 행동을 취하는 모습이 환(患)입니다. 나라의 우환(患)이 가득한 상황을 뜻하는 것으로 체계의 질서(禮)와 조화, 균형(樂)이 사라지고, 의(義)를 저버렸기 때문입니다.

공자(孔子)가 하늘의 뜻(天命)에 따라 인간(亻) 사회 정의(義)를 추구하며 목탁(木鐸)을 두드리는 길(道)을 떠난 이유입니다.

子謂〈韶〉: "盡美矣, 又盡善也." 謂〈武〉: "盡美矣, 未盡善也."

▶ **해석:** 공자께서 소(韶)를 평하시기를 "지극히 아름답고, 또한 지극히 선하다!." 무(武)를 평하시기를 "지극히 아름다우나, 지극한 선함은 아니다!"

해설

構造: 恭[U=共心: 讓(c_1=美善)]

소(韶)는 음악(音)을 부르다(召)는 뜻으로 음악을 통해 조화와 균형을 찾는 일로서, 아름답고 선(善)한 일이라고 설명하고 있습니다. 하지만 무(武)력을 통해 체계의 질서를 세우는 일은 부패와 폭정을 물리치는 관점에서는 아름다운 일이나, 선(善)한 방식을 사용한 것은 아니라는 의미입니다.

소주제 양(讓)의 관점에서 대화와 타협의 언어로 사회에 도움을 주는 일이 아닌 무(武)력과 힘(武)을 활용하는 일은 폭정과 부패로부터 사람들을 구할 수는 있지만, 아무리 아름답게 치장하더라도 선(善)과는 거리가 있습니다.

소(韶)가 순(舜)임금 때에 태평성대를 노래한 음악이라면, 무(武)는 은(殷)나라 마지막 폭군 주(紂)임금을 몰아낸 무(武)왕의 주(周)나라 건국을 찬양한 음악입니다. 이 구절은 공자가 선(善)한 방식을 버리지 않고, 천하를 주유하는 이유를 설명하고 있습니다. 힘과 무력(武力)이 아니어도 다른 방법은 있을 수 있다는 의미입니다.

3.26

子曰: "居上不寬, 爲禮不敬, 臨喪不哀, 吾何以觀之哉?"

▶ **해석:** 공자께서 말씀하시길, "높은 자리에 있으면서 관대하지 않고, 예를 행함이 공경스럽지 않고, 상례에 임하여 슬퍼하지 않는다면, 내가 어떻게 그 사람을 바라보겠는가?"

해설

構造: 恭[U=共心: 溫(x₁=寬敬哀)]

$$構造: 恭[U=共心: 溫(x_1=寬敬哀)]$$

공자가 천하를 주유(周遊)한 이유가 이어지고 있습니다. 임금(君)이 관대하지 않고, 공경스럽지 못하고, 국민과 신하에 대한 애처로움이 없다면, 무엇을 바라보고 일하겠는가? 따듯함(溫)은 인간의 가장 마지막 보루에 해당합니다.

4. 이인

제4장을 소설 읽듯이 그냥 읽어 간다면 구절이 전달하는 깊은 의미를 놓치기 쉽습니다. 헤아리고(里), 또 헤아림(里)이 필요한 글들입니다. 제목에서 '인(仁)을 헤아린다'고 설명한 것처럼, 깊고 논리적인 사고를 동원하여 각 구절을 헤아리기를 권합니다. 검(儉)의 측면에서 절약하고 절제하는 모습 이전에, 미리 헤아리고 준비하는 일이 더 좋은 방법입니다.

子曰 : "里仁 爲美. 擇不處仁, 焉得知?"

▶ **해석:** 공자께서 말씀하시길, "인(仁)을 헤아리는(里) 것은 아름다운 일이다. 인(仁)하지 않는 쪽을 선택한다면, 어떻게 지혜롭다고 할 수 있겠는가?"

해설

構造: 儉[O: 溫(x_1=里仁)]

'리(里)'는 마을을 의미하는 행정구역의 단위 중 가장 작은 단위입니다. 대략 25가구 정도가 모여서 사는 규모 정도에 해당합니다. 여기에서는 마을이 아닌 '헤아리다'라는 동사로 사용되고 있습니다.

인간의 어질고 현명한 측면을 헤아리는 일이 사회 체계에서 가장 근간이 된다고 할 수 있습니다. 3.26구절에서 공자가 노(魯)나라를 떠난 이유 또한 임금의 인간적인 면이 부족하다고 판단했기 때문입니다. 인간적이지(仁) 못한 사항을 택하는 일이 빈번한 사회는 살기 좋은 곳(處)이 아니라, 그 반대로 향하는 일이라고 할 수 있습니다.

子曰 : "不仁者, 不可以久處約, 不可以長處樂. 仁者安仁, 知者利仁."

▶ **해석:** 공자께서 말씀하시길, "어질지 못한 것이란, 약속을 오래 지속하지 못하는 일이며, 행복을 길게 지속하지 못하는 일이다. 어질다는 것이란 인간적인 것을 편하게 하고, 지혜로움은 인간적인 것을 이롭게 한다."

해설

$$構造: 儉[O: 良(m_1=安仁, m_2=利仁)]$$

사회에서 약속은 사람과 사람 사이, 사회 체계와 사람 사이에서 지켜져야 하는 것에 해당합니다. 사회 체계는 다양한 형태의 약속으로 이루어진 그물과 같은 모습이라고 할 수 있습니다. 그런 사회 속에서 약속을 지키지 못한다면, 그물이 뜯어지고 망가진 모습이라고 할 수 있습니다. 터진 그물 사이로 물고기가 달아나면 많은 손해를 입습니다.

사회에서 사람들은 행복과 즐거움을 목표로 살아갑니다. 그런 행복과 즐거움을 오래 지속하지 못하는 일은 어질다고(仁) 할 수 없습니다. 즐거움을 지속할 수 없는 어떤 불행한 사건이나 상황을 벌이는 일은 어리석은 생각 때문입니다.

어진(仁) 것이란 어진(仁) 행위를 편안하게 여기는 일입니다. 어질지(仁) 못한 행위를 오히려 편안하게 여긴다면, 스스로 어질지 못한 방향으로 나아가는 것이라 할 수 있습니다. 지혜롭다는 것은 그런 어진(仁) 일을 이롭게 만드는 것이라 할 수 있습니다. 어질지 못한 상황을 만드는 것을 지혜롭다고 할 수는 없습니다.

이 구절에서 약속은 과정의 도구라고 할 수 있고, 행복은 최종 목적지라고 할 수 있습니다. 과정과 결과가 모두 인간적이고(仁) 어진(仁) 방식으로 이루어져야 한다는 의미입니다. 과정은 어질지 못한데, 결과가 즐겁다면, 진정한 행복을 얻었다고 할 수 없습니다. 과정이 지혜롭다면 결과를 어진 방향으로 이끌 수 있습니다. 과정이 지혜롭지 못했기 때문에 결과가 어진 방향과 멀어지는 일이 대부분입니다.

子曰 : "惟仁者, 能好人, 能惡人."

▶ **해석:** 공자께서 말씀하시길, "오직 인(仁)이라는 것으로써, 능히 사람을 좋아할 수 있고, 사람을 미워할 수 있다."

해설

構造: 倹[O: 恭(u₁=能好人, 能惡人)]

인간 관계에서는 좋고 싫음이 발생할 수밖에 없습니다. 일방적인 좋음과 일방적인 싫음이 형성되는 관계가 있다면, 그것은 종속적인 관계라고 할 수 있습니다. 인간적인 면(仁)을 기본으로 하는 관계가 아니라, 불가(佛家)에서 얘기하는 업보(業報)에 의해 일방적으로 대가를 치러야 하는 관계입니다. 업보(業報)에 묶여서 억지로 살아야 하는 관계가 지속된다면, 그 삶이 얼마나 괴롭겠습니까?

그런 괴로움이 심각하게 예상되기 때문에, 현대의 젊은이들이 결혼을 기피하고 아이 낳기를 포기하고 있습니다. 그보다 더 심각한 사항은 관계 맺기를 기피하며, 사이버 공간으로 도피하는 사람이 점점 늘어나는 추세라는 사실입니다. 그곳에서는 나 혼자 좋으면 되고, 싫으면 나 혼자 싫어하면 그만입니다. 그게 심화되어 현실과 유리되고 외로움으로 자신을 유도합니다.

이는, 인간성(仁)을 상실해가고 있기 때문에 발생하는 사회 문제라고 할 수 있습니다. 사람을 사랑하는 일도, 싫어하는 일도 어떤 틀에 의존하게 되는 일은 점점 기계적으로 획일화된 문명 속으로 인간이 종속됨을 의미합니다.

사회 공동체를 이루는 다양한 삶 속에서 갇힌 틀에 휩싸이는 모습과 같습니다. 쉽게 이해하자면 우리가 식사를 할 때에 단 것(好)과 쓴 것(惡)을 골고루 섭취하는 것이 건강에 좋은 것과 유사합니다. 단것만 과다하게 섭취하여, 얼마나 많은 인구가 비만과 당뇨로 고생하고 있지 않습니까!

요약하면, 누구나 좋아할 수도 있고, 싫어하는 일이 있을 수 있습니다. 다만, 좋아함과 싫어함은 사람들이 보편적으로 여기는 어진(仁) 마음에서 비롯되어야 한다는 점을 강조하고 있습니다.

子曰 : "苟志於仁矣, 無惡也."

▶ **해석:** 공자께서 말씀하시길, "진실로, 어짊(仁)에 뜻을 두고 있다면, 싫어함에 집착하지 않는다."

해설

構造: 儉[O: 儉(o_1=無惡)]

'무오(無惡)'는 싫어하는 일이 없다는 의미가 아니라, '싫어하는 일에 대해 원점(O)에서 출발한다'는 뜻입니다. 즉, 싫어하는 일에 대해 집착하지 않는다는 의미입니다. 하지만 '무악(無惡)'이라고 해석하면, '악함'이 없다는 의미입니다. 무(無)라는 글자 뒤에 오는 것이 동사에 해당하면 그 행위에 대해 집착하지 않는다는 의미가 되지만, 명사인 경우 그것이 없다는 의미입니다.

이 구절은 4.3구절의 논리와 연계하여 인(仁)에 기반하여 싫어함에 집착하지 않는다고 이해할 수도 있고, 진실로 인(仁)에 뜻을 두면 악(惡)한 행위를 하지 않는다고 이해할 수도 있습니다.

사회가 흉악무도한 범죄에 대해서 싫어하지 않고 악(惡)이라고 여기지 않는다면 그것을 인간적이라 할 수 없습니다. 인간적으로 싫어해야 할 일에 대해서 싫어할 수 없다면, 그것은 오히려 인간성을 잃어가는 것이라고 할 수 있습니다. 악한 행위에서 대해서 싫어할 수 없다면, 그것은 사회 체계가 비정상적인 상태라고 할 수 있습니다.

사람을 어떤 강제적인 신념이나 정치적 틀로 사람을 가두고, 변형시킬 때에 인간성 상실이라는 커다란 사회 문제가 발생하게 됩니다. 어떤 신념이나 믿음도 인간 그 자체를 넘어설 수는 없습니다. 인간이 존재하기 때문에 그런 신념이나 믿음이 있을 수 있기 때문입니다.

4.5

子曰 : "富與貴, 是人之所欲也, 不以其道得之, 不處也. 貧與賤, 是人之所惡也, 不以其道得之, 不去也. 君子去仁, 惡乎成名? 君子無終食之間違仁, 造次必於是, 顛沛必於是."

▶ **해석:** 공자께서 말씀하시길, "부유함과 고귀함, 이것은 사람들이 원하는 것이다. 합당한 방식으로 얻은 것이 아니면, 거기에 머무를 수 없다. 빈곤함과 천박함, 이것은 사람들이 싫어하는 것이다. 합당한 방식으로 얻은 것이 아니어도, 벗어나지 못할 수도 있다. 군자가 인(仁)을 벗어나서, 악명으로 그 이름을 떨치겠는가? 군자는 밥 한 끼 먹는 짧은 시간도 인(仁)을 어김이 없으니, 다급해도 반드시 인(仁)에 머무르고, 곤경에 빠져도 반드시 인(仁)을 벗어나지 않는다."

해설

構造: 儉[O: 讓(c_1=無違仁)]

군자(君子)는 상황에 따라서 가난하고 천한 위치에도 존재할 수 있습니다. 가난하고 천한 위치에 처하더라도, 인간성(仁)을 버리면 어떻게 군자라고 할 수 있겠습니까? 군자가 사람들에게 양(讓)보하는 겸양(讓)의 모습을 보일 수는 있지만, 인간 본연의 인간성(仁)은 양보할 수 없습니다.

그렇기 때문에, 아무리 곤궁한 일이 있거나 위험에 처하더라도 인간미(仁)를 버리는 잃은 군자가 할 일이 못 됩니다. 인간 본연의 아름다움(仁)을 택하는 일이 군자의 길이라 할 수 있습니다.

4.6

子曰 : "我未見好仁者, 惡不仁者. 好仁者, 無以尙之, 惡不仁者, 其爲仁矣, 不使不仁者加乎其身. 有能一日用其力於仁矣乎? 我未見力不足者. 蓋有之矣? 我未之見也."

▶ **해석:** 공자께서 말씀하시길, "나는 인(仁)을 좋아하는 것과 불인(不仁)을 싫어하는 것을 본 적이 없다. 인(仁)을 좋아하는 것은, 그것을 높이려 하는 일이 아니다. 불인(不仁)을 싫어하는 것은, 그것 자체가 인(仁)을 이루기 때문에, 불인(不仁)이라는 것 그 자체가 그 존재를 가능하게 할 수 없다. 능히 하루 동안 인(仁)이라는 것을 위해 그 힘을 쓸 수 있겠는가? 나는 그 힘이 부족한 사례를 본 적이 없다. 대략, 그런 일이 있을 것 같은가? 나는 그런 일을 본 적이 없다."

해설

構造: 儉[O: 溫(x$_1$=有能一日用其力於仁)]

이 구절은 인간 본연의 어진(仁) 속성을 논리적으로 헤아리는(里仁) 설명이기 때문에 다소 복잡합니다. '자(者)'에 대해 사람으로 해석하는 경우 논리적으로 꼬이기 쉽습니다. '자(者)'는 어떤 것, 어떤 존재, 어떤 속성을 지칭하는 접미사입니다. 여기에서는 인간 본연의 어진 성질을 좋아하는 것(好仁者)과 그것을 싫어하는 것(惡不仁者)에 대한 설명입니다.

인(仁)을 좋아하는 일은 그것 자체로 자연스러운 일이지, 인(仁)을 높이 여기려는 그 어떤 일도 없어야 합니다(無以尙之). 만약, 인(仁)에

대해서 어떤 고차원적인 것으로 취급하려는 마음이 있다면, 벌써 인
(仁)을 벗어나 숭상(尙)하는 일이 됩니다. 인(仁)은 어떤 좋아하는 마음
가짐이나, 자세를 통해서 그렇게 되는 것이 아니라, 인간의 자연스러
운 모습의 발현이라고 할 수 있습니다. 만약, 인(仁)을 좋아한다고 말
하는 사람이 있다면, 그 사람의 발언은 이미 가식이 포함된 말이라
할 수 있습니다.

불인(不仁)을 싫어하는 일 또한 인간으로서 자연스러운 일입니다.
'不使不仁者加乎其身' 구문에서, 그 자체(其身)는 앞에 나오는 불인이
라는 것(不仁者)을 지칭합니다.

인(仁)을 좋아하는 것도, 불인(不仁)을 싫어하는 것도 모두 가식적인
것이라 할 수 있습니다. 그렇기 때문에, 누구나 자신의 본성을 따라
서 행하면 인(仁)과 관련하여 자신의 삶을 충실하게 살 수 있습니다.
자신 본연의 마음을 쫓아 하루를 사는 것이 무슨 힘이 들겠습니까?
본성을 저버리고 가식적인 어떤 모습이나 행위를 추구하기 때문에
삶이 힘들고 어려워지기 마련입니다.

그런 모습과 행위가 습관이 되어 나의 모습이 본성(仁)과 멀어졌기
때문에, 인(仁)을 추구하려면 힘이 듭니다. 논어(論語)는 자기 수양의
지침서입니다. 이 구절을 나 자신에 적용하여 나를 비우고 절제하면
할수록 자신의 본성(仁) 가까이에 머물 수 있습니다. 나의 모습을 바
라보면서 그 어떤 것을 좋아할 일도 없고, 싫어할 일도 없습니다. 나
에 대해 굳이 높이 여기려는(尙) 마음도 필요치 않으며, 나의 부족함
에 대해 싫어할 이유 또한 없습니다. 그것이 본연의 나를 찾는 일이
라 할 수 있습니다.

하루 그 힘을 인간 본연의 본성(仁)을 따르는 일에 다하는 것(有能一
日用其力於仁)은 4.1~4.5구절의 내용을 실천해보라는 의미로 받아들일

수 있습니다. 하루 동안, 주요 결정과 변화의 순간 인(仁)을 헤아리고, 불인(不仁)을 택하지 않으며, 사회와 자신과의 약속을 지속 유지하고, 즐거운 마음을 이어갑니다. 인(仁)을 편안하게 여기며, 인(仁)에 도움이 되는 방향으로 삶의 지혜를 더합니다. 사람을 좋아하고, 싫어하는 마음을 품는 경우 나 자신의 마음속에서 우러나오는 인(仁)에 근거하고, 혹시 싫어하는 일이 있더라도, 진실로 인간의 본성(仁) 차원에서 싫어할 일이라면 개의치 않습니다. 그것이 오히려 자연스러운 일이기 때문입니다. 사회가 만든 부(富)와 귀(貴)함에 연연하지 않습니다. 사회가 만든 어떤 형태의 틀이라도 인(仁)을 벗어나는 일이라면, 불인(不仁)을 택하지 않습니다.

이렇게 하루 하루가 쌓여 자신 삶을 이루다 보면 어느새 어진 일로 가득 채워진 즐거운 삶을 살고 있는 나를 발견할 수 있다는 의미입니다.

子曰: "人之過也, 各於其黨. 觀過, 斯知仁矣."

▶ **해석:** 공자께서 말씀하시길, "사람의 지나침은 각각 그가 속한 집단에 따라 결정된다. 지나침을 살펴보면, 그 인(仁)의 정도를 알 수 있다."

해설

$$構造: 儉[O: 良(m_1 = 觀過, 斯知仁)]$$

인간의 어진(仁) 성향과 모습은 그가 속한 집단(黨)에 따라 달라집니다. 그 집단의 문화적 체계에 따라 생활 방식과 생각의 틀이 굳어집니다. 그렇기 때문에, 사람의 지나친 성향 및 행위 또한 그가 속해 있는 집단을 따르게 됩니다.

소속 집단(黨)이 거친 집단일 경우, 거친 행위도 인간적이고 어질게 보일 수 있습니다. 소속 집단(黨)이 온순한 사람들로 구성되고, 질서가 잘 잡혀 있으며 양보와 타협이 일상이라면, 거칠고 과도한 행위는 어질다고 받아들여지기 어렵습니다.

사람은 비슷한 사람들끼리 모이는 성향이 있으며, 어울리는 사람들은 서로 닮은 꼴로 변해갑니다. 오랜 기간 같은 집단(黨)에 머무르면 머무를수록 그 성향을 공유하고 같이 하게 됩니다. 정치적 집단(黨)도 이는 예외가 아닙니다.

그래서 집단(黨)의 성향과 지나친 모습은 그 집단의 대표성을 지닙니다. 그 소속인들의 모습을 살펴보면 인간적인(仁) 정도를 확인할 수 있습니다. 좋은 전통과 문화, 관습을 지켜온 가정(家), 학교(校), 재단(財團)과 같은 단체가 사람들에게 존경과 신뢰를 얻는 이유라고 할 수 있습니다.

子曰 : "朝聞道, 夕死可矣."

▶ **해석:** 공자께서 말씀하시길, "조정의 조회에서 올바른 말을 듣는다면, 저녁에 죽어도 괜찮다."

해설

$$構造: 儉[O: 恭(u_1=朝聞道)]$$

이 문구는 해석자마다 논란이 많습니다. "아침에 도(道)를 듣거나, 도(道)를 깨치면 저녁에 죽어도 좋다."로 많은 사람들이 해석합니다. 하지만 인간 본연의 인간적(仁)인 관점에서 동의하기 어려운 해석입니다. 도(道)에 대해 어떤 설명을 들었다고, 죽어도 좋다고 단언하는 일은 과장이자 가식이라고 할 수 있습니다. 어떤 좋은 일이든 견디기 힘든 싫은 일이든 죽고 싶은 사람이 누가 있겠습니까?

사회 속에서 언어의 표현 방식은 때로는 극단적 과장이 가장 효과적으로 의미를 전달하는 기법이 될 수 있습니다. 그렇게 때문에, 그것을 글자 그대로 받아들이는 것은 과장된 표현을 그대로 믿는 일이라고 할 수 있습니다.

그러면 왜 이런 표현법을 활용하여 설명하고 있을까요? 4.1구절 이후부터 인(仁)에 대해 설명하고 있습니다. 인간 본연의 인간적인(仁) 성향을 설명하는 일은 눈에 보이는 것도 아니며, 어떤 기준이나 틀이 있는 것도 아닙니다. 자칫 주관적 생각을 제시한 것이라 치부될 수 있습니다. 그래서 앞 구절에 이야기한 사항 중에서 논제거리가 될 수 있는 허점을 다음 구절에서 반박하고, 보완하는 방식으로 설명을 이어가고 있습니다.

이 구절의 해석도 4.7구절을 다시 살펴보는 일로써 시작할 수 있습니다. 사람이나 집단을 이해하는 효율적인 방법은 그가 속한 당(黨)의 지나친 일을 살펴보는 일이라고 했습니다. 이 방식이 이해하기 쉬우므로 사람들은 지나치게 이것에 의존합니다. 두 개의 집단으로 이분화하고 '좋다 또는 나쁘다'라는 기준으로 헤아리는 일은 컴퓨터와 같은 기계가 활용하는 이분법적 셈법이라고 할 수 있습니다.

인간이 오직 이분법적 셈법만 따르는 일은 삶을 기계적 단순화된 틀에 맞추는 일이라고 할 수 있습니다. 속성을 이해하는 과정에 활용은 할 수 있지만, 오직 그것을 기반으로 결정하는 일은 어진(仁) 일이 아니라, 어리석은 일이라고 할 수 있습니다. 또한 그것을 활용하여 사회적 현상과 문제에 적용하여, 정쟁(政爭)으로 발전시키는 행위는 쉬운 이해를 구하여 파당을 나누고, 사회를 분열시키는 일에 해당합니다.

조(朝)는 조(朝)정을 의미하기도 하고, 아침(朝)을 뜻하기도 합니다. 중의적 표현입니다. 정확히 표현하면 조정에서 열리는 아침 조회를 뜻하며, 조정의 회의에서 당(黨)이 이분화되어 정쟁(政爭)을 일삼는 모습을 전제로 설명하고 있습니다. 성향이 다른 사람들이 분리되어 당(黨)이 나뉘는 일은 어떻게 보면 자연스러운 현상입니다. 무리가 나뉜 후, 대화와 협의를 통해 올바른 방향으로 나라를 이끈다면 큰 무리가 없지만, 나라가 혼란스러운 이유는 그 나뉜 무리가 서로의 이권을 위해 대화와 타협을 멀리하고 싸우기 때문입니다. 흔히 당쟁(黨爭)이라고 표현합니다. 국민을 올바로 이끄는 일(道)에 관심을 기울이는 것보다, 서로 헐뜯고 제압하기 위한 언어만 오고 가기 때문에 올바른 말을 찾아보기 힘들다는 의미입니다.

노(魯)나라는 이미 당쟁 차원을 넘어 삼환(三桓)에 의해 나라가 부패하고, 국운이 기울었습니다. 그래서 조정 회의가 제 역할을 잃었고, 그 회의에서 국가를 위한 올바른 대화를 들을 수 없음을 한탄한 구절입니다.

인(仁)을 주관적인 측면에서만 바라보는 일은 곤란합니다. 사회 공동체가 지니는 구성원 공(共)통의 마음(心)이 아닌, 구성원 각자 '내 멋대로 자신의 본성을 따르는 것'을 인(仁)이라고 해석하고 실행한다면, 사회는 오히려 무절제하고 혼란스러운 모습이 될 것입니다.

子曰 : "士志於道, 而恥惡衣惡食者, 未足與議也."

▶ **해석:** 공자께서 말씀하시길, "선비(士)로서 올바른 길에 뜻을 두고, 나쁜 옷과 나쁜 음식을 부끄럽게 여기면, 함께 (정의를) 의(議)논할 가치가 없다."

해설

構造: 儉[O: 儉(o₁=恥惡衣惡食)]

의(議)는 정의(義)에 대한 언어(言)를 뜻합니다. 의(義)를 추구하는 대화, 토론, 의사결정, 문서 등을 다루는 일에 해당합니다. 4.8구절에서 언급한 국가의 공식 회의 석상에서 다루어야 할 사항들입니다.

이 구절은 의(義)를 다루는 사람의 마음가짐과 자세, 태도를 언급하고 있습니다. 스스로 절제하지(儉) 못하는 사람은 국가의 큰일을 수행할 때에도 절제와 검약의 정신이 부족하기에 국가 자원을 낭비하고 허튼 방식으로 사용하기 쉽습니다.

스스로 절제(儉)할 줄 아는 엄정한 사람은 국가의 일을 수행하는 데에도 엄정할 수 있습니다. 그래서 그런 사람과 의(義)를 논하고 추구할 수 있다는 의미입니다.

子曰 : "君子之於天下也, 無適也, 無莫也. 義之與比."

▶ **해석:** 공자께서 말씀하시길, "군자(君子)가 천하(天下)에서 걸어가는 길은, 마땅하다고 집착하는 것도 없고, 안 된다고 집착하는 것도 없다. 의(義)와 함께 할 뿐이다."

해설

構造: 儉[O: 讓(c_1=義之與比)]

군자(君子)는 사람들에게 양(讓)보하는 겸양(讓)의 모습을 보일 수는 있지만, 인간 본연의 인간적인(仁) 성질은 양보할 수 없다고 했습니다. 그러나 세상을 살아가는 과정에(於天下) 그 집단이 지니는 문화와 관습에 따라 적절한 방법이 적절하지 못한 방법이 될 수도 있고, 해서는 안 되는 일도 해도 무방한 일로 둔갑할 수 있습니다. 그렇기 때문에, 그 어떤 적절한 일도 항상 고정적으로 마땅한 일이 될 수는 없습니다. 때에 따라서는 그 상황에 오히려 마땅하지 않을 수 있으며, 해서는 안 될 일도 그 상황에는 적절한 방법일 수 있습니다.

사회 집단의 문화적 차이에서 오는 해당 사회의 방법적 기준은 인류라는 세계적 관점에서 바라보면 다를 수 있습니다. 방법이나 방식에 해당하는 것은 시간, 장소, 상황, 사회와 문화에 따라 끊임없이 변하기 때문입니다. 하지만 인류라는 관점에서 의(義)라는 가치는 쉽게 변하지 않습니다. 인류 전체의 관점에서 함께하고 도움이 되는 관점이기 때문입니다. 그런 의(義)를 추구하는 길이 군자가 걸어가는 길이라는 설명입니다.

4.11

子曰 : "君子懷德, 小人懷土. 君子懷刑, 小人懷惠."

▶ **해석:** 공자께서 말씀하시길, "군자(君子)는 마음 깊이 덕을 품고, 소인은 땅(土)을 가슴에 품는다. 군자는 마음 깊이 법(刑)을 생각하고, 소인은 마음 깊이 혜택을 생각한다."

해설

構造: 儉[O: 溫(x₁=懷)]

'회(懷)'는 마음(忄)과 눈(目)과 옷(衣)이란 의미의 조합 글자입니다. 인간은 본성에 따라 마음이 향하는 곳을 바라봅니다. 눈을 크게 뜨고 어떤 것에 대해 관찰하여 살펴보는 일이 아니라, 평상시 세상을 바라보는 시각을 의미합니다. '회(懷)'자의 몸체는 옷으로 덮여 있습니다. 옷으로 나의 치부나 부끄러운 부분을 가린 상태를 뜻합니다. 나를 드러내지 않고 동경하는 것을 바라보는 모습이라고 할 수 있습니다.

사회 체계가 발달하면서 인간은 옷(衣)이라는 도구로 그 체계와 문화를 구분 짓기 시작했습니다. 옷(衣)은 단순히 따뜻함을 제공하는 것 이외에 사회적 지위와 신분, 위상을 상징하는 도구가 되었습니다. 동물과 달리 인간은 옷(衣)이라는 것을 통해 자신의 존재감을 시간과 장소에 따라 다른 모습으로 가져가면서, 문화적 변화에 유연하게 대응하는 능력을 갖게 되었습니다. 옷(衣)이라는 것을 통해서 자신 존재를 드러내는 모습을 바꿀 수 있다는 점은 사회 체계에서 두 얼굴을 가진 변수로 작용하게 되었습니다. 옷(衣)을 입은 겉모습으로 사람을

234   공자의 철학 체계와 구조를 밝히다 - 상론

평가하기 때문에, 옷(衣)은 자존심을 드러내는 도구가 되기도 하며, 역으로 나의 본질적 모습을 감추는 도구로 활용하기도 합니다. 이러한 평가의 기준 또한 지리적, 사회적, 문화적 배경, 관습, 특질에 따라 달라집니다.

이 구절은 마음속 깊이 감추어져 있는 군자(君子)의 생각, 군자(君子)가 세상을 바라보는 틀과 소인(小人)이 세상을 바라보는 시각을 대조하여 설명하고 있습니다. 군자(君子)는 지리적, 사회적, 문화적 한계에 국한되지 않는 크고 넓은 사람을 의미합니다. 군자(君子)는 모든 인간에게 고르게 펼쳐지는 덕(德)의 관점에서 생각합니다.

소인(小人)의 시각은 지리적, 경제적 한계를 넘지 못합니다. 토(土)지는 농경 사회에서 자산인 동시에 식량을 생산하는 일터라고 할 수 있습니다. 개인의 사유 토지 개념과 제도가 없던 고대의 '토(土)'라는 의미는 자신이 일하는 농지인 일터와 그 일터에서 일한 노동의 대가, 소득이라고 할 수 있습니다. 농사 지을 토지가 할당되지 않는다면, 소득이 없는 상황으로 전락함을 의미합니다. 현대 사회처럼 유연하게 다시 일자리를 구할 수 있는 상황과는 비교할 수 없는 일입니다. 자신의 목숨을 내걸고 지주(地主)에게 애원하거나, 새로운 지주를 찾아 가족이 모두 떠나야 하는 일과 직결됩니다.

아직, 현대와 같은 문서로 이루어진 법 체계가 없던 시대의 형(刑)은 사회의 체계를 유지하기 위한 유일한 도구라고 할 수 있습니다. 칼과 같은 힘을 앞세운 제재와 형벌이 그 주된 모습을 이룹니다. 대개 그 사람이 속한 지리적, 사회적 문화에 따른 해석을 적용하여 판결하고 형(刑)을 집행하므로 억울한 문제가 발생할 수도 있습니다. 내가 살던 지역에서는 문제가 없던 사항이 다른 마을에 오니 끌려가는 억울함이 발생할 수 있습니다. 그래서 군자는 항상 제한된 범위가 아닌

천하(君子之於天下:4.10)를 그 마음속에 품고 모든 사람에게 통용될 수 있는 기준으로 판단하고 일을 행하라는 주문입니다.

소인(小人)은 그런 넓은 관점의 헤아림(里)이 부족합니다. 그렇기 때문에, 자신에게 돌아오는 어떤 혜(惠)택을 기대합니다. 혜(惠)라는 글자는 흔히 은혜(惠), 호혜(惠)라는 좋은 의미로도 사용되지만, 특혜(惠)라는 부정적 의미로도 쓰입니다. 특혜가 주어진다면, 거꾸로 제외되는 일도 있을 수 있습니다. 혜(惠)는 범위가 한정된다는 뜻이며, 모두가 골고루 나누는 사회에서는 은혜(惠)나 호혜(惠)는 굳이 필요하지 않습니다. 고루 나누는 사회에서 특혜(惠)나 혜(惠)택을 제공하는 것은 역으로 차별을 두는 일이라 할 수 있습니다.

'혜(惠)'는 마음(心) 위에 '끌어당기다(叀)' 또는 '굴복시키다(叀)'라는 뜻의 '전(叀)'이라는 글자가 들어 있습니다. 즉, 마음을 끌어당기는 힘을 제공하고, 마음을 순한 양처럼 굴복시키는 무엇인가를 제공하는 것을 의미합니다. 기아나 곤경, 역경에 처한 사람들에게 인도적인(仁) 차원에서 인간성을 잃지 않고, 인간 삶의 틀을 회복할 수 있는 기회를 제공하는 일은 호혜로운 일입니다.

하지만 그런 상황이 아닌 사람들에게 특혜와 혜택을 제공하는 일은 조심스럽게 살펴봐야 됩니다. 그 제공의 대가로 그 일을 벌이는 사람들이 얻는 것, 혜택이 있을 수 있으며 그 혜택을 노리고 사회 체계를 설계함으로써 자신들이 더 큰 이익을 취하는 체계를 만들어갈 수 있기 때문입니다.

사회가 커지고 체계의 질서와 문화가 복잡해짐에 따라 점점 더 사회 현상을 이해하는 일은 어려워지고 있습니다. 쉽게 얻고 이해할 수 있는 것이 아니기 때문에, 그것을 조금이라도 이해하는 사람들은 그 이점을 통해 이익을 얻으려고 합니다. 그런 모습은 소인이 가슴속에 자신에 대한 특혜를 품고 일하는 것과 같습니다.

그런 관점에서 이 구절은 4.1, 4.6구절과 맥락이 연결되어 있습니다. 인간 사회가 어우러져 만드는 사람 사이의 관계인 인(仁)을 헤아리는 것은 아름다운 일이지만, 그것을 이용하여 이익을 추구하는 것이 아름다운 일이라고 말하기는 어렵습니다(:4.1). 인간의 본성을 헤아리는 일을 통해서, 사람들이 좋아하는 것과 싫어하는 것에 대한 지식을 쌓고(:4.6), 사회적 관계에 응용하여 이익을 추구하는 일은 군자의 덕(德)을 추구하는 행위와 대조됩니다.

누구나 어진 인간의 본성에 따라 살 수 있도록 사회를 이끄는 일이 군자의 일이라고 할 수 있습니다. 현실적으로 어떤 사회도 모두가 풍족하게 나눌 만큼 자원이 풍요로운 세상은 존재한 적이 없었습니다. 누군가 과도하게 많은 혜택을 추구하고, 누군가 과도하게 많은 재화를 가져간다면, 나머지 사람들은 그 나머지에 해당하는 재화와 자원을 두고 나누어 살아야 하는 상황이 초래됩니다. 인간의 가장 안쪽에 위치한 핵심적인 본성과 사회적 관계의 복잡성을 이용해서 사회의 체계를 소수를 위해 만들어 간다면 자원의 편중과 낭비를 막을 수 있는 길이 점점 더 멀어지게 됩니다.

군자(君子) 위치에 있는 사람 중에 소인(小人)의 마음을 품고 있는 사람들이 많아진다면 더욱 어려워지는 것이 당연합니다. 점점 더 많은 자산과 혜택을 그들에게 한정하는 방향으로 사회를 이끌기 때문입니다. 군자의 위치에서 덕(德)을 실현하는 사람이 많아질수록, 인류 자원의 낭비를 막고 사회는 고른 균형을 갖게 될 것입니다.

이런 관점에서 공자의 사회적 구조와 체계에 대한 해석은 현대 사회에 더욱 소중한 의미를 전달하고 절실히 필요한 일이라고 할 수 있습니다.

子曰 : "放於利而行, 多怨."

▶ **해석:** 공자께서 말씀하시길, "이익에 대해 널리 펼치고 행동하면, 원망이 많아진다."

해설

構造: 儉[O: 良(m₁=多怨)]

마음에 품은 요소가 이익(利)이고, 그것에 따라 행동한다면, 세상은 원망이 많아지는 방향으로 흐르게 됩니다. 즉, 사회 체계가 자산(土)과 혜(惠)택의 관점에서 이익(利)에 끌려가는 모습이라고 할 수 있습니다.

'방(放)'은 방자하고 방종한 상태로 과다하게 풀어 놓는 모습을 뜻하는 글자입니다. 사회 체계를 구축함에 있어서 세상의 모든 일을 이익(利)에 의존하여 설계하고, 최적화하는 일에 해당합니다.

이때에 활용할 수 있는 현명한 방법론(良)은 원망이 많아지는(多怨) 방향이라면, 이익을 절제(儉)하는 방식으로 체계에 대한 설계를 최적화하는 일입니다.

子曰 : "能以禮讓爲國乎, 何有? 不能以禮讓爲國, 如禮何?"

▶ **해석:** 공자께서 말씀하시길, "나라를 다스리는 일(爲國)에 대해 능히 예(禮)로써 양보할(讓) 수 있다면, 무엇이 있겠는가? 나라를 다스리는 일(爲國)에 대해 능히 예(禮)로써 양보하지 못한다면, 예(禮)가 무슨 소용이겠는가?"

해설

構造: 儉[O: 恭(u₁=讓爲國)]

構造: 儉[O: 恭(u$_1$=讓爲國)]

이 구절은 4.11, 4.12구절과 연속되는 문장입니다. 하나의 구절로 이어보면, '君子懷德, 放於利而行, 多怨. 君子懷刑, 能以禮讓爲國乎, 何有? 不能以禮讓爲國, 如禮何?'로 연결하여 이해할 수 있습니다.

군자는 가슴에 덕을 품습니다(君子懷德). 만약 군자가 (사람들이) 이익을 추구하는 일을 방만하게 허용하고(放於利而), 행동이 이익에 따른다면(行於利), (사회에는 사람들의) 원망이 늘게 됩니다(多怨).

군자는 가슴에 법과 규칙(君子懷刑)을 품습니다. 만약 군자가 나라를 다스리는 일에 대해 예(禮)로써 양보할 수 있다면, 국가 공동체는 체계의 질서(禮刑)에 따르는 안정과 평화가 있을 것이고, 만약 군자가 나라를 다스리는 일에 대해 예(禮)로써 양보할 수 없다면, 국가 공동체는 체계의 질서(禮刑)가 무능에 빠지고, 군자가 마음대로 나라를 다스리는 모습이 될 것입니다.

군자는 무질서하고 방만하게 이익을 추구하는 체계로 국가를 버려

둘 것이 아니라, 그리고 예(禮)가 무너져 어지러운 상태로 둘 것이 아니라, 체계의 질서(禮刑)를 통해서, 사회의 체계를 올바르게 유지하라는 주문이 4.12~4.13구절의 지향점입니다.

구체적으로 예(禮)가 어떤 것인지에 대한 설명은 없지만, 사회 공동체가 공(恭)을 바탕으로 이루는 질서 체계를 모두 포함한다고 할 수 있습니다. 형(刑)은 그에 따르는 질서 체계 유지를 위한 법칙, 즉 현대의 법(法)에 해당합니다.

이 구절 구문의 형식인 '能~, 不能~'은 '만약 ~이 가능하다면, 만약 ~이 불가능하다면'의 형태의 가정법 비교 구문으로, 그것이 가능한 것과 불가능한 경우 발생하는 일에 대한 답을 직접적으로 설명하지 않고, 질문을 통해 제자들에게 그 답을 제시하라고 주문하고 있습니다. 위에서 필자가 간략히 설명했지만, 그것은 하나의 예시에 불과하며, 관점에 따라서 자신의 위상에 따라서 더욱 다양한 답을 제시할 수 있을 것입니다.

양(讓)은 이 구절에서는 양보나 겸양을 의미하는 명사가 아니라, '양보한다'는 의미로 사용되고 있으며, 뒤에 오는 국가를 다스리는 일에 있어서 양보할 수 있는 일은 대표적으로 덕(德)과 형(刑)이라는 의미입니다. 예(禮)가 사회 공동체가 만드는 체계의 질서를 의미하지만, 워낙 포괄적이고 따르지 않았다고 형벌에 처하는 속성의 것은 아니므로, 현대의 법에 해당하는 형(刑)으로 범위를 제한하여, 양보할 수 없는 사항이라고 설명하고 있습니다.

사회 공동체의 공(恭)이 사라지고 무너지는 이유는 덕(德)을 양보하고, 이익을 추구하는 가치를 우선하기 때문이며, 힘과 권력과 재산을 가진 사람에게 법과 형(法刑)을 양보하고 굴복하기 때문입니다.

그럼에도 불구하고, 공자가 법과 형(法刑)보다 예(禮)를 강조하고, 예

(禮)로써 사회의 체계와 질서를 구현하는 일을 강조하는 것은 인간의 삶을 법과 형(法刑) 같은 것으로 강제하는 일보다, 예(禮)를 통해 국가와 사회를 이끄는 것이 더 인간적이고 바람직하기 때문입니다. 사회 구성원 모두가 공심(共心)으로 다가갈 수 있는 방법, 공(恭)경의 마음으로 서로를 바라볼 수 있는 사회가 더 바람직하지 않겠습니까?

子曰 : "不患無位, 患所以立, 不患莫己知, 求爲可知也."

▶ **해석:** 공자께서 말씀하시길, "지위에 오르지 못함을 걱정하지 말고, 그 자리에서 서면 어떻게 할 것인가를 걱정하라. 자신의 지혜가 부적절함을 걱정하지 말고, 적절한 지혜를 이루기를 추구하라."

해설

構造: 儉[O: 儉(o$_1$=患所以立, o$_2$=求爲可知)]

이 구절도 4.13구절에 이어지는 연속된 문장으로 이해하는 것이 좋습니다. 4.13구절에서 질문한 '何有?'의 답을 언급하는 일은 쉽지 않습니다. 구체적으로 설명하기에 사회는 너무나도 복잡하게 얽혀 있습니다. 사회 체계와 구조 전반에 관련된 사항은 모두 해당된다고 할 수 있습니다.

그렇기 때문에, 이 구절의 대주제, 소주제 관점에서 충분히 미리 시간을 갖고 고민하지 못하고, 그에 적절한 지식과 지혜를 갖추지 못한 상태로 높은 지위에 오른다면 자신의 어떤 분야만 능숙한 소인 같은 군자, 어질지 못한 군자가 되기 쉽습니다.

어떤 지위에 오른 후에 어떻게 할지 고민하는 모습이라면, 좋은 방법과 방향이 갑자기 떠오를 수도 있겠지만 대개의 경우 그렇지 않습니다. 오랜 시간 고민하고, 생각해 온 지식과 지혜가 바탕이 되어 이루는 일과, 단기간 번뜩이는 생각은 차이가 있습니다. 풀리지 않는 문

제에 대해 다른 관점으로 생각의 틀을 전환하여 해법을 찾는 방식과
는 사회 체계와 구조를 바로 세우는 문제는 범위와 규모 면에서 전혀
다릅니다.

국가 운영 토대를 세우는 일을 빠른 시간에 마치는 긴급 공사와 같
이 처리한다면, 부실하게 처리되기 쉬우며, 이는 국가의 자원을 크게
낭비하는 지름길이라고 할 수 있습니다.

4.15

子曰: "參乎! 吾道一以貫之." 曾子 曰: "唯." 子出.
門人問曰: "何謂也?" 曾子曰: "夫子之道, 忠恕而
已矣."

▶ **해석:** 공자께서 말씀하시길, "참여하라! 나를 이끄는 것은 처음부터 끝까지 일
관되다." 증자가 '예!' 하고 대답하였다. 공자께서 나가시자, 문하의 사람들이 묻기
를, "말씀하신 것은 어떤 뜻입니까?" 증자가 말하기를, "선생님을 이끌어 주는 것
은 충서(忠恕)일 뿐입니다."

해설

構造: 儉[O: 讓(c₁=參)]

공자의 첫마디는 '참여하라!'는 지시입니다. 제자의 이름을 활용하
여 친근하게 부를 때에 '參也'(:11.17)와 같이 표현하기도 하지만, '參乎!'
와 같이 강조하여 제자를 부를 이유는 없습니다. 이 구절 또한, 4.14
구절과 이어지는 문장으로 이해하는 것이 좋습니다. 즉, 적절한 지식
과 지혜를 갖추도록 노력하는 일에 참여하라! 공자가 제자들에게 내
리는 강한 주문이라고 할 수 있습니다.

참(參, cān)이라고 읽고, 참여하다는 뜻을 지닙니다. 삼(參, shēn)이
라 읽는 경우는 셋이라는 숫자 또는 인삼(人蔘)을 의미합니다. 문장에
서는 주로 구성원들이 참여를 이루는 모습(讓)을 의미합니다.

'도(道)'라는 글자에 대해 많은 사람들이 환상을 품고 있지만, 그런
것은 버리고 글자 그대로 이해하는 것이 좋습니다. 도(道)는 쉽게 이

해하면 큰 도로(道路)라고 할 수 있습니다. 수레가 다니고, 자동차가 다닐 수 있는 길입니다. 일반적으로 험난한 산길을 좋은 길(道)이라고 하지는 않습니다. 산이나 숲 한가운데 서 있다면 스스로 길(道)을 찾아갈 수도 있을 것입니다. 통상적으로 길(道)은 기존에 사람들이 널리 이용하고 활용해왔던 방법이지만, 내가 처음으로 닦아 사람들을 이끌어가는 방법까지 포함합니다.

여기에서는 '吾道'라는 표현은 공자가 자신 스스로 이끌어 왔던 길(道)을 의미합니다. 가장 가까이에서 찾아보면, 인(仁)을 헤아리기(里) 시작한 4.1구절부터 4.15구절에 이르는 길이라고 할 수 있습니다. 4.1~4.5구절이 한 개인의 범위에서 인(仁)을 헤아린 길(道)이라면, 4.6~4.10구절은 지역과 집단의 범위로 그 길(道)이 확장되고 있으며, 4.11~4.14구절은 국가로 그 길(道)이 확장되었습니다.

4.14구절까지 제자와의 문답 없이, 공자 자신의 언어로 일관되게 '인간적인(仁) 모습을 지키고 절제(儉)를 바탕으로 사회를 올바르게 이끄는 길(道)'에 대해 설명해 왔습니다. 그 사항들이 일관성을 갖고 있으니, 제자들에게 참여하여 그 뜻을 살피고 같이 하라는 주문입니다. 삼호(參乎!)를 해석할 때에 3가지 관점에서 공자가 이끄는 길(道)이라는 뜻으로 이해해도 좋습니다.

만약 4.1~4.15구절에 대한 해석 과정에 일관성이 벗어나고, 다른 관점으로 생각을 이끌었다면, 공자의 뜻과 벗어난 자신만의 철학으로 길을 만들어 간 것이라고 할 수 있습니다. 만약 일관성이 부족하다면, 공자가 이 구절에서 실언(失言)을 한 것이라고 할 수 있습니다.

공자께서 참여하라고 했으니, 46살 어린 제자 증삼(曾參)이 답할 수 있는 표현은 공손하게, "예(唯)"입니다. 나이 어린 제자였지만, 후에 증자(曾子)로 불릴 만큼 뛰어난 학생이었기에, 주변의 문하생(門下生)들이 공자가 한 말의 뜻이 무엇인지 묻고 있습니다.

이에 대해 증자(曾子)는 충서(忠恕)라는 2글자로 설명합니다. 마음(心)의 중(中)심, 즉 온 정성을 다하여(忠) 4.1~4.15구절을 이해하고, 자신의 마음(心)을 그와 같이 하라(如)는 의미입니다. 충서(忠恕)에 대해 이 구절에서 전달하는 내용을 벗어나 다른 상황과 다른 범위로 적용하면, 일관성을 잃기 쉽습니다. 충서(忠恕)라는 2글자만 갖고 독립적으로 어떤 철학적 의미를 부여하는 일은 무모한 일이라 할 수 있습니다. 두서없이 '연인(戀人)'이나 '무심(無心)'이 인간 본성에 가장 의미 있는 단어라고 주장한 후, 온갖 살을 붙여 해석하는 일과 같다고 할 수 있습니다. 철학을 학습하는 과정에 그 맥락의 일관성을 잃는 일은 주의할 사항입니다.

충(忠)과 서(恕) 2글자 모두 마음(心)을 기반으로 하고 있습니다. 4.11구절에서 사용한 글자 회(懷)가 지니는 의미의 일관성을 부여하기 위한 표현이라고 할 수 있습니다. 마음속 깊이 간직하고, 충실히 그것을 따르는 것이 군자(君子)의 길이라는 의미입니다.

일관성과 맥락을 놓치지 않아야 한다는 것의 의미는 '造次必於是, 顚沛必於是'(:4.5) 구문과 '無適也, 無莫也'(:4.10)에서 그 언(言)어의 도움(襄)을 구할 수 있습니다.

이미(曾) 지난 구절이라도 어느 한 글자, 한 구절 가볍게 보고 넘길 수 없으며, 눈으로 읽고 머리속 생각에 그칠 것이 아니라, 깊이 가슴에 담아 새겨야 할 사항들입니다. 증자(曾子)가 이 구절에 등장하여 설명하는 이유라고 할 수 있습니다.

4.16

子曰 : "君子喻於義, 小人喻於利."

▶ **해석:** 공자께서 말씀하시길, "군자는 의(義)에 밝고, 소인은 이(利)익에 밝다."

해설

$$構造: 儉[O: 溫(x_1=喻)]$$

유(喻)는 '깨우치다, ~에 대해 이해가 밝다'는 뜻으로 사용됩니다. 즉, 군자는 의(義)로운 일에 대해 민감하여 밝게 이해합니다. 반면, 소인은 이익 기반으로 세상을 바라보기 때문에 이익에 대하여 빠르게 이해하고, 이익을 밝히는 습성이 있습니다.

유(喻)는 통상 사람들이 밝게 이해할 수 있도록 만드는 비유(比喻), 은유(隱喻)와 같은 단어에 주로 사용되는 글자입니다. 4.15구절에서 증삼(曾參)이 4.1~4.14구절의 공자 말씀을 이해하고 '예(唯)'라고 구(口)두로 대답(兪)하는 모습을 통해 증삼(曾參)이 깨우치고 이해했음을 암시하고 있습니다. 그것에 대한 확인은 '충서(忠恕)'라는 설명을 통해 밝게 이해하고 있음이 드러납니다.

이 구절은 4.11구절 세상을 바라보는 시각 관련, 바라본 것에 대해 의(義)라는 생각의 틀에 정리(喻)하는 사람과, 이익(利) 기반 생각의 틀에 넣는(喻) 사람의 차이를 설명하고 있습니다. 4.11구절에서 사용한 표현 회(懷)가 가슴에 품는 따듯함(溫)에서 비롯된다면, 이 구절의 '유(喻)'는 사회 현상과 대다수 사람들이 지니는 모습의 변화에 대한 냉철한 이해(讓)라고 할 수 있습니다.

4.17

子曰 : "見賢思齊焉, 見不賢而內自省也."

▶ **해석:** 공자께서 말씀하시길, "현명한 사람을 보면 그와 나란히 될 것을 생각하고, 현명하지 못한 사람을 보면 자신을 돌아본다."

해설

構造: 儉[O: 良(m₁=思齊, m₂=內自省)]

構造: 儉[O: 良(m_1=思齊, m_2=內自省)]

이 구절을 읽고 밝게 이해한 후(喩)에 필요한 사항은 실천입니다. 4.15구절의 증자와 같은 현명한 사람이 주위에 있다면, 그와 나란히 같이 하려고 노력하면 됩니다. 하지만 그렇지 못한 사람이 주위에 있다면, 그것을 거울삼아 자신을 성찰하는 기회로 삼으면 됩니다. 세상을 의(義) 관점에서 바라보는 사람 곁에서 그 생각의 전개(思) 과정을 배우고 이해하려 하고, 세상을 이익(利) 관점에서 빠르게 바라보는 사람이 있다면, 자신을 돌아보면 됩니다. 난 군자(君子)와 같이 큰일을 할 사람이라고 스스로 생각한다면, 거울삼아 자신을 성찰하고, 난 비록 소인(小人)이지만 큰 이익을 얻는 현명한 사람이 될 것이라고 생각한다면, 그 현명함에 나란히 서면 됩니다.

세상을 사는 지혜로운 방법이라고 할 수 있습니다. 하지만 이때에 주의할 사항은 이익에만 어두워 온갖 방법으로 이익만 추구하는 삶은 현명하다고 하기 어렵습니다. 4.12구절에서 설명한 것처럼 온갖 이익에만 연연한 삶을 그대로 실행하는 일(放於利而行:4.12)이나, 그것이 지나치게 과한 경우(人之過:4.7), 사회와 사람들과의 약속, 규칙을 저버리고(不可以久處約:4.2), 자신의 행복을 저버리는 경우(不可以長處樂) 등은 인간성을 버리는 일(不仁者:4.2)이므로 결코 현명한(仁) 일이라고 할 수 없습니다.

굳이 각 구절을 다시 인용하여 언급하는 이유는 현명한 생각의 전개 방법은 생각이 고정적이지 않고 봄, 여름, 가을, 겨울의 변화를 이해하는 일처럼 상황의 변화를 이해하는 과정(見賢思齊)이 필요하다는 점을 설명하려는 의도입니다. 또한 논어(論語)는 정교한 구조로 만들어져 있기 때문에, 앞뒤 소주제, 대주제가 연계되어 문맥의 일관성을 갖는다는 점(一以貫之:4.15)을 강조하려는 목적입니다.

子曰 : "事父母幾諫, 見志不從, 又敬不違, 勞而不怨."

▶ **해석:** 공자께서 말씀하시길, "부모를 섬길 때에는 완곡히 간하며, 부모님의 뜻을 바라보고 따르지 못하더라도, 또한 존경하여 위반하지 않으며, 힘이 들더라도 원망하지 않는다."

해설

構造: 儉[O: 恭(u₁=志敬勞)]

4.13구절에서 살펴본 것과 같이 국가의 체계를 헤아리는 일은 복잡하기 끝이 없습니다. 그래서 이 구절은 범위를 가장 작은 단위의 사회로 줄여서 설명을 이끌고 있습니다. 가족이라는 작은 사회에서 발생하는 대립적 상황에 대해 공심(共心)을 찾아가는 일에 대한 설명입니다.

기간(幾諫)은 현대에 거의 쓰이지 않는 용어라 생소합니다. 간(諫)은 다른 의견을 제시한다는 정도의 의미입니다. 기(幾)는 수량으로 치면 몇 번 정도인데, 하루에 몇 번인지, 한 달에 몇 번인지 사람에 따라 주관적으로 해석이 달라집니다. 사람마다 가정마다 집안 분위기가 다르기 때문에 일부러 명확하지 않은 표현을 사용한 것으로 볼 수도 있습니다. 부모와 자식 사이의 관계가 유쾌하고 즐거운 분위기라면, 하루에 몇 번을 간(諫)언해도 무리 없습니다. 하지만 가족의 분위기가 무거운 쪽이라면, 하루에 몇 번씩 간언하고 있다면, 큰 문제에 휩싸여 있다고 생각할 수 있습니다. 수량이 아닌, 내용의 정도로 이해한다면, 강력하게 간언 하는 방법이 아니라 완곡한 도구가 되어야 한다는 설명입니다. 하루에 몇 번씩 간언해도 무리가 없다는 의미는 그것이 날카롭고 직설적이기보다 부드럽고 따듯함이 기저에 자리한다는 의미를 담고 있습니다.

부모 또한 사람이기 때문에 부족한 점이 많이 있을 수 있습니다. 국가를 이끄는 임금(君)이나 군자(君子) 또한 신(神)이 아니기 때문에 완벽할 수는 없습니다. 인간은 누구나 간언(諫言)이 필요합니다. 만약 간언(諫言)이 없다면, 관계가 일방적인 상태로 건강하지 못하다는 것을 의미합니다. 간언(諫言)을 잘못에 대해 비난한다고 받아들이면 간언(諫言)이라는 과정을 통한 소통이 어렵습니다. 간언(諫言)의 대부분은 원하는 욕구가 포함된 언어입니다. 상대가 원하는 것을 받아들일 준비가 전혀 되어 있지 않다면, 얘기하지 않는 것이 오히려 자연스러운 일이라 할 수 있습니다.

부모와 자식의 관계와 상황에 따라 다양한 모습과 경우가 존재할 수 있기에, 현대에서 간언(諫言)은 더욱 다양한 상황과 양상을 고려하여 이야기되어야 합니다. 논어에서 이야기하는 간언(諫言)의 상황은 2500년 전 문화와 가족 관계, 생활 방식, 관습에 기초를 두고 있기에, 꼭 이렇게 실행되어야 한다는 의미보다, 가족이라는 작은 사회 내에서 관계와 체계의 근원적 의미를 이해하는 차원에서 살펴보는 일이 좋습니다.

견지불종(見志不從) 관련, 자식은 부모의 뜻을 먼저 살펴보아야 합니다. 부모의 언어와 행동에 대해 직접적으로 반응을 보이기 이전에, 그 뜻에 어떤 마음이 포함되어 있는지 살피는 일이 먼저입니다. 지(志) 글자를 해체해 보면 선비(士)가 품는 마음(心)입니다. 즉, 부모의 진심이 담긴 마음이 무엇인지 살펴야 합니다. 하지만 대개의 경우, 자식이 부모의 순수한 마음을 이해하는 일은 쉽지 않습니다. 자식이 어리석어서 그런 것이 아니라, 부모도 인간이기 때문에 순수한 뜻이 아니라 자식에 대한 욕심이 담긴 말을 전달할 수 있습니다. 자식이 부모를 헤아리는 일보다, 부모가 자식을 헤아리는 것이 자연스러운 일이라고 할 수 있습니다. 그렇기 때문에, 자식이 부모의 순수한 뜻을 따르는 일은 어려울 수 있습니다.

우경불위(又敬不違) 관련, 그렇지만 부모를 존중하고 공경하는 마음을 버리면 곤란합니다. 위(違)반하고 어긋나(違)는 일은 앞 구문의 따른다(從)는 것과 구분하여 이해가 필요합니다. 따르지 못하는 것을 위반하는 것이라고 생각하면 오해입니다. 앞의 설명과 같이 따르기 어려울 수 있다는 것은 완곡한 표현으로, 수치로 표현하면 90% 이상의 자식은 부모의 순수한 뜻을 100% 따르기 어렵습니다. 필자의 생각에 따른 대략적 수치이지만, 오히려 더 높을 수도 있습니다. 필자와 같이 구체화하여 설명하지 않는 이유는 받아들이는 사람의 주관적 해석을 허용하는 여유라고 할 수 있습니다. '위(違)'는 뜻에 어긋나지만, 사회적 규범을 위(違)반하지 않는 정도로 이해할 수 있습니다.

노이불원(勞而不怨)은 상황 진행과 관계없이 삶을 살면서 가족 공동체가 짊어지고 가야 하는 노력이며, 그것은 그 자체로 고되고 힘들 수 있습니다. 어떤 상황에서도 노력은 필요하며, 원망하는 일은 곤란하다는 의미입니다.

여기에서 주의할 사항은 만약 부모의 뜻이 현명하지 못하다고 생각된다면, 자신을 성찰하는 일에 활용하는 것(見不賢而內自省:4.17)이 좋습니다. 부모의 뜻을 깊이 생각해보지도 않아서, 따를 것이 없는 어린아이와 같이 해야 할 일을 하지 않는 모습이라면 곤란합니다.

하지만 현대의 사회 문제는 가족 공동의 일이 아니라, 각자가 혼자 짊어지고 가야 할 사항이 점점 더 무겁고 많아진다는 점입니다. 이 짧은 몇 구문에 대해서도 자세히 살펴보고, 상황을 구체화하고 달리 하면 논쟁거리가 셀 수 없이 나올 수 있습니다.

그러나 공자가 고리타분한 이야기를 하고 있는 것 같지만, 논리적으로 반대되는 행동을 가정해보면 전혀 그렇지 않다는 것을 알 수 있습니다.

'부모의 언어와 행동에 대해 바로 지적하여 따지고 문제 삼으며, 부모가 그렇게 말하고 행동하는 뜻에 대해서는 생각하고 고려하지 않고, 공경하는 마음은 사라졌으며, 어긋난 행위를 지속합니다. 힘들고 어려운 일이 발생하면 부모를 원망하고 탓합니다.' 이와 같이 일이 가족 내에서 벌어지고 있다면, 그 작은 공동체는 고전을 면치 못하고 있을 것입니다. 국가라는 큰 사회가 아니라 불과 몇 명의 구성원으로 이루어진 작은 공동체에서도 체계의 질서(禮)가 어긋난 상황에서는 구성원 모두 어렵습니다.

가족 공동체 내에서 효(孝)와 제(弟)라는 기본 틀이 무너져 있는 상황에 믿음(信)은 작용하기 어렵습니다. 믿음(信)이라는 끈이 확장되어 이웃과 지역, 더 큰 사회로 펼쳐지는 일은 기대하기조차 어렵습니다. 국가라는 커다란 사회로 범위를 확장하여 헤아리기도 전에 가족이라는 작은 사회에서 뜻을 수용하고 따르는 행위(見志從)조차 쉽지 않습니다. 어긋나지 않고 공경하며, 노력과 수고에 대해 원이 발생하지 않는 일(勞而不怨)을 추구하기 위해서, 효(孝)와 제(弟)가 기초를 이루는 예(禮)가 아닌 다른 어떤 틀로 담을 수 있겠습니까(不能以禮讓爲家, 如禮何)?

4.19

子曰 : "父母在, 不遠游, 游必有方."

▶ **해석:** 공자께서 말씀하시길, "부모님이 계시면, 멀리 유랑하지 않으며, 가게 되면 반드시 행방이 있다."

해설

構造: 儉[O: 儉(o$_1$=游必有方)]

2500년 전 멀리 유(游)랑하는 일은 현대의 여행과는 전혀 다릅니다. 시대적 배경의 차이를 먼저 이해할 필요가 있습니다. 고대 대부(大夫)의 봉지(俸地) 규모는 3일 걸어서 갈 정도로 넓고 크다는 점을 고려하면, 거리적 관점에서 먼(遠) 곳은 자신 가문의 관리 영역을 넘어 전혀 모르는 사람이 지배하는 영역이라고 할 수 있습니다. 먼 곳으로 여행하는 일은 현대와는 비교할 수 없는 많은 위험에 처할 수 있습니다. 온갖 불편과 고생은 물론이고 자칫 실수하면 목숨을 잃는 일이 쉬웠던 시대입니다.

왜 갑자기 유(游)랑을 소재로 이야기하고 있을까요? 구절의 대주제와 소주제가 검(儉)이라는 측면에서 유(游)랑의 의미를 살펴보는 것이 좋습니다. 유(游)은 농경 사회의 365일 틀에 고정된 활동과는 다른 예외적 행동이라고 할 수 있습니다. 그런 활동에 대해 최대한 절제하여 최(儉)소한으로 확인할 사항은 목적지를 명확히 하는 일입니다. 목적지를 명확히 하고 그것을 부모에 알려 공유하는 일이라고 할 수 있습니다.

만약 그런 최소한의 행위도 없이, 내 마음대로 유랑한다면 어떤 문제가 발생할 수 있을까요? 먼저, 부모의 불필요한 걱정을 유발하게 됩니다. 어떤 부모도 자식의 안전이 우선입니다. 그 뜻을 따르지는 못하더라도(見志不從:4.18), 일상을 위(違:4.18)반하여 굳이 만들지 않아도 될 걱정이라는 짐을 더하는 일에 해당합니다. 어긋(違)나는 일의 시작이라고 할 수 있습니다. 문제 발생 시, 부모가 자식을 찾기 위한 노력과 자원 소모만 고려하더라도 행선지가 명확한 경우와는 비교가 되지 않습니다. 여행 행선지와 목적을 명확히 함으로써, 그것만으로도 신뢰와 존중을 얻을 수 있습니다. 신뢰와 존중을 얻는 일을 스스로 멀리하고, 집을 떠나 해방감을 얻고 싶다면 어쩔 수 없지만, 가족으로부터 신뢰와 존중을 잃기 시작하는 일은 결코 좋은 모습은 아닙니다. 관계에 오해가 쌓이기 쉽기 때문입니다.

부모와 자식의 상황을 들어 설명을 하고 있지만, 이를 확장하여 공직 사회에서 해외로 출장을 가는 경우를 비교해보면, 행선지는 곳 목적이고 출장의 뜻이 담겨 있습니다. 이 과정에서 공동체의 걱정을 유발하고, 원활한 소통의 기회를 잃고, 불필요한 비용과 시간의 낭비를 불러오며, 신뢰와 존중을 멀리하고, 오해를 쌓으면서 단지 자신의 해방감 추구가 더 소중하다고 생각하고 행동하는 사람이 있다면, 과연 현명한 일이라 할 수 있을까요? 개인 차원, 그리고 국가 차원에서 크게 낭비라고 할 수 있습니다.

정리하면, 이런 일은 공(恭)과 절제(儉) 의식이 부족해서 발생한다고 할 수 있습니다.

子曰：“三年無改於父之道, 可謂孝矣.”

▶ **해석:** 공자께서 말씀하시길, "(돌아가신 후) 3년 동안 부친이 이끌었던 길(道)을 바꾸지 않는다면, 효(孝)라고 할 수 있다."

해설

構造: 儉[O: 讓(c_1=無改)]

이 구절에서는 4.19구절과 반대되는 일이 벌어지고 있습니다. 부모가 돌아올 수 없는 곳으로 영영 떠나 버린 경우입니다.

구성원 중에 누군가 떠나는 경우, 남은 사람들이 체계와 질서를 세우고 살아갑니다. 만약 그 체계의 연속성을 모두 버리고, 새로 다시 세운다면 노력과 비용, 시간이 많이 필요할 것입니다. 자원의 낭비와 비효율을 초래하는 일이라고 할 수 있습니다. 그렇기 때문에, 3년간 이어오던 길의 연속성을 유지하는 것이 좋다고 설명하고 있습니다.

부모가 지켜오던 가족 사회의 체계와 질서를 3년간 동일하게 유지하는 일이 효(孝:1.11)라고 언급합니다. 1.11구절과 동일한 사항을 언급하고 있지만, 여기에서는 인간 본연의 속성 관점에서 효(孝)의 의미보다, 가족 공동체가 이루는 양(讓)의 관점에서 이해가 필요합니다. 가족 구성원이 서로에게 도움을 주는 관점입니다. 부모의 죽음을 맞아 삶의 변화가 없을 수는 없지만, 겸양(謙)과 양(讓)이라는 미덕을 발휘하여 소통하고 합의(議)를 이루어 부모의 뜻에 대해 연속성을 유지하는 일은 기존의 틀과 방식 변화 위험을 최소화한다는 점에서 의미가 있습니다.

　정리하면, 현대 사회는 가족 구성원 직업의 형태 및 가족의 모습이 핵가족화되어 이 구절이 멀게 느껴질 수 있지만, 가족 내, 외부의 관계 연속성 측면에서 이해한다면, 부모가 지속하고자 했던 사항을 지키는 일의 의미를 이해하는 데 도움이 될 수 있습니다.

4.21

子曰：“父母之年, 不可不知也. 一則以喜, 一則以懼.”

▶ **해석:** 공자께서 말씀하시길, “부모님의 연세는 알고 있지 않으면 안 된다. 한편으로는 기뻐할 수 있고, 한편으로는 두려워할 수 있다.”

해설

構造: 儉[O: 溫(x₁=年知)]

構造: 儉[O: 溫(x_1=年知)]

인간의 특질 중에 하나는 시간이 흘러가는(游) 대로 따라가지만, 특정 사건이나, 특정 지점을 기준으로 삶을 기억하고 관리한다는 점입니다. 년(年)이라는 시간 기준을 정하고, 인식(知)하며 그에 따라 반복적 행위를 이루며 살지만, 동일한 삶은 아닙니다. 시간의 축에 따라 발생하는 일에 대해 기뻐하기도 하고 두려움을 느끼기도 하면서 시간의 흐름을 헤아립니다(里). 이는 동물이나 기계, 인공지능과 같은 컴퓨터가 따라 할 수 없는 인간만의 따듯한(溫) 모습에 해당합니다.

단순히 부모의 나이를 기억하고, 생일을 기억하라는 주문이 아니라, 그들의 삶이 시간의 축을 따라 어떻게 흘렀는지 바라보고, 앞으로의 시간에 대해 생각하라는 주문입니다. 부모의 시간이 다하기 전에 우리가 나누고 이어가야 할 것이 무엇인가를 생각해 볼 필요가 있습니다. 부모가 죽고 난 후에는 얻는 유무형의 유산은 부차적인 것입니다.

부모가 살아 존재하는 동안 기쁨, 슬픔, 두려움, 사랑, 즐거움, 행복, 따듯함 등 인간으로서 나눌 수 있는 마음의 가치가 더 크기 때문입니다.

나이를 굳이 세지 않아도 되는 상황, 즉 부모를 잃은 후에는 그 존재에 대해 즐거워할 일도 두려워할 일도 없다는 것을 의미합니다. 부모를 잃은 후에, 부모의 출생 년, 일을 모른다면 비석에 무엇을 기재할 수 있을까요? 이름 이외에는 남는 것이 없습니다. 인간이라는 존재는 시작과 함께 이름이 주어지고 종료와 함께 그 이름은 잊혀지고 사라집니다. 그 과정에서 얼마나 많은 유무형의 유산을 남기는 가는 그 사람의 삶에 따라 다르겠지만, 가장 기초가 되고 구분이 되는 사항은 시간의 흐름에 따른 존재의 시작점과 끝점이라고 할 수 있습니다. 현대 사회는 국가에서 사회보장번호를 부여하고 개인의 출생과 사망에 따른 신원을 관리하지만, 고대에는 국가적으로 개인의 신원에 대해 관리하는 체계와 시스템이 없었습니다. 그래서 자식이 부모의 정체성에 대한 정보를 관리하는 일은 필수라고 할 수 있었습니다.

　'무명씨'라는 이름으로 시작과 끝도 모른다면, 그 정체성을 이어받아 살고 있는 나의 정체성 또한 불분명해지는 결과를 낳습니다. 즉, 부모의 삶으로부터 나의 정체성을 잇는 일련의 행위에서 중요한 부분이 누락되는 일입니다. 그렇기 때문에, 나이를 기억하는 것, 시작점을 아는 것은 중요한 의미를 지닙니다.

　문명이 발달하고, 의학과 과학이 발달하면서 정체성(Identity)의 중요성은 다시 살펴볼 필요가 높아졌습니다. 생물학적, 유전공학적, 인체공학적 관점에서 사람의 신체는 점점 더 삶이 연장되어 삶의 끝점이 늘어가고 있습니다. 30년 후, 100년 후, 인간의 끝점이 얼마나 더 늘어날지 궁금하지만, 끝점이 늘어나면 늘어날수록 정체성(Identity) 변화에 대한 해석과 헤아림은 크게 달라질 것입니다. 삶의 길이가 늘어가더라도 인간의 존엄성과 정체성은 변화가 없을까요? 다가오는 시대에 고민해야 할 사항이라고 할 수 있습니다.

먼저 이해해야 할 사항은 인간의 정체성(Identity)은 동물이나 기계의 정체성과 현저히 다르다는 점입니다. 정체성(Identity)을 누군가에 의해 제어할 수 있는 존재와 그럴 수 없는 존재의 차이라고 할 수 있습니다. 이는 생명이라는 것에 대한 존엄성과도 연결됩니다.

시간이라는 변수와 그 변수의 확장이라는 관점에서 정체성(Identity)에 대한 질문은 '인간의 가치는 무엇인가?'라는 질문과 직접적으로 연관되어 있습니다. 앞으로 해결해야 할 커다란 과제라 할 수 있습니다. 철학자들이 미리 고민하고 준비해야 할 숙제와 같은 사항이라고 할 수 있습니다.

子曰 : "古者言之不出, 恥躬之不逮也."

▶ **해석:** 공자께서 말씀하시길, "옛날에는! 이런 말을 하지 않는 것은, 자신의 말을 따르지 못하는 것이 부끄럽기 때문이다."

해설

構造: 儉[O: 良(m_1=古者)]

자(者)는 시간을 표시하는 글자 뒤에 붙은 접미사입니다. 별 뜻은 없습니다. '古者'는 '옛날에는' 또는 '나 때는 말이야'와 같은 표현에 해당합니다. 이 구절에서 그것(之)은 '옛날에는(古者)'을 뜻합니다.

과거 어떤 일, 또는 과거에 어떤 사항은 좋았는데, 지금은 무엇인가 부족하다는 뜻을 담고 있습니다. 그러나 이런 말을 자주 하는 사람의 행위를 살펴보면, 정작 자신은 그것에 대해 잘 지키지 못하는 경우가 다수입니다. 희미한 기억으로 아름답게 꾸며진 과거를 들먹이며, 현재에 대해 비판적인 사람은 현명하다고 할 수 없습니다.

선친(先親) 때에는 사람들이 잘 따르고 쉬운 일인 것 같았는데, 현재는 내 마음대로 되지 않는 경우가 많습니다. 먼 기억으로 더듬어 볼 때는 쉬웠던 것 같지만, 사실 그 과정과 그 어려운 내막을 다 알기는 어렵습니다.

인간은 누구나 자신의 과거나 타인의 과거에 대해 시간이 흐를수록 생생했던 느낌과 사실적 관계보다, 과거의 상황과 사실을 최대한 단순화(儉)하고 압축(儉)하여 내가 편리한 방식으로 기억 속에 저장합니다. 그 과정에서 현재의 내가 기억하고 싶은 부분 위주로 나에게 유리한 방향으로 조작하여 기억에 저장하기 쉽습니다.

시간이라는 긴 흐름에 연관된 모든 사건과 상황을 사실 그대로 머릿속에 기억하고 살아간다면 머리가 무거워서 들고 다니지 못할 만큼 머릿속이 복잡할 것입니다. 구체적인 사항과 어려웠던 사항들에 대해 최대한 단순 간략화함으로써 삶의 어려움과 두려움(一則以懼)은 줄이고, 과거를 아름답게 색칠하여 미래도 아름답게(一則以喜) 만들려는 인간의 특성이라고 할 수 있습니다.

정리하면, 그런 인간의 특성을 이해하고, 과거를 더듬어 타인을 비판하거나 자신을 드러내는 일에 활용하는 것보다, 말과 행동을 조심하는 데 활용하는 일이 더 좋습니다.

4.23

子曰 : "以約失之者鮮矣."

▶ **해석:** 공자께서 말씀하시길, "약속함으로써, 그것을 잃는 것은 드물다."

 해설

構造: 儉[O: 恭(u₁=約)]

'약(約)'은 약속, 검약(儉約), 맺다, 묶다, 나누다 등과 같은 다양한 의미로 쓰이는 글자입니다. 그래서 설명 방향에 따라서 다른 관점으로 해석할 수 있습니다.

이 구절의 대주제인 검(儉)의 관점에서 절약으로 해석하면, "절약함으로써, 그것을 잃는 것은 드물다"는 의미로 받아들일 수 있습니다. 이 구절의 소주제인 공(恭)의 관점에서 사람들 사이의 관계를 공경하고 지키려는 약속으로 해석하면, "약속함으로써, 그것을 잃는 것은 드물다"는 의미로 받아들일 수도 있습니다.

하지만 약(約)이라는 글자를 가만히 살펴보면, 절약이든 약속이든 모두 시간이라는 변수와 크게 묶여 있다는 점을 찾을 수 있습니다. 시간에 따라 물질적 자원이 유동적이기 때문에 절약이 의미가 있고, 맹세한 사항이 시간에 따라 기억 속에서 사라지기 때문에 약속이 의미가 있습니다.

만약 4.22구절로 되돌아가 '옛날에는' 이런 말을 꺼내기 이전에 약속이라는 도구를 활용한다면 어떤 일이 벌어질까요? 수치스러운 일이 발생할 가능성이 현저하게 줄어들 것입니다. 사람과의 약속 이외에도 사회 규범이나 규칙에 대한 약속, 자신 스스로 맺는 약속 또한 마찬가지입니다. 자신과 약속을 구체적으로 기재하고 점검하며, 지키는 사람이 그렇지 못한 사람보다 훨씬 그 약속을 이행할 확률이 높습니다.

사회적, 법적, 제도적, 윤리적 약속과 규약은 사회가 효율적으로 운영되기 위해서 적절하게 정의, 정리되고, 그것이 지켜지는 것이 바람직합니다. 사람들을 공간과 상황과 시간이라는 변화 속에 사회가 원활히 돌아갈 수 있도록 묶어주는 역할을 하는 것이 약속과 규약이라고 할 수 있습니다. 그리고 그 약속을 지키고 준수하려는 마음, 공(恭)이 근간을 이루는 일이 필요합니다.

그러나 2500년 전 공자 시대와 달리 문명의 복잡도가 크게 증가하고, 물리적, 인적 공간과 거리가 크게 가까워진 현대 사회에서는 너무 많은 약속과 규약이 공(恭)의 수준을 떨어뜨립니다. 너무 많기 때문에, 지키기 어렵거나 지키지 않아도 된다는 의식을 불러오기 쉽습니다. 그래서 약속의 이행을 지속적으로 확인하고 강요하는 수단을 마련하게 됩니다. 그런 과정에서, 사람들은 약속은 지키지만 어떻게 하든 그것을 쉽게 대충 처리하는 우회와 편법을 동원하기도 합니다. 그런 방식은 다시 부실로 이어지고, 확인과 강제의 수단은 더욱 꼼꼼하고 강력하게 변합니다. 이런 식의 반복은 관계 그물을 점점 더 촘촘하게 만들어 사람들 마음과 시간의 여유를 빼앗아 갑니다. 결국 사회 구성원들에게 스트레스를 주는 부작용으로 되돌아옵니다.

약속의 근원적 속성이 절제를 의미하는 검약(儉約)임에도 불구하고, 약속이라는 것 자체를 절제 없이 과다하게 남용한 결과라고 할 수 있습니다.

子曰: "君子欲訥於言而敏於行."

▶ **해석:** 공자께서 말씀하시길, "군자는 말은 천천히 하려 하고, 행동은 민첩하게 한다."

해설

構造: 儉[O: 儉(o₁=欲訥)]

$$構造: 儉[O: 儉(o_1=欲訥)]$$

군자(君子)의 위치에 있는 사람의 언어는 영향력이 상당히 큰 도구입니다. 많은 말을 쏟아 내면 그것을 이해하고 실행하기 위해 사람들은 많은 시간과 노력과 자원을 들이게 됩니다.

만약 어리석은 군자의 말에 대해, 아랫사람들이 그것을 받들기 위해 온갖 약속, 규칙, 규약, 지침, 지시, 명령 등을 만드는 불필요한 일을 벌이고 있다면 어떻겠습니까? 그래서 군자(君子)는 자신의 정체성을 이해하고 많은 말보다 간결하고 명료한 말을 행하려고 합니다. 말한마디에 힘이 있기 때문입니다. 혼동의 여지를 제공하지 않음으로써, 아랫사람들이 불필요한 이해 노력을 벌이는 일을 줄일 수 있습니다. 이 구절의 대주제, 소주제인 검(儉)약과 절제(儉)에 해당하는 사항이라고 할 수 있습니다.

그렇다고, 일을 수행하지 않는 것은 아닙니다. 해야 할 사항에 대해서는 조금도 늦추지 않고 민첩하게 추진하는 실행력을 보입니다.

욕(欲)은 '희망한다, 바라다'는 뜻으로, 그렇게 되도록 원하는 것을 의미합니다. 즉 언어와 행동이 그런 경지에 다다른 사람이 군자라는 군자의 자격을 설명함이 아니라, 군자의 자세와 태도는 그런 방식을 추구하기 위해 노력하는 사람이라는 의미입니다. 욕(欲)이라는 한 글자가 들어가면서 의미가 확연히 달라집니다.

'눌(訥)'은 말이 어눌(訥)하다는 뜻으로 주로 사용됩니다. 현대어에서 어눌(訥)은 말을 잘 하지 못하고 더듬거리는 모습을 주로 표현하지만, 고어(古語)에서는 글자 그대로 말(言)을 안(內)으로 절제하는 모습이라고 할 수 있습니다. 말을 절제하기 때문에 꼭 필요한 말만 간단 명료하게 천천히 말하는 것을 뜻합니다. 이런 방식은 4.22구절에서와 같은 말실수를 범하는 일이 최소화됩니다. 아울러 4.23구절에서 설명한 것과 같이 약(約)속에 대해 실패할 일이 줄어듭니다.

4.23구절 마지막 설명 부분에, 현대사회의 약(約)속과 규약의 과다에 따른 문제점에 대해 언급한 사항은 이 구절의 이해를 돕기 위해 미리 소개한 사항입니다. 군자와 같은 고위층이 말을 많이 하는 경우, 무수히 많은 약속과 규칙과 규약이 만들어지기 쉬우며, 그에 따라 더욱 자원의 낭비가 심화된다는 의미입니다.

정리하면, 공(恭)을 세울 때(4.23) 발생하는 취약한 요소에 대해 검(儉)을 기반으로 검(儉)을 올바로 실천하는 일(4.24)에서 보완할 수 있습니다.

子曰 : "德不孤, 必有鄰."

▶ **해석:** 공자께서 말씀하시길, "덕(德)은 외롭지 않고, 반드시 이웃(鄰)이 있다."

해설

構造: 儉[O: 讓(c_1=不孤)]

이 구절은 4.24구절에 대한 보완적 설명이라고 할 수 있습니다. 제자들 중에 누군가, "스승님! 군자는 말을 조심하고(訥於言), 실행에 민첩하므로(敏於行) 주위에 같이 이야기할 사람이 적고, 사람들에게 일만 시키므로 외롭지 않을까요?"라고 질문한 상황이라고 가정할 수 있습니다. 이에 대한 공자의 답이 4.25구절입니다. 4.24~4.25구절을 연결시키면 다음과 같습니다.

"君子: 欲 訥於言 而 敏於行德, 不孤, 必有鄰"

이와 같이 한 구절로 이해하면 좋습니다. 덕행(德行)을 이루는 데 온 마음을 다하는 데(忠), 외로울 이유가 없습니다. 반드시 그 덕행을 같이 하는 사람들이 있습니다. 만약 혼자서 독립적으로 어떤 선행을 하고 있다고 하더라도 그 선행의 대상이 덕(德:2.1해설 참조)을 나누고 있는 상황이기 때문에 외로울 수가 없습니다.

만약 덕(德)을 나누는 마음이 없이 그냥 많은 돈만 기부했다면, 그것은 덕행이 아니라 자신 스스로의 만족을 위해 어떤 행위를 한 것에 불과합니다. 그런 경우에는 외로울 수 있습니다.

간혹, 고위직에 오르신 분이 높이 올라갈수록 외롭다는 말을 하십니다. 스스로 덕(德)이 부족하다는 것을 인정하는 발언이라고 할 수 있습니다. 올라갈수록 업무가 바쁘고, 할 일이 많다고 하소연하시는 분도 있습니다. 마찬가지로 자신의 덕(德)이 부족하다고 인정하는 것이라 할 수 있습니다. 나눔을 아끼고 자신을 위해서 살기 때문에 외롭습니다.

큰 덕(德)을 나누는 사람이라면, 나눌수록 사회와 사람들에게 좋은 일을 하기 때문에 일이 많다고 하소연하지 않습니다. 기뻐하고 즐거워하며, 자신의 여력 부족으로 더 나누지 못하는 것을 오히려 아쉬워합니다.

그렇기 때문에, 사람들과 대화를 나누지 못해 외롭다는 것과 사람들에게 일을 시키는 것으로 비난을 얻는 일에 대해 고민하는 것은 전혀 상황에 어울리지 않습니다. 사람들과 합의를 이룬 일(讓)이며, 그것이 국가와 국민에게 고른 덕(德)을 실현하는 일이라면, 누가 감히 그 일을 비난하거나 같이 하기를 거부하겠습니까?

子游曰 : "事君數, 斯辱矣. 朋友數, 斯疏矣."

▶ **해석:** 자유(子游)가 말하길, "임금(君)을 섬김에 있어서 셈(數)하면, 그 일로 욕을 당하게 된다. 사람들을 사귐에 있어서 셈(數)하면, 사이가 소원해지게 된다."

해설

構造: 儉[O: 溫(x₁=游)]

4장에서 유일하게 공자가 아닌 제자 자유(子游)가 설명하고 있는 점에 주목해야 합니다. '유(游)'는 물이 흐르듯 흘러간다는 뜻을 지닙니다. 사람(子)은 세월의 흐름에 따라 물이 흐르듯(游) 자연스럽게 사는 것이 좋습니다.

임금(君)을 섬기고, 국가의 일을 하는 과정에 온갖 계산(數) 후에, 일을 수행한다면 그 일로 곤란함에 처할 수 있습니다. 무리를 짓고 친구를 사귐에 계산적(數)이 된다면 사람들과 소원해지기 쉽습니다. 잠시 한편으로 즐거울 수 있으나, 한편으로 두려운 일이 발생할 수 있다는 의미(一則以喜, 一則以懼:4.21)입니다.

국가의 사업은 덕(德)을 위한 활동으로 국가 자원을 활용하는 일입니다. 임금의 명에 따라 실행하는 일이며, 임금을 섬기는 일에 해당합니다. 임금의 이름으로 덕을 살피는 과정에 어떤 셈법을 기준으로 덕(德)을 행하는 일은 바람직하지 않습니다.

검약과 절제를 이루는 일은 이익을 셈(數)하고 유불리를 따지는 계산과는 별개입니다. 군자는 검약과 절제를 삶의 바탕으로 여기지만,

덕(德)을 나누는 행위와 사업의 실행에는 아끼지 않습니다. 검(儉)약과 절제(儉)하는 목적이 사람들과 자원을 나누어 따듯한(溫) 인간의 아름다움을 같이 나누기 위함(里仁爲美:4.1)에 있기 때문입니다.

4.15구절에서 제자들에게 참여하라(參乎!)고 독려하였습니다. 나를 이끄는 길을 4.1~4.15구절에 일관되게 정리하였으니 그것을 배워 지혜를 쌓으라 했습니다. 그리고 4.16~4.25구절에서 그 실천 방법을 전달했습니다. 또한 4.26구절에서 그 실천 과정에 셈(數)하지 말고 물 흐르듯(游) 살아가는 사람(子)이 되라고 강조하며 4장을 마무리하고 있습니다.

여기에서는 '자유(子游)'는 인간 삶(子)의 공간(空間)과 시간(時間)의 변화(游)라고 이해해도 좋습니다. 4.16~4.20구절은 인간 삶의 공간(空間) 변화 측면을, 4.21~4.25구절은 시간(時間)의 흐름 관점에서 서술한 사항들이기 때문입니다. 인간이 이루는 사회에 대해서 검약과 절제를 처음 15개 구절을 통해 헤아린 후, 공간과 시간의 변화에 따르는 검약과 절제를 나머지 10개 구절을 통해 헤아렸습니다. 그리고 마지막에 제자 자유(子游)의 언어를 통해 자신의 성찰 도구로 삼아 나아가는 것은 좋지만, 헤아리는 일에 대해 계산하고 셈하는 일로 착각하면 안 된다는 당부를 전달했습니다.

4장의 구조와 체계를 이해하였으면, 다시 한번 4장의 첫 구절 '인간 본연의 어진 속성을 헤아린다(里仁)'는 것의 의미를 살펴보기를 권합니다. 첫 구절에서 왜? '里仁 爲美'라고 언급했는지, 가슴으로 느낄 수 있을 것입니다.

5. 공야

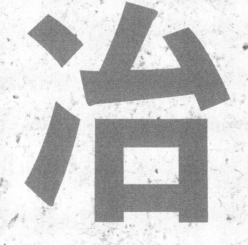

삶의 모습(色) 및 관계는 공간과 시간의 흐름을 따라 다양한 형태로 변합니다. 그 변화 속에서 언(言)어를 활용하여 문화와 문명을 일구고 가꾸어 갑니다. 그것이 우리가 사회 속에서 어우러져 살아가는 모습입니다.

자신의 존재를 사랑하는 것을 확장하여 가족, 이웃, 지역, 국가, 인류 사회에 도움(襄)이 되고, 덕을 나누며 행복하게 살기를 바라고 원하며, 그렇게 되기 위해 노력합니다.

제5장은 위와 같은 세상을 이루는 모습(讓)에 대한 설명입니다. '양(讓)'이라는 글자는 주로 겸양이나 양보와 같은 단어에 활용되지만, 언어를 통해 사람들에게 도움이 되는 활동(讓), 언어를 통해 사람들이 의견을 같이하는 모습(讓), 그것을 허용(讓)하고, 그렇게 만들어(讓) 가는 일 등이 모두 포함된 의미입니다.

그런 일에 대해 2500년간 소홀했기 때문에, 언어적 관점에서 양(讓)의 의미가 축소되어 현대인이 인식하는 범위로 좁혀졌다고 할 수 있습니다.

5장을 이해하는 과정은 언어를 통해서 위와 같은 의미를 어떤 방식으로, 어떤 표현으로 담아 전달하고 있는지 살펴보는 일이라 할 수 있습니다. 논어의 구조와 체계는 변함이 없지만, 대주제의 변화에 따라 글의 온도와 흐름이 새롭게 느껴질 수 있습니다. 언어가 만드는 차이라고 할 수 있습니다.

소통하고 사람들을 연결하고, 문화와 정체성을 형성하는 근원적 도구인 언어를 통해 어떤 지혜를 나누고, 배우고, 함께할 수 있는지 찾아가는 과정을 시작하겠습니다.

子謂公冶長: "可妻也. 雖在縲絏之中, 非其罪也."
以其子妻之. 子謂南容: "邦有道不廢, 邦無道免於
刑戮." 以其兄之子妻之.

▶ **해석:** 공자께서 공야장(公冶長)에 대해 평하시기를, "사위로 삼을 만하다. 비록 구속되어 있기는 했지만 그의 죄가 아니다." 하고, 자신의 딸을 그의 아내로 삼았다. 공자께서 남용(南容)에 대해 평하시기를, "나라에 도가 있을 때 그는 버림받지 않았고, 나라에 도가 없을 때에도, 그는 형벌에서 제외되었다." 하고, 자신 형님의 딸을 그의 아내로 삼았다.

해설

構造: 讓[C: 溫(x_1=謂)]

'위(謂)'는 '~라고 말하다', 또는 '~라고 논평하다'는 의미로, 단순히 지칭하여 말을 하는 경우와 논평하는 경우는 큰 차이가 있습니다. 논어(論語)에서 '子謂+목적어'의 형태로 시작하는 구문은 총 6곳(3.1, 3.25, 5.1, 5.2, 5.15, 13.8)입니다. 단순히 말하다는 뜻이 아니라 논평한다는 의미에 해당합니다. 즉, 공자의 공식적인 평가(謂)입니다.

이어지는 설명에는 평가의 사유, 즉 대상의 모습(月)에 대해 밭(田)에서 봄, 여름, 가을, 겨울의 흐름 변화를 관찰한 듯이 시간과 공간의 변화에 대해 살펴본 결과를 서술(言)하고 있습니다. 공식적으로 평가한다는 것의 의미는 공자가 삶에 대한 철학, 소신을 밝힌 구절들이라고 할 수 있습니다.

단순히 논평의 대상을 폄하하거나 높이는 평가 구절로 이해하고 글을 읽는다면, 공자의 철학이 무엇인지 헤아리지 못하고 지나가기 쉽습니다. 왜 그렇게 평가하고, 어떤 관점에서 그렇게 생각했는지 깊이 살펴보는 일이 필요합니다.

공야장(公治長)은 공(公)적인 일, 즉 국가에서 관장하는 제련소(治)의 리더(長)라는 의미를 담고 있습니다. 어떤 일에 연루(纆)되어 얽혀(絏) 있는지 구체적인 내역은 없으나, 당시 최고의 기술인 철기 제련은 칼 같은 무기와 각종 도구, 농기구 등을 만드는 일이었습니다. 국가 산업의 핵심에 해당했습니다. 풀무를 활용해 대량으로 철을 녹이고 가공하는 일이 가능해진 시기가 춘추전국시대입니다. 무기를 기한 내에 공급하는 것은 전쟁을 치르는 데 더없이 중요한 일이었습니다. 최고 기술장으로 국가에 봉사하지만, 정치적으로 엮여 자신의 죄가 아님에도 불구하고 수감되어 있는 상황으로 추측해 볼 수 있습니다.

사회적 집단 구성의 최소 단위는 가정입니다. 그 결속은 결혼이라는 합의로 이루어집니다. 고대에는 가족 중에 누군가 큰 잘못이 있다면, 그 죄를 가족 모두가 짊어져야 했었습니다. 만약 누군가 국가에 대해 항거하거나 대항하면, 가족 전체가 죽음으로 내몰리게 됩니다. 그런 시대적 상황에서, 죄가 있다고 지목된 사람에게 자신의 딸을 결혼시키는 일은 큰 위험을 감수하는 일이라고 할 수 있습니다. 현대 사회에서 생각해봐도 어떤 부모가 죄수에게 딸을 보내려 하겠습니까? 공자의 인품과 수양 정도가 드러나는 대목입니다.

결국 죄가 아니라면 사회적 지탄을 받을 이유가 없다는 뜻입니다. 인간의 따뜻한 마음으로 살펴보면, 누명을 쓰고 죄인으로 몰려 있는 상황이라도, 그 사람이 진실로 정직하다면 인간적인 대우를 받을 수 있고, 그럴 자격이 있다는 것을 의미합니다. 어떤 선입견이나 억울한 누명을 빌미 삼아 사회 활동에서 제외한다면, 인간의 가치와 생명은 거짓과 위증과 같은 사악함에 의해 쉽게 무너질 수 있습니다.

두 번째 사례의 인물, 남용(南容)은 남(南)쪽을 바라보는 얼굴(容)입니다. 2.1구절에서 모든 별은 북극성을 바라보고 운행한다고 설명한 바 있습니다. 남쪽을 바라보고 있는 존재는 북극성처럼 한결같이 서민을 바라보는 사람을 의미합니다. 즉, 남용은 모든 사람이 우러러 그를 바라보고, 사람들에게 고루 덕을 베푸는 사람이란 의미입니다. 그렇기 때문에, 나라의 정치가 올바를 때에도, 그렇지 않을 때에도 남용은 언제나 그 자리에 있을 수 있습니다. 그런 성향을 지닌 사람이라면, 내 딸부터 결혼시킬 수 있다는 의미입니다.

정리하면, 깨끗하고 국민을 향한 마음을 지닌 사람이라면 사회 구성원으로 배제하지 않고 적극 포용해야 합니다. 인간 사회의 따듯한 마음을 지속 유지하는 일이라고 할 수 있습니다.

子謂子賤 : "君子哉若人 ! 魯無君子者, 斯焉取斯?"

▶ **해석:** 공자께서 자신에 대하여 낮추어 말씀하시길, "군자(君子)인가! 그러나 보통사람과 다를 바 없다! 노(魯)나라에 군자의 행위가 없는데, 이 사람을 어찌 그렇게(군자라고) 부르겠는가?"

해설

構造: 讓[C: 良(m₁=謂子賤)]

$$構造: 讓[C: 良(m_1=謂子賤)]$$

5.1구절로 미루어 볼 때에, 당시 노(魯)나라는 올바로 다스려지지 못한 시기였습니다. 선량하게 자신의 직무에 충실한 사람, 공야장(公冶長)은 억울하게 연루되어 구금되고, 국민을 바라보고 일하는 사람, 남용(南容)은 공직에서 쫓겨난 시기라고 할 수 있습니다. 환공(桓公)의 후손 맹씨, 숙씨, 계씨 3대 세도가에 의해 나라의 정치가 좌지우지되던 시기였습니다.

공자가 정치적으로 혼란스럽고, 부패한 나라에서 군자가 있을 수 있겠는가! 탄식하고 있습니다. 공자 자신도 사회의 일부분이기 때문에, 그런 국가에서 자신을 군자라고 칭할 수 없다고 자신을 평가합니다. 사회를 이끄는 어떤 사람도 국가라는 사회의 한 부분이며, 국가의 모습은 그들을 대표합니다.

이 구절은 4.22구절의 '옛날에는'이라는 말을 자주 하는 사람과 대조되는 상황입니다. 자신의 과거를 희미하게 감추고 아름답게 포장하려는 사람과 현재를 냉철하고 객관적으로 평가하려는 사람을 비교하여 이해하면 좋습니다. 자신을 고귀하게 평가하는 사람과 자신을 낮추어 평가하는 일의 의미를 이해하면 좋습니다.

무조건 자신을 낮추는 것이 아니라, 평가에는 근거가 있어야 합니다. 근거 없이 자신을 낮추는 자세와 태도의 사람은 타인에게 잘 보이려는 마음, 의지하려는 마음, 소위 비굴한 마음이 기저에 자리하기 때문입니다.

이 구절에서 공자가 자신을 낮추어 평가한 이유는 국가 공동체와 자신을 하나로 동일하게 여기기 때문입니다. 국가 공동체에 덕(德)이 부족한 것은 군자(君子)가 제 역할 못하고 있다는 생각이 바탕을 이루기 때문입니다.

고대(古代)에, 임금(君)은 자신을 칭할 때 고(孤), 과(寡), 불곡(不穀)이라고 했습니다. 고아, 과부, 생산력이 없는 거지와 같은 사람으로 자신을 칭한 이유는 국가에 그런 사람이 없도록 항상 스스로 자신을 일깨우기 위한 노력입니다. 고(孤), 과(寡), 불곡(不穀) 나라를 대표하는 임금의 덕(德)이 부족하다는 겸손의 호칭이라고 할 수 있습니다. 임금(君)도 그렇게 칭하는데, 어떻게 임금의 자식과 같은 군자(君子)가 고귀한 척 자신을 칭할 수(謂子貴) 있겠습니까?

子貢問曰: "賜也何如?" 子曰: "女, 器也." 曰: "何器也?" 曰: "瑚璉也."

▶ **해석:** 자공(子貢)이, "저(賜)는 어떤 사람입니까?" 하고 여쭤보았다. 공자께서 말씀하시길, "너는 그릇이다." 자공이, "어떤 그릇입니까?"라고 하자. 공자께서 "호련(瑚璉)이다"라고 하셨다.

해설

構造: 讓[C: 恭(u₁=問, 何如)]

5.1구절에서 무릇 공직자와 임금(君)과 같이 항상 국민을 바라보는 사람에 대한 논평에 이어, 5.2구절에서 군자(君子)에 대한 논평이 이어집니다. 이에, 돈(貝)이 억수로 많아 쉬운(易), 자공(子貢)이 자신에 대한 논평을 구하고 있습니다.

논평 대상과 관점의 변화에 대해서 눈여겨볼 필요가 있습니다. 타인 평가(5.1) 자신 평가(5.2) 타인이 자신을 평가하도록 유도(5.3)하고 있습니다. 스승인 공자가 자신을 평가한다면, 그것은 공심(共心)을 가질 만한 사항(恭)일 것입니다. 이후에 이어지는 구절에 대해서도 방법이 변하는 과정을 이해할 필요가 있습니다.

논평을 하는 이유는 그 언어를 통해서 사람들에게 도움이 되기 위한 목적이어야 합니다. 남을 비판하는 일은 논평이라고 하기보다 비난에 가깝습니다. 타인을 비난하는 것이 즐거운 사람에 대해 대인(大人)이라고 하기 어렵겠지요?

공자는 자공(子貢)을 그릇(器)과 같다고 언급했습니다. 그릇(器)은 쓸모 있는 재목(材木), 인재라는 의미입니다. 스승인 공자가 자신을 낮게 평가한 것에 비하면, 제자 자공(子貢)에 대해 상당히 칭찬과 격려를 담은 답변이라고 할 수 있습니다.

호련(瑚璉)은 종묘제사에서 곡식을 담는 용도의 제기(祭器)로 대나무로 만들고, 옥으로 장식된 제기(祭器)입니다. 귀하고 아름다운 자를 의미합니다. 어떤 점에서 그럴까요? 호련(瑚璉)은 왕(王)이 제례에 사용하던 제기로서, 왕(王)도 귀중하게 다루는 그릇입니다. '련(璉)'은 왕(王)과 바로 잇닿아(連) 있다는 의미이고, '호(瑚)'자에 있는 왕(王)과 연결되어 왕(王)들도 항상 곁에 두고 싶어하는 인재라는 뜻이 담겨 있습니다.

후에, 자공(子貢)은 위(衛)나라, 노(魯)나라에서 재상(宰相)을 지냈으며, 언어와 정치에 뛰어나서 외교와 정치의 달인으로 알려진 인물입니다. 또한 자신의 재력을 이용해 공자의 철학을 널리 전파하는 데 가장 큰 역할을 한 인물로 알려져 있습니다.

혹시 2.12구절에서 군자불기(君子不器:2.12)라 했는데, 여기에서 그릇이라고 했으니, 자공(子貢)은 군자는 못 되는구나! 속으로 생각하셨다면, 2.12구절에서 동사로 쓰인 '기(器)'자의 활용에 주의하여 복습이 필요합니다. 사람에 대해서 어설픈 기준으로 평가하고 폄하하는 일은 공(恭)경의 관점에서 결코 좋지 못한 일입니다.

자공(子貢)은 공자를 따라 천하를 주유하며 그 말씀을 충실히 배우고 실천한 군자(君子)와 같은 인물입니다. 언어에 뛰어난 정치인으로 2개 국가의 재상(宰相)이 될 수 있었던 것도 약속에 대해 철저히 하고(以約失之:4.23), 간결하고 명료하게 말하고 행위의 실천을 중시하였기(君子欲訥於言而敏於行:4.24)에 가능한 일입니다. 이 구절의 대화만 보더라도 군자(君子)들의 언어(訥於言) 같지 않습니까?

或曰 : "雍也仁而不佞" 子曰 : "焉用佞? 禦人以口
給, 屢憎於人. 不知其仁, 焉用佞?"

▶ **해석:** 어떤 사람(或)이 "옹(雍)은 어질지(仁)만 말재주가 좋지 않다"고 하자 공자
께서 말씀하시길, "말재주가 무슨 소용이 있는가? 말재주로써 입을 맞추어 사람
들을 몰아가면, 자주 사람들의 미움을 사게 된다. 그 어짊(仁)을 모르는데, 말재주
가 무슨 소용이 있겠는가?"

해설

構造: 謙[C: 儉(o₁=雍)]

이번에는 어떤 사람(或)이 옹(雍)에 대해 평가하고 있습니다. 혹자(或
者)가 등장하는 이유는 그 평가가 대충(或)이라는 의미를 내포합니다.
5.3구절에서 공자와 같이 공신력 있는 사람의 평가 대신 평가자가 혹
(或)자로 바뀌었습니다. 대중 속에 떠도는 유언비어(流言蜚語)라고도
할 수 있습니다. 혹(或)자의 특징은 약속을 지키는 일이나 신뢰에 대
해서는 상관하지 않습니다. 교언(巧言)을 만들어서라도 사람들에게 많
이 전달되도록 하면 그만입니다. 언론이 혹자(或者)와 같아진다면 곤
란하겠지요?

옹(雍)은 사람들과의 관계에 있어 조화(和)롭고 화목을 중시하는 사
람입니다. 그래서 말이 담백 간결한(訥於言:4.24) 사람입니다. 한마디로
'정치인 소질 없다'고 평가하고 있습니다.

사람들이 교묘한 말재주에 이끌리다 보면 정작 중요한 맥락을 잊게

됩니다. 인간적인 따듯함(溫)이 무엇인지, 사회 공동체에 도움이 되는 일(讓)이 무엇인지, 그런 일을 현명하게 적용할 방법(仁)이 어떤 것인지에 대해 논의하는 일보다 평가하여 분류하고, 비난과 비판하는 일에 더 관심을 둡니다. 사람들을 모아 입을 합하고 더하여 사회를 비난과 비판의 모습으로 만드는 일을 소위 '여론몰이(禦人)'라고 합니다. 사람들이 무슨 소떼도 아니고, 못된 정치인들이 만들어낸 비어라고 할 수 있습니다. 이런 말들은 표현상 교묘하고 재미있게 만들어, 비하하는 마음을 부추기는 일을 통해서 사람들의 입이 더하는(口給) 일에 치중합니다. 필자는 '屢憎於人'을 미움을 산다고 번역했지만, 이중적 의미를 지닌 구절입니다. 사람들에게(於人) 혹자가 한 말을 통해서 그 일에 대해 미움을 증가하도록 한다(屢憎)는 의미로 해석하는 것도 좋습니다.

'不知其仁'의 '其仁'은 혹자(或者)가 사람들에게 언어를 나눔으로써 발생하는 인(仁)입니다. 좋은 사례, 모범, 덕(德)을 나누는 아름다운 일을 퍼뜨리고 다니는 혹자(或者)가 어질다(仁)고 한다면, 아직 사실이 아닌 사항, 신뢰할 수 없는 남의 의혹(或)과 아름답지 못한 사례를 포장하고, 그 일면만 과장하여 사람들에게 퍼뜨리는 행위는 어질지 못한 일(不仁)이라고 할 수 있습니다.

마지막 구문은 언어가 살아서 사람들에게 도움을 주는 역할(讓)이 되지 못함을 안타까워하며 한 말입니다. 누구에게 한 말일까요? 논어(論語)를 학습하는 사람들이 이것을 이해하고 사회에 도움이 되는 언어를 나누어, 의혹만 가득한 신뢰할 수 없는 언어가 사회 구성원들의 마음을 채움으로써, 감정과 시간, 노력을 낭비(儉)하지 않도록 사회를 이끌어야 한다는 가르침입니다.

子使漆雕開仕. 對曰 : "吾斯之未能信." 子說

▶ **해석:** 공자께서 칠조개(漆雕開)에게 벼슬(仕) 길에 나아가 보라고 권했다. 그가 대답하기를, "저는 이에 대해 아직까지 확신이 없습니다." 공자께서 기뻐하셨다.

해설

構造: 讓[C: 讓(c_1=信)]

이 구절에서는 다섯 번째 평가 언급 방법, 공자가 제자를 평가한 후, 권하는 방식을 취하고 있습니다.

칠조개(漆雕開)의 이름이 뜻하는 의미를 살펴보면, '칠(漆)'은 옷칠을 의미합니다. 온갖 정성을 다해 반복하는 작업이라고 할 수 있습니다. 아직 칠이 덜 되었는데 사용하는 경우 겉면만 칠이 흡수되어 표면이 벗겨지면 보기 좋지 않습니다. 학문도 이와 마찬가지로 얕은 학문으로 화려하게 치장해서 잠시 빛을 발할 수 있지만, 어느 정도 지나면 그 깊이가 부족하여 한계에 부딪히게 됩니다. 조(雕)는 '새기다, 조각하다'는 뜻으로 나라의 정치를 칠하고 새기는 일을 개(開)시함을 의미하는 이름입니다.

제자 칠조개(漆雕開)는 아직 확신(信)이 부족하다고 답변하고 있습니다. 정치는 혼자서 하는 일이 아니라, 같이 수행하는 사람들의 신뢰(信)와 믿음(信)이 필요합니다. 앞 구절에서 혹자(或者)가 부족했던 점이 자신의 언어에 대한 약속과 신뢰라고 할 수 있습니다. 칠조개의 답변은 단순히 자신 능력과 자신에 대한 약속과 신뢰 이외에도, 정치를 통해 사람들에게 올바르게 쓰일 수 있다(讓)는 확신(信)이 부족하다는 의미를 지닙니다.

공자가 기뻐한 것은 제자의 겸손한 태도도 있지만, 자신에 대해 스스로 평가하고, 공직에 나아가는 목적이 자신의 출세를 위해서가 아니라, 사람들에게 도움이 되는 일(讓)이라는 것을 명확히 인식하는 점입니다. 3환(桓) 세력이 공직의 꼭대기에 위치해 나라를 어지럽히고 있는 현재 상황은 아직 올바로 새기는(雕) 일을 개(開)시하기 어렵기 때문입니다.

子曰: "道不行, 乘桴浮于海, 從我者, 其由與" 子路
聞之喜, 子曰: "由也好勇過我, 無所取材."

▶ **해석:** 공자께서 말씀하시길, "도(道)가 행해지지 않고 있구나! 뗏목을 타고 바
다로 나간다면, 나를 따라갈 사람은 그 자신으로부터 말미암을(由) 것이다." 자로
(子路)가 이 말을 듣고 기뻐하자, 공자께서 말씀하시길, "유(由)는 용기를 좋아함이
나를 능가한다. 그 재목을 취하는 곳에 대해 집착하지 않는구나!"

해설

構造: 諶[C: 溫(x_1=其由)]

3환(桓) 세력의 무도(無道)한 정치에 노(魯)나라는 더 이상 희망이 없
는 상황입니다. 제자들도 그런 안타까운 현실을 직시하고 있습니다
(漆雕開:5.5).

이에, '도불행(道不行)'이라고 구절 첫머리에서 공자가 선언하고 있습
니다. 과감한 결단을 내리는 장면입니다. 뗏목이라도 타고 넓은 바다
로 갈 모양입니다. 이는 은유적, 상징적 표현으로 정처 없이 전국 유
랑(流浪)의 길을 떠남을 의미합니다. 타국(他國)으로 떠나는 일은 목숨
을 걸고 가야 하던 시대였습니다. 그 과정에 어떤 어려움이 닥칠지는
아무도 장담할 수 없는 일입니다. 그렇기 때문에, 공자는 나를 따르
는 것은 그 자신의 의지에서 나와야 한다(其由)는 것을 명시합니다.
여(與)는 어기 조사로 그렇게 되어야 한다는 완곡한 표현법입니다. '其
由與'는 구절의 흐름상 '그것은 중유(仲由)가 아니겠는가?'로 이해할 수

도 있습니다. 2가지 의미를 담고 있는 중의적 표현법이라고 할 수 있습니다.

5.5구절에서 칠조개(漆雕開)가 스스로 아직 때가 아님을 표명한 것과 마찬가지로, 노(魯)나라를 떠날 때는 공자가 결정했지만, 따라나서는 것은 스스로 자신의 의지로 말미암을 일입니다.

이를 듣자마자, 의협심이 강한 자로(子路)가 답답한 노(魯)나라를 떠나는 일에 대해 기뻐합니다. 이에 대해 공자는 낯선 일과 닥쳐올 두려움은 전혀 개의치 않는 자로(子路)에 대해 한마디 평가를 더하여 말하고 있습니다.

무소취재(無所取材)에서 무(無)는 취하다는 동사 앞에서 '집착하지 않는다'는 의미로 쓰이고 있습니다. 공자가 죽음을 무릅쓰고 떠나자고 해도 따라가는 용기, 어떤 곳에서 그 인재의 쓰임을 취한다고 해도, 의(義)를 따라가는 일에 대한 설명입니다.

용(勇)기가 부족하여, 권력과 기존의 관성적 삶에 그대로 안주한다면, 공자라도 억지로 끌고 나갈 수는 없습니다. 세상을 어떻게 평가하든, 자신을 어떻게 평가하든 인간(子)은 자신의 길(路)에 대해 스스로의 의지에 말미암아(由) 나아가야 합니다. 이 구절에서 자로(子路)가 등장하는 이유입니다.

인간은 어떤 어려움에도 무도(無道)에 대해 항거하는 용(勇)기를 갖고 있기 때문에, 뿌리 깊은 악행과 비윤리에 젖어 어둠이 세상에 가득하더라도, 다시 밝은 길로 나아갈 수 있습니다.

孟武伯問: "子路仁乎?" 子曰: "不知也." 又問. 子曰: "由也, 千乘之國, 可使治其賦也, 不知其仁也." "求也何如?" 子曰: "求也, 千室之邑, 百乘之家, 可使爲之宰也, 不知其仁也." "赤也何如?" 子曰: "赤也, 束帶立於朝, 可使與賓客言也, 不知其仁也."

▶ **해석:** 맹무백(孟武伯)이 묻기를, "자로(子路)는 어집니까?" 공자께서 말씀하시길, "모르겠소." 다시 묻자 공자께서는 말씀하시길, "유(由)는 그로 하여금 수레 천 대를 가진 나라의 군사를 다스리게 할 수는 있으나, 그가 어진(仁)지는 모르겠소." "구(求)는 어떻습니까?"라고 묻자 공자께서 말씀하시길, "구(求)는 천 호(戶) 되는 읍과, 수레 백 대를 가진 경대부(卿大夫) 집안의 집사 노릇을 하게 할 수는 있으나, 그가 어진(仁)지는 모르겠소." "적(赤)은 어떻습니까?"라고 하자 공자께서는 "적(赤)은 관복을 입고 조정에 서면, 그로 하여금 다른 나라 사신과 이야기하게 할 수는 있으나, 그가 어진(仁)지는 모르겠소" 하셨다.

해설

構造: 讓[C: 良(m₁=不知)]

構造: 讓[C: $良(m_1=不知)$]

맹무백(孟武伯)은 그 이름 처음(孟)부터 끝(伯)까지 무(武)를 숭상하고 무를 좋아하는 성향의 사람입니다. 아버지 맹의자의 예(禮)에 대한 과도함을 병처럼 싫어한 젊은이입니다. 그래서 형식을 중시하는 예(禮) 대신에 인(仁)이라는 인간 본연의 속성에 집착하는 것 같습니다. 공자의 제자 3명에 대해 재차 인(仁)의 유무를 묻고 있습니다. 공자에게 제자들에 대해 예(禮)보다 더 근원적인 인간의 속성인 인(仁)의 관점에서 평가해달라는 중입니다.

이에 대한 공자의 답은 한결같이 '모르겠소(不知)'로 일관하고 있습니다. 왜 그렇게 답했을까요? 인간을 평가할 때 사회적 쓰임(所取材)의 관점에서는 이야기할 수 있지만, 그 사람 본성의 올바름을 논한다는 것은 신(神)이 아닌 이상 알 수 없는 노릇입니다. 인간 본연의 성질에 대해 정의, 정리, 평가하는 일 자체가 불가능하기 때문에, 함부로 그 사람의 인(仁)을 이야기할 수 없습니다.

물론, 어떤 행위를 비추어 비인간적, 반윤리적인 행동을 했던 사람인지 유무는 가려낼 수 있고, 이는 공직자 선발에 중요한 기준이 될 수 있습니다. 그런 행위를 했다면, 공직 사회에서 그와 같은 일을 반복할 수 있는 가능성이 높기 때문입니다. 공직 선발의 기준이 낮다면, 그런 사람도 공직에서 활용할 수 있겠지만, 공직(公職)자는 국가의 자원을 다루고 국민을 이끄는 사람들이기에 엄격한 선발 기준이 당연합니다.

논어(論語)를 읽다 보면, 어떤 행위를 들어서 명확히 잘못된 행동이라 평가를 하고, 어질지 못한 일(不仁)이라고 많이 언급하지만, 특정 사람에 대해 인(仁)하다고 평가한 구절은 거의 없습니다. 그래서 사람들이 오해하기 시작했습니다. '어질지(仁) 못하다고 언급되는 사항은 많은 반면, 어질다(仁)고 하는 사람은 없으니, 공자가 생각하는 가치의 최고 덕목은 인(仁)이 아니겠는가!' 이런 논리입니다.

인(仁)이 인간 본연의 성질에서 나오는 따뜻함과 현명함을 기반으로 한다는 차원에서 굳이 아니라고 할 수는 없습니다. 논어 체계의 구조상, 첫 번째 온(溫)을 기반으로 하고, 두 번째 양(良)에 선(善)함과 어진(賢) 속성을 기준으로 인(仁)의 유무를 평가하고 접근하기 때문입니다.

하지만 나머지 3개의 사항, 공(恭), 검(儉), 양(讓)은 별개일까요? 그렇지 않습니다. 인간이 관계를 이루면서 만들어가는 모든 활동에 인간 본성이 관여하지 않는 사항은 없기 때문입니다. 논어(論語) 어느 장에서도 인(仁)에 대한 언급이 많이 다루어지는 이유입니다.

정리하면, 우리는 한 사람의 인성(仁)에 대해서 모두 알 수 없으며, 인간을 함부로 평가하거나 속단할 수 없습니다. 단지, 눈에 보이는 잘못된 행동과 행위 기준으로 성향이나 그 사람의 방법이 올바르지 않다는 것을 이야기할 수 있습니다. 자칫 인(仁)을 숭상하고, 그것을 잣대로 삼아 사람을 평가하는 일은 곤란합니다. 사람은 누구나 인(仁)하고, 인(仁)을 실행하는 삶이 가능하다(有能一日用其力於仁:4.6)는 점을 간과하지 않아야 합니다.

子謂子貢曰: "女與回也孰愈?" 對曰: "賜也何敢望
回? 回也聞一以知十, 賜也聞一以知二." 子曰: "弗
如也, 吾與女弗如也."

▶ **해석:** 공자께서 자공(子貢)에게 물어보기를, "너와 회(回) 가운데 누가 더 뛰어
나는가?" 자공(子貢)이 대답하기를 "제가 어떻게 감히 회(回)를 바라보겠습니까? 회
(回)는 하나를 들으면 열을 알고, 저는 하나를 들으면 둘을 압니다." 공자께서 말씀
하시길, "그만 못하다. 너와 나는 그만 못하다."

해설

構造: 讓[C: 恭(u_1=吾與女弗如)]

5.7구절에서 맹무백(孟武伯)이 공자의 제자들에 대한 능력을 인정했
을까요? 쉽지 않습니다. 공자가 제자를 국가의 2인자에게 추천하였으
니, 그 사람의 장점을 최대한 부각시키는 관점에서 설명했다고 생각
할 수 있습니다. 선발하는 사람에게 전하는 언어는 대개 그런 방식으
로 장점을 부각시키는 것이 일반적이기 때문에 무엇인가 더 필요한
것이 있습니다.

객관적인 자료와 근거입니다. 이 구절의 공자와 자공의 대화 속에
서 찾을 수 있는 사항이 바로 그것입니다. 자공(子貢)이 겸손하여 안회
(顔回)를 더 높이 사는 발언을 하지만, 관련 근거 없이 그냥 안회(顔回)
의 장점만 늘어놓는 일은 자랑에 불과합니다. 만약 그렇다면, 속으로
'나는 더 자랑할 것이 많은데'라는 마음을 먹고 있는지도 모릅니다.

자공(子貢)은 안회(顏回)의 장점을 자신과 비교하여 근거를 제시함으로써 객관화하고, 이에 대해 스승인 공자가 공증을 해준 상황이라고 할 수 있습니다. 따라서 배움에 있어서, 안회(顏回)는 인정할 수 있는 제자라는 결론을 내릴 수 있습니다.

　배움이 아닌, 다른 관점은 어떨까요? 그것은 모르는 일입니다. 객관적 근거와 자료 또는 그것에 대한 공증이 더 필요한 사항입니다. 사회 공동체에서 공(恭)을 구하기 위해서는 구성원이 공(共)동의 마음(心)을 갖는 일이 필요합니다. 이때 필요한 사항이 근거의 객관성과 공증이 부여하는 투명성이라고 할 수 있습니다.

　논리적으로는 간단한 사항이지만, 현실에서는 사람들이 잘 활용하지 않는 경우가 많습니다. 특히, 정치인들의 달콤한 자랑과 미래에 대한 청사진에 눈이 흐려져, 객관성과 투명성을 확인하는 과정은 생략하곤 합니다.

　선거철 선거관리위원회 홈페이지에 가면, 최근 5년간 세금을 적절하게 납부했는지 여부에 대해 객관적 근거를 확인할 수 있습니다. 국민의 한 사람으로 세금도 성실하게 납부하지 않는 사람들이 국가를 이끌도록 하고, 법을 만드는 사람으로 뽑는 일은 어리석은 모습이라고 할 수 있습니다. 이와 같이 국가가 공증하고 투명하게 발표하는 사항 기준으로 피선거권자의 행위와 행적을 비교한다면, 객관적으로 이해할 수 있을 것입니다.

> 宰予晝寢. 子曰: "朽木不可雕也, 糞土之牆不可杇
> 也. 於予與何誅?" 子曰: "始吾於人也, 聽其言而信
> 其行, 今吾於人也, 聽其言而觀其行. 於予與改是."

▶ **해석:** 재여(宰予)가 낮잠을 자고 있었다. 공자께서 말씀하시길, "썩은 나무로는 조각할 수 없고, 더러운 담장은 흙손질 할 수 없다. 여(予)에게 무엇을 나무라겠는가?" 공자께서 (이어서) 말씀하시길, "처음에 나는 다른 사람에 대하여 그의 말을 듣고 그의 행동을 믿었는데, 지금 나는 다른 사람을 대할 때에, 그에 대한 말을 듣고 그 행위를 살피게 되었다. 여(予)를 대함으로써 이처럼 바뀌었다."

해설

構造: 讓[C: 儉(o₁=聽其言而觀其行)]

재여(宰予)는 뛰어난 언어로 인정받았던 공자의 제자입니다. 그런 제자가 낮잠 자다가 공자에게 딱 걸린 상황입니다. 이 구절은 논어의 구절 가운데, 사람들에게 많이 알려져 자주 인용되는 구절입니다. 상황이 재미있고, 공자의 비유법이 현란하기 때문입니다.

재미와 현란한 언어는 논어에서 전달하고자 하는 주요 사항과는 거리가 먼 일에 해당합니다. 이 구절은 무엇을 전달하기 위한 것일까요? 왜 재여(宰予)에게 이런 악역을 부여했을까요? 왜 여(予)에게 나무라는 것이 문제일까요? 공자가 어떻게 했어야 할까요? 이전 5.8구절과 어떤 연관성을 지닐까요?

이 구절에서 전달하는 바는 사람들이 언어를 통해 도움을 얻는 일

(讓)에 있어서 낭비를 최소화(儉)하는 것입니다. 단순히 말만 듣고, 믿는 일을 경계해야 합니다. 객관적 사실과 공중된 사항을 제외하고 믿음만 앞서면, 현란함을 앞세운 말에 넘어가 본질을 놓치고 사기를 당하기 쉽습니다.

재여(宰予)의 이중적 의미를 살펴보면, 재(宰)는 '재상' 또는 '공직자'라는 뜻입니다. 여(予)는 '나'를 지칭하기도 하지만, '허용하다'는 뜻도 있습니다. 중의적 표현으로서, 국가 공직자인 재여(宰予)가 자신에게 낮잠을 허용하고 있는 중입니다. 물론, 공직자의 태도와 자세가 이렇게 안일하면 곤란하겠지요. 그러나 안타까운 현실은 그런 사람들이 존재한다는 사실입니다. 객관적으로 투명하게 CCTV 설치해서 하늘에서 누군가 보고 있다면, 그런 일이 훨씬 늘어날 가능성이 높습니다. 재여(宰予)가 등장하는 이유입니다.

여(予)에게 나무라는 것이 좋은 방법이 아닌 이유는 그런 태도와 자세를 허용(予)하고 잘못 가르친 스승, 내가 문제라는 의미입니다. 5.8구절 해설 마지막 부분으로 돌이켜 보면, 올바르지 못한 사람을 선거에서 택한 내가 문제라는 의미입니다.

5.8구절에서 객관성과 투명성을 확보하는 일에 대해 공자와 자공의 대화로 설명했지만, 다른 사람의 말만 듣고 그대로 믿는 일은 그런 노력과 과정을 건너뛰었음을 의미합니다. 대개 귀찮고 번거롭기에 확인 없이 그냥 받아들입니다. 그런 과정을 배제함으로써, 올바르지 못한 결과로 귀결된다면 그 낭비와 손해는 결국 나에게 돌아오고 더 커지기 쉽습니다. 한번 행한 일, 선택한 일은 되돌리기 쉽지 않기 때문입니다.

나(予)에 대한 허용(予), 그런 허용(予)의 행위 가운데, 도장을 찍는 행위, 사인을 하는 행위는 중요한 선택을 이루는 행위입니다. 되돌릴 수 없는 중요 사항에 해당합니다.

현대 사회에서는 고객(서민)을 왕처럼 모시는 것처럼 교묘하게 언어와 행동을 포장합니다. 서민을 우쭐하게 만들어 아무런 내용의 확인 없이 쉽게 서류에 사인하도록 종용하는 일이 많습니다. 선거, 대출, 병원에서 수술, 카드발급, 각종 서비스 가입, 부동산 거래, 펀드와 같은 금융 투자 행위 등 이런 경우는 셀 수 없이 많습니다. 사인 전에 내역을 객관적으로 살펴보고, 공중된 사항을 꼼꼼히 확인하는 사람은 계약 상대자를 믿지 못하는 것처럼 취급합니다. 하지만 문제가 발생하면 그런 내역에 대해 확인하지 않고, 그냥 믿었다가 낭패를 봤다고 하소연을 합니다. 재여(宰予)를 탓하는 모습이라고 할 수 있습니다.

엄청나게 작은 글씨의 길고 긴 약관의 신뢰성을 지키며, 서비스를 잘 유지하는 것은 해당 기업 등 계약상대자의 책무이지만, 그 약관에 기재되어 있음에도 불구하고, 확인하지 않고 달콤한 말만 믿고, 도장을 찍는 것은 계약자의 믿음이 지나친 경우라고 할 수 있습니다.

재여(宰予)와 같은 공직자가 늘어날수록 복잡한 사회 체계 속에서 절제를 행하고 낭비 막을 방법을 찾아 서민들에게 도움을 주는 일(讓)은 멀어집니다. 자신 스스로에 대해서도 지키고 관리하지 못하는데, 어떻게 사회에 도움을 주는 일을 행하겠습니까?

子曰 : "吾未見剛者." 或對曰 : "申棖." 子曰 : "棖也 欲, 焉得剛?"

▶ **해석:** 공자께서 말씀하시길, "나는 아직 강직한 사람을 보지 못했다." 어떤(或) 사람이, "신장(申棖)입니다"라고 대답했다. 공자께서 말씀하시길, "장(棖)은 탐욕스 러운데 어떻게 강직할 수 있겠는가?"

해설

構造: 讓[C: 讓(c_1=剛)]

'강(剛)'은 강직함을 뜻하는 글자로, 산의 바위를 거인이 단칼에 잘 라 놓은 듯한 반듯함을 의미합니다. 태풍이 불어도, 큰물이나 큰불 이 닥쳐도, 칼이 목에 들어와도, 그 어떤 상황에서도 변하지 않는 성 질을 의미합니다.

왜 갑자기 강직함에 대해 이야기할까요? 우리가 사는 사회는 변하 지 않는 것이 없습니다. 체계가 복잡하면 복잡할수록 더욱 자주, 그 리고 크게 변할 수 있습니다. 5.9구절의 공자 모습을 보더라도, 새로 운 것을 깨닫고 자신의 태도와 자세를 변화시키고 있습니다. 보통 사람의 경우에는 아침 저녁으로 태도와 자세가 변하는 것이 현실입 니다.

그럼에도 불구하고, 사람들은 강직(剛直)함에 대해 자주 이야기합니 다. 특히 사람에 대해 언급할 때에 자주 활용합니다. 이번에도 혹자 (或者)가 거들고 있습니다. 5.9구절을 배웠음에도 불구하고, 신장(申棖)

이라고 객관적인 근거가 없는 말을 합니다. 그렇기 때문에, 공자의 답변이 친절하지 않습니다. 그러면 공자는 어떤 근거로 탐욕(欲)스럽다고 한 것일까요?

'장(棖)'은 집의 문설주, 문(門)의 기둥을 의미합니다. 그 모습이 쭉 뻗어 집을 버티고 있기 때문에 강직하다고 혹자가 설명한 것이지만, 앞에 신(申)자가 있습니다. 문의 기둥을 펼치고(申), 확장(申)하는 사람이라는 의미입니다. 즉, 문(門) 기둥을 확장(申)할 정도로 자신의 집을 재물로 채우는 일에 바쁜 사람인데, 어떻게 강직할 수 있겠는가? 정도의 의미입니다.

자신의 이익과 재산을 채우는 일은 이 구절의 대주제(讓), 소주제(讓)인 사람들을 돕고, 사회적 합의를 이루며 살아가는 일(讓)과 거리가 먼 사항에 해당합니다.

子貢曰 : "我不欲人之加諸我也, 吾亦欲無加諸
人." 子曰 : "賜也, 非爾所及也."

▶ **해석:** 자공(子貢)이 "다른 사람들이 저에게 무릇 어떤 것을 가하는 일을 원하지
않습니다. 저도 사람들에게 가하지 않으려고 합니다"라고 말한다. 공자께서 말씀
하시길, "사(賜)야, 네가 영향을 미칠 수 있는 바가 아니다."

해설

構造: 讓[C: 溫(x_1=所及)]

5.10구절의 대화를 듣고 있던 자공(子貢)이 한마디 하는 상황입니
다. 자공(子貢)은 여기에서는 사람들에게 이바지(貢)하는 사람(子), 즉
국가 고위 공직자에 해당합니다. 통상 사람들은 고위 공직자는 강
(剛)직해야 한다고 주문합니다.

돈이 억수로 많은 자공(子貢)이 감히 그것을 이루겠다고 하기는 어
렵습니다. 그래서 선택한 것이, 사람들이 가(加)하는 주문에 대해 추
구하지 않으며, 자신 또한 사람들에게 무엇인가 원하는 일을 하지 않
겠다(欲無加諸人)고 선언하고 있습니다.

이에 대해 공자가 네(爾)가 영향을 미칠(及) 사항(所)이 아니라고(非)
답변합니다. 어떤 것에 도달하지 못하는 경우 미급지(未及之)라는 형
태로 아직(未) 수준이 아니다는 뜻을 표현합니다. '비급지(非及之)'는 그
런 것에 도달하면 안 되는 일을 뜻합니다. 자칫 미(未)와 비(非)의 차이
를 오해하면, 해서는 안 되는 일을 아직 수준이 도달하지 못했지만,

하면 좋은 일로 둔갑시켜 오해하기 쉽습니다.

사람들에게 언어로 도움을 주는 관점에서 강(剛)직하라고 권하는 것은 좋은 일입니다. 사람을 평가할 때에 행위에 대한 객관적 근거 없이, 사람의 일면만 보고 평가하려고 드는 일이 문제이지, 좋은 성향을 공직자들에게 요구하는 일은 열심히 해야 하는 사항에 해당합니다. 모든 사람을 조건 없이 사랑하라는 요구가 있기 때문에 그것을 이루기 어렵다고, 사람들을 조건 없이 사랑하라고 권하는 일을 중단하는 일은 해서는 안 되는 사항(非爾所及)이라고 할 수 있습니다.

돈이나 예산 등 물질적 관점에서 사람들이 정치인에게 영향을 미치거나 요구하는 일을 원하지 않고, 마찬가지로 돈이나 예산 관련, 물질적 관점에서 영향을 가하지 않겠다는 것은 타당할 수도 있습니다. 하지만 정신적 측면에서는 위의 설명과 같이 오해가 없어야 합니다. 공자가 제자를 부를 때에 애정 어린 마음으로 본명, 사(賜)야라고 부르면서 설명한 이유입니다.

子貢曰 : "夫子之文章, 可得而聞也. 夫子之言性與
天道, 不可得而聞也."

▶ **해석:** 자공(子貢)이 말하길, "선생님의 글은 얻고 들을 수가 있었으나, 선생님께
서 하늘의 도리(天道)에 따르는 본성에 관하여 언급하시는 말씀은 얻거나 들을 수
가 없었다."

해설

構造: 讓[C: 良(m₁=可得, 不可得)]

왜? 이 시점에 이런 말을 전달하고 있을까? 그 이유가 무엇인지 잘
떠오르지 않는 경우는, 앞뒤 구절과 연계성을 살펴봐야 합니다. 그래
도 잘 연결이 안 되는 경우에는 대주제(大主題), 소주제(小主題)가 무엇
인지 살펴보는 일이 필요합니다. 언어를 통해 도움을 주는 일(讓)을
이루는 좋은 방법론(良)을 찾을 수 있다면, 구절에 대한 이해에 도달
(及)했다고 할 수 있습니다.

이 구절과 같이 대구를 이루는 구절은 대구를 비교해보면 이해에
도움이 됩니다. 선생의 문장(夫子之文章)과 선생의 말씀(夫子之言性與天
道)에 대해 먼저 비교해 보겠습니다.

문장(文章)은 워낙 많이 사용되는 단어로 쉽게 생각하면 그냥 글입
니다. 그러면 글과 말(言)의 차이가 무엇일까요? 글이 조금 더 신뢰성
이 높다고 볼 수 있습니다. 기재된 사항이기 때문에, 객관적 증거가
존재합니다. 물론, 글쓴이가 내가 쓴 것이 아니라고 우긴다면 투명성

까지 확보하기 위한 일이 추가되어야 합니다.

말(言)은 그런 관점에서 상대적으로 가볍습니다. 하지만 고위 공직으로 올라갈수록 절대 가볍지 않은 것이 말입니다. 고위 공직자의 말(言)이 신뢰성이 부족하다면 그 사람 아래에 있는 사람들에게 미치는 영향은 상당히 클 것입니다. 사회의 체계와 구조를 분석하고 정리하는 글을 서술하고 있는 공자가 신뢰성이 부족한 말을 논어에 담는다면 어떤 결과가 도래할까요? 서술의 신뢰성 차원에서, 하늘이 이끄는 본성(性與天道)에 대해서는 언급을 피한 것이라고 할 수 있습니다. 논어에는 인간의 본성(性)에 대해서 '이렇게 해야 한다. 이렇게 하는 것이 하늘의 뜻이니 따르라'고 언급한 사항이 없습니다. 만약 있다면 자공(子貢)이 실언(失言)한 것이며, 논어는 일관성이 없는 글이 될 것입니다. 본성(性) 뒤에 '與天道'라는 수식어가 붙어 있습니다. 하늘의 도(道)에 부응하는 본성(性)이라는 의미입니다. 결국, '이렇게 하는 것이 하늘의 뜻이니 따르라'에 해당하는 말씀이 논어에는 없다고 한 것입니다.

'하늘' 대신 '어떤 신(神)'을 기재하면 종교 단체에서 쉽게 접할 수 있는 언어에 해당합니다. 종교와 철학의 차이는 간단합니다. 믿음(信)을 기반으로 신(神)의 말씀이니 따르라는 가르침을 전달하면 종교이고, 근거와 사유를 기반으로 신뢰(信)할 수 있는 가르침을 전달하면 철학입니다. 만약 공자(孔子)를 너무 흠모한 나머지 공자님 말씀이니 의미도 모른 채 따르는 것을 강요한다면, 철학을 넘어서 종교적으로 끌고 가는 일이라고 할 수 있습니다.

정리하면, 글과 말로 공자의 생각과 철학을 전달하지만, 근거와 이유를 명확히 하지 못하는 것에 대해서는 언급하지 않았다는 의미입니다. 뒤에 따라오는 구절의 가득(可得)과 불가득(不可得)을 구별할 줄 아는 능력을 갖추는 일이 이 구절에서 제시하는 방법론(良)에 해당합니다.

소급(所及)해서 찾아보면, 5.11구절의 '我不欲人之加諸我也'는 수용가능(可得而聞) 사항이 되고, '吾亦欲無加諸人'은 수용 불가능(不可得而聞) 사항이라고 할 수 있습니다. 고위 공직자가 얻는 일이 가능한 것(可得)과 얻는 일을 하지 않아야 하는 것(不可得)을 구분하지 못하고, 그 행위가 가능해야(可行) 한다는 뜻으로 받아들이면 곤란합니다. 하위직의 공직자들에게 강(剛)직함을 권고하는 것이 아니라, 그런 행위를 하지 않으면 어떤 제재나 벌을 취하는 강제적 조치는 조직을 극도로 경직되게 만들 수 있습니다. 지시를 듣고 따르지 않으면, 벌하는 것과 동일하지만, 그 지시가 성인도 지키기 어려운 높은 윤리적 수준을 요구하는 일은 가혹한 행위라고 할 수 있습니다.

듣고, 이해하며 그 방향으로 이끄는 일과 실천을 강제함은 별개의 사항입니다. 논어에서 인간의 본성(性)과 관련하여 어떤 가르침을 따르도록 설명하지 않는 이유입니다.

그러면 인간의 본성(性)은 어떤 것들이 있을까요? 기쁨(喜), 화(怒), 슬픔(哀), 두려움(懼), 사랑(愛), 싫어함(惡), 욕심(慾) 등 7정(情)이라 부르는 것이 대표적인 예입니다. 인간 본연의 속성(性)에 해당합니다. 인(仁) 또한 본성(性)에 해당하지만, 약간 특수한 경우라고 할 수 있습니다. 어진(仁) 사람은 위 감정들에 대해 인간 본연의 마음을 바탕으로 화낼 수도 있고, 슬퍼할 수도 있습니다. 즉, 인(仁)은 인간이 지니는 여러 본성(性)의 집합체라고 할 수 있습니다.

논어에서는 인(仁)에 대한 많은 언급 가운데 '하늘의 도(天道)에 따르는 인(仁)이 무엇이다'고 설명한 구절은 없습니다. 또한 그에 따르는 깨달음을 얻거나, 무조건 실천해야 한다고 강요한 구절 또한 없습니다.

필자가 어떻게 자신할 수 있을까요? 그것은 5.12구절에서 자공(子貢)이 공식적으로 서술한 근거가 있기 때문입니다. 논어(論語)라는 글의 객관성을 신뢰하기 때문입니다.

만약 일관성이 부족한 부분이 있다면, 논어를 연구하는 학자는 부족한 부분을 증명하고 보완하여 이론과 체계를 수립하여 논문을 발표하면 그만입니다. 5.9구절의 사례에서 살펴본 것과 같이 공자가 항상 100% 옳다는 것을 보장할 수는 없습니다. 공자도 부족한 자신의 생각을 바꾸고 더 좋은 방향으로 생각을 수정한 사례를 돌이켜보면, 사회의 발달에 따라 더 좋은 체계와 이론이 나오는 것은 당연한 일입니다.

참고로, 이 구절의 성(性)을 인간의 본성으로 한정하여 설명하였습니다. 논어(論語)에서 과학, 의학 등 자연 과학에서 다루는 자연계의 물질이나, 생명체의 본성(本性)이나 본질(本質)에 대해 설명한 사항이 없다는 사실은 누구나 공감하고 이해할 수 있는 사항이라고 생각합니다.

子路有聞, 未之能行, 惟恐有聞.

▶ **해석:** 자로는 가르침을 듣고, 그것을 아직 능히 행하지 못하는데, 가르침을 또 듣게 될까 두려워했다.

해설

構造: 讓[C: 恭(u₁=未之能行)]

사회적 합의(讓)와 공동의 마음(恭) 측면에서 살펴보면, 사회 체계가 점점 더 복잡해지고 있습니다. 배움은 끝이 없습니다. 자로(子路)에게는 공자의 가르침이 어렵게 다가왔는가 봅니다. 어떤 가르침을 들었지만, 그것에 대해 능히 행하기 어렵다고 설명하고 있습니다. 그리고 다시 가르침을 듣는 것을 두려워하고 있습니다.

과연 자로(子路)만의 문제일까요? 5.8구절에서 언급한 안회(顔回)의 경우 하나를 들으면 열을 깨우치고, 자공(子貢)은 둘을 깨우치지만, 보통의 사람들은 하나를 들으면 이내 잊어버립니다. 모든 사람들이 공동의 마음을 갖기에는 부족한 듯합니다. 과연 그럴까요?

인간의 성(性)향은 다양합니다. 어떤 사람은 학습에 재능이 있고, 어떤 사람은 손재주에 재능이 있으며, 어떤 사람은 예술적 능력이 뛰어나기도 합니다. 뛰어나고 아름다운 모습을 좋아하지만, 모든 사람이 동일하게 같아질 수는 없습니다. 인간은 누구나 자신(子)을 길(路)을 찾아가는 것이 바람직합니다. 하지만 어떤 공동체에 소속되려면, 그에 필요한 사항은 배우고 익혀 그들과 함께(共)하는 마음(心)을 갖는 일 또한 필요합니다.

그런 관점에서 누구나 공동체와 같이하려는 노력이 필요하고, 공동체는 사람을 배제하지 않으려는 노력이 필요합니다. 만약 어떤 공동체가 같이하려는 노력을 배제한다면, 특수한 집단으로서, 그 집단의 특성을 제한하는 일이라고 할 수 있습니다.

이 구절에서 자로(子路)가 조금 부족함을 느낄 수 있다는 것을 설명하는 것 같지만, 그것은 학습 이해 수준에 따라 사람을 구별하는 관점에 불과합니다. 사회 공동체와 같이하려는 노력과, 그렇지 못한 경우 수치심을 느끼는 겸양과 염치의 마음(性), 즉 공동체에 대한 공(恭)이 기저에 자리하고 있다는 점을 설명하고 있습니다.

자로(子路)가 이 구절을 말한 것에 대해 공(恭)의 관점에서 이해하고, 미흡한 사람들을 배려하는 측면에서 살펴본다면, 사회 체계가 공(恭)을 이루는 방향으로 발전할 수 있습니다. 잘하는 사람과 못하는 사람을 구별하고 비교하는 관점에서 생각이 머문다면, 경쟁과 이익을 헤아리는 마음(本性)이 자신 생각의 틀로 자리하고 있는 것은 아닌지 의심해야 합니다.

그렇다면 자신 수양(修養)이 더 필요한 상황이라고 할 수 있습니다. 4.1구절로 돌아가 인(仁)에 대해, 그리고 사람이 사회를 이루어 사는 것이 아름다운 이유에 대해 깊이 헤아려(里) 볼 필요가 있습니다. 4.1구절에서 이미 배운 것에 대해, 능히 행하지 못하는 일에 대해 깊이 성찰해야 합니다(未之能行). 그리고 이후 학습 진행에 대해 배움이 부족한 상황에 더 듣고 배우는 일에 대해, 오직 그것을 두려워해야 합니다(惟恐有聞). 자로(子路)가 두려워한다는 것의 의미라고 할 수 있습니다.

子貢問曰 : "孔文子何以謂之文也?" 子曰 : "敏而好學, 不恥下問, 是以謂之文也."

▶ **해석:** 자공(子貢)이 "공문자(孔文子)는 무엇 때문에 문(文)이라고 칭한 것입니까?"라고 물었다. 공자께서 말씀하시길, "배우는 일에 대해 민첩하고 좋아하며, 아래 사람에게 묻는 것을 부끄럽게 여기지 않으므로, 그것을 칭하여 문(文)이라고 부른다."

해설

構造: 讓[C: 儉(o$_1$=敏而好學, 不恥下問)]

왜? 이 시점에 이런 말을 전달하고 있을까요? 핵심 사항이 무엇인지 잘 떠오르지 않는 경우는, 앞뒤 구절과 연계성을 살펴보는 일이 필요합니다. 5.11~5.15구절을 이해하는 과정은 '얻는 것이 가능한 것(可得:5.12)'이 무엇인지 찾는 일이 힌트라고 할 수 있습니다.

5.13구절에서는 배움을 듣는 일(有聞)로부터 얻었고(可得), 이 구절에서는 민첩하고 학문을 좋아하여 아랫사람에게 묻는 일(敏而好學, 不恥下問)로부터 무엇인가를 얻어(可得) 문(文)을 이루었습니다.

그런데 5.12구절을 설명하면서 대략 넘어간 부분이 있었습니다. 문장(文章)이라는 단어입니다. 의미를 조금 더 살펴보면 문(文)은 산문에 해당하는 글이고, 장(章)은 시나 시조, 노래 가사와 같은 운문에 해당하는 글입니다. 산문과 운문을 합해서 문장(文章)이라고 합니다. 그래서 뒤에 이어지는 구문의 표현을 산문은 '얻는다(可得:5.12)'는 표현으로 운문은 '듣는다(而聞:5.12)'는 표현으로 서술하였습니다.

5.13구절에서 자로(子路)가 배운 것은 시(詩)나 시조를 통해 사악함이 없는(思無邪:2.2) 사람들의 마음에 대한 공심(共心)이라고 할 수 있습니다.

이 구절에서 공자는 신분의 위, 아래 가리지 않고 다양한 사람들로부터 들은 사항을 민첩하게 체계적으로 정리한 산문(文)을 통해 문(文)화를 이끌었기 때문에, 문(文)이라는 칭호를 붙였다고 설명하고 있습니다.

산문(文)은 절제를 바탕으로 간단 명료하게(儉) 서술하는 것이 좋습니다. 자칫 내용이 길어지면 이해가 어렵게 됩니다. 하지만 간단 명료함(儉)보다 더 중요한 사항은 글이 전하는 내용이 사람들에게 도움이 되는 일(讓)입니다. 사회에 도움이 되지 않는 글은 전파되기 어렵습니다.

현대 사회의 조직에서 생산되는 많은 문서들 가운데 지속적으로 사람들에게 도움을 주는 경우는 흔하지 않습니다. 대다수의 문서가 한두 번 활용되고, 사라지는 상황임에도 불구하고 끊임없이 문서를 생산합니다. 해당 조직의 자원을 아끼고 절제하여 활용하는 측면에서 엄청난 낭비라고 할 수 있습니다.

그런 관점에서 칭호를 문(文)이라고 하는 이유는, 글(文)을 통해서 사람들에게 도움이 되는 일, 즉 문(文)서를 통해 덕(德)을 전달하는 일을 행한 것이라 볼 수 있습니다.

그 산문(文)이 바로 논어(論語)입니다. 공문자(孔文子)를 별도의 인물로 사람들이 칭하지만, 글을 흐름과 이해를 바탕으로 해석하면, 필자의 의견으로는 공자(孔子)를 지칭합니다. 큰(孔) 덕(德)을 글(文)에 실어 2500년 넘게 지속 전달한 셈입니다. 이 얼마나 큰(孔) 덕(德) 아니겠습니까? 살아 생전에 스스로 아호로 문(文)이라 지칭한 사항을 사후에 그 뜻에 따랐을 것으로 추측하며, 그것이 이어져 천년 후 당(唐)나라 시대에 공자(孔子)는 '대성지성(大成至聖) 문선왕(文宣王)'으로 추대됩니다.

'문선(文宣)'의 의미가 이 구절에 서술되어 있습니다. '배움에 민첩하고 좋아하여 배운 사항에 대해 학문적 체계를 수립하고, 부끄러움에 연연하지 않고 제자들과 묻고 토론하여 세상에 도움이 되는 글, 논어(論語)를 남김으로써, 글을 통해 널리 세상에 덕(德)을 베풀다'는 뜻이라고 할 수 있습니다.

子謂子產：“有君子之道四焉，其行己也恭，其事上也敬，其養民也惠，其使民也義.”

▶ **해석:** 공자께서 자신(子)의 자산(資産)에 대해 말하시길, “(나는) 군자의 도(道)를 네 가지 지니고 있으니, 그 자신의 행동이 공손하고, 윗사람을 섬기는 일에 경건하고, 서민을 부양하는 일에 은혜롭고, 서민을 부리는 일에 의(義)롭다.”

해설

構造: 讓[C: 讓(c₁=子産)]

$$構造: 讓[C: 讓(c_1=子産)]$$

필자는 이 구절의 자산(子産)을 별도의 인물이 아닌 공자 자신의 자산(資産), 즉 생산적인 관점에서 사회에 도움(讓)이 되는 정신적 자산이라고 해석합니다. 5.14구절에서 설명한 문(文), 즉 논어(論語)가 자산(子産)에 해당하며, 글이 지향하는 방향을 설명한 구절입니다.

논어(論語)를 통해 수양을 이룬 군자(君子)는 가장 먼저 자신에 대한 공손(恭遜)함을 바탕으로 이루고, 국가의 일(事)에 대해 경(敬)을 다해 수행하고, 서민에게 은혜로우며, 의(義)를 통해 서민에게 부역을 내립니다.

국가의 정치를 수행하는 공직자는 공경(恭敬)이라는 덕목을, 정치의 대상이 되는 서민들에 대해서는 혜의(惠義)라는 덕목을 기초로 나라를 다스리는 일입니다. 눈 여겨 볼 사항은 서민을 지지(養)하고 지원(養)하는 일에 있어서 은혜(惠)롭다는 점입니다. 서민들이 스스로 삶을 잘 이루어(養) 낼 수 있도록 돕는 간접적 지원이라고 할 수 있으며, 서민들에게 부역을 부과하는 경우에도 국가 전체 공동체의 의(義)로움을 바탕으로 합니다.

子曰 : "晏平仲善與人交, 久而敬之."

▶ **해석:** 공자께서 말씀하시길, "안평중(晏平仲)은 다른 사람들과 사귀기를 잘한다. 오랫동안 사귀고, 사귐에 대해 경건하게 여긴다."

해설

構造: 讓[C: 溫(x₁=善與人交)]

構造: 讓[C: 溫(x_1=善與人交)]

공자가 왜 갑자기 안평중(晏平仲)에 대해 설명하고 있을까요? 5.15구절에 이어 무엇을 더 알려주고 싶었던 것일까요? 서민들 삶에 자생력을 불어넣고, 서민들이 잘 살아가면 국가는 굳건하게 되며, 이는 곧 국가의 평안으로 이어집니다.

안평중(晏平仲)의 안(晏)이라는 글자는 평안하다는 의미로 매일(日) 매일(日) 더욱 편안해(安)진다는 뜻으로서, 안평중(晏平仲)은 사람들(亻)의 안(安)정과 평(平)화를 이루는 일에 중심(中)을 두는 군자(君子)와 같은 사람입니다.

그런 일은 사람들과 선(善)한 관계를 맺고(與人交) 교류하는 일(君子之道:5.15)에서 비롯됩니다. 그 관계가 오래 지속(久)되고, 서로 간에 공경(敬)을 바탕으로 합니다. 따뜻한(溫) 사회의 기반을 이루는 일이라고 할 수 있습니다.

子曰 : "臧文仲居蔡, 山節藻梲, 何如其知也?"

▶ **해석:** 공자께서 말씀하시길, "장문중(臧文仲)은 채(蔡)에서 기거한다. 그곳의 기둥머리에는 산을 그려 넣고, 동자 기둥에는 물풀 무늬를 그려 장식했다. 어찌 그런 인물을 지혜롭다고 하겠는가?"

해설

構造: 讓[C: 良(m₁=何如?)]

構造: 讓[C: 良(m_1=何如?)]

장문중(臧文仲)의 장(臧)은 감추다, 드러내지 않는다는 뜻이며, 문(文)은 글이나 문양, 무늬 등을 의미합니다. 사람들(亻)에게 문(文)을 드러내지 않기 때문에, 학문(文)이나 문(文)예를 깊이(臧) 감추고(臧) 있는 겸손한 사람(其行己也恭:5.15)으로 오해하기 쉽습니다.

하지만 그 삶의 중심은 채(蔡)에서 머무는(居) 일에 있습니다. 채(蔡)는 집 안에 있는 사당(舍堂)으로 점치는 큰 거북이 껍질을 모셔 놓고, 국가 중대사와 같은 일을 은밀히 점을 쳐서 결정하곤 했다는 의미입니다. 한마디로 국가의 정치를 주술과 점에 의존하여 행하는 사람이라고 할 수 있습니다.

채(蔡)의 주 기둥과 작은 기둥에 산과 물풀을 그려 넣었습니다. 산과 물풀은 산과 물을 상징합니다. 즉, 세상을 요약하여 그려 넣었다는 의미입니다. 건축물에 이런 무늬와 문양을 하는 것은 왕실의 건축물, 궁전에서만 가능한 일입니다. 그런 일을 대부의 집에서 행하고, 혼자 채(蔡)에 들어앉아 점치는 일을 즐기고 있습니다.

고대부터 거북이는 장수하는 동물로서, 영험하다고 여겨왔고, 등껍질은 점치는 일에 활용되곤 했습니다. 가장 오래된 문자 기록이 발견된 곳이 거북이의 등껍질, 갑골문(甲骨文)이라는 사실은 고대 제사에서, 거북이의 등껍질에 글자를 새겨 넣고 길흉을 점치는 데 활용하는 사람들이 많았다는 것을 뜻합니다. 그런 거북이를 모시는 사당을 집 안에 만들고, 미신에 이끌려 살아가는 모습을 지혜(知)롭다고 이야기하는 일은 곤란합니다.

대개, 사람들은 정치인이나 공직자의 밖으로 드러난 모습만 바라볼 수 있습니다. 깊숙이 감추어진 정치인의 사생활은 알 수 없기 때문에, 겉면만 보고 오해하곤 합니다. 이름이나 소문만 듣고, 보이는 모습만으로 판단하는 일은 좋은 방법이라고 할 수 없습니다. 이때에 필요한 사항은 '어떤 이유로 그와 같다고 여기는 것인지(何如?)' 질문하고 그 답을 확인하는 방법(良)입니다. 무엇보다도 그 자신의 행위가 공손하고(其行己也恭:5.15) 사회에 대한 공(恭)경의 마음을 지니고 있는지 살피는 것이 좋습니다.

子張問曰: "令尹子文三仕爲令尹, 無喜色. 三已之, 無慍色. 舊令尹之政, 必以告新令尹. 何如?" 子曰: "忠矣." 曰: "仁矣乎?" 曰: "未知. 焉得仁?" "崔子弒齊君, 陳文子有馬十乘, 棄而違之. 至於他邦, 則曰, '猶吾大夫崔子也.' 違之. 之一邦, 則又曰, '猶吾大夫崔子也.' 違之. 何如?" 子曰: "淸矣." 曰 : "仁矣乎?" 曰: "未知. 焉得仁?"

▶ **해석:** 자장(子張)이 묻기를, "영윤(令尹) 자문(子文)은 벼슬에 나아가 세 번이나 영윤(국가의 재상)이 되었으나, 얼굴에 희색을 띠지 않았고, 세 번이나 그것을 그만두었으나, 성난 기색이 없었으며, 전임 영윤의 정사를 반드시 후임 영윤에게 일러 주었는데, (이 사람은) 어떻습니까?" 공자께서 말씀하시길, "충성스럽다." 자장이 "어진(仁) 사람입니까?" 묻자, "모르겠다. 어떻게 어진(仁) 사람인지 알 수가 있겠느냐?"

"최자(崔子)가 제(齊)나라의 임금을 시해하자, 진문자(陳文子)는 말 사십 필이 있었는데, 그것을 버리고 그 일에 항거했다. (그곳을 떠나 다른 나라로 갔다.) 다른 나라에 도착하자, 다시 말하길, '(여기도) 대부 최자(崔子)와 같은 일이 벌어지는 모습이구나'라고 하면서 그곳을 떠났으며, 다른 나라에 가서는, 또 '(여기도) 대부 최자(崔子)와 같은 모습이구나'라고 하면서 그곳을 떠났는데 (이 사람은) 어떻습니까?" 공자께서 말씀하시길, "청렴하다." 다시 "어진(仁) 사람입니까?"라고 물었다. 공자께서 말씀하시길, "모르겠다. 어떻게 어진(仁) 사람인지 알 수가 있겠느냐?"

構造: 讓[C: 恭(u₁=忠, 淸)]

자장(子張)이 근거와 이유를 들어 길게 설명하며 질문하는 이유는 5.17구절 학습을 통해 들리는 소문이나 겉모습으로만 판단하지 말라는 가르침을 얻었기에, 이에 대한 실행이라고 할 수 있습니다. 이 구절은 소주제 공(恭)과 연계하여 어떤 방식으로 구절의 의미를 넓고 크게 확장(張)하려고 하는지 주의 깊게 살펴볼 필요가 있습니다. 아울러 그 의미를 공직으로 확장(張)하여 교훈을 전달하고 있습니다. 제자 자장(子張)이 묻는 이유입니다.

영윤(令尹)은 당시 초(楚)나라의 재상(宰相)에 해당하는 관직입니다. 자문(子文)이 이름입니다. 세 번이나 영윤(令尹)의 자리에 올랐어도 개인적인 기쁨을 내색하지 않고, 자리에서 물러날 때에도 개인적인 불편한 마음을 드러내지 않았다는 것은 공(公)직에 대하여, 일절 사심을 품지 않았다는 점을 강조하는 설명입니다. 또한 업무 인수인계를 철저히 함으로써, 공(公)직의 시작부터 끝까지 충실함을 이루었다고 설명하고 있습니다.

이에 대해 공자는 공직에 마음(心)의 중(中)심을 두고, 그 '충(忠)'실함을 다했다고 평가했습니다. 재상의 입장에서 윗사람(上)은 임금(君)입니다. 임금(君)을 공경하여 그 일(事)에 대해 온 마음을 실어 직분을 다한 것(其事上也敬:5.15)을 의미합니다.

두 번째, 진문자(陳文子)의 사례는 윗사람(上)인 임금(君)이 시해된 상황에서 자신의 모든 재산을 버리고, 국가를 떠난 것에 대해 묻고 있습니다. 그것을 충(忠)이라고 할 수 있을까요? 물론 충(忠)이라고 할 수 없기 때문에, 자신의 재산을 버리고 떠난 것을 들어 '청(淸)렴'하다고 평가를 내리고 있습니다. 마음(心)의 중(中)심이 진심(忠)으로 임금

(君)을 섬기고 국가를 위하는 일에 있다면, 떠나는 것이 아니라 시해자를 타도하고 국권을 회복하는 일이 순서라고 할 수 있습니다.

그런데 영윤(令尹) 자문(子文)과 진문자(陳文子)의 사례에 대해 자장(子張)은 자꾸 어진 사람인지 묻고 있습니다. 왜 반복적으로 이렇게 질문하고 있을까요? 그 이유는 문(文)이라는 이름에서 찾을 수 있습니다. 5.14구절에서 공문자(孔文子)에서 문의 의미를 설명했지만, 이름은 자신이 붙이기 나름입니다. 좋은 의미라고 사람들이 생각한다면 유행을 타고, 흔한 이름이 되기 쉽습니다. 5.17구절의 장문중(臧文仲)이 그랬고, 이 구절에서도 2명의 사례에 등장하는 인물에 모두 그 이름에 문(文)이 포함되어 있습니다.

자장이 반복적으로 물어본 이유는 5.14구절과 5.15구절의 공문자가 자신의 자산(子産)이 군자의 4가지 덕목이라고 설명한 것과 연관됩니다. 영윤 자문(子文)의 경우 2번째 자산, 경(敬)을 충실히 지킨 사람이기 때문에 '나머지 사항에도 충실한 군자입니까?'라는 질문을 '인(仁)합니까?'로 대신하고 있습니다. 진문자(陳文子) 또한 문(文)을 이름 글자에 포함하고 있으니, 구색을 맞추어 물어본 사항이라고 할 수 있습니다.

군자(君子)의 4가지 덕목(君子之道四)을 모두 포함하는 근거가 없으므로, 공자는 당연히 공(恭)의 관점에서 함부로 이 구절의 등장 인물을 확장하여 평가할 이유가 없습니다. 그렇기에 '인(仁)'에 대해서 알 수 없다고 답하였습니다.

정리하면, 이 구절은 영윤자문(令尹子文)이나 진문자(陳文子)를 평가하거나 인(仁)의 조건에 대해 설명하기 위한 목적의 구절이 아닙니다. 공(恭)의 관점에서 상위(君)를 공경(敬)으로 섬기는 일(其事上也敬:5.15)에 대한 구절입니다.

季文子三思而後行. 子聞之曰 : "再, 斯可矣."

▶ **해석:** 계문자(季文子)는 세 번 생각하고 난 뒤에 실행에 옮겼다. 공자께서 이 말을 듣고 말씀하시길, "두 번이면 된다."

해설

構造: 讓[C: 儉(o₁=再斯可矣)]

構造: 讓[C: 儉(o_1=再斯可矣)]

삼환가(三桓家)의 계(季)씨 집안에서도 문자(文子)라고 이름 지은 사람이 있었으니, 당시 사람들에게 문(文)이라는 글자는 큰 의미가 있었던 것 같습니다. 이 구절은 서민을 부양하고 지지하는 일의 호혜로움(其養民也惠:5.15)을 적용하여 배울 차례입니다.

서민(庶民)은 국가의 기반이 되며, 가장 많은 인구로 구성된 계층입니다. 서민은 국가의 세수와 노동을 제공하는 가장 큰 자원이므로, 그들을 잘 살게 하는 것이 국가도 부국강병을 이루는 지름길이라고 할 수 있습니다. 즉, 국가와 상호 호혜(互惠)적 관계입니다. 국가의 군자(君子) 위치에 있는 계문자(文子)가 자신을 생각하고, 서민을 생각하고, 한번 더 생각하면 자신을 생각하는 일로 대상이 되돌아옵니다. 궁극적으로 서민을 위하는 길(惠)이 아니라는 의미입니다.

정리하면, 공자는 군자를 이끄는 4가지 자산(君子之道四:15.5) 중에서, 국가를 생각하고(其事上也敬:15.5), 서민을 생각하는 것(其養民也惠:15.5)이 가능하다고 설명하고 있습니다. 한번 더 생각하여 자신을 위하는 것으로 '별로 좋지(好) 않다'는 것이 아니라, 불가(不可)하다는 의미입니다. 자신을 공손히 하는 일(其行己也恭:15.5)은 어떤 사항을 두고 고려하거나 생각(思)할 사항이 아니라, 항상 갖추어야 할 자세와 태도에 해당합니다.

子曰 : "甯武子, 邦有道則知, 邦無道則愚. 其知可及也, 其愚不可及也."

▶ **해석:** 공자께서 말씀하시길, "영무자(甯武子)는 나라에 도가 있으면 지혜롭게 행동하고, 나라에 도가 없으면 어리석게 굴었다. 그 지혜로움은 추구할 수 있지만, 그 어리석음을 따라가는 일은 불가하다."

해설

構造: 讓[C: 讓(c_1=甯)]

글의 흐름을 따르면, 의(義)를 기반으로 서민에게 부역을 시키는 일(其使民也義:5.15)의 차례입니다. 그리고 5.19구절에서 문(文)에 대해 끝(季)이라고 언급했으므로, 이번에는 문자(文子)가 아니라 무자(武子), 즉 무(武)에 대해 언급할 차례입니다.

영무자(甯武子)의 '영(甯)'은 '차라리'라는 뜻으로 문(文)이 아니라, 차라리 무(武)의 힘을 통해 실행하고 국가를 다스리는 사람에 해당합니다. 국가의 체계에 따라서, 무(武)력을 활용하는 군인, 경찰과 같은 사람에 해당합니다.

국가의 체계에 따라서, 나라가 올바로 이끌어질 때에 무(武)는 사회 체계의 질서를 바로잡는 좋은 방향으로 활용되고 현명하게 사용됩니다. 하지만 나라가 올바로 이끌어지지 못하는 경우, 무(武)력은 특정 세력이 자신들을 유리한 방향으로 이끌어가는 도구로 활용하기 쉽습니다. 그래서 그런 상황에 힘에 의해 벌어지는 어리석은 일은 불가하다고 언급하고 있습니다. 의(義)로운 일이라면, 과연 그런 강제가 필요할까요?

영(甯)이라는 글자를 조금 더 살펴보겠습니다. '차라리'라는 뜻 이외에 '편안하다'는 의미로 '녕(寧)'자와 같은 뜻으로 활용되기도 하지만, 현대에서는 그런 의미로 거의 사용되지는 않는 글자입니다. 이 글자를 굳이 사용한 이유가 있습니다. 영(甯)이라는 글자를 해체해 보면, 사회라는 틀에 해당하는 지붕(宀) 아래에 반드시(必) 필요한 것이라는 의미를 담고 있습니다. 반드시 필요하지만 급하고 강압적으로 사용하지 않고 천천히(用), 느긋하게(用) 활용해야 한다는 의미입니다. 즉, 사회라는 틀에서 무(武)는 반드시 필요하지만 드러내지 않고(必) 고요하게(必), 그리고 여유를 갖고 천천히(用) 활용하는 일이 필요한 사항이라는 다중적 의미를 담고 있다.

5.16~5.20구절을 이루는 사람들의 모습은 하나의 국가를 이루는 사람들의 다양한 모습을 설명합니다. 국가라는 커다란 틀에 필요한 구성요소, 국가를 구성하는 인적 자산(子產)이라는 의미로 볼 수 있습니다. 군자(君子)의 위치에 있는 사람은 필히 군자의 자질을 갖추고, 군자답게 행해야 하지만 보통의 사람들이 굳이 문(文)에 해당하는 것을 추구하며, 온갖 교언영색(巧言令色)을 만들어가며 숨막히는 경쟁 속에서 살 필요가 있을까요? 차라리(甯) 사람들과 사회를 공경하고 평안(平安)과 안녕(寧)을 추구하며, 절제와 검소함을 나누며 사는 것이 더 좋지 않을까요?

子在陳, 曰:"歸與!歸與!吾黨之小子狂簡, 斐然成章, 不知所以裁之."

▶ **해석:** 공자께서 진(陳)나라에 계실 때에 말씀하시길, "돌아가자! 돌아가자! 우리 고향 마을의 젊은이들이 경망하고 (배운 것이 없어) 투박하다. 겉으로만 화려하게 문장을 이루고 있다. 어떻게 그것을 재단해야 할지 모르고 있다."

해설

構造: 讓[C: 溫(x₁=狂簡)]

構造: 讓[C: 溫(x_1=狂簡)]

공자는 천하(天下)를 주유(周遊)하며 여러 나라를 돌아다녔지만, 결국 자신의 본국인 노(魯)나라 젊은이들의 상황을 인식하고, 돌아갈 것을 결심한 후 한 말입니다.

본국의 젊은이들이 5.20구절의 영무자(甯武子)와 같은 상태에 있다는 설명입니다. 주문공(周文公)이 세운 노(魯)나라의 찬란한 문(文)화는 무너지고, 부(富)와 사치와 권력에 대한 욕심만 남아, 국가는 혼탁하기 이를 데 없습니다. 혈기 넘치는 젊은이들이 힘(武)에 굴복하고 의존하여, 어리석은 일을 벌이며(其愚不可及也:5.20) 사는 것이 걱정됩니다.

그래서 공자는 세상을 올바로 만들기 위해 반드시(必) 해야 하는 일을 하려 합니다. 고요하게(宓) 자리하여 후학을 기르는 일을 통해 천천히(冉) 미래를 일구고자 결심한 사항입니다.

이 구절은 글의 흐름을 살피면, 이해에 크게 어려운 사항은 없지만 구절을 읽는 맛을 더하기 위해 몇 글자의 의미를 살펴보겠습니다.

광간(狂簡)은 자신을 왕(王)으로 오해하고 미쳐 날뛰는 모습 광(狂)에, 배운 것이 없어 지식이 간(簡)소하고 대나무처럼 쉽게 쪼개지고 분열된다는 의미입니다.

斐(비)는 문채(文彩)가 화려하고 빛난다는 좋은 의미로 현대에서는 주로 사용되지만, 비문(非文)이라는 의미입니다. 화려하게 꾸밈만 많은 글이라고 할 수 있습니다. 그런 형태로 구절과 장(章)을 구분하여 이루기(成) 때문에, 올바른 언어와 바른 의미를 담지 못하고 있는 형편입니다.

재(裁)단한다는 것은 옷을 몸통, 소매 등으로 나누어 자르고 잇는 것을 의미합니다. 글(文)에 있어서는 5.15구절을 재단해서, 5.16~5.20구절을 만든 것과 같다고 할 수 있습니다. 만약 이 구절들을 따로따로 각각 별개의 의미로 이해하는 것으로 끝났다면 소매, 몸통의 뒤판, 앞판의 구성 요소가 옷을 이루고 있다는 의미를 모르는 것과 같습니다.

子曰: "伯夷·叔齊不念舊惡, 怨是用希."

▶ **해석:** 공자께서 말씀하시길, "백이와 숙제는 지나간 악행을 생각 깊이 두지 않았다. (지난 악행을) 원망하였으나 쓰임은 희박했다."

해설

構造: 讓[C: 良(m₁=不念舊惡)]

構造: 讓[C: 良(m_1=不念舊惡)]

사마천(司馬遷)의 사기(史記)에 따르면, 백이(伯夷)와 숙제(叔齊)는 고죽국 임금(君)의 아들들입니다. 아버지는 막내인 숙제(叔齊)가 왕위를 잇는 뜻을 두었으나, 아버지가 죽자 숙제는 왕위를 형 백이(伯夷)에게 양보하려고 했습니다. 그러자 아버지의 유언을 지키려고, 백이(伯夷)가 나라 밖으로 달아나고, 숙제(叔齊)도 왕위를 버리고 달아나 버렸습니다. 어쩔 수 없이 백이의 동생, 숙제의 형인 중간 아들이 왕위를 계승하였습니다.

백이(伯夷)와 숙제(叔齊)는 그 후, 주나라 무왕(武王)이 군사를 이끌고 은(殷)나라를 멸망시키는 길에 찾아가, 나라를 뒤집는 것을 만류하였으나 받아들여지지 않았습니다. 임금(君)에 대한 의(義)가 지켜지지 않는 나라에서 사는 것은 부끄러운 일이라 여기고, 수양산에 들어가 고사리로 연명하다가 굶어 죽었습니다.

백이(伯夷)와 숙제(叔齊)는 제후국의 왕족(君子)이었기 때문에, 임금에 대한 충(忠)은 뒤집을 수 없는 것(義)이라고 생각했는지 모르겠습니다. 하지만 은(殷)나라 마지막 임금 주왕(紂王)이 첩 달기와 벌인 악행(惡行)은 지금까지도 역사상 가장 악(惡)한 임금이라고 전해오고 있을 정도입니다. 그것에 대해 원망은 했지만(怨是), 자신들의 쓰임은 거의 없었습니다(用希).

공자는 노(魯)나라 탐관오리가 벌인 과거지사(過去之事, 舊惡)에 대해 미련을 두거나 집착하지는 않겠지만, 원(怨)망과 원(怨)한에만 빠져 자신의 쓰임이 거의 없어지는 일보다, 노(魯)나라로 돌아가 후학을 가르치는 의미 있는 일에 최선을 다하겠다는 의미를 담고 있습니다.

공자가 귀향을 결정한 시기는 14년간 유랑을 마친 68세 정도입니다. 순리(順理)에 대해 이해하고 따르는 이순(耳順)에 해당하며, 곧 종심(從心)에 다다르는 시기입니다.

5.23

子曰 : "孰謂微生高直? 或乞醯焉, 乞諸其鄰而與
之."

▶ **해석:** 공자께서 말씀하시길, "누가 미생고(微生高)가 곧 바르다(直) 하는가? 어떤 사람(或)이 식초(醯)를 얻으러 오자, 식초를 이웃집에서 얻어 그에게 주었다."

해설

構造: 讓[C: 恭(u_1=直)]

미생고(微生高)는 성(姓)이 미생(微生), 이름이 고(高)입니다. 중의적 표현으로 성(姓)과 이름(名)이 상반된 뜻을 지니고 있습니다. 자질구레한 삶이라는 의미의 미생(微生)과 높고 숭고하다는 뜻을 지닌 고(高)의 조합입니다. 미생고(微生高)의 일화는 창과 방패(矛盾)처럼 모순(矛盾)된 상황을 의미하며, 상반된 해석이 가능합니다.

미생고(微生高)의 언어와 행동은 관계를 이해하고, 논(論)하는 데 유용한 토론(討論) 소재입니다. 논어(論語)에서는 어떤 것이 정답이라고 명확히 정리하여 제시하지 않는 경우도 있습니다. 토론의 여지를 남겨 놓고, 그것에 대한 답을 스스로 찾아가는 일을 기대하는 구절입니다. 이런 방식은 단순 주입식 형태의 교육이 아니라 묻고 대답하며, 토론의 과정을 통해 생각을 이끄는 방식이라고 할 수 있습니다. 삶의 지혜를 스스로 체득해가는 방식입니다.

토론에 앞서 이 구절의 대주제(主題)가 사회적 합의를 바탕으로 도움을 주는 일인 양(讓)이라는 점과 소주제가 사회 구성원의 공(恭), 공심(共心)이라는 것을 상기하는 것이 좋습니다.

그리고 약간의 설명을 붙이자면, '직(直)'은 정직(正直)으로 이해할 수도 있지만 직접적인 방식, 즉 간접적 방식과는 상반되는 성질로 이해할 수도 있습니다.

우리 집에 식초가 없는 경우, 직접적으로 "없다"고 말하는 것은 관계를 단칼에 끝내는 일입니다. 잘 아는 이웃집을 통해서라도 빌려주는 것은 관계의 끈을 놓지 않고, 나누고 도우려는 마음이 작용한 것이라 할 수 있습니다. 하지만 이웃집의 식초를 활용하여 빌려주는 얕은수를 쓰는 사람이라고 여길 수도 있습니다.

빌려서 건네 주는 과정에 옆집의 식초였음을 알려주고, 옆집에 대해 고마움을 표시하도록 할 수 있는 반면, 옆집과의 관계는 나만 해당하는 일이며, 그 식초는 내가 빌려주는 형태로 건넬 수도 있습니다.

상황을 구체화하면, 다양한 경우의 수가 발생합니다. 어떤 방식이 더 올바른 것인지, 더 좋은 것인지는 경우에 따라 다를 수 있습니다. 꼭 그렇게 되어야 한다고 주장하려면, 구체적인 상황과 조건이 필요하다는 사실을 배제하면 곤란합니다. 그렇기에, 상황에 따라 다양한 관점에서 갑론을박을 펼칠 수 있는 소재라고 할 수 있습니다.

꼭 'A=B'이어야 하는 형태로 규정짓고, 의미를 전달하는 것이 좋은 학습 방법은 아닙니다. A와 B의 관계에서 엮어지는 수많은 상황을 도출하고, 이를 통해 A와 B 사이의 관계의 다양성을 이해하고, 그런 다양한 경우 도출을 통해 일어날 수 있는 많은 문제를 공(共)유하고, 마음(心)을 같이 하는 일은 서로 공(恭)경하는 마음을 잃지 않고 문제를 해결하는 지름길이 될 수 있습니다.

5.22구절의 백이(伯夷)와 숙제(叔齊) 사례를 활용하여 토론하는 일도 유사하다고 할 수 있습니다. 그들의 삶은 임금의 아들이라는 고(高)에

서 출발하여 결국은 미생(微生)으로 끝났으며, 그 뜻과 의지를 헤아리면 관점에서 따라 그들의 삶을 미생(微生) 또는 고(高)라고 해석할 수 있기 때문입니다.

子曰 : "巧言令色足恭, 左丘明恥之, 丘亦恥之. 匿怨而友其人, 左丘明恥之, 丘亦恥之."

▶ **해석:** 공자께서 말씀하시길, "그럴 듯한 말과 꾸민 모습과 얼굴이 공손함을 충족시킨다고 생각하는 것은, 좌구명(左丘明)이 그것을 부끄럽게 여겼으며, 나(丘)도 역시 그것을 부끄럽게 여긴다. 원한을 감추고 그 사람을 친하게 대하는 것은, 좌구명(左丘明)이 부끄럽게 여기는 일이고, 나(丘)도 역시 부끄럽게 여긴다."

해설

構造: 讓[C: 儉(o₁=恥之)]

이 구절은 상당히 재미있는 구조와 표현법을 사용하고 있습니다. 2개의 문장이 대구(對句)를 이루면서 구절의 주제(主題), 양(讓)을 기반으로 한 검(儉)을 설명하고 있습니다. 사회 구성원들의 절제(儉)는 부끄러움(恥)을 아는 것을 통해 이루어질 수 있다는 점을 전달하고 있습니다.

수치(恥)심을 느끼지 못하기 때문에, 자신의 부(富)와 이익(利益)을 추구하려고 온갖 행위를 다합니다. 수치심이 부족하기에 교언영색(巧言令色)을 통해서라도 상황을 모면하고 자신에게 유리하게 가져가려고 합니다. 그리고 그것을 공(恭)손함이라고 스스로 오해하고 위로합니다. 속으로는 원(怨)망이나 원(怨)한을 품고서 옆에 있는 사람에게 웃는 얼굴을 보입니다. 이는 경계해야 할 사항입니다.

5.23구절의 상황을 다시 살펴보겠습니다. 걸인에게 식초를 줄 때에,

내가 식초가 없다는 사실에 대해 숨김없이 설명하고, 건네준 식초가 이웃에서 빌려온 것이라는 점도 즐거운 언어와 태도로 밝히는 일이 사심이 없는 모습이라고 할 수 있습니다. 식초를 활용하여 도움을 주는 과정에 내가 참여했지만, 식초는 옆집 것이었기 때문입니다. 식초는 옆집에서 제공하고 생색은 내가 내는 경우, 절제된 행동이라고 할 수 없습니다. 교언영색이 수치스러운 일, 부끄러운 일이라는 것을 강조하는 의미입니다.

그렇다고 인간이 기계와 같이 단순하고, 직접적인 방식으로만 문제를 해결한다면 인간미가 없어질 것입니다. 모든 것을 단칼에 끊는 방식의 삭막한 사회가 좋을 수는 없습니다.

좌구명(左丘明)이라는 이름의 의미를 살펴보겠습니다. 논어(論語)에 등장하는 많은 인물이 실제로 존재했는지 의심이 드는 경우가 상당합니다. 논어에 등장한 사실을 바탕으로 역사를 지나오면서 가공되어 사실처럼 여겨지는 일과 뒤섞여 더욱 혼란스럽습니다. 좌구명(左丘明) 또한 이런 인물이라고 할 수 있습니다.

좌구(左丘)는 공구(孔丘)에서 구(丘)의 왼쪽(左) 글자, 공(孔)을 의미합니다. 즉, "크게(孔) 밝힌다(明)'는 의미를 지닙니다. 교언영색(巧言令色)이라는 눈앞에 보이는 현란한 말과 모습에 현혹되기 쉽지만 더 큰(孔) 관점에서 깊이(孔) 생각하여 밝게(明) 이해한다면, 숨은 의도가 공동체 의식(共心)에서 출발한 것이 아니라 자신을 유리하게 이끌려는 행위에 불과하다는 것을 알 수 있습니다. 공(孔)씨 가문의 이름을 걸고 그 의미를 밝히(明)는 사항이니, 수치심을 느껴야 한다는 의미로 해석해도 좋습니다.

즉, 크게 밝히고 더 큰 관점에서 이해하면 부끄러워해야 할 사항이고, 공자(丘) 역시 사회의 일원으로서 부끄러워한다는 말을 통해 재강조하고 있습니다.

만약, 정치인이 교언영색을 통해 인기를 얻고 사업을 행하는 모습이 있었고, 그런 모습에 대해 사회가 크고 깊은 관점에서 명확히 밝히지 못한 경우, 정치인은 수치심을 갖지 않습니다. 교언영색을 바탕으로 사회에 도움이 되지 않는 행위를 반복할 여지가 늘어납니다. 그런 사회는 낭비와 무절제한 일이 증가하게 됩니다.

정치인에게 어떤 큰 가림막 같은 것이 있어서 그 내역을 알 수 없는 상황이라면 더욱 그런 일이 발생하기 쉽습니다. 원망이나 원한을 은닉(匿)하고 본심(本心)을 숨기는 행위를 하는 경우 더욱 찾아내기 어렵습니다. 공자가 이름 구(丘)를 걸고 수치스러움을 느껴야 한다고 강조하기에는 부족합니다. 언덕(丘) 뒤에 숨어(匿) 있는 경우 찾아내기 어렵기 때문입니다. 언어라는 것은 한계가 있습니다. 의미가 교묘히 뒤틀어지는 경우가 발생할 수 있기 때문입니다. 그렇기 때문에 은닉(匿)이 가능할 수 있습니다. 그래서 이 구절에서 좌구명(左丘明)의 등장은 더욱 필수적이라고 할 수 있습니다.

결국 공자의 이름으로 2번씩이나 강조하는 표현법보다, 그 의미를 더욱 명확히 하는 강조법이라고 할 수 있습니다. 사회적 부조리에 대해 좌구명(左丘明)과 같은 역할을 할 수 있는 사람이 없다면, 수치심이 부족한 그 사회는 어두워질 수밖에 없습니다. 사회를 이끄는 사람들과 사회의 구성원들이 수치심을 잃어간다면, 그 사회는 무절제한 방향으로 흐르게 됩니다. 이는 재차 반복해서 강조하더라도 낭비일 수 없는 교훈입니다.

顔淵·季路侍. 子曰: "盍各言爾志?" 子路曰: "願車馬衣輕裘, 與朋友共, 敝之而無憾." 顔淵曰: "願無伐善, 無施勞." 子路曰 : "願聞子之志." 子曰 : "老者安之, 朋友信之, 少者懷之."

▶ **해석:** 안연(顔淵)과 계로(季路)가 공자를 모시고 있을 때, 공자께서 말씀하시길, "각자의 생각을 말해보지 않겠느냐?" 자로(子路)가 말하길, "수레와 옷을 친구들과 함께 사용하다 그것이 다 떨어지고, 망가져도 섭섭함에 집착하지 않기를 원합니다." 안연(顔淵)이 말하길, "선(善)을 자랑하는 일과 수고(勞)를 허용하는 일에 집착하지 않기를 원합니다." 자로(子路)가 말하길, "선생님의 생각을 듣고 싶습니다." 공자께서 말씀하시길, "노인들이 그것에 대해 편안하고, 벗들이 그것에 대해 믿음을 갖고, 젊은이들이 그것을 가슴에 품게 하겠다."

해설

構造: 讓[C: 讓(c_1=願)]

이 구절은 5.24구절에 연결되어 하나의 구절처럼 대화가 이어지고 있습니다. 공자의 질문 관련, 어떤 생각에 대해 이야기하라는 것인지 먼저 살펴야 합니다. 5.24구절에서 2번이나 강조하고 설명한 수치심(恥)에 대해 어떻게 생각하는지, 안연(顔淵)과 자로(子路)에게 각자의 뜻(志)에 대해 묻고 있습니다.

마치, 공자와 제자들 간의 생생한 토론 현장에 와 있는 듯한 느낌입니다. 그런 대화가 전개되고 있습니다. 먼저, 자로(子路)가 답변을 합니다. 수레와 옷과 같은 물질적 요소를 벗과 나누어 쓰고, 그것이 해지고 달아도 전혀 개의치 않는 일을 원한다고 설명합니다. '匿怨而友其人(:5.24)' 항목에 대해 거리낌이 없는 마음을 갖겠다는 의지라고 할 수 있습니다. 이어지는 안연(顏淵)의 답변은 '巧言令色足恭(:5.24)'에 대해 거리낌이 없도록 하겠다는 의지입니다.

안연(顏淵)은 얼굴의 모습과 표정(顏)이 바다(淵)와 같이 깊어 헤아리기 어려운 사람을 뜻하기에 교언영색(巧言令色)을 조심하겠다고 설명한 것이고, 계로(季路)는 헤지고 끝(季)에 다다른(路) 물질에 대해 집착하는 수치스러운 모습을 보이지 않겠다고 설명하기 위해 등장한 제자들입니다.

이어서 자로(子路)가 '願聞子之志'라고 공자께 공자의 의견을 여쭙고 있습니다. 질문의 답을 요구하는 구절마다 원(願)이라는 글자를 붙여 상당히 격식을 갖추어 이야기하고 있습니다. 3명의 대화가 아니라, 수업을 듣는 학생들이 많이 자리하고 있는 듯한 느낌입니다. 원(願)이라는 글자를 풀어보면, 근원(原)이 머리(頁)에 다가가는 모습입니다. 즉, 지식이 머리에 쌓이는 모습을 의미합니다. 또한 근원적인 사항을 기원하는 모습이기도 합니다. '문(聞)'은 '夫子之文章, 可得而聞也'에서 접한 바 있습니다. 공자의 말씀을 장(章)이라고 표현했으며, 그것을 듣고 배우는(學) 과정을 문(聞)이라고 했습니다. 결국, 자로의 질문은 '선생님의 말씀(聞)을 통해 뜻(志)을 새겨듣고 배우(願)겠습니다'라는 격식을 갖춘 질문법이라고 할 수 있습니다.

왜 이렇게 격식을 갖춘 질문을 하고 있을까요? 겉으로만 화려하게 말을 하지만(斐然成章:5.21), 글을 어떻게 재단하고 다루어야 하는지 모르는(不知所以裁之:5.21) 고향 마을의 제자들에게 강의하며, 토론의 시범을 보이는 중이라고 할 수 있습니다.

5.24구절을 읽으면서, 교언영색(巧言令色)이라는 구문을 보고 '반갑

구나!' 하면서 1.3구절을 찾아본 분은 맥락이 닿아 있다는 것을 느꼈을 것입니다. 공자의 철학을 설명한 1.1구절을 제외한 첫 번째 공자의 말씀, 장(章)에 해당하는 구절이 1.3구절입니다. 5.21구절 이후, 고향으로 돌아와 새로운 제자들에게 문장(文章)을 재단하는 법을 처음부터 다시 가르치고 있는 중이라고 할 수 있습니다. 5.24구절에서 좌구명(左丘明)의 언어가 그 시작이라고 할 수 있습니다. 공자(孔子)가 크게(孔) 밝히는(明) 과정이므로 세세한 부분이 아니라 개요에 해당하는 1장(章)으로 다시 돌아가 의미를 풀어서 설명하는 것이라고 할 수 있습니다. 필자의 설명이 조금 복잡하지만, 구절 하나씩 관련 사항을 연결하면 이해가 편할 것이라고 생각됩니다.

5.24구절은 1.3구절과 그다음 공자의 말씀인 1.5~1.6구절과 연계되고 있습니다. 5.26~5.27구절은 1.8구절과 연계되어 있으므로 구절을 이해하는 과정에 비교하고 참고하는 노력이 필요합니다.

1.5구절의 '敬事而信'은 안연(顔淵)의 답변에 그 맥락이 담겨 있으며, '節用而愛人'은 자로(子路)의 답변과 의미가 연결됩니다. 1.6구절 전체는 이 구절에서 공자의 답변(老者安之, 朋友信之, 少者懷之)과 뜻이 닿아 있습니다.

활동과 생산 능력이 저하되어 젊은이의 봉양(養)에 의지해야 하는 노인이 수치심을 느끼지 않도록, 제(弟)자들은 효(孝)와 공경(恭敬)을 다해야 한다(弟子入則孝:1.6)는 의미입니다. 노인들이 갈 곳을 잃고, 의지할 곳이 없어 수치심을 느끼는 것은 노인만의 문제가 아니기 때문입니다.

공자의 답변에서 '之'는 모두 5.24구절의 수치심(恥)을 의미합니다. 5.24구절에서는 절제와 결부하여 이해했지만, 이 구절의 대소주제(主題)인 양(讓)의 관점에서 사회적 합의와 사회에 도움이 되는 일의 관점에서 어떤 계층의 수치심(恥)은 그 층위의 붕괴에 해당하는 커다란 사회 문제가 될 수 있습니다.

사회 생활을 이루어가는 중심 계층 집단(朋) 간에, 그리고 집단(朋) 내에서 관계(友)를 원활히 유지하기 위해서는 서로의 수치심에 대해 신뢰(出則弟, 謹而信:1.6)가 필요합니다. 상대가 수치심이 없는 사람이라는 전제 아래에서는 믿음과 신뢰가 유지되기 어렵습니다. 수치심이 사라지는 일은 사회적 관계에서 양보와 겸양이라는 덕목이 사라지는 방향입니다.

그리고 배우는 혈기 넘치는 젊은 사람들에게 수치심은 광(狂:5.21)으로 치닫는 일 대신 사람을 널리 사랑하고, 단순하고 빈 상태(簡:5.21)에서 인간적인 수양을 쌓고 배움의 기회를 제공하는 원천(汎愛衆而親仁. 行有餘力, 則以學文:1.6)이 될 수 있습니다.

특히 젊은이들이 수치심을 잃고 광간(狂簡)의 상태가 지속된다면, 사람들을 사랑하고 인간미를 발휘하는 일은 더욱 멀어지며, 국가의 미래는 어두운 길로 향하게 됩니다. 공자가 귀향하여 후학을 가르치는 일에 전념한 이유라고 할 수 있습니다.

子曰: "已矣乎! 吾未見能見其過而內自訟者也."

▶ **해석:** 공자께서 말씀하시길, "끝이구나! 자신의 지나침을 발견하는 능력을 갖추고, 자신 스스로 마음속에서 올바로 꾸짖는 사람을 보지 못했다."

해설

構造: 讓[C: 溫(x₁=內自訟)]

'스스로 마음속에서 판결을 하는 일(內自訟)'을 한 글자로 설명하면 수치심(恥)이라고 할 수 있습니다. 그 판결은 공(公)정성이라는 기준을 포함합니다.

이 구절에서 더욱 중요한 사항은 그 과오나 지나침을 찾을 수 있는 능력(能見其過)입니다. 공명(孔明), 즉 더 큰 관점에서 바라보는 밝은 혜안이 없다면 지나침이 무엇인지 알 수 없고, 공(公)정한 것이 무엇인지 인식하지 못합니다. 판결하는 일보다 앞에 서술되어 있는 이유입니다.

5.21구절에서 고향의 젊은이들이 광간(狂簡)하기에, 고향으로 돌아온 후에 몇 구절의 문장(文章)을 교육했지만, 지나침이 무엇이었는지 바라볼 능력이 없는 상황입니다. '已矣乎!'는 어디서부터 다시 시작해야 할지 막막하다는 탄식입니다.

배움은 기존의 것을 고집하지 않아야 하지만(學則不固:1.8), 고향 젊은이들은 배우려는 마음이 아직 없는가 봅니다.

子曰 : "十室之邑, 必有忠信如丘者焉, 不如丘之好
學也."

▶ **해석:** 공자께서 말씀하시길, "열 가구 정도의 마을이면, 반드시 충(忠)성과 믿음
(信)에 있어서 나(丘)만한 사람이 있을 것이나, 내가 학문(學)을 좋아하는 것 같지는 못
할 것이다."

해설

構造: 讓[C: 良(m₁=好學)]

이 구절은 1.8구절 '主忠信, 無友不如己者, 過則勿憚改'와 맥락이 연
결되어 있습니다. 5.26구절에서 한탄한 것과 같이, 전혀 다른 틀로 생
각이 굳어진 젊은이들에 대해 그들과 함께하며, 충(忠)실함이나 어떤
믿음(信)에 대한 언급이나 주문보다, 배움 그 자체를 좋아하고 자신을
조금씩 고쳐 나가기를 권고하는 말씀입니다.

충(忠)과 신(信)이라는 덕목은 주관적 사항(內自訟)이기 때문에 공(公)
정하게 평가할 수 있는 사항이 아닙니다. 그래서 작은 언덕(丘)에 불
과한 공자보다 더 뛰어나다고 자부하는 사람이 있을 수 있습니다. 삼
환(三桓) 세도가에 의해 나라가 점점 더 혼탁해지는 상황에서 2선으
로 물러나 제자들을 길러내는 일에 마음의 중심(忠)을 두고, 신(信)의
를 다하는 공자의 모습을 보는 정치인들에게는 이제 나이 들어 향당
(鄕黨)에 물러나 있는 노인의 모습으로 비춰져 보일 수 있습니다.

학문이라는 언덕에 의지(丘之好學)하는 공자에게 남아 있는 것은 학

문 자체에 대한 사랑(學而時習之, 不亦說乎:1.1)이라고 할 수 있습니다. 그것이 바탕이 되어(敏而好學:5.14) 논어(論語) 서술(文)을 이룬 것이라고 할 수 있습니다.

6. 옹야

제6장은 조화(雍)와 화(雍)합을 기반으로 한 다스림(政)에 대한 설명입니다. 노(魯)나라 국운(國運)이 기울고 어지러운 상황이 계속되는 것과 대조적으로 6장에서는 공자의 제자들에 대한 인물론(人物論)이 지속 이어집니다. 문하(門下)의 제자들 가운데 나라를 올바르게 이끌 인재가 많음에도 불구하고, 제대로 활용되지 못함을 안타까워하는 마음이 담겨 있습니다.

子曰: "雍也, 可使南面." 仲弓問子桑伯子. 子曰: "可也簡" 仲弓曰: "居敬而行簡, 以臨其民, 不亦可乎? 居簡而行簡, 無乃太簡乎?" 子曰: "雍之言然."

▶ **해석:** 공자께서 말씀하시길, "옹(雍)은 남면(南面, 한 나라를 다스리는 것)이 가능하다." 중궁(雍)이 자상백자(子桑伯子)에 관해 여쭤보았다. 공자께서 말씀하시길, "간결하므로 가능하다." 중궁(仲弓)이 말하길, "평소 (국가의 일에) 경건하고 행위가 간결하며, 그러한 태도로써 서민들을 다스린다면, 이 또한 좋지 않겠습니까? 그러나 평상시에 간결하고 행위도 간결하다면, 그것은 너무 간결한 것이 아니겠습니까?." 공자께서 말씀하시길, "옹(雍)의 말이 옳다."

해설

$$構造: 溫[X=本質: 溫(x_1=雍)]$$

자상백자(子桑伯子)의 상(桑)은 뽕나무라는 뜻으로 누에를 치고, 실올 뽑아 옷을 만드는 일을 형상화한 글자이며, '따르다'는 의미를 지닙니다. 상백(桑伯)은 으뜸으로 따르는 것, 또는 옷을 만드는 일의 으뜸, 누에치기라는 의미입니다. 그런데 앞에도 자(子)가 있고, 뒤에도 자(子)가 있습니다. 사람(子)과 사람(子)을 잇고 관계를 연결(桑)하는 일에 뛰어난(伯) 사람을 의미합니다. 즉, 공자가 화(和)합을 잘 이루는 사람을 옹(雍)에게 추천하고 있습니다.

옹(雍)이라는 이름은 마을(乡)에 새(隹)들이 큰 집(宀)을 짓고, 그 아래에 옹기종기 모여 화목하게 사는 모습을 의미합니다. 사람들이 모여 사회를 이루고 화합(雍)하고 화목(雍)한 모습을 이루니, 가히 옹(雍)은 임금(君) 자리(南面)에 추대할 수 있다는 의미입니다.

중궁(仲弓)이라는 이름은 중의적 표현으로 인(亻)간의 중(中)심은 인간 자기 자신(弓)이라는 의미와 2.1구절에 모든 별들이 북극성을 바라보고 공전하듯이, 사회의 중심이 중궁(仲弓)이라는 의미를 지닙니다. 그런 중궁(仲弓)에게 추천하는 사람(子)은 임금(君)의 덕(德)에 부응하여, 인간과 인간(子)을 이어주는 일에 뛰어난 인재라고 할 수 있습니다.

공자가 중궁(仲弓)의 신(臣)하로 자상백자(子桑伯子)를 추천한 이유는 간결함(簡)입니다. 자상백자(子桑伯子)는 노(魯)나라에 돌아와 후학을 양성하는 가운데, 눈에 들어온 인물로 추정할 수 있습니다. 노(魯)나라의 젊은이들이 광간(狂簡:5.21)하다 했고, 자신의 지나침을 볼 수 있는 능력을 가진 사람이 없음을 한탄했지만(能見其過而內自訟者:5.26), 스승 공자의 가르침을 따라서(桑) 학문을 좋아하고(好學:5.27) 정진한 인물이 있었나 봅니다. 광(狂)이라는 지나침을 떼어내고 간(簡)이라는 간결함만 남겨 놓았습니다. 아직 다듬어지지 않은 인재라고 할 수 있습니다.

이에, 중궁(仲弓)이 한 말은 평소 임금(上)을 섬기고, 일(事)을 수행함에 경(敬:5.15)을 바탕으로 하며, 행위가 간결(簡)하면(其行己也恭:5.15), 서민들을 대하는 일(養民也惠, 使民也義:5.15)에 가능하다 언급하고 있습니다. 하지만 평상시와 공직의 행위가 모두 간결(簡)하여 너무 간략히 국가의 일을 처리하는 것은 곤란하다는 언급입니다. 일을 잘 처리하는 지향점이 서민(民)을 향하고 있습니다. 자세와 태도만 갖춘 원석으로는 부족한 이유는 서민들을 대하는 일에 대해 소홀히 할 수 없다는 의미입니다.

공자가 옹(雍)의 말에 대해 옳다고 한 이유는 5.15구절에서 자신(君子)의 자산(子産)을 인용하여 그 근거를 설명하고 있기 때문입니다. 아직은 제자들이 배우는 일에 더 힘써야 할(好學:5.27) 시기인 듯합니다.

哀公問: "弟子孰爲好學?" 孔子對曰: "有顏回者好學, 不遷怒, 不貳過, 不幸短命死矣. 今也則亡, 未聞好學者也."

▶ **해석:** 애공(哀公)이 묻기를, "제자들 중에 누가 학문을 좋아합니까?" 공자께서 대답하여 말씀하시길, "안회(顏回)라는 사람이 있어, 학문을 좋아했습니다. (그는) 화(怒)를 다른 곳에 옮기지 않으며, 같은 일을 반복 실수하는 일이 없었습니다. 불행히 명(命)이 짧아서 죽었습니다. 지금은 없으니, 아직 학문을 좋아하는 사람이 있다는 이야기를 들어보지 못했습니다."

해설

構造: 溫[X=本質: 良(m_1=不遷怒, 不貳過)]

애공(哀公)과 공자의 대화가 이어집니다. 6.1구절에서 임금(君)의 자리가 가능한 옹(雍)과의 대화에 이어서, 실제로 임금(君)인 애공(哀公)과의 문답입니다. 군자(君子)와 같은 제자(弟子), 안회(顏回)의 죽음은 공(公)직 사회에서 인재를 구하지 못하고 있는 슬픈(哀) 상황이라는 의미를 담고 있습니다.

학문을 좋아하는(好學:5.27) 독자라면, 이 구절의 대구가 되는 구절인 5.16구절을 먼저 살펴보기를 권합니다. 임금(君)인 애공(哀公)이 구하는 인재에 대한 모습, 즉 군자(君子)의 모습(善與人交, 久而敬之:5.16)을 설명하고 있습니다. 사람을 사귀는 일을 오래 지속할 수 있는 이유는 화(怒)를 옮기지 않기 때문이며(不遷怒), 공무(公務)에 진심을 다하여 경

(敬)건하게 실행하므로 같은 실수를 반복하지 않습니다(不貳過).

왜 화를 내지 않는다는 것(不怒) 대신 옮기지 않는다(不遷怒)고 표현했을까요? 화(怒)는 인간 본연의 성(性)질이기에 참고 다스리려고 노력해야 하는 사항이지 근원적으로 화내지 않을 수는 없습니다. 문제는 주로 화(怒)를 옮기는 일에 있습니다. 자신이 받은 화(怒)를 여기저기에 전염병과 같이 옮기고 다니면, 그것을 받는 사람들은 슬픈(哀) 상황에 처하게 됩니다. 그리고 전염병처럼 다시 옮기는 일을 반복하기 때문에, 인간 관계의 그물망을 타고 퍼져 사회에 악영향을 미치게 됩니다. 화(怒)는 슬픔(哀)을 유발하고, 슬픔은 마음이 약한 사람들에게 두려움(懼)을 심습니다. 화(怒)를 통해 슬픔(哀)을 만들고, 그것을 퍼뜨리고 증폭시켜 두려움(懼)으로 서민들을 가두는 정치를 공포 정치라고 합니다. 두려움은 인간의 성향 가운데, 가장 기저에 자리합니다. 그것에 빠지면 헤치고 나오는 일이 결코 쉽지 않습니다. 결국 화(怒)를 옮기는(遷) 사람은 공포 정치에 일조하는 사람이라고 할 수 있으며 사회를 병들게 만드는 사람입니다.

실수(過)나 과(過)오도 근원적으로 없앨 수 있는 사항이 아닙니다. 그 일을 소중하고 경(敬)건하게 생각한다면, 다시 반복하지 않는 일이 최선이라고 할 수 있습니다. 만약 조직에서 같은 실수가 반복되고 있다면, 행하고 있는 일보다 더 소중하다고 여겨지는 무엇인가가 있기 때문입니다. 실수나 과오를 해결하기 위해서는 더 소중하다고 여기는 그 무엇인가를 찾아서 그 원인을 개선하는 일이 더 좋습니다.

인간은 완벽한 존재가 아니기 때문에, 항상 좋은 일만 행하고, 항상 올바른 방향의 일만 일어나도록 할 수는 없습니다. 때로는 문제가 발생하고, 때로는 문제들이 엮여 좋지 못한 상황으로 치닫기도 합니다. 하지만 그런 좋지 못한 방향을 따르는 것은 인간이 사회 속에서 관계를 맺고 어우러져 사는 관점에서 따르고(又) 같이(又)할 일은 아닙니다. 6.1구절의 상백(桑伯)의 관점에서 따르지 말아야 할 사항 3가지를 설명하고 있습니다.

세 번째 사항은 불행단명(不幸短命)입니다. 명(命) 또한 인간이 마음대로 할 수 있는 일은 아니지만, 단명(不幸短命)은 선(善)하고 좋은(良) 삶과는 반대되는 일이라고 할 수 있습니다.

국가의 정치가 피폐하고 궁해지면 국민의 삶도 건강하지 못하게 됩니다. 조직내에서 화(怒)가 전염병처럼 옮겨(遷) 다니고, 반복적 과오(過)가 지속되며, 명(命)을 받들지 못하는 일은 조직과 개인 모두에게도 없어야(亡) 합니다. 국가가 그런 길을 따르는 일은 망(亡)하는 지름길이라고 할 수 있습니다.

6.3

子華使於齊, 冉子爲其母請粟. 子曰: "與之釜." 請
益. 曰: "與之庾." 冉子與之粟五秉. 子曰: "赤之適
齊也, 乘肥馬, 衣輕裘. 吾聞之也, '君子周急, 不繼
富.'"

▶ **해석:** 자화(子華)가 제나라에 사신으로 가게 되었을 때, 염자(冉子)가 남아 있는
자화의 모친을 위하여 공자에게 곡식을 요청하자 공자께서 말씀하시길, "1부(약
50kg)를 주어라." 추가로 더 줄 것을 요청하자 공자께서 말씀하시길, "1유(약
150kg)를 주어라." 염자(冉子)가 그녀에게 곡식 5병(약 640kg)을 주었다. 공자께서
말씀하시길, "적(赤)은 제(齊)나라에 갈 때 살진 말을 타고, 가벼운 모피 옷을 입은
(부유한 사람의) 차림이었다. 내가 듣기에 군자는 다급한 사람을 구제하지, 부유한
사람에게 보태 주지 않는다."

해설

構造: 溫[X=本質: 恭(u₁=不繼富)]

이 구절에서는 통상 염유(冉有)라고 호칭하던 제자를 염자(冉子)로
어긋나게 표기하고 있습니다. 호칭 뒤에 자(子)를 붙이는 경우는 학문
적으로 수양이 뛰어난 경우 또는 독자적인 학파를 형성한 인물에게
붙이는 칭호입니다. 사람들이 공(共)유하는 마음(心)이 담긴 호칭이 아
닙니다. 염유(冉有)를 염자(冉子)라고 호칭하면서, 공자(孔子)와 같은 자
(子)를 호칭하는 반열에 올려 놓고 이야기를 시작함으로써, 공경(恭敬)
이라는 덕목이 무너지고 있다는 것을 상징합니다. 공자의 말씀을 어

기고, 염자(冉子) 독단적으로 일을 처리하는 모습입니다. 과연 염자(冉子)를 지혜롭다고 할 수 있을까요(何如其知也:5.17)?

염유(冉有)와 공자의 대화 가운데, 곡식의 양을 표현한 한자를 살펴보겠습니다. 고대의 도량 단위는 현대와 다를 수 있으므로, 정확한 양에 집착하는 것보다 의미의 변화를 살펴보는 일이 필요합니다. 부(釜)는 양의 단위로도 쓰이지만, 가마솥(釜)이라는 의미를 지닙니다. 즉, 솥(釜)에 곡식을 지어먹을 양만큼 최소한으로 제공하라는 의미입니다. 조금 더 요구하자 유(庾)만큼 추가하라고 언급합니다. 유(庾)는 약간(臾) 더(广) 얹어 주는 정도를 의미합니다. 이에 대해, 염유(冉有)가 실제로 제공한 양은 5병(秉)입니다. 병(秉)은 권력이나 어떤 유리한 이권을 장악(秉)하다는 의미를 지닌 글자입니다. 부유한 집 모친에게 확실하게 아부한 격이라고 할 수 있습니다. 향후 정치계에서 화(華)려하게 될 자화(子華)의 모친에게 잘 대해 그 마음을 얻기 위해 노력한 모습입니다. 부(釜)나 유(庾) 정도로 제공하는 경우, 부잣집의 격에 맞지 않는다고 생각했을 수도 있습니다.

'不繼富'의 '계(繼)'승은 인간이 따라야(桼) 할 으뜸(伯)의 일에 적용되는 것이 바람직합니다. 부를 잇는 일(繼富)에 도움을 주는 정치는 군자(君子)의 길과는 다른 방향이라고 할 수 있습니다.

原思爲之宰, 與之粟九百, 辭. 子曰 : "毋, 以與爾鄰里鄕黨乎!"

▶ **해석:** 원사(原思)가 공자의 가재(家宰)가 되었을 때, 그에게 곡식 9백을 주셨는데, 사양했다. 공자께서 말씀하시길, "그러지 말아라! 이것을 너의 이웃과 같은 마을 사람들과 함께 나누어라!"

해설

構造: 溫[X=本質: 儉(o₁=與爾鄰)]

$$構造: 溫[X=本質: 儉(o_1=與爾鄰)]$$

원사(原思)의 등장 이유는 인간 사이에 계승하고 따라야(桑) 할 으뜸(伯)의 근원(原)이 무엇인지 생각(思)해보라는 의미입니다. 부(富)자를 따르는 일이 아니라, 자신이 속한 가족과 이웃(鄰), 마을(里), 지역(鄕黨) 사회로 나눔을 이루는 일입니다. 여유가 있는 재화는 이웃과 사회와 나눔을 이루는 것이 사회적 절약(儉) 방법이라는 의미입니다.

집사(宰)로서 일정한 봉급을 받는 것은 일한 대가이므로 당연히 받아야 합니다. 공자라고 공짜로 사람을 부리는 것은 온당치 않기에, 봉급에 여유가 있다면 이웃과 나누라는 교훈입니다.

정리하면, 이 구절은 일에 대한 의미(忠:5.18), 부를 쌓는 일(繼富:6.3)과 상반되는 자세와 태도(淸:5.18)에 관심을 두고 이해할 필요가 있습니다.

子謂仲弓曰: "犁牛之子, 騂且角, 雖欲勿用, 山川其
舍諸?"

▶ **해석:** 공자께서 중궁(仲弓)에 대하여 말씀하시길, "밭 가는 소의 새끼가 털빛도 붉
고 뿔도 나 있다면, 비록 쓰지 않으려고 한들 산천이 어찌 그것을 그냥 버리겠느냐?"

해설

構造: 溫[X=本質: 讓(c_1=舍諸)]

중궁(仲弓)은 농부의 자식으로 자화(子華:6.3)와 달리 출신이 화(華)려
하지 않습니다. 임금(君)의 소양인 옹(雍)을 보유한 중궁(仲弓)이 아직
관직을 얻지 못하고 있습니다. 그 집안의 덕(德)은 리향당(里鄕黨:6.4)
의 밭 가는 소(牛)와 같다고 설명하고 있습니다. 농부 출신이라는 은
유법에 해당하며, 정성을 다해 서민들의 생업인 농사를 돕는 일(居敬
而行簡, 以臨其民:6.1)을 상징합니다.

주(周)나라 시대부터 붉은색을 고귀하게 여겼습니다. 밭 가는 소(犁
牛)가 붉고(騂) 뿔(角)이 나 있다는 것은 예사로운 일이 아닙니다. 인간
사이에 계승하고 따라야(桑) 할 으뜸(伯), 농경을 이끌어 서민을 이롭
게 하는 일에 해당하며, 뿔은 그런 상서로운 일을 수행하는 우두머리
를 상징합니다.

그런 겸양(謙讓)을 지닌 중궁(仲弓)은 비록 현재는 쓰이지 않고 있으
나, 산천(山川), 즉 세상이 그를 버리지 않을 것(再思:5.19)입니다.

6.6

子曰 : "回也, 其心三月不違仁, 其餘日月至焉而已矣."

▶ **해석:** 공자께서 말씀하시길, "회(顔回)는 그 마음(心)이 석 달 동안 인(仁)에 어긋나지 않고, 그 나머지(아홉 달의) 낮과 밤도 인(仁)에 이르기(至) 위해 최선을 다할 따름이다."

해설

構造: 溫[X=本質: 溫(x₁=回)]

$$構造: 溫[X=本質: 溫(x_1=回)]$$

6.5구절에서 살펴본 것과 같이, 인간(亻) 중(中)심을 이루는 것은 서민들을 사랑하는 어진(仁) 마음입니다. 항상 따뜻한(溫) 마음이 자리하고 있다면, 1년 365일 인(仁)을 추구하고 그것을 위해 노력하는 일로써 살아갈 것입니다.

그런데 3개월은 어기지 않는다고 특별히 더 강조하고 있습니다. 왜 그랬을까요? 글의 흐름을 따라 이해가 필요합니다. 이 구절은 앞 구절들에 이어, 5.20구절을 기반으로 제자들에게 교훈을 전달할 차례입니다.

영무자(甯武子:5.20)는 무력의 힘을 사용하는 일을 하기에 어진(仁) 마음을 버리는 경우, 인간을 해(害)하는 크게 어리석은 일을 벌이기 쉽습니다. 그렇기 때문에 돌이켜(回)보고, 또 돌이켜(回)보고 절대 인(仁)을 어기지 않는 일이 필요합니다.

5.17~5.20 4개 구절을 1년 전체 행해야 하는 일로 간주하면, 5.20의

한 구절은 3개월에 해당하는 기간이라고 할 수 있습니다. 나머지 (5.17~5.19구절)에 해당하는 9월의 낮과 밤 동안에도 그 구절이 전하는 어진(仁) 일을 이루기 위해 최선을 다할 뿐이라고 설명하고 있습니다. '회(回)'는 제자 안회(顔回)를 의미하기도 하지만, 인간의 본성 인(仁)을 돌아본다(回)는 뜻의 중의적 표현입니다.

현대 사회에서는 밤과 낮을 가리지 않고 무엇인가를 추구하는데 시간을 활용하는 자가 남보다 더 경쟁 우위를 획득합니다. 그런 일을 통해 사회적 유리한 고지를 점령할 수 있도록 사회의 체계가 만들어져 있습니다. 인간적인(仁) 면을 돌아볼 여유를 점점 더 잃어가고 있습니다. 인간성(仁)을 잃어가면 갈수록 인간이 버텨야 하는 스트레스의 수준은 더 높아져 갑니다. 이런 방식으로 사회 체계를 설계하는 일은 24시간 쉬지 않고 일할 수 있는 AI와 인간의 경쟁 구도에서 인간이 경쟁 열위에 몰릴 수 있다는 것을 의미합니다. 인간 본성을 바탕으로 추구하는 일과 기계적 문명이 추구하는 일을 돌아보고 분리해서 다루어야 할 필요성이 점점 높아져가고 있습니다.

인간 스스로를 돌아보는(回) 일의 핵심은 이익이나 어떤 물리적 형태의 보이는 모습이 아니라, 인간 본연의 따듯함(溫)이라고 할 수 있습니다.

季康子問: "仲由可使從政也與?" 子曰: "由也果,
於從政乎何有?" 曰: "賜也可使從政也與?" 曰: "賜
也達, 於從政乎何有?" 曰: "求也可使從政也與?"
曰: "求也藝, 於從政乎何有?"

▶ **해석:** 계강자(季康子)가 공자에게 묻기를, "중유(仲由)는 정치에 종사하게 해도 되겠습니까?" 공자께서 말씀하시길, "유(由)는 과단성이 있으니, 정치에 종사하는 일에 무슨 문제가 있겠습니까?" 계강자가 묻기를, "사(賜)는 정치에 종사하게 해도 되겠습니까?" 공자께서 말씀하시길, "사(賜)는 통달하였으니, 정치에 종사하는 일에 무슨 문제가 있겠습니까?" 계강자가 묻기를, "구(求)는 정치에 종사하게 해도 되겠습니까?" 공자께서 말씀하시길, "구(求)는 재주가 많으니, 정치에 종사하는 일에 무슨 문제가 있겠습니까?"

해설

構造: 溫[X=本質: 良(m_1=果, 達, 藝)]

계강자(季康子)의 '계(季)'는 아들(子)과 쌀(禾)의 조합 글자입니다. 좋은 의미에서 인적, 물적 자원을 풍부하고 건강(康)하게 만드는 사람(子)을 의미합니다. 하지만, 당시 계(季)씨 집안은 노나라 봉지(俸地) 가운데 1/2을 차지하고 있을 만큼, 탐욕과 부(富)를 추구했던 사람입니다.

그런 계강자(季康子)가 자신의 정치를 따르고 받들어 수행할(可使從政) 인재를 구하고 있습니다. 정치를 올바로 수행할 사람이 아니라, 지시하는 일을 시키는 그대로 수행할(從政) 사람을 의미합니다.

공자는 계강자의 질문에 대해 국가의 인적, 물적 자원을 건강(康)하게 만들 제자 중유(仲由), 사(賜), 구(求)를 소개하고 있습니다. 중유(仲由)는 서민을 중심에 두는 것을 바탕으로 성과(果)를 이끄는 것이 장점이며, 사(賜)는 재화와 가치에 대한 이해와 교환 능력이 뛰어난 것이 장점이고, 구(求)는 문예와 재주가 뛰어난 것이 장점이라는 의미입니다. 국가를 이끄는 일에 서민을 잘 살게 만들고, 재정을 안정되게 이끌고, 문화를 발전시키는 것이 무엇보다 근간을 이루는 일이라고 할 수 있습니다.

하지만 계강자(季康子)가 찾는 사람이 아닌가 봅니다. 공자의 답변에 대해 이어지는 언급이 없습니다. 오랜 천하 주유를 끝내고 돌아와 보니, 계씨(季氏) 가문의 젊은 사람(小子), 배운 것이 미천한(狂簡) 계강자(季康子)가 자신 이익만 추구하는(吾黨之小子狂簡, 斐然成章:5.21) 모습입니다. 어떻게 정치를 재단해야 할지 모르는 상황입니다(不知所以裁之:5.21).

季氏使閔子騫爲費宰. 閔子騫曰: "善爲我辭焉. 如有復我者, 則吾必在汶上矣."

▶ **해석:** 계(季)씨가 민자건(閔子騫)을 비읍(費邑)의 관리자(宰)로 임명하려고 하였다. 민자건(閔子騫)이 말하길, "나를 위하여 잘 사양을 부탁합니다. 만약 나에게 다시 오는 사람이 있다면, 나는 틀림없이 문(汶)수의 북쪽으로 달아나 있을 것입니다."

해설

構造: 溫[X=本質: 恭(u₁=辭)]

$$構造: 溫[X=本質: 恭(u_1=辭)]$$

6.7구절에 이어지는 내용입니다. 계강자(季康子)가 아니라 계씨(季氏) 라고 호칭이 격하된 점을 눈여겨볼 필요가 있습니다. 결국 계씨는 국가 정치를 올바로 수행하는 일에는 관심이 없습니다. 공자의 쟁쟁한 2세대 제자들은 자신에게 필요하지 않습니다. 단지, 자신의 부(富)를 채우고 늘리기 위해 서민들에게 세금을 많이 걷고 시키는 대로 행하는 관리자가 필요했던 것입니다.

비(費)읍이라는 지명 이름을 통해 세금을 많이 걷을 수 있는 기름진 땅이라는 것을 알 수 있습니다. 비읍(費邑)의 지방관(宰)으로 공자의 제자 가운데, 이제 학문에 발을 들여놓은 어린 사람을 선택하려고 합니다. 민자건(閔子騫)은 공자 문(門)하에서 학문(文)에 이제 들어가기 시작한 사람(子)이라는 의미를 지니고 있습니다. 계씨가 어린 민자건(閔子騫)을 마음대로 써먹을 수 있겠다고 생각한 듯합니다. 하지만 '건(騫)'이라는 글자에는 불쾌한 감정이 올라 얼굴이 이지러진다(騫)는 뜻이 담겨 있습니다.

민자건(閔子騫)은 공자의 제자답게 계씨의 의도를 간파하고 있습니다. 계씨의 신하가 되어 서민들을 괴롭히고 계씨의 하수인으로 활용되는 것보다, 차라리 황량하고 먹고 살기 힘든 북쪽 국경 문수 밖으로(汶上) 달아나 버리겠다고 선언하고 있습니다. 참으로 공자의 제자다운 언행입니다. 5.22구절의 백이(伯夷) 숙제(叔齊)가 수양산으로 들어가 고사리로 연명하다 죽은 것과 비교되는 다짐입니다.

서민을 위한 정치가 아니라 개인의 탐욕만 추구하고, 그 탐욕을 채우기 위한 도구가 되는 사람은 그 쓰임이 사람들의 원(怨)망과 원(怨)성을 일으키는 악행을 행하기 쉽습니다. 먹고 살기 힘든 문수 북쪽 황량하고 추운 지방에서 굶어 죽더라도 그런 쓰임은 피하는 것이 오히려 현명하다 할 수 있습니다.

伯牛有疾. 子問之, 自牖執其手, 曰: "亡之, 命矣夫! 斯人也而有斯疾也! 斯人也而有斯疾也!"

▶ **해석:** 백우(伯牛)가 병이 났다. 공자께서 문병을 가셔서 창문(牖)에서 그의 손을 잡고 말씀하시길, "죽음에 이르는 것은 명에 따르는 일이다! 이 사람이 이런 병에 걸리다니! 이 사람이 이런 병에 걸리다니!"

해설

構造: 溫[X=本質: 儉(o₁=亡之, 命矣夫)]

構造: 溫[X=本質: 儉(o_1=亡之, 命矣夫)]

백우(伯牛)가 의미하는 바는 농경 사회에서 밭을 갈고 농사를 짓는 데 노동력을 제공하는 으뜸(伯) 일꾼인, 소(牛)와 같이 튼튼하고 믿음직한 인물입니다. 주위 사람들이 어떤 모습을 보이든지 아랑곳하지 않고, 묵묵히 자신의 일을 수행하는 사람을 의미합니다. 그런 최고(高)의 일꾼이 질병에 걸렸습니다. 5.23구절과 유사하게 백우(伯牛)를 평가하는 일은 높은 관직이 아니라는 미생(微生)과 서민들을 위해 충심을 다한 삶의 관점에서 고(高)라는 상반된 평가가 가능합니다.

어떤 관점으로 바라보는 일은 그 사람의 자유지만, 변하지 않는 사실은 의학 기술이 없던 고대에는 질병에 걸리면 그 사람의 목숨은 속수무책이었습니다. 중병에 걸려 있는 사람으로부터 질병이 옮는 것을 두려워했기 때문에, 문병을 가는 일 또한 대단한 용기와 사랑이 없다면 쉽지 않은 일이었습니다. 그렇기 때문에 집안으로 들어가지 못하고 창문을 통해(自牖) 손을 잡고 이야기를 이어가고 있습니다.

우리 시대의 일꾼을 잃는 것, 사망에 이르는 일(亡之)은 하늘의 뜻에 따른다(命矣夫)고 언급하고 있습니다. 앞 구절에서 민자건(閔子騫)이 뜻만 밝힌 것과는 달리, 직접적으로 죽음과 마주하고 있는 상황입니다. 인간이라는 자원을 회수하는 것은 하늘의 뜻이라는 의미입니다. 하늘의 뜻에 따르는 삶이 아닌, 자신의 삶을 상사에게 구차하게 구걸하고, 그 대가로 사람들에게 악행을 행하며, 상사의 이익을 취하는 도구가 되는 일이 바로 미생(微生)이라는 의미입니다. 높은 하늘(高)과 바로 위 사람인 상사의 높이를 구분하지 못하는 어리석은 일입니다. 미생(微生)은 올바른 길이 이끄는 삶(道生:1.2)이 아니라, 돈과 재물과 같은 미물(微物)에 이끌려 사는 삶(微生)이라고 할 수 있습니다.

미생고(微生高) 사례와는 다르게 이 구절에서는 공자의 인간적인 내면의 탄식이 명확히 드러나고 있습니다. '이 사람이 이런 병에 걸리다니!'라고 언급한 것은 '이 사람이 왜 이런 질병에 걸려서, 이런 고생을 하는가!(亡諸其疾而有斯疾!)'라는 의미로 5.23구절과 맥락이 닿아 있습니다.

子曰: "賢哉, 回也! 一簞食, 一瓢飲, 在陋巷, 人不堪其憂, 回也不改其樂. 賢哉, 回也!"

▶ **해석:** 공자께서 말씀하시길, "현자(賢)로다, 안회(回)! 한 그릇의 밥과 한 바가지의 물로 연명하며, 가난한 마을에 살면, 사람들은 그 불우함을 견디지 못하는데, 그렇게 살면서 얻는 행복을 바꾸려 하지 않으니, 현자(賢)로다, 안회(回)!"

해설

構造: 溫[X=本質: 讓(c_1=不改其樂)]

공자가 제자 안회(顔回)를 현자(賢)라고 칭하며 칭찬하는 이유를 한 글자로 설명하면 '치(恥:5.24)'라고 할 수 있습니다. 공구(孔丘)의 관점, 좌구명(孔明)의 관점 모두 부끄러울 것이 없는 사람이라는 의미입니다.

가난한 환경에 흔들리지 않는 삶을 넘어 오히려 그것을 즐기는 안빈락도(安貧樂道)의 삶에서 행복을 찾았으니 과연 군자(君子)라고 할 수 있습니다.

국가 관료는 계강자(季康子)의 부(富)를 늘려줄 사람들로 가득 차고, 국가의 인재는 외면당하거나(於從政乎何有?:6.7) 피해 달아나고(善爲我辭:6.8), 서민의 삶은 어려움과 고난의 연속이며, 나라의 바탕이 되는 일꾼은 고된 일에 지쳐 질병으로 쓰러져(伯牛有疾:6.9) 있습니다.

국가는 비록 이런 모습이지만, 6.6구절에서 본 것과 같이 안회(顔回)는 물질적 측면에 상관없이 항상 인(仁)을 버리지 않는 그런 삶 속에서 행복을 찾고 살아갑니다. 진정한 현(賢)자의 모습이라고 할 수 있습니다.

冉求曰 : "非不說子之道, 力不足也." 子曰 : "力不足者, 中道而廢. 今女畫."

▶ **해석:** 염구(冉求)가 말하길, "스승님의 이끌어 주시는 것에 따라서 설명하지 못하는 것이 아니라 힘이 부족합니다." 공자께서 말씀하시길, "힘이 부족한 사람은 할 수 있는 데까지 해보다가 중도에 그만두는데, 지금 너는 아예 못 한다고 선을 긋고 있다."

해설

構造: 溫[X=本質: 溫(x₁=冉求)]

$$構造: 溫[X=本質: 溫(x_1=冉求)]$$

염구(冉求)는 천천히 나아가길 추구하는 사람이란 뜻입니다. 배움에 있어서도 다른 제자들보다 느리다고 할 수 있습니다.

이 구절의 흐름은 5.25구절을 연계하여 공자의 가르침을 설(說)명할 차례입니다. 그런데 6.10구절의 말씀을 듣다 보니, 염구(冉求)가 할 말이 없습니다. 제자 안회(顏回)에 대한 칭찬이 염구(冉求)에게는 엄청난 부끄러움(恥:5.24)으로 몰려오고 있는 상황입니다. 6.3구절에서 염자(冉子)로 호칭하며 공자의 지시를 따르지 않고, 부(富)유한 공서화(子華)에 의지하려 했던 마음이 크게 부끄럽습니다. 그런 상황에 안연(顏淵)과 계로(季路)에게 주문한 것처럼, 공자가 제자들 앞에서 염구(冉求), 너의 의견을 말해보거라(?各言爾志?:5.25)는 주문을 내린 상황이라고 할 수 있습니다.

이런 상황에서, 염구(冉求)의 답변은 능력이 부족하다(力不足也)는 평계 이외에 무슨 할 말이 더 있겠습니까? 그러나 공자의 질책은 매섭습니다. 능력이 부족한 것이 아니라 시도조차 하지 않고 선을 긋고 있다는 것을 간파하고 꾸짖고 있습니다.

어떤 답변을 기대했을까요? 1.5~1.6구절의 내용은 5.25구절에서 모두 언급하였습니다. 그다음 순서인 1.8구절의 앞부분 중에서, 5.26구절 설명 가운데 언급하지 않고 넘어갔던 구문이 있습니다. 군자는 무게 잡지 않고 위엄에 의존하지 않는다(君子不重則不威:1.8)는 사항입니다. 군자도 실수할 수도 있으며 잘못을 범할 수 있다는 의미입니다. 중요한 것은 실수를 인정하고 다음에 같은 실수를 범하지 않는 일(不貳過:6.2)입니다.

정리하면, 자신의 지나침을 발견하는 능력을 갖추고, 자신 스스로 올바로 꾸짖는 일(能見其過而內自訟者:5.26)을 기대했으나, 선을 긋고 있다는 의미입니다.

인간은 누구나 능력이 부족합니다(能力不足也). 그것이 부끄러운 일이 될 수는 없습니다. 오히려 실수나 지나침(過)과 같은 일을 권위나 자신의 지위로 가리는 일이 올바르지 못한 길이라고 할 수 있습니다. 삶을 통해서 배울 기회를 스스로 버리고, 선을 긋는 일이기 때문입니다.

子謂子夏曰 : "女爲君子儒, 無爲小人儒."

▶ **해석:** 공자께서 자하(子夏)에게 말씀하시길, "너는 군자의 쓰임이 있는(儒) 사람이 되어라. 소인의 쓰임이 있는(儒) 사람이 되지 말아라."

해설

構造: 溫[X=本質: 良(m₁=儒)]

構造: 溫[X=本質: 良(m_1=儒)]

자하(子夏)는 여름(夏)과 같이 온 세상을 풍요롭게 만드는 사람을 상징합니다. '유(儒)'의 의미를 풀어보면 인간(亻)에게 비(雨)를 내려 농업이 잘 이루어지도록 세상을 돕는 '쓰임이 있는(需)' 사람입니다. 아직 유교 학파가 형성되어 널리 알려지기 이전의 글이기 때문에, 여기서 유(儒)는 단순히 유학을 학습하는 유(儒)생을 의미하는 것이 아니라 인간에게 도움이 되는 행동과 행위, 인간의 쓰임이라는 본래의 의미로 이해해야 합니다. 농경 사회에서 비(雨)가 내리는 일 다음(而)의 상황은 곡식이 잘 자라 모든 사람을 풍성하고 이롭게 하는 일, 즉 군자와 같은 쓰임을 이루는 일이라고 할 수 있습니다.

비(雨)가 내리는 것과 마찬가지로 하늘은 직접적으로 재물이나 곡식을 떨어뜨려 주지 않습니다. 비가 내림으로써 모든 식물이 고루 잘 자랄 수 있도록 간접적으로 돕고, 이끌어주는 역할을 의미합니다. 6.11, 6.3구절에 등장하는 염구(冉求)가 자기 자신과 한두 사람을 위한 소인의 쓰임이라는 점을 강조하며 자하(子夏)에게 군자의 쓰임을 이룰 것(儒)을 당부하고 있습니다.

인간의 삶을 이롭게 하는 일은 직접적인 방식보다 간접적인 방법이 더 좋은 경우가 많습니다. 급하게 숨넘어가는 어려운 사람이 아니라면, 비를 내려 스스로 자라고 성장할 수 있도록 이끌어 주는 것이 오히려 좋은 방법이라고 할 수 있습니다.

子游爲武城宰. 子曰 : "女得人焉耳乎?" 曰 : "有澹臺
滅明者, 行不由徑, 非公事, 未嘗至於偃之室也."

▶ **해석:** 자유(子游)가 무성(武城) 지역의 지방관이 되었다. 공자께서 말씀하시길,
"너의 귀를 대신하여 민심을 들을 수 있는 괜찮은 사람을 얻었느냐?" 자유가 말
하길, "담대멸명(澹臺滅明)이라는 사람이 있는데, 길을 갈 때 사잇길로 다니지 않
고, 공적인 일이 아니면 제집에 찾아온 적이 없습니다."

해설

構造: 溫[X=本質: 恭(u_1=得人焉耳)]

공자의 제자 자유(游)가 무(武)인들이 주로 사는 군사 요충지, 무성
(武城) 지역을 다스리는 사람으로 부임했습니다. 이에 공자는 자유(子
游)에게 그 지역 무인들의 공심(共心)을 얻기 위해 민심을 살필 귀(耳)
가 되어줄 부하를 구했는지 묻고 있습니다.

이 구절은 6.1구절에서 중궁(仲弓)과 공자가 나눈 자상백자(子桑伯子)
에 대한 대화보다 한 단계 더 나아간 상황이라고 할 수 있습니다. 상
황을 비교하여 살펴보면 사람 사이를 잇는 것의 의미가 무엇인지? 신
하로 어떤 사람을 구하는 것이 좋은지에 대해 이해할 수 있습니다.

6.12구절에서 군자와 같은 쓰임(儒), 간접적 도움의 방식을 더 요구
했지만, 무(武)인은 칼을 휘두르는 직접적인 성향의 사람들에 해당합
니다. 이런 경우, 사람들의 생각을 듣고 다스리는 사람에게 전달할 믿
음직한 중간관리자가 필요합니다. 세상은 군자(君子)와 소인(小人)과 같

은 이분법적 논리로 단순하게 이해하기 쉽지만, 실제로는 그렇게 단순한 이분법적 논리만으로 구성되어 있지 않습니다. 중간자적 성향의 사람과 그런 성향의 일이 더 많이 존재합니다. 그렇기에 이분법적 논리를 세워 사람을 평가하는 일은 자신을 내세우고, 자신과 다른 사람을 구분하기 좋아하는 소인의 구분 방법이라고 할 수 있습니다.

담대멸명(澹臺滅明)은 그 이름에서 그 사람의 역할과 성향이 이미 드러나 있습니다. 항상 사람들이 어울리는 무대(臺)와 같은 곳에서, 그들의 언어를 편견 없이 담백하고 맑게(澹) 듣고, 자신을 밝히거나 드러내지 않는(滅明) 성향의 사람이라는 뜻입니다.

지름길(徑)은 편협한 부류의 사람들이 다니는 길입니다. 일을 빠르게, 은밀히 추진하는 사람들이 좋아하는 길이라고 할 수 있습니다. 항상 큰길로 다니면서 민심을 살피는 일이 대다수의 의견을 듣는 방법입니다. 한쪽으로 치우친(徑) 민심을 전하는 행위는 군자의 귀(耳)를 편협하게 만드는 일이라고 할 수 있습니다.

이런 중간자적 역할의 사람이 범하기 쉬운 오류는 그 역할을 이용하여 자신의 권력이나 이익을 사적으로 취하는 일입니다. 공무를 행하는 사람은 사무실이나 공적인 장소에서 투명하게 일을 추구(澹臺)함이 바람직합니다.

사적 장소에 이런저런 사람들이 들락날락 나부끼는(偃) 모습은 전혀 바람직하지 않습니다. 자유(子游)를 본명 언(偃)으로 호칭한 것은 자유가 누워서(偃) 쉬는 곳, 관사에서의 생활과 그 사적 장소로 사람들이 들락날락(偃)하는 모습을 중의적으로 표현하고 있습니다.

지역을 다스리는 관리자가 어떤 태도와 자세로 공심(共心)을 얻어야 하는가에 대한 교훈을 얻을 수 있는 구절입니다. 그 다스리는 사람부터 공(恭)이 부족하고, 사람들에 대한 따뜻함(溫)이 부족하다면, 능력이 부족한 사람(力不足也:6.11)이라고 할 수 있습니다.

우리는 그런 능력이 부족한 사람(力不足者)에게 우리를 다스리는 역할을 맡기고 있는 것은 아닌지 살펴볼 필요가 있습니다.

子曰 : "孟之反不伐. 奔而殿, 將入門, 策其馬, 曰, '非敢後也, 馬不進也.'"

▶ **해석:** 공자께서 말씀하시길, "맹지반(孟之反)은 자랑을 하지 않는다. 전쟁에 패배하여 후퇴하면서, (위험을 무릅쓰고 행렬의 맨 뒤에서 행렬을 보호하고, 행군을 독려하다가) 막 성문에 들어서려고 할 때, 자신의 말(馬)을 계책으로 삼아 말하기를, '내가 감히 뒤처지려 한 것이 아니라, 말이 나아가지 않았기 때문이다'고 했다."

해설

構造: 溫[X=本質: 儉(o_1=孟之反)]

맹지반(孟之反)이라는 이름은 가장 으뜸으로 행하는 일(孟之)이 돌이켜보는(反) 일이라는 뜻입니다. 이 구절에서는 공격의 반대 방향에 해당하는 후퇴(反) 시에 중요한 사항(孟之)을 설명하고 있습니다. 무엇이 가장 중요할까요? 꼭 전쟁이 아니더라도 현대인의 삶은 전쟁과 같이 급박하고, 치열한 상황이 빈번하게 벌어집니다. 전쟁과 같은 치열한 삶을 비교하여, 이 구절을 헤아려 보는 일을 권합니다.

사회의 체계가 원활히 동작하기 위해서는 그것이 원활히 동작하는지 되돌아 살펴보는(反) 일이 필요합니다. 되돌아 살펴보는 일을 잘하는 사람(孟之反)은 섣불리 자신의 행위를 드러내고 자랑하지 않습니다. 6.13구절에서 멸명(滅明)이 의미하는 바와 같습니다. 맑고 담백하게 공적인 일을 처리하면서도 자신의 행위를 자랑하지 않는 속성을 의미합니다. 그런 사람이 많아지면 많아질수록 사회는 불필요한 허례허식과 자신의 치적을 부풀리는 데 자원이 낭비되는 일이 줄어듭니다.

전쟁의 불리한 상황에 퇴각하면서, 장수가 나 먼저 퇴각에 앞장서다 보면 뒤에 남은 부하들은 참혹한 죽음을 맞이하기 쉽습니다. 체계를 유지하고 질서 정연하게 퇴각하는 일이 자원을 최대한 보전하는 방법이라고 할 수 있습니다.

어려운 상황일수록 우두머리(孟)에 해당하는 사람은 앞장서서 퇴각하는 일 대신 돌이켜보고(反) 사람들을 살피는 일이 필요합니다. 사람들을 바라보는 방향(南面)에 서서 부족한 것이 무엇이고 어떤 것을 보충해야 하는지 살피는 일이 우두머리(孟)의 역할입니다.

'책기마(策其馬)'는 자신의 말을 계책으로 삼는다(策其馬)는 의미로 해석할 수도 있고, 자신의 말을 채찍질하여(策其馬) 반대 방향으로 돌려서 대응하는 모습으로 이해할 수도 있습니다.

우리는 적의 공격에 밀려 후퇴하는 상황에서 자신의 행위를 자랑하는 장수에 대해서는 자격이 없다고 생각하지만, 평상시 국가와 사회 체계에 부족한 부분에 대해 서민들을 바라보지 않고, 자신 행위를 자랑하기 바쁜 정치인에 대해서는 관대합니다. 무엇이 다른 것일까요? 정치인의 행위에 대해 투명하게 돌이켜보는 과정이 부족합니다.

돌이켜보는 일(回)은 행위의 절제(儉)를 낳고 낭비를 막는 효과가 있습니다. 6.2구절에서 안회(顔回)를 등장시켜 돌이켜보는 일(回)을 강조하고 설명한 것도 같은 이유라고 할 수 있습니다. 사람들에게 상대 정치인에 대해 노여움을 옮기(遷怒:6.2)는 일에만 치중하고, 정작 서민들을 잘 살 수 있도록 이끄는 일에는 관심이 없다면 문제가 아니겠습니까? 그런 실수나 과오가 반복되는(貳過:6.2) 것은 돌이켜보고 반성하는 자세와 태도(孟之反)가 부족하기 때문입니다.

6.15

子曰 : "不有祝鮀之佞, 而有宋朝之美, 難乎免於今 之世矣."

▶ **해석:** 공자께서 말씀하시길, "축타(祝鮀) 같은 말재주가 없고, 송조(宋朝) 같은 아름다움만 있다면, 오늘날 세상은 난세를 피하기 어렵다."

해설

構造: 溫[X=本質: 讓(c_1=祝?之?)]

6.14구절에서는 자랑(不伐)하지 않는다고 설명했는데, 이 구절에서 는 축타(祝鮀)의 말재주(佞)가 없으면 문제가 된다고 이야기하고 있습 니다. 축타(祝鮀)의 말재주가 무엇이기에 있어야 한다는 것일까요? 6.14구절에서 맹지반이 한 말이 바로 축타(祝鮀)의 말재주라고 할 수 있습니다. 축(祝)원하고 잘되기를 바라고 기원하지만, 어디로 튈지(鮀) 모르게 던지는 말입니다.

축(祝)이라는 글자는 보이다(示)와 맏형(兄)으로 조합된 글자입니다. 집안의 형(兄)이 책임감 있는 모습으로 보여주는 말과 행위에 해당합 니다. 말만 번지르르하고 실천이 따라오지 않는 행위와는 거리가 있 습니다. 가족을 이끄는 사람의 관점에서 이런 것 저런 것 고민하지 않고, 거침없이 내뱉는 좋은 소리와 쓴소리에 해당합니다. 이런저런 관점의 다양한 의견을 쏟아낼 수 없는 사회라면, 그런 사회는 경직되 고 독단적인 방향으로 흐르기 쉽습니다.

송조지미(宋朝之美)는 3.9구절을 참고할 수 있습니다. 송(宋)나라는 주(周)나라 태조 무왕(武王)이 은(殷)나라 탕왕의 후예인 미자(微子)로 하여금 탕왕의 제사를 지낼 수 있게 세워준 명목만 유지한 작은 나라입니다. 멸망한 국가 왕의 후손(王家)에게 재산과 격식을 유지할 수 있도록 배려한 사항입니다. 하지만 3.9절에서 설명한 바와 같이 문(文)화가 없는 껍데기에 불과한 나라입니다. 송조지미(宋朝之美)는 계승되고 발전할 수 있는 아름다운 문화가 아니고, 형식적인 절차와 치장을 두른 채 겉모습만 살아있는 아름다움을 의미합니다.

6.14구절의 맹지반은 자신 행위를 자랑하지 않고, 축타(祝鮀)와 같은 말재주를 보이며 국가의 위기에 도움이 되는 행동을 취했습니다. 겸양의 자세를 기반으로 전쟁터와 같은 위기 상황에서 사람들의 목숨을 구하는 것보다 아름다운 일은 없습니다.

어려운 사람을 돕는 아름다움이 아니라, 가진 자의 형식과 격식을 채워주는 물질적인 사치와 낭비가 수반되는 아름다움 추구는 국가를 난세로 이끌고 갑니다. 추구할 바가 아닌 사항임에도 불구하고, 그런 것을 추구하느라 바쁜 이유는 권력과 힘에 기대어 살아가려는 무리들이 많기 때문입니다.

6.3구절의 사례에서 살펴보면, 공자의 짧고 명료한 말이 축타(祝鮀)의 말재주(之佞)에 해당하고, 염구(冉求)가 자화(子華)의 모친에게 부잣집의 격에 맞추어 곡식을 보낸 행위가 송조지미(宋朝之美)에 해당합니다.

사회 지도층이 겸양과 절제를 모르고, 공짜로 얻는 것에 대해 부끄러움(恥)을 모르는 염치(廉恥)없는 모습이 지속될 때, 국가는 삼환(三桓)이 정치를 좌지우지하는 시대와 같은 모습을 벗어나기 어렵습니다.

子曰: "誰能出不由戶? 何莫由斯道也?"

▶ **해석:** 공자께서 말씀하시길, "누가 밖으로 나갈 때 집 안에서 나오지 않을 수 있겠는가? 어찌하여 이 방법(道)을 따르지 않는 것인가?"

해설

構造: 溫[X=本質: 溫(x₁=誰能出不由戶?)]

'인간 삶의 출발점이 어디인가요?'라는 질문으로 시작하고 있습니다. 당연히 가정이라는 집입니다. 아침에 누구나 집에서 나와 사회로 향해 나가고, 저녁이 되면 다시 집으로 돌아옵니다. 가정에서 이웃, 이웃에서 마을, 마을에서 벗어나 자신의 일터가 있는 곳으로 향하는 것은 사회적 관계와 범위의 확장이라는 관점에서 당연한 일입니다.

일터에서 일을 하고 많은 재화를 얻었다면, 사회적 관계와 범위의 확장이라는 틀의 순서에 따라 얻은 것을 나누는 일이 자연스러운 일입니다. 두 번째 구문의 이 방법(斯道)은 사회적 관계와 범위의 확장을 의미합니다. 관련 사례는 6.4구절에서 살펴볼 수 있으며, 6.4구절의 근원적 생각(原思)이 의미하는 사항이 바로 이 구절의 내용인, 사회적 관계와 범위의 확장이라고 할 수 있습니다.

子曰 : "質勝文則野, 文勝質則史. 文質彬彬, 然後 君子."

▶ **해석:** 공자께서 말씀하시길, "내용(質)이 문양(文)보다 좋으면 투박하고, 문양 (文)이 내용(質)보다 좋으면 화려하다. 겉모양(文)과 내용(質)이 적절히 조화되어야 비로소 군자다."

해설

構造: 溫[X=本質: 良(m_1= 文質彬彬)]

어떤 사람의 본질이 좋지만 배운 것이 부족하여 밖으로 드러내는 문채가 투박하면, 그 사람을 이해하는 사람이 없다면 적절한 쓰임을 이루기 어렵습니다. 문채가 화려하고 본질이 좋지 못하다면, 쓰임을 이루는 일은 쉽지만 그 쓰임의 목적에 충실하기 어렵습니다.

본질에 어울리게 배움을 통해 문채가 다듬어져야 하고, 문채에 걸 맞게 본질을 수양하는 일이 필요합니다. 조금 늦더라도 수양을 이룬 후에 올바르게 일을 이룰 수 있다는 점을 놓치지 않아야 합니다. 이 구절의 사례는 6.5구절 중궁(仲弓)의 모습에서 찾아볼 수 있습니다.

子曰 : "人之生也直, 罔之生也, 幸而免."

▶ **해석:** 공자께서 말씀하시길, "인간의 삶은 직선적이다. 삶에 대해 잊는 것은, 다행이면서 (과거 기억에 대한) 사면이다."

해설

構造: 溫[X=本質: 恭(u_1=幸而免)]

인생(人生)이 직(直)이라는 것은 시간의 축을 따라 직선이라는 점을 설명하고 있습니다. 시간을 되돌리거나 다시 반복할 수는 없습니다. 망(罔)이라는 글자는 기억을 잊어가는 모습을 설명한 글자입니다. 시간이 지나면 무조건 기억을 지워버리는 방식이 아니라, 자신도 모르게 희미하게 과거를 잊어버리는 모습을 뜻합니다. 단순히 잊어버린다는 뜻의 '망(忘)'자 대신에 사리에 어두워진다는 뜻의 '망(罔)'자를 사용하여 희미하게 잊어가는 모습을 생생하게 표현하고 있습니다. 그물 '망(罔)'을 사용한 이유는 한 사람의 기억이 시간이 지나면 잊혀진다는 의미 이외에도 또 다른 의미가 담겨 있습니다. 그물이 물 아래로 잠기면 잠길수록 보이지 않듯이, 사람들 공동의 기억이 서서히 사라진다는 의미입니다. 즉, 기억은 개인의 마음(溫)을 기반으로 서서히 사라지기도 하지만, 공심(共心)의 관점에서 설명하고 있다는 점에 주목해야 합니다. 이 구절의 대주제, 소주제(主題)에 해당합니다.

개인 및 사회공동체 모두에게 과거를 잊고 살아가는 일에 대해 다행(幸)이라고 설명하고 있습니다. 과거의 잘못한 사항, 끔찍한 일 등 기억하고 싶지 않은 것을 제외시키고(免) 기억하지 않는 인간의 속성은 행운이자 축복입니다. 컴퓨터에 저장된 기억처럼 모든 것을 다시 불러올 수 있다면, 따뜻함(溫)이라는 속성은 사라지고 기계와 같은 치밀함과 정확함을 기반으로 살아야 합니다. 만약 우리의 뇌가 과거를 잊지 않는다면, 기억이라는 덫에 걸려 헤어나지 못하기 쉽습니다.

　기억이라는 틀과 구조에서 잊는 방식으로 사면(免)함으로써, 과거를 잊고 새로운 삶을 살 수 있는 여력이 생겨납니다. 과거를 기반으로 현재를 일구어 나가지만, 삶이 과거에 얽매이지 않는 직선의 모습이기 때문에 가능한 일입니다. 6.6구절을 다시 살펴보면, 1년을 돌이켜보면(回) 잘못된 점이 한두 가지가 아닐 것입니다. 그럼에도 불구하고 인(仁)을 추구하고, 인간 본연의 성질(仁)을 어기지 않으려는 이유는 과거에 연연함보다 현재를 살아가고, 앞으로 나아가야 하는 방향이 인간적인(仁) 모습을 잃지 않는 삶이기 때문입니다.

　사회 공심(共心) 관점에서 현대인들이 공(恭)손함이나 공(恭)경을 점점 더 잃어가는 일은 희미해진 과거의 기록을 다시 들춰보고 확인할 수 있는 능력이 점점 늘어나는 점에 그 원인이 있습니다. 과거의 사실에 대해 적나라하게 드러내고, 밝힐 수 있기 때문에, 과거를 불투명하고 흐리게 만들면서 아름답게 여기는 일은 점점 사라져 갑니다. 과거 사실 그대로 기록물에 저장되어 좋지 못한 모습으로 남아 있고, 항상 찾아볼 수 있기 때문에, 상대방에 대한 아련한 공경이나 존경의 마음보다 과거 사실을 근거로 이해하는 차가운 마음이 앞섭니다.

　문제는 그 사실이라는 것이 그 사람을 100% 대변하지 못한다는 점입니다. 우리가 활용하는 과거에 대한 인식은 아주 일부에 불과하다는 점을 잊지 않아야 합니다. 과거에 대한 기억이나 기록은 특정 관점에 한정될 수 있습니다. 마치, 유명인이나 정치인의 좋은 기억이나 좋

은 모습을 바탕으로 이룬 사실보다, 잘못된 사항을 주로 기록하고 들
춰내 활용하는 것과 같습니다. 불완전한 기억과 기록은 모든 정치인
을 부도덕하고, 정직하지 못한 사람으로 비추는 편견과 오해를 불러
오기도 합니다.

사회 전체가 언론이 만드는 부정적 여론의 그물(罔)에 걸려서, 생각
의 균형을 잃어가는 경우에 발생하는 부작용입니다. 공심(共心)을 어
떤 조작된 방향으로 유도하는 '사회 의식 및 행동 조작 해킹' 행위에
대해 크게 경계해야 하는 이유입니다. 이는 현대 사회가 직면하고 있
는 커다란 문제라고 할 수 있습니다.

정리하면, 사회 공동체의 기억은 인간의 본성인 따듯함(溫)을 기반
으로 다루어져야 하며, 공심(共心)을 이끌어 사회 모두에게 도움이 되
는 방향이어야 합니다. 그렇지 않다면, 인간에게 주어진 행운(幸運)을
버리고, 인간적(仁)이지 못한 어긋난(衛) 마음을 바탕으로 스스로 족
쇄를 차는 모습이라고 할 수 있습니다.

子曰 : "知之者不如好之者, 好之者不如樂之者."

▶ **해석:** 공자께서 말씀하시길, "지식을 쌓는 일은 좋아하는 일만 못하고, 좋아하는 일은 즐겁게 하는 일만 못하다."

해설

構造: 溫[X=本質: 儉(o₁=好之者不如樂之者)]

시간이 지나면 사회 공동체의 기억(共心)이 희미해지기에, 못된 정치인들이 계략을 꾸미고 취하는 행위는 사람들의 기억이 사라지지 않게 주기적으로 상대 정치인을 싫어(惡)하도록 모략하는 일입니다. 상대 정치인의 잘못된 사항을 찾아서 사람들의 화(怒)를 불러일으킵니다. 아니면, 어떤 연관된 슬픈 사건을 찾아서, 사람들의 슬픈(哀) 감정을 주기적으로 불러일으킵니다. 그보다 더 심한 방법은 그 일이 사람들 자신이나 자신의 자식에게 벌어지면 큰일이라는 두려움(懼)을 심어주는 일입니다.

인간이 가지고 있는 본성 가운데 어두운 영역(怒哀懼惡)을 활용하여 사람들 마음의 동요를 일으키고, 사람들의 기억(知)을 그런(之) 일과 연결(之)되도록 만드는(之) 사회 공동체의 의식을 조작하는 행위입니다.

이 구절에서 사용된 '지(之)'는 '그것(之)', '~이 되다(之)', '~이 이루어지다(之)' 등의 다양한 의미를 지니고 있습니다. 어떤 것으로 해석해도 무리가 없습니다. 그것을 통해서 지식이 이루어지고, 좋아함이 이루어지고, 행복이 이루어진다고 이해해도 좋습니다.

6.7구절과 연계해서 살펴보면, 계강자(季康子)가 공자에게 제자들

가운데 정치에 적합한 사람(可使從政也與?:6.7)을 묻고 있습니다. 인재에 대한 지식과 지혜(知)를 구하는 중이지만, 공자가 제시한 3명의 제자에 대한 추천(知之)은 받아들여지지 않습니다. 계강자(季康子) 입장에서 좋아할 만한 인물들이(好之) 아니기 때문입니다. 지식과 지혜가 있다고 하더라도 그것을 좋아하지 않는다면 의미가 없습니다. 만약 계강자(季康子)가 좋아하고 받아들였더라도, 제자들이 계강자(季康子)가 원하는 일을 하는 과정(從政)이 즐겁지(樂之) 못하고, 사람들에게 행복을 주는 일이 아니라 사람들을 괴롭게 만드는 일이라면, 그 또한 제자들에게 의미가 없는 일이 될 것입니다.

결론적으로, 인간을 즐겁고 행복하게 이끄는 일(樂之)이 최선(善)이라고 할 수 있습니다. 이는 인간 본성의 밝은 영역인 기쁨(喜), 사랑(愛), 욕구(欲) 등을 채우는 방향이라고 할 수 있습니다. 어두운 영역의 감정을 멀리하고, 밝은 영역으로 사회를 이끄는 일은 다행(幸)이자 축복(福)이라고 할 수 있습니다.

모든 사람을 행복(幸福)하도록 만드는 일이 우리 삶의 목표와 방향이라고 할 수 있습니다. 하지만 모두가 즐겁고 행복하도록 만드는 일은 많은 노력과 시간이 소요되는 쉽지 않은 일입니다. 대다수의 사람들이 삶을 좋아하도록 만드는 일, 또한 만만한 일은 아닙니다. 그런 사항을 전달하여 사람들이 알 수 있게 만드는 일(知之)은 상대적으로 쉽습니다. 주기적으로 정보를 제공하면 그만입니다.

하지만 삶에 대한 좋아함을 이루고, 삶을 행복하게 만드는 방법에 대한 정보가 현실적으로 이루기 어려운 사항이라면, 사람들은 그것에 대해 좋아하지 않고, 즐거워하지 않을 것입니다. 그런 정보를 제공하는 정치인에 대해 오히려 달가워하지 않을 것입니다. 참으로 모순적인 일이 아닐 수 없습니다.

그런 점을 잘 알기에, 못된 정치인은 사람들을 행복하게 이끄는 일보다, 상대 정치인을 비난하고 사람들의 신뢰를 잃게 만드는 정보를 제공하는 일에 더 치중합니다. 인간 본성의 어두운 면을 자극하는 정보는 서민들에게 효과가 좋습니다. 어두운 면을 회피하려는 본능적 반응을 이용하는 일이기 때문에, 서민들은 본능적으로 그것을 기억하고 두려워하며 회피하기 위한 노력에 최선을 다합니다. 6.18구절에서 설명한 '사회 의식 및 행동 조작 해킹'이 대단한 무엇인 것 같이 생각한다면 오해입니다. 제일 비용이 덜 소요되고, 비열하며 쉬운 방법에 해당합니다.

　그러면 사회를 분열시키고 어둡게 만드는 일은 쉽고, 사람들이 자신의 일을 좋아하고, 자신의 삶을 즐겁게 여기도록 만드는 일은 어렵다는 논리로 귀결됩니다. 모든 사회가 이런 모습일까요? 무엇이 문제일까요? 위와 같은 문제 해결에 대한 핵심은 사회 구성원의 절제(儉)하는 마음에 있습니다.

　구성원 모두가 자신 삶의 절제와 검약을 이루는 일에 대해 충분히 돌이켜 본다면, 못된 정치인들이 분열을 일으키는 것을 부추기고, 상대를 비난하는 목소리가 달게 들리지 않을 것입니다. 삶에 대해 소박하고 절제된 방식을 이해한다면, 물질적 요소나 한순간 즐거운 일이 지속적으로 행복을 이끌지 않는다는 것을 이해할 것입니다. 남이 아닌 자신의 삶을 돌이켜 보는 일을 으뜸으로 여기고(孟之反:6.14), 자신을 올바른 방향으로 이끌어 가는 일(策其馬)에 더 힘쓸 것입니다.

　정리하면, 사회를 따듯하고(溫) 행복(樂)한 방향으로 이끌기(政) 위해서는 사회 구성원 모두가 어두운 일을 절제(儉)하고, 밝은 일을 통해 그 길로 나아가도록 장려해야 합니다. 사회 구성원 모두가 이것을 이해하고 잊지 않으며, 자신을 돌아보며 자신의 삶을 그렇게 이루도록 이끄는 일이 바람직합니다.

> 子曰 : "中人以上, 可以語上也. 中人以下, 不可以語
> 上也."

▶ **해석:** 공자께서 말씀하시길, "보통 이상의 사람에게는, 수준 높은 이야기를 해 주어도 좋다. 보통 수준 이하인 사람에게는, 수준 높은 이야기는 불가하다."

해설

構造: 溫[X=本質: 讓(c_1=語上)]

축타(祝鮀)의 말재주(佞)도 보통 이하의 사람에게는 의미가 없습니다. 이 구절을 이해하는 과정에 주의할 사항은 의미를 넘겨짚으면 자칫 오해하기 쉽다는 점입니다. 중인(中人)이라는 것부터 정의되거나 설명된 바가 없습니다. 어느 신분, 어느 정도의 지식과 교양을 갖춘 사람을 중인(中人)이라고 해야 할까요? 정의나 설명이 없다는 이야기는 반대로 생각해보면 그 범위의 정의가 시대와 장소에 따라 변할 수 있기 때문에, 그것을 군이 제한하거나 규정하지 않았다고 해석할 수 있습니다. 시대나 국가와 사회에 따라 중인(中人)의 의미는 달라질 수 있기 때문에, 내가 속해 있는 시대와 국가, 사회에서 스스로 기준을 정의하고 이해하는 것이 좋다는 의미입니다.

우리 사회가 단순히 물질적 가치와 기준으로 사회를 바라보고 있다면, 중인(中人)이라는 기준은 재산과 연간 소득이 될 수 있습니다. 학벌과 자격을 더 중요시하고 있다면, 중인(中人)의 기준은 대학교 졸업장을 가진 사람이 될 수도 있습니다. 북유럽의 복지 국가와 3세계 국가에서 나누는 중인(中人)의 기준선은 상당히 다를 수 있습니다.

이 구절 첫 구문에서 언급한 중인(中人)에 대한 기준점은 없지만, 사회적 소통을 이루는 수준이라는 것을 이어지는 구문을 통해 짐작할 수 있습니다. 사회적 이해에 대해 공유하고, 언(言)어를 활용하여 도움(襄)을 이룰 수 있는 것을 사회적 소통이라고 할 때에, 이에 대한 소양을 갖춘 중인(中人) 이상의 사람이 국가의 70%를 차지하고 있다면, 그 사회는 70% 이상의 사람들이 높은 수준의 언어를 나누고 도움을 주며 살아가는 것이 가능하다는 의미입니다. 하지만 7%도 되지 않는다면 그 사회는 높은 수준의 언어를 나누며, 반대 의견을 제시하고, 토론한 후, 합의를 도출하여 사회적 도움을 이루고 살아가는 일이 요원하다는 의미입니다. 7%의 구성원만 그것이 가능하다면, 어떻게 언(言)어로 도움(襄)을 이룰 수 있겠습니까? 여기에서 사회는 전체 사회로 볼 수도 있지만, 범위를 국가의 정치를 이끄는 기관, 또는 국회로 볼 수도 있습니다.

언어라고 통상 이야기하지만, 언(言)과 어(語)의 차이를 눈여겨볼 필요가 있습니다. 언(言)은 일상적인 말을 의미합니다. 어(語)는 나(吾)의 뜻이 담긴 말(言)이라고 할 수 있습니다. 아무런 말이 아니라, 자신의 뜻이 담긴 말이기 때문에 상(上)이라는 글자, 또한 뜻과 의미가 높다는 의미로 해석됩니다. 단순히 높이는 말, 상대를 존중하는 공손한 말을 한다고 표현한다면, '언상(言上)'이라고 했을 것입니다.

말(言)을 통해 의미와 뜻이 담긴 수준 높은 이야기를 해도 도움(襄)이 되지 않고 의미가 없는 경우가 중인(中人) 이하라고 설명하고 있습니다. 그렇기 때문에 6.8구절에서 민자건(閔子騫)은 국가 최고 실세인 계(季)씨에게 찾아가 사양(讓)하지 않고, 누군가에게 자신의 뜻이 담긴 말을 대신 전달하고 있습니다. 계(季)라는 글자가 상징하듯 계(季)씨는 중인(中人) 이하라는 의미를 담고 있습니다.

그러면 어상(語上)에 반대 지점에 있는 하급(下) 어(語)는 어떤 것들이 있을까요? 욕설이나 상대를 낮추는 말은 하언(下言)이라고 할 수 있습니다. 6.19에서 설명한 못된 정치인들이 계략으로 꾸미고 행하는 언어, 상대를 헐뜯고 비방하는 언어, 사회에 도움을 주는 언어가 아니라 사회에 좋지 못한 영향을 미치는 언어(語)가 어하(語下)에 해당합니다.

이 구절을 활용하여 역으로 설명하면, 수준 낮은 언어(語下)가 사회 다수 구성원에게 통하기 때문에 수준 낮은 언어를 정치인들이 행한다고 볼 수 있습니다. 국민 다수의 윤리와 사고의 수준을 낮추는 일을 유지함으로써, 정치인들은 쉽게 자신들이 원하는 것을 얻을 수 있다는 의미입니다. 맹목적으로 분노와 슬픔, 두려움에 쌓여 자신들을 따라오도록 만드는 정치(從政)가 계강자(季康子)가 원하는 정치의 방향이라고 할 수 있습니다.

필자가 굳이 구구절절 수준 낮은 언어(語下)를 들먹이고, 역으로 해석한 설명을 덧붙이는 이유는 독자의 수준을 무시해서가 아닙니다. 수준 높은 언어(語上)일수록 그 반대되는 사항, 대척점에 위치하는 일들이 더 많이 존재하기 때문에, 이를 명시적으로 서술하고 공유하며 문제점을 찾아 의견을 나누고 개선하는 과정이 필수라는 점을 전달하려는 의도입니다.

정리하면, 이런 행위의 근간에는 사회를 따듯(溫)하게 이끌고, 언(言)어를 통해 사회에 도움(襄)을 이루려는 의의가 담겨 있습니다.

樊遲問知. 子曰：“務民之義, 敬鬼神而遠之, 可謂知矣.” 問仁. 曰：“仁者先難而後獲, 可謂仁矣.”

▶ **해석:** 번지(樊遲)가 지혜로움에 관하여 여쭤보자 공자께서 말씀하시길, “서민들의 의로움에 힘쓰고, 귀신과 같고 신비스러운 일을 공경하되 그것을 멀리한다면, 지혜롭다고 할 수 있다.” 어짊(仁)에 관하여 여쭤보자 말씀하시길, “인(仁)이란 어려운 일을 먼저 하고, 결실의 수확은 뒤로 하는 일이다. 그러면 가히 어질다고 할 수 있다.”

해설

構造: 溫[X=本質: 溫(x₁=樊遲)]

이 구절 이해에 도움을 주는 것은 6.9구절입니다. 6.9구절에서 서민들을 위해 궂은일을 다한 백우(伯牛:6.9)가 병(疾)들어 누워있는 상황이었습니다. 이번에는 국가와 사회를 천천히 이끌고 가는(辶) 물소(犀)와 같은 존재, 번지(樊遲:2.5)가 묻고 있습니다. 상징하는 의미를 이해하고 읽으면, 참으로 재미있는 구성입니다.

6.16~6.20구절의 흐름을 살펴보면 개인에서 가족, 지역, 사회로 범위가 확장될수록 지식과 지혜의 효용성은 더욱 커지고(6.16), 그에 따라 사람의 본질(質)과 지식이 이루는 문(文)화는 같이 성숙하고 성장할 필요가 있습니다(6.17). 인간의 기억(知)이 잊혀지는 현상의 의미를 살펴보았고(6.18), 지(知)식을 쌓는 일보다 좋아하는 삶, 행복한 삶이 더 중요하다는 것을 강조했으며(6.19), 지(知)식을 올바르게 활용하지 못하는 경우에 대해 살펴보았습니다(6.20).

지(知)식이 추구하는 것은 인간에게 도움을 이루는 방향이라 할 수 있지만, 6.16~6.20구절이 물소(犀)와 같은 일꾼 번지(樊遲)에게는 어려웠나 봅니다. 이 구절은 지(知)와 인간의 본질(質)에 해당하는 인(仁)에 대해 쉽게 설명해달라는 요청이라고 할 수 있습니다.

물소(犀)와 같은 일꾼 번지(樊遲)의 사명(命)은 서민들을 위해 일하는 것이라고 할 수 있습니다. 그렇지만 아무런 의미 없이 일만 하는 것이 아니라, 서민들을 위한 의(義)를 추구하는 일에 힘쓰는(務) 노력이 필요합니다. 백우(伯牛:6.9)가 고생스럽게 일만 하다 허망하게 병에 걸린 것에 대해 2번이나 한탄했던 공자의 마음이 들어있습니다.

6.20구절을 연계해서 생각해보면, 정치인들은 모두 자신들이 의(義)롭다고 합니다. 상반되고 대립되는 이야기를 하는데 누가 의(義)로운 것인지 귀신(鬼神)이 곡할 노릇입니다. 귀신(鬼神)이 의미하는 바는 실제 귀신을 경(敬)의 하라는 의미가 아니라, 정치인들이 만들어 내는 알 수 없는(不知) 놀라운 일과 말에 대해 공경(敬)은 유지하되, 그것에 멀리 거리를 두라는 의미입니다. 묵묵히 자신의 자리를 지키고 일하는 보통 사람들이 휘둘릴 이유가 없는 사항들입니다. 보통의 사람들은 놀라운 일과 장밋빛 청사진이 어려움을 딛고 현실화되며 사실로 증명될 때, 그 때에 믿는 것이 지혜(知)롭다는 의미입니다.

사회적 관점에서 인(仁)은 자신의 일을 먼저 충실히 하고, 그다음에 얻을 바를 취하는 일이라고 할 수 있습니다. 순서를 바꾸어 얻는 것을 먼저 취하고, 일은 하지 않는 경우 사회의 누군가는 그를 대신해 그만큼의 짐을 짊어지고 가는 일이 벌어집니다. 나의 짐을 남에게 전가하고 얹혀가는 일이라고 할 수 있습니다. 인간적인(仁) 모습이라고 할 수 없겠지요? 나라의 물소와 같은 일꾼인 번지(樊遲)가 자신의 역할을 벗어 던지고, 앉아서 쉬기만 하면 어떻게 농사를 짓고 곡식을 수확할 수 있을까요? 생산성은 멈추고 가난과 소비만 존재할 것입니다.

이 구절을 통해 공자의 인(仁)이 무엇인지 조금 더 쉽게 접근할 수 있습니다. 공자가 설명하는 인(仁)은 인간으로서 도달하기 어려운 어떤 고차원의 윤리적 가치나 기준이 아닌 누구나 추구할 수 있는 사항입니다.

6.22

子曰 : "知者樂水, 仁者樂山. 知者動, 仁者靜. 知者樂, 仁者壽."

▶ **해석:** 공자께서 말씀하시길, "지혜(知)는 물을 다스리고(樂), 인(仁)은 산을 다스린다(樂). 지혜(知)는 동적이고, 인(仁)은 정적이며, 지혜(知)는 편안하고, 인(仁)은 지속된다."

해설

構造: 溫[X=本質: 良(m₁=動靜樂壽)]

$$構造: 溫[X=本質: 良(m_1=動靜樂壽)]$$

이 구절은 6.10구절과 연결되어 있습니다. 6.10구절에서 '賢哉, 回也!'를 2번이나 반복하여 외친 것은 이 구절을 미리 생각하고 작성한 듯한 표현입니다. 중국 역사상 가장 위대한 현인(賢人)을 한 명 꼽으라고 한다면, 우(禹)임금이라고 주저없이 말할 수 있습니다. 황하(黃河) 치수 사업의 성공과 후직(后稷)을 통해 사람들에게 농사를 가르치고, 중국 역사의 시작 하(夏)나라를 세운 인물로 알려져 있습니다. 그래서 "현자를 돌아보라! 현자를 돌아보라!"라고 구절의 앞뒤로 반복하여 외친 것이라고 할 수 있습니다.

6.10구절(一簞食, 一瓢飮, 在陋巷, 人不堪其憂, 回也不改其樂:6.10)과 6.21구절(務民之義, 先難而後獲仁)을 연결하여 다음과 같이 해석이 가능합니다. 현(賢)자 우(禹)임금은 단출한 식사와 물을 마시고, 누추한 곳에 머물며, 사람들은 황하강의 범람(其)에 따른 근심과 걱정(憂)에 견디지 못하는데, 돌이켜보면(回) 그 치수 사업(其)의 다스림(樂)을 멈추지 않

고 지속하여 성공을 이루었다. 이는 서민들을 위한 의(義)로운 일이며, 먼저 어려운 일을 이루고 인간적인(仁) 삶을 누리는 일에 해당한다.

중국 고대 역사에 대한 사실 유무는 고증이 필요한 사항이지만, 이는 역사학자에게 맡기고, 철학적 관점의 설명을 위해 널리 알려진 이야기와 몇 가지 사실을 바탕으로 설명합니다. 역사적 관점에서 거중은 별개라는 점을 고려하여 이해하는 것이 좋습니다.

현(賢)은 '어질다'는 뜻의 글자로 단순히 지혜롭다는 의미가 아니라, 지혜(知)와 인(仁)을 모두 갖춘 것을 의미합니다. 인(仁) 또한 단순히 인간 본성의 인간적인 측면이 아니라, 지혜(知)로움을 통해 어리석지 않은 행위를 이루는 것을 포함합니다. 이 구절의 소주제인 양(良) 또한 단순히 착하다는 의미 외에도 어질다(仁)는 의미를 담고 있습니다. 즉, 인현량(仁賢良) 3개의 글자는 모두 지혜와 인간미를 포함하는 같은 의미라고 할 수 있습니다.

6.21구절에서 지(知)와 인(仁)을 같이 설명한 이유도 어떤 사람의 속성을 이야기할 때에 2가지 속성을 분리해서 말하는 것이 곤란하기 때문입니다. 이 구절에서는 한 사람에 대한 설명이 아니라, 개별 속성의 차원에서 지(知)와 인(仁)을 분리하여 설명하고 있습니다.

'知者樂水, 仁者樂山'는 위에서 설명한 우(禹)임금의 치적을 설명한 구절이라고 할 수 있습니다. '우(禹)임금은 지혜(知)로 물을 다스렸고 (樂), 우(禹)임금은 어짊(仁)으로 산(山)을 다스렸다(樂).'라고 설명할 수 있습니다. 락(樂)은 음악, 즐거움, 행복, 다스리다, 편안하다, 좋아하다 (요) 등 다양한 의미로 쓰이지만, 이 구문에서는 '다스리다'는 뜻으로 활용되고 있습니다.

우(禹)임금은 통상 황하강의 범람을 다스린 치수 사업 성공 인물로 알려져 있지만, 사마천의 사기에 따르면 중국 천하의 9주(九州), 9도로

(九道), 9연못(九澤), 9산(九山)을 다스린 인물로 서술되고 있습니다. 9
는 양(陽)의 숫자 가운데, 가장 큰 수로 임금(君)의 숫자입니다. 실제로
9개라기보다 아주 많다는 의미로 천하(天下) 전체를 의미합니다. 즉,
천하(天下)를 기름진 농경지(州)로 만들고, 천하(天下)에 도로 기반을
만들었으며, 천하(天下)에 큰 호수를 조성하여 물을 가두고 농사에 도
움이 되게 하였으며, 험준한 산에 길을 뚫어 천하(天下)를 하나로 연
결하였다는 설명입니다. 이때부터 중원(中原)을 기준으로 하나의 중
국, 하(夏)나라가 시작되었다는 의미를 담고 있습니다.

중국 자금성, 서궁(西宮, 황후와 후궁들의 처소)의 첫 번째 궁인 영수
궁(寧壽宮)의 별당인 낙수당(樂壽堂)에 보관된, 청나라 시대에 만든 '위
대한 우(禹)임금의 치수 계획(治水圖) 및 옥(玉)산(大禹治水圖玉山)'이라는
옥으로 만든 유물을 통해서, 중국 사람들의 공자, 논어에 대한 사랑
과 우(禹)임금의 현명함을 기리는 마음을 엿볼 수 있습니다. 낙수당
(樂壽堂)은 마지막 구문의 낙(樂)과 수(壽) 2개의 글자를 취하였으며,
우(禹)임금을 추종하며 지혜(知)와 인(仁)을 바탕으로 천하(天下)를 다
스린다는 명칭이라고 할 수 있습니다.

'知者動, 仁者靜' 관련, 지식(知)과 지혜(知)는 사회와 문화의 변화에
따라 변하는(動) 성질을 지니지만, 인간 본연의 성질인 인(仁)은 변하
지 않고(靜) 항상 푸르름(靑)을 점유(爭)합니다.

'知者樂, 仁者壽' 관련, 지식(知)과 지혜(知)는 음악(樂)에서와 같이 조
화와 균형을 통해 사람들의 편안함(樂)과 행복(樂)을 이끄는 효용성이
있으며, 인(仁)은 그 편안함(樂)과 행복(樂)을 지속함(壽)에 효용성이 있
습니다. 이 구절 이해와 관련해 4.2구절(可以久處約, 可以長處樂. 仁者安
仁, 知者利仁:4.2) 참고를 권합니다.

子曰 : "齊一變, 至於魯, 魯一變, 至於道."

▶ **해석:** 공자께서 말씀하시길, "제(齊)나라는 한번 변하면 노(魯)나라와 같은 나라가 되고, 노(魯)나라는 한번 변하면 올바른 길을 가는(道) 나라가 된다."

해설

構造: 溫[X=本質: 恭(u_1=一變)]

국가 차원 공심(共心)의 변화를 이야기하고 있습니다. 민심(民心)이 국가의 바탕을 이루는 서민들로부터 나오는 마음이라면, 국가라는 커다란 사회의 공심(共心)은 국가가 지향하는 마음과 방향이라고 할 수 있습니다. 국가를 이끄는 사람들이 무엇을 공(恭)경하고 있는가에 따라 그 변화의 방향이 설정됩니다.

제(齊)나라는 부국강병(富國强兵)을 지향하여 국가의 힘을 증대하고 경제적 부(富)의 관점에서 도약을 기하는 나라입니다. 힘과 물질적 측면의 도약을 이룬 후에 다음 단계는 체계의 질서(禮)에 따른 안정과 편안함(樂:6.22), 국민들의 행복(樂:6.22)을 추구하는 일입니다. 그 이후 발전 단계는 그것이 지속되는 삶(壽:6.22)입니다. 현대 사회에서 부르 짖는 주위 모든 환경과 조화를 이루는 지속적인 사회 안정과 발전 (ESG)의 개념이라고 할 수 있습니다.

6.22구절에서 살펴본 것과 같이 지(知)식과 지(知)혜는 동적이며, 지(知)식과 지(知)혜가 추구하는 효용성이자 목표는 편안함(樂)과 행복(樂)이라고 설명했습니다. 비록 노(魯)나라의 정치가 어지러운 상황이

지만, 주공(周公)이 이미 체계의 질서와 문화를 마련하고, 안정과 편안함을 누린 상황이기 때문에 다음 단계인 지속적 유지 발전을 이야기하고 있습니다.

그것을 위해서는 지속적으로 올바른 길(道)을 선택하는 일이 필요하다는 의미를 담고 있습니다. 국가를 이끄는 사람들이 자신들의 편안함과 즐거움에 안주하는 일을 추구한다면, 국가라는 커다란 사회의 공심(共心)은 겉과 속이 다른 모습이 되고, 국가가 올바른 길로 향하지 못하는 것이 당연하기 때문입니다.

이 구절 이해에 도움을 주는 6.11구절과 연계하여 생각해보면, 국가를 이끄는 사람들이 수치심이 부족하고 염치(廉恥)가 없다면, 사회에서 스스로 발생하는 공심(共心), 즉 민심(民心)에 대해 선을 긋는 일이라고 할 수 있습니다. 선을 긋고 부끄러움을 모른 채 자신의 이익을 챙기는 행위의 수준이 높아질수록 국가는 노(魯)나라와 같은 모습으로 추락하게 됩니다.

子曰 : "觚不觚, 觚哉 ! 觚哉 ! "

▶ **해석:** 공자께서 말씀하시길, "(네모난 모양의 술잔) 고(觚)가 네모나지 않더라도, 고(觚)이다! 고(觚)이다!"

해설

構造: 溫[X=本質: 儉(o$_1$=觚不觚)]

네모난 술잔 고(觚)가 반듯하게 네모나지 않았더라도, 술을 따라 마시는 효용성이 있다면 고(觚)라고 할 수 있습니다. 그 쓰임의 관점에서 바라보면 사각형의 형태로 모서리가 잘 다듬어지지 않은 술잔이라고 해서 술잔의 기능을 잃는 것은 아닙니다.

지(知)식과 지(知)혜는 시대에 따라 변하고, 편안함과 행복을 추구하는 방식 또한 변하지만, 국민의 편안함과 행복을 추구하는 그 쓰임은 변하지 않습니다. 외형적인 모습을 기준으로 판단하고 이해하는 일은 한계가 있습니다. 그 본질이 부여하는 효용성, 가치를 잊지 않아야 합니다.

국가를 이끄는 군자의 모습과 군자가 일을 추구하는 방식과 방법은 사회의 모습과 상황에 따라 바뀔 수 있습니다. 그러나 바뀌어서는 곤란한 사항은 국민의 편안함과 행복을 추구하는 효용성입니다. 군자의 가치가 국민에게 도움이 되는(儒:6.12) 것이 아니라 자신에게 도움이 되는 것이라면 올바른 길이라고 할 수 있을까요?

6.25

宰我問曰 : "仁者, 雖告之曰, '井有仁焉.' 其從之
也?" 子曰 : "何爲其然也? 君子可逝也, 不可陷也,
可欺也, 不可罔也."

▶ **해석:** 재아(宰我)가 묻기를, "어짊(仁), 비록 어떤 사람이 그것을 가리켜 '우물 안에
인(仁)이 있다'고 하면 그것을 찾아 우물 안으로 들어갑니까?" 공자께서 말씀하시길,
"무엇 때문에 그렇게 하겠느냐? 군자(君子)를 우물까지 가게 할 수는 있어도 우물에
빠지게 할 수는 없으며, 그를 속일 수는 있어도 사리에 어둡게 만들 수는 없다."

해설
構造: 溫[X=本質: 讓(c$_1$=何爲其然?)]

이 구절은 6.20구절의 '수준 높은 언어(語上)'의 반대되는 상황인 '수
준 낮은 언어(語下)'에 해당하는 사항입니다. 임금(君)과 국가를 이끄
는 공심(共心)을 올바른 방향으로 인도하며 서로 도움이 되는 재상(宰
相)이 아닌, 자신에게 도움을 추구하는 재아(宰我)가 엉뚱한 방향으로
묻고 있습니다. 사람들에게 언(言)어를 활용하여 도움(襄)을 주는 일
이 아니라, 잘 보이지 않고 알 수 없는 영역을 활용하여 제자들의 생
각을 혼란스럽게 만드는 중입니다. 재아(宰我)의 말에 생각이 움직여
서(動) 어리석은 방향으로 따라가지 않도록 구절의 내용을 잘 헤아릴
필요가 있습니다.

우물 정(井)을 표현에 활용함은 6.24구절에서 설명한 사각형 술잔
고(觚)와 둥근 우물을 동시에 상징하고 있습니다. 네모와 동그라미를

구분하느라 우물의 쓰임과 효용성을 잊어버리는 어리석음을 범하고 있는 것은 아닌지 조심스럽게 살펴야 합니다.

이 구절 이해에 도움을 주는 구절은 6.13입니다. 제자 자유(子游)가 무성재(武城宰)로 부임한 상황과 비교하여 그 의미를 이해하면 좋습니다. 자유(子游)가 무인들이 많은 군사 요충지의 재(宰)로 부임한 후, 가장 먼저 한 일은 자신을 도와줄 어진(仁) 신하를 찾는 것이었습니다. 목마른 사람이 우물을 찾고, 우물가에서 사람들의 민심을 들을 수는 있지만 우물 안에서 어진(仁) 무엇인가를 찾는 것은 어리석다고 할 수 있습니다.

담대멸명(有澹臺滅明:6.13)이라는 사람이 있다는 표현과 정유인(井有仁)은 대구를 이룬다고 볼 수 있습니다. 하지만 어떻게 우물 안에 담대멸명(澹臺滅明)이 들어 있을 수 있겠습니까? 우물 안이 '어둡고(滅明) 고요해서(暗澹)' 무엇이 있는지 잘 보이지 않지만, 그 안에 누군가 있다면 소리칠 것이며, 혹시 그런 상황이 아니라면 밝게 비추어 보면 되는 일입니다. 굳이 어짊(仁)이 있다는 말만 듣고 그 안에 쫓아 들어간다면 그것이 어리석은 일이며, 사(欺)기 당하는 꼴이라고 할 수 있습니다.

6.24구절에서 본질과 그 쓰임의 효용성을 살펴보라는 학습 과정에 깊이 생각을 다졌다면, '정유인(井有仁)'에 대해 우물(井)은 사람들이 마실 물을 얻을 수 있는 어진(仁) 쓰임이 있으며(有), 사람들의 민심을 들어볼 수 있는 좋은(仁) 장소라는 쓰임이 있다(有)는 관점에서 재아(宰我)의 말을 이해했을 것입니다.

'인자(仁者)'에 대해 인(仁)을 어떤 자격이나 위상으로 여겨 어진(仁) 사람(者)으로 오해하여 해석하면, 엉뚱한 방향으로 이해하기 쉽습니다. 눈에 보이는 모습, 신분, 자격 그런 것에 더 치중하여 세상을 바라보는 일에 익숙하기에 발생하는 일입니다. 자(者)는 어떤 ~것을 지칭하는 접미사라고 할 수 있습니다. 어진 사람을 격이 맞게 표현하면

'인자(仁子)' 정도가 어진 사람이라고 할 수 있지만, 그런 표현은 논어에 없습니다. 인(仁)은 기준을 세울 수 없는 속성을 지니기 때문에, 근거 없이 사람을 과장하는 일이라고 할 수 있습니다.

민심(民心)은 공심(共心)과는 차이가 있습니다. 공(恭)의 관점보다 의혹과 분노, 슬픔, 두려움 등에 더욱 쉽게 반응하며, 그런 마음을 유발하는 일에 해당하는 과장된 언어를 통해 사람들 사이에 퍼져 나가는 속성을 지닙니다. 민심(民心)을 듣고 여과 없이 상위에 전달하는 일은 필요하지만, 그것을 이해하는 과정에는 언어의 외형이 아니라 그 본질과 쓰임의 효용성을 살펴야 합니다.

사람들 사이에 떠도는 말을 외형 그대로 포장하여, 자신에게 유리한 정치적 형세를 이루려는 일은 일종의 기만이자 사기라고 할 수 있습니다. 그런 일을 계획하고 의논하기 바쁜 모습이 바로 권력자의 처소로 수시로 드나드는 모습이라고 할 수 있습니다. 공식적인 회의 무대에 올려 논의하고 토론할 일, 국민을 편안하고 행복하게 이끄는 일과 거리가 먼 일이 아닐까요?

6.13구절에서 자유(子游)는 이미 '그런 모습이 없습니다'라고 공자에게 설명하고 있습니다. 담대멸명(澹臺滅明)이 우물가에서 민심(民心)을 듣고, 그것을 변형없이 담백하게 자유(子游)에게 전달하더라도, 군자(君子)의 위치에 해당하는 자유(子游)가 사리에 어둡게 해석하지 않을 것이라고 짐작할 수 있습니다.

마무리하면, 언(言)어는 사회에 도움(襄)이 될 수도 있지만, 받아들이는 사람이 이해가 부족하면 오히려 악영향을 미치는 일이 발생할 수도 있습니다. 따듯한(溫) 마음을 바탕으로 이루고, 그 언어가 지닌 본질적 뜻을 이해하고, 쓰임과 효용성에 가치를 두는 일(何爲其然?)에 더 관심을 가져야 한다는 가르침입니다.

子曰：“君子博學於文，約之以禮，亦可以弗畔矣夫！”

▶ **해석:** 공자께서 말씀하시길, “군자(君子)가 널리 문화를 배우고, 예로써 자신의 행동을 절제한다면, 역시 정도의 범위에서 크게 벗어나는 일이 없을 것이다!”

해설

構造: 溫[X=本質: 溫(x₁=弗畔)]

構造: 溫[X=本質: 溫(x_1=弗畔)]

널리 문명과 문화에 대해 배우지 않는다면, 현 시대에 필요한 지식과 지혜, 즉 사리에 어둡게(罔) 됩니다. 하나의 분야와 하나의 관점만 편협하게 접하는 일 또한 편향성에 갇히기 쉽습니다. 그렇기 때문에 군자는 널리 배우는 일(博學於文)이 필요합니다.

지식과 지혜만으로는 부족합니다. 체계의 질서(禮)에 따라 자신을 절제할 줄 아는 태도와 자세, 즉 예절에 따르는 행동이 필요합니다.

이 두 가지를 따르고 지키면, 이 또한 사회 체계와 사회를 올바른 길로 이끄는 일에서 크게 벗어나지 않을 수 있습니다. 반(畔)은 밭 두둑을 뜻하는 글자입니다. 밭 두둑은 경계의 의미와 인간이 이동하는 통로인 길을 의미합니다. 밭 두둑이 아닌 밭 한가운데를 마구 헤집고 다닌다면 농작물이 훼손되기 마련입니다. 그런 의미에서 반(畔)은 권세나 권력을 마음대로 행하다는 뜻으로도 사용됩니다. 높은 지위의 사람이 서민들에 대한 따듯한 마음이 없다면, 타인의 밭에 들어가지 않는 질서와 예절에 대한 의식이 없다면, 자신 편의대로 밭을 헤집고 다니는 일을 반(畔)이라고 설명하고 있습니다.

　서민들에게는 소중한 밭의 쓰임과 효용성에 대해 의미를 두거나 살피지 않기 때문에 일어나는 일이라고 할 수 있습니다.

子見南子, 子路不說. 夫子矢之曰 : "予所否者, 天厭之! 天厭之!"

▶ **해석:** 공자가 남자(南子)를 만나자 자로(子路)가 좋아하지 않았다. 이에 공자가 맹세하여 말씀하시길, "내가 만약 떳떳하지 못한 것이 있다면, 하늘이 나를 싫어할 것이다. 하늘이 나를 싫어할 것이다!"

해설

構造: 溫[X=本質: 良(m₁=天厭之)]

構造: 溫[X=本質: 良(m_1=天厭之)]

남자(南子)는 위(衛)나라 영공(靈公)의 부인으로 음란하기로 소문난 사람입니다. 공자가 위나라에 도착해 관직을 구하기 위해서는 임금의 부인 남자(南子)를 알현하는 일은 예의 절차상 피할 수 없는 일이기도 합니다. 하지만 의협심이 높은 자로(子路)의 마음은 영 불편한 모습입니다.

스승 공자가 사회적 윤리의 경계를 넘어(畔) 부정한 일(否者)을 벌이는 것에 대한 걱정이라면 오해라고 할 수 있습니다. 화려하고 형식적인 절차와 격식, 송조지미(宋朝之美:6.15)를 중시하는 위(衛)나라에 머물러 관직을 구하는 일이 마음에 들지 않았다고 해석할 수 있습니다.

시(矢)는 화살(矢)이라는 의미로 많이 사용되지만, '맹세하다' 또는 '곧다'는 뜻으로도 자주 사용됩니다. 여기에서는 곧다는 것을 상징하며, 맹세하다는 의미로 해석됩니다.

인간 본질의 따듯한(溫) 마음에 의지하여 맹세하는 좋은 방법(良)은 하늘에 맹세하는 일입니다. 하늘에 맹세코 내가 부정한 마음이 조금이라도 있다면, 하늘이 나를 싫어하고 저주할 것이라고 선언(天厭之!)하고 있습니다.

정치에 발을 담고, 사람들을 만나고 관계를 맺다 보면 오해에 따르는 추문도 발생할 수 있습니다. 사회가 만들어내는 다양한 상황이 어떻게 100% 투명하고, 신뢰를 보장할 수 있겠습니까? 하지만 그 오해에 대해 공식적으로 하늘에 두고 맹세를 선언한다면, 교묘하게 돌려 회피하는 언어보다 믿을 수 있지 않을까요? 현대의 정치인들에게 추문에 대하여 하늘에 맹세하는 것을 몇 % 정도 기대할 수 있을까요?

오해의 상황을 이해하는 일과 그것을 바탕으로 행위로 보여주는 일은 커다란 차이가 존재합니다. 무릇 공자의 자세와 태도에 숙연해지는 구절입니다.

子曰 : "中庸之爲德也. 其至矣乎, 民鮮久矣."

▶ **해석:** 공자께서 말씀하시길, "중용(中庸)의 목적은 덕(德)이다. 그것을 이루면, 서민들은 오랫동안 잘 살게 된다."

해설

構造: 溫[X=民鮮: 恭(u₁=中庸)]
構造: 溫[X=民鮮: 恭(u$_1$=中庸)]

중용(中庸)은 큰 집(广), 즉 국가(广)와 같은 큰 조직에서 붓(聿)을 들어 수행하는 일에 대한 쓰임(用)의 중(中)심을 의미합니다. 대개, 국가 공식적 사업의 주된(中) 쓰임(庸)과 목적(爲)은 국민들에게 고루 덕(德)을 나누는 일에 있습니다. 그렇기 때문에 중용(中庸)은 국민을 공(恭)경하는 일, 국민과 공(共)동의 방향으로 마음(心)을 나란히 하는 일이라고 할 수 있습니다.

6.16구절과 비교하여 이 구절을 살펴보면, 국가의 중추적 활동은 왕실에서 출발하여, 그 지향점은 덕(德)이라는 의미입니다. 국가에서 공식적 문서를 통해서 국민을 다스리는 일이 그 중추라면, 나머지 관료 사회를 구성하고, 사람을 만나고, 예산을 편성하고, 문서를 생산하는 일 등 관료 사회에서 이루어지는 일련의 절차와 형식은 모두 작은 일, 부차적인 일이라고 할 수 있습니다.

현대의 정치인들에 대해 중추적 활동은 등한시하고 부차적인 일에 더 힘을 쏟는 것은 아닌지 살펴볼 필요가 있습니다. 국민에게 행해지는 덕(德)을 목적으로 둔 행위가 아니라, 중간 과정에서 발생하는 행위와 이권에 더 많은 관심과 의미를 둔다면, 중용(中庸)을 벗어난 것이라고 할 수 있습니다. 행위나 이익이 아니라 어떤 쓰임과 효용성을 제공하는지의 관점에서 살펴보아야 합니다.

6.27구절에서 관직을 구하는 과정에서 남자(南子)를 만나 예(禮)를 갖춘 것은 중용(中庸)의 관점에서 부차적이고 형식적인 작은 일에 불과합니다. 누구를 만나고, 어떤 형식을 갖추고, 어떤 정치 활동의 모습을 국민에게 알리고 홍보하는 일에 치중하는 것은 정치인들이 자신의 행적을 바탕으로 자신의 인기를 구하는 일입니다.

'民鮮久矣' 관련, 선(鮮)은 신선하다 또는 선명하다는 의미입니다. 서민(民)들이 물속의 물고기(魚)와 같은 존재이고, 산의 양(羊)과 같은 존재라는 뜻으로서, 그들의 삶이 폭정, 기아, 질병, 전쟁에 어려움을 겪는다면, 그 얼굴이 신선하지 못한 모습이 될 것이라는 의미를 담고 있습니다. 만약 정치인들이 자신들의 부와 이익만 추구한다면, 서민들은 마치 썩어가는 생선같이 누렇게 표정이 변하게 될 것입니다. 반대로 중용(中庸)을 이루는 정치에 가까워질수록, 서민들의 얼굴은 오랫동안(久) 선명하고 밝은 모습일 것입니다.

子貢曰: "如有博施於民而能濟衆, 何如? 可謂仁乎?" 子曰: "何事於仁? 必也聖乎! 堯·舜其猶病諸. 夫仁者, 己欲立而立人, 己欲達而達人. 能近取譬, 可謂仁之方也已."

▶ **해석:** 자공(子貢)이 말하길, "만약, 널리 서민들에게 베풀어 민중을 구제할 수 있다면 어떻습니까? 어질다(仁)고 평가하여 말할 수 있겠습니까?" 공자께서 말씀하시길, "어찌 그런 일(事)이 어질다(仁) 뿐이겠느냐? 그것은 필히 성스러운 일이다. 요(堯)임금과 순(舜)임금도 오히려 그렇게 하기는 힘들어했다. 무릇, 어진(仁) 것이란, 자신이 서고 싶은 마음으로 사람들을 그 자리에 세우고, 자신이 도달하고 싶은 마음으로 사람들이 도달하도록 만드는 일이다. 가까운 곳에서 그와 유사한 일은 능히 찾을 수 있으며, 그것이 바로 어진(仁) 방법이라고 할 수 있다."

해설

$$構造: 溫[X=本質: 儉(o_1=能近取譬)]$$

이 구절의 의미를 올바로 이해하기 위해서는 먼저 민(民), 중(衆), 인(人)의 의미와 쓰임에 대해 명확히 하는 일이 필요합니다.

민(民)은 춘추전국시대에 피지배 계층을 의미합니다. 노비처럼 귀족에 예속된 신분은 아니지만, 국가에 예속된 인적 자산이라고 할 수 있습니다. 전시에는 군인으로, 평시에는 세금을 납부하는 납세자로, 국가의 사업에는 노동력을 제공하는 부역자의 역할을 합니다.

민(民)이 많은 경우 '많다(庶)'고 표현하여, 현대 언어에서는 많은(庶)

민(民)을 서민(庶民)이라는 단어로 표현을 하고 있습니다. 고대에는 서(庶) 또는 민(民) 한글자로 의미를 전달했습니다.

중(衆)은 무리의 집단을 표현하는 방식입니다. 현대에서는 대중(大衆)이라는 단어로 표현합니다. 대중, 즉 중(衆)에는 민(民)도 있지만, 백성(百姓)이라는 민(民)을 이끌고, 세금을 걷는 하급 관리, 즉 마을의 이장과 같은 역할을 하는 사람도 포함되어 있으며, 중(衆)의 규모가 큰 경우는 지역의 관료, 중앙에서 파견된 관료도 포함된 집단이 될 수 있습니다. 중(衆)은 평시 정식으로 편제된 지역 시, 도, 읍, 면 단위에 소속된 사람들이 아니라, 임시로 편성된 집단, 이동성이 있는 집단이라는 의미도 포함됩니다.

인(人)은 '사람들'에 해당하며, 인(人)으로 표현하는 경우에는 모든 사람들이라는 보편성을 지닙니다. 어떤 사람이 그 자리에 와도 논리적으로 참이 되는 경우라고 할 수 있습니다. 즉, 서민뿐만 아니라 임금(君)이나 군자(군자), 신(臣)하가 그 위치에 놓여도 무방한 경우에 해당합니다.

'博施於民而能濟衆' 관련, 이 구문은 이(而)라는 접속사를 기준으로 좌우가 하나의 연결된 사건과 상황을 설명하고 있습니다. 민(民)에게 베풀어 능히 전체 집단 무리(衆)를 구제(濟)하고, 전체 집단에 도움(濟)이 되는 상황은 그 집단의 서민들이 어려운 상황이지만, 그것을 이겨내면 전체 집단을 구제한다는 의미를 담고 있습니다. 그냥 서민들에게 베풀어 서민들을 구제하는 의미와는 차이가 있습니다.

가령, 여름 수재로 인해 한 마을이 물에 잠겨 피해가 극심한 상황에 국가가 피해에 대해 모든 것을 다 보상하고 지원하면 좋겠지만, 현실적으로 그런 일은 불가능합니다. 이때에 취할 수 있는 방법은 부유하고 피해가 적은 사람은 보상과 지원을 최소화하고, 서민과 피해가 많은 사람에게 국가가 시혜를 베푸는 방법을 택할 수 있습니다. 만약 그 지역이 인삼 산지이고, 인삼이 그 지역의 주 소득원이라면, 지역 사회 경제의 몰락을 막기 위해 인삼 농가를 우선적으로 구제하는 것도 하나의 방안이라고 할 수 있습니다.

자공(子貢)이 노동력의 기초가 되는 서민(民)들에게 베풀어 무리 전체를 구제하는(濟衆) 방안에 대해 어떻게 평가하는지, 그것이 어질(仁)고 현명(仁)한 방법인지 공자에게 묻고 있습니다. 이에 대해 공자는 그런 사업(事)은 단순히 어질고 현명한 수준을 넘어 성(聖)스러운 일이라고 설명합니다. 이어서, 성(聖)스러운 이유를 설명하고 있습니다. 성인(聖人)으로 추앙되는 요(堯)임금과 순(舜)임금도 할 수 없었던 어려운 일이라는 구문까지 성(聖)스러운 일을 설명하는 하나의 단락입니다.

그 뒤에 이어지는 무릇(夫), 인이라는 것(仁者)에서 끝까지는 또 다른 단락이라고 할 수 있습니다.

'己欲立而立人, 己欲達而達人' 관련, 여기에서 사람(人)은 보편성을 지닌 사람이고, 무릇(夫)이라는 글자를 통해 누구에게나 해당할 수 있는 일반적 사항을 설명하고 있지만, 이해의 편의를 위해서 위 단락과 연계하여 헤아리는 것이 더 좋습니다. '세우다(立)'는 것이 중앙 관료 사회라면, 관료 사회에서 입지와 기반을 세우는 것을 의미하지만, 여기에서는 위기에 처한 임시로 조직된 집단(衆) 사람들이 삶의 터전을 세우는 일을 의미합니다.

다시 설명하면, 자신도 삶의 터전을 세우고 싶은 마음이 들지 않을 만큼, 수재(水災)로 황폐화된 곳에 삶의 기반을 세우라고 사람들에게 요구하는 일은 어진(仁) 일이 아니라는 의미입니다. 삶의 기반을 세우는 동안 서민들과 같이 먹고, 같이 자고, 같이 일구는 일을 한다면, 서민들이 인간적인(仁) 사람이라고 말할 것입니다. 최소한 식량과 자원의 지원이 뒷받침되고, 서민들에게 스스로의 노동력과 힘에 의해 터전을 일구라고 요구하는 것이 바람직합니다. 위에서 언급한 '博施於民'의 의미라고 할 수 있습니다.

자신이 도달하고 싶은 마음이 드는 곳(己欲達)이라는 의미는 서민들을 길도 없는 오지에 방치하지 않는다는 뜻입니다. 수해(水害)로 길도 끊기고, 지원도 안 되는 곳에 사람들을 방치한다면, 어찌 인간적이라고 할 수 있겠습니까?

위 2가지에 대해 어질고 현명한 방(方)법이라고 설명하면서, 능히(能) 가까이(近)에서 이에 비(譬)유되는 사례를 취(取)할 수 있다고 했습니다. 그런 사례를 찾고 깨우치는(譬) 일이 이 구절 이해의 핵심이라고 할 수 있습니다. 과연, 무엇이 있을까요?

내 주위에서 그런 사례를 쉽게 찾는 사람은 행복하다고 할 수 있으며, 오히려 반대되는 일, 자신이 하기 싫은 일을 나에게 시키고, 전가하는 모습이 많을수록 행복과는 거리가 멀다고 할 수 있습니다. 누군가 비인간적인(不仁) 방식으로 나를 대하는 일에 더 많이 접해 있다고 할 수 있습니다.

그런데 여기에서 고려할 사항이 하나 있습니다. 통상, 다른 사람이 나를 대할 때에는 비인간적인 방식을 싫어하면서, 나는 다른 사람을 대할 때에 그런 비인간적인 방식을 행하기 쉽다는 인간의 이중성이 그것입니다. 대부분 사람들이 그런 방식에 대해 논리적 관점에서 이해는 하지만, 그것을 실천하여 대중을 구제하는 일은 결코 쉽지 않습니다. 성(聖)스러운 일에 해당하는 이유입니다.

성(聖)스러운 일까지는 아니더라도, 인(仁)의 방식에 해당하는 사례를 찾으셨나요? 필자는 가까운 곳에서 사례를 소개합니다. 요(堯)·순(舜)임금에 가까운 사람은 순(舜)임금으로부터 왕위를 선양(禪讓) 받아 하(夏)나라를 세운 우(禹)임금입니다. 9년간 황하 유역에서 벌어진 대홍수로 온 나라가 수재를 입은 상황에 순(舜)임금은 신하 우(禹)에게 치수(治水)를 명합니다. 이에 시작된 우(禹)의 국가적 중추 사업(中庸之事)이 13년간의 치수 사업입니다.

단순한 치수 사업이 아닌 9주(九州), 9도로(九道), 9연못(九澤), 9산(九山)을 다스리는 천하 기반구축 사업이라고 할 수 있습니다. 물길을 다스려 9개의 주(州)를 정비하고, 신하 직(稷)과 익(益)을 통해 서민들에게 식량을 지원하고(博施於民), 볍씨를 나누어 주며 농사를 가르쳐(博施於民) 해당 지역 사람들을 구제(能濟衆)하였습니다. 산을 뚫고 도로를 정비하여 각 지역의 산물 이동과 교역이 가능하도록 만들어서, 천하 어디든 자신이 도달하고 싶은 지역으로 만듦으로써, 사람들이 편리하게 도달할 수 있도록 했습니다(己欲達而達人). 교통 발달을 기반으로 세수(貢)를 늘리고, 식량이 남는 지역의 것을 덜어서 부족한 지역 서민들에게 식량 지원을 통해 새로 개척된 지역에서 일어설 수 있도록(己欲立而立人) 만들어 주었습니다. 13년간 치수사업 현장에서 검소하게 사람들과 같이 먹고 같이 입었으며, 제후(諸侯)라는 신분에도 불구하고 누추한 처소에서 지내며, 손과 발이 물에 불어 터지고, 굳은살이 박이도록 일을 했습니다. 그 누가 감히 그런 우(禹)임금에 대해 인간적이지(仁) 않다고 할 수 있으며, 그 사업에 대해 성(聖)스럽다고 하지 않을 수 있겠습니까?

이 구절을 자공(子貢)이 설명하는 이유는 천하 곳곳에서 거두는 세수(貢)에 대해 왕실과 귀족의 부(富)를 채우고 사치를 더하는 일이 아니라, 국가 재정을 튼튼히 하고 남는 지역의 곡식을 덜어서 부족한 곳에 더하는 최적화(儉)를 통해, 서민들에게 고루 덕(德)이 나누어지도록 국가 기반을 일구는 일(中庸:6.28)에 충실함으로써, 이 역사적 사업이 이루어질 수 있었다는 점을 강조하려는 의도라고 할 수 있습니다.

(참고: 사마천 史記 夏本紀)

7. 술이

7장에는 공자가 논어(論語)를 서술한 이유와 배경이 드러나고, 세상을 바라보는 방법 측면에서 더욱 다양한 방법이 소개되고 있습니다. 짧은 구절들이 이전의 구절들과 연결되어 복잡한 설명을 이루는 사항이 많습니다. 마치, 39층 빌딩을 세우는 과정에 5개 층마다 묶어서 다른 외관과 형태를 가져가고, 외형에 따라 내용을 점진적으로 발전시키는 구조로 견주어 볼 수 있습니다.

6장과 마찬가지로 7장은 역사와 시대적 배경지식이 부족하다면, 원문에 대한 이해 과정에 자칫 어긋난 방향으로 이해하기 쉬우므로 주의가 필요합니다. 많이 들어본 익숙한 구절이라도, 그 의미에 대해 충분히 이해를 구하지 못한 상황이라면, 해설을 참고하여 차근차근 연관된 사항에 대해 살피는 일이 필요합니다.

특히, 노자 도덕경을 바탕으로 설명한 구절들은 도덕경의 해당 원문에 대해 먼저 이해를 한 후에 그 뜻을 살필 것을 권합니다.

子曰 : "述而不作, 信而好古, 竊比於我老彭."

▶ **해석:** 공자께서 말씀하시길, "서술하고 지어 내지는 않고, 옛것에 대해 믿고 좋아하며, 이러한 나 자신을 남몰래 노팽(老彭)에게 비유해 본다."

해설

構造: 良[M_1=述而不作: 溫(x_1=竊比)]

'述而不作' 관련, 술(述)은 서술(述), 즉 논어(論語)의 서술(述)을 의미합니다. 논어(論語)에는 철학적 관점에서 인간과 사회에 대한 설명, 정의, 정리와 같은 사항은 있지만, 지어낸(作) 이야기는 없습니다. 글을 짓는(作) 것은 사실이 아니라 만들어낸 가상의 이야기, 그럴듯한 이야기에 해당합니다.

6.29해설 부분에 필자가 사마천의 사기(史記)에 나오는 우(禹)임금의 치수(治水)사업 이야기를 열심히 전달했지만, 이는 사람들을 통해서 내려온 이야기에 속하는 글입니다. 즉, 사실인지 유무는 알 수 없습니다. 다만, 국가의 형성 과정에서 그런 일이 있었을 것이고, 국가 형성 및 운용 관련 방향성 관점에서 돌이켜 볼 의미가 있는 글이라고 할 수 있습니다. 논어(論語)에 우(禹)임금 관련 사항을 기술하지 않은 이유는 당시 지식인들 사이에 글과 이야기로 전해오는 역사적 사실과 같은 그럴 듯한 이야기에 해당하지만, 사실 유무가 명확하지 않기 때문입니다. 그 이유를 이 구절에서 밝히고 있다고 할 수 있습니다.

'信而好古' 관련, 예부터 전해오는 지식과 역사, 문화, 이야기를 신뢰하고 좋아한다는 뜻입니다. 과거의 지식과 문화를 기반으로 현재가 이루어지기 때문에 과거를 불신(不信)하고 부정(不定)하기 시작하면 나의 현재, 즉 나의 정체성이 뿌리부터 흔들리게 됩니다. 신뢰(信)한다는 의미는 과거 부족한 부분과 잘못된 부분도 인간이기 때문에 그럴 수 있고, 그런 역사에 대해 인정하여, 현재의 발판으로 삼는 것을 의미합니다. 과거가 부끄럽기 때문에 거짓으로 조작(作)한다면, 나의 현재를 이루는 정체성은 사실이 아니라, 조작된 틀 위에 형성되는 일이며, 위선이 포함되게 됩니다. 인간의 따듯한 마음, 본성에 위선과 거짓된 조작이 스며들어 있는 형태로 나를 이루어 가는 일입니다. 신뢰하고 좋아한다는 것(信而好古)은 과거에 대해 그 모습 그대로 인정하고 받아들일 준비가 되어 있다는 의미를 담고 있습니다. 인정하고 받아들인 후에 내가 개선하고 발전시켜 올바로 만들어 나가는 것이 나에게 주어진 삶의 의의라고 할 수 있습니다.

'竊比於我老彭' 관련, 절(竊)은 절도(竊盜), 표절(剽竊)과 같은 단어에서 주로 활용됩니다. 여기에서는 남몰래(竊), 드러내지 않고 비유(比譬)해본다는 의미입니다. 나(我)와 노팽(老彭)에 대해서(於) 비교하여 깨우침을 얻으라는 지시를 전달하는 중의적 표현입니다.

공자가 제자들에게 말하기를, "나(我)와 노팽(老彭)에 대해 비교해보거라." 이런 주문을 들은 후에, 무엇에 대해, 어떤 방법으로 비교해야 할까요? 그것보다 먼저 왜? 비교해보라고 했을까요? 어떤 깨우침을 주기 위한 것일까요?

질문에 대한 답이 떠오르지 않는다면, 항상 주제를 먼저 확인하고, 그것을 기반으로 생각을 이끌어 가는 것이 좋습니다. 이 구절의 대주제(主題)는 좋은 방법론(良)이며, 소주제(主題)는 인간의 따듯한 본성(溫)이라는 점을 염두(念頭)에 두고 설명을 이어가겠습니다.

이 구절을 설명하는 많은 유(儒)학자들이 선택하는 방법은 일단 감히 공자(孔子)와 누구를 비교하는 것에 대해 거부합니다. 논어(論語)에 나오는 제자들이나 사람들에 대해서 비교하기를 좋아하는 사람일수록 얼굴을 붉히고, 7장의 첫 구절을 대충 넘어갑니다.

필자는 해설 과정에 조금 읽기 불편하다 싶을 정도로 중복적으로 논어(論語)는 사람들을 비교 평가하는 관점에서 쓴 글이 아니기 때문에 사람을 비교하는 것은 삼가야 한다고 강조했습니다. 그런데 이 구절에서는 본격적으로 비교하기 위해 한참 뜸을 들이고 있습니다. 우선 얼굴 붉힘을 가라앉히고, 냉정하게 생각을 이끄는 일이 필요하기 때문입니다.

공자께서 제자들에게 이 구절을 통해 비교해보라고 했다면, 열심히 열띤 토론의 장을 열고 비교해야 합니다. 토론 시에 주의할 사항은 이 구절의 대, 소주제를 벗어나는 방향으로 진행된다면, 공자가 의도한 방향이 아니라는 점입니다. 인간의 따듯함(溫)을 찾는 관점에서 토론과 생각의 전개가 필요하다는 의미입니다. 그리고 비교하는 행위와 방법(良) 또한 사람을 물건값을 매기듯이 평가하는 것이 아니라 따듯한(溫) 마음을 품고 좋은 방법(良)을 배우는 관점에서 비교가 필요하다는 의미입니다.

자연과학 과목에서 활용하듯이 비교표를 만들어 노골적으로 비교 평가 결과를 뿌리고 그것이 모범 답안처럼 여기는 일이나 방식을 사람을 비교하는 일에 활용하면 곤란합니다. 그래서 절비(竊比), 남몰래 조용히 비교하라고 절(竊)이라는 글자를 더한 것입니다. 다시 강조하면, 사람을 비교하고 평가하는 습관은 결코 자신의 인성(人性)에 좋은 영향을 미치지 않습니다.

본격적으로 비교해 보겠습니다. 노팽(老彭)은 다중적 상징성을 띤 인물입니다. 우선 비교를 위해서는 춘추전국시대 철학자 가운데 공자 이전 시대에 잘 알려진 사람은 노자(老子)가 유일합니다. 물론 더 많이 있을 수 있겠지만, 필자의 지식으로는 노자(老子) 외에 공자(孔子)와 같이 이야기할 만한 사람은 없습니다.

그런데 문제가 있습니다. 노자(老子)는 도덕경(道德經)을 서술한 사람으로만 알려져 있지, 나머지는 후세 사람들이 모두 지어낸(作) 이야기라고 할 수 있습니다. 사실과 지어낸 이야기를 비교할 수는 없습니다. 그렇다면 공자(孔子)와 노자(老子)의 삶이나 행적을 비교하는 것은 불가하고, 비교한다면 공자가 서술한 논어와 노자가 서술한 도덕경(道德經)에 대해서 비교가 가능합니다. 갑자기 주제가 확장되어 너무 커졌습니다. 자칫 잘못하면, 몇 년을 토론하고 비교해도 시간이 부족할 수 있습니다. 물론, 시간과 노력을 들여 비교해보는 것은 큰 의의가 있지만, 이 구절의 주제를 벗어나지 않는 것이 좋습니다. 그래도 비교해보고 싶다는 분은 필자의 전작, 〈유불도 동양 3대 철학에 대한 이해〉를 참고하시길 권합니다.

이 구절의 대주제(主題) 서술(述而不作)이라는 관점에서 먼저 생각해보겠습니다. 도덕경(道德經)은 임금(君)을 위한 서술입니다. 즉, 널리 서민들에게 베풀어 모든 중생에게 도움이(博施於民而能濟衆:6.29) 되도록 만드는 일(溫)을 위한 서술입니다. 그래서 도덕경을 읽을 때에는 임금(君)의 관점에서 생각하고 이해하는 일이 필요합니다. 보통사람이 읽다 보면 평민의 사고 방식으로 이해하여 자칫 의미를 반대로 해석하기 쉽습니다. 공자의 논어(論語)는 군자(君子)의 관점, 인이라는 방법(仁之方)을 통해(己欲立而立人, 己欲達而達人. 能近取譬, 可謂仁之方也已:6.29) 임금(聖人)이 이루고자 하는 일(溫)을 이루는 관점에서 서술한 글입니다. 글을 활용하는 대상, 독자가 다른 계층입니다. 하지만 2가지 서술 모두 '博施於民而能濟衆'을 추구한다고 할 수 있습니다.

조금 더 설명하면, 도덕경에는 논어(論語)와 달리 인(仁)에 대해 언급하는 구절이 별로 없습니다. 임금의 관점에서 올바른 길(道)과 국민들에 대한 덕(德)을 행하는 것이 주된 관심이기 때문입니다. 임금(君)은 하늘에서 명(命)한 사람이기 때문에, 임금(君)의 뜻과 생각이 바로 어질고(仁), 현(賢)명하며, 선(善)한 것입니다. 반면, 논어(論語)에서는 도덕경보다 훨씬 더 자주 도(道)와 덕(德)이 언급됩니다. 임금(君)을 추종하는 군자(君子)의 관점으로 임금(君)이 도(道)와 덕(德)에서 벗어나지 않도록 정치를 실행하는 관점에서 서술하였기 때문입니다.

서술의 구조적 관점에서 논어(論語)는 도덕경(道德經)보다 훨씬 더 세련되고 복합적 방식으로 발전되었다고 할 수 있습니다. 이는 노자가 공자보다 시대적으로 앞선다고 추정하는 근거가 될 수 있습니다. 도덕경(道德經)이 세상을 이해하는 구조적 틀을 7개의 층위로 나누어 순환반복을 이루며 교훈을 전개하는 형식을 취하고 있다면, 논어(論語)는 사회 체계의 구조를 5개의 층위로 나누고, 다시 소주제로 구분 5개 층위를 이중으로 쌓아 올린 구조체가 순환반복을 이루며 전개되는 구조를 취하고 있습니다(참고: 논어의 구조, 1.10구절).

노팽(老彭)이라는 글자를 자세히 살펴보면 또 다른 의미를 찾을 수 있습니다. 논어(論語)를 서술할 시기는 공자가 이미 많이 늙어 노년(老年)기에 다다른 때라는 의미를 담고 있습니다. 노팽(老彭)은 나이(老)가 많고, 수염(彡)이 지긋한 선비(士)가 느긋이 음악(壴)을 두드리고 즐기는 모습을 담고 있습니다. 음악(樂)을 통해서 세상의 조화와 균형을 이해하고, 그 속에서 즐거움(樂)을 찾는 모습입니다.

전설 속에 사라져 사람들이 지어낸(作) 모습의 노자(老子)와 현실 속에 인간적인(仁) 모습의 공자(孔子)에 대한 상징적 비교를 서술(述)한 것이라고도 볼 수 있습니다.

7.2

子曰 : "默而識之, 學而不厭, 誨人不倦, 何有於我哉?"

▶ **해석:** 공자께서 말씀하시길, "묵묵히 그것을 마음에 새기고, 배우고 싫증 내지 않으며, 사람들을 가르치는 일에 게으르지 않는다면, 무엇이 나에게 있는가?"

해설

構造: 良[M₁=述而: 良(m₁=何有)]

무엇이 나에게 있을까요? '默而識之' 관련, 내가 모르는 것을 알아가는 희열(學而時習之, 不亦說乎:1.1)이 있습니다. '學而不厭' 관련, 나에게 배움의 즐거움(知之者不如好之者, 好之者不如樂之者:6.19)과 지혜로운 삶, 조화와 균형을 이루는 삶(知者樂:6.22)이 있습니다. '誨人不倦' 관련, 인(仁)을 추구하는 삶(己欲立而立人, 己欲達而達人:6.29, 仁者壽:6.22)이 있습니다. 이 정도면 그 어떤 권력이나 부(富)와 명예(名譽)도 비교할 바가 아니지 않겠습니까? 공자가 삶을 살아가는 방법(良)입니다.

묵(默)이 의미하는 것은 조용히 있는 것, 겸손(謙遜)한 태도를 의미합니다. 그런 자세로 모르는 것을 알아가는 것, 인식을 넓혀가는 것이 지식(識)의 확장입니다. '識之'에서 之는 행위를 지속해 가는 모습으로 글자의 의미는 없다고 이해해도 좋으며, 7.1구절과 이어지는 말씀이기 때문에 7.1구절 논어의 서술 과정(述而不作)을 지시한다고 이해해도 좋습니다.

서술에 대한 이해의 확장 과정이 학(學)입니다. 배움은 스승을 통해서만 이루어지는 것이 아니라, 스스로 연구하고 그 어떤 것에 대해 알아가는 것이라고 할 수 있습니다. 제3자의 관점에서 보면 상당히 지루한 일이며, 나 스스로도 그 과정에 대해 지루하고 피곤함을 느낄 수 있습니다. 그렇게 얻은 지식을 통해 사람들을 가르치고 인도하는 과정이 3번째 단계입니다. 비록 사람들의 이해가 부족하고 따르지 못해도, 그것에 대해 괴롭게 여기지 않습니다.

공자는 제자들에게, "내가 가진 방법이 이런 것인데, 이것이 무슨 문제가 있을까?" 질문을 제기하고 있는 상황입니다. 공자의 언급과 반대되는 사항을 들어 답변한다면, 잘 모르면서 나서고 자기 멋대로 날뛰며, 모르는 것에 대해 인식하지 못하고, 배우고 이해하려 하지 않으며, 혹시 내가 아는 것이 있다면 모르는 사람들에게 가르침과 좋은 방향으로 인도하는 일보다 책망과 냉소를 보내는 방법이라고 할 수 있습니다. 이는 모두가 즐겁지 못한 사회로 만드는 불량(不良)한 방법(良)일 것입니다.

좋은(善良) 방법과 불량(不良)한 방식 중에서 어떤 방법과 방식을 선택할 것인지는 스스로 결정하고 행동을 취할 사항입니다. 공자가 그렇게 하라는 지시와 주문 형식으로 구절을 서술하지 않고, 스스로에게 어떤 의미가 있는지 묻고 있는 이유라고 할 수 있습니다.

子曰 : "德之不脩, 學之不講, 聞義不能徙, 不善不
能改, 是吾憂也."

▶ **해석:** 공자께서 말씀하시길, "덕(德)을 이루는 일을 닦지 않는 것, 학(學)을 이루
는 일에 연구하지 않는 것, 의(義)로움을 듣고서도 따르지 않는 것, 선(善)하지 못한
점을 고치지 못하는 것, 이것이 내가 걱정하는 일이다."

해설

構造: 良[M_1=述而: 恭(u_1=憂)]

우(禹)임금 치수 사업의 계기가 된 9년간의 황하(黃河) 대범람과 홍
수에 의한 피해를 2글자로 표현하여 기우(其憂:6.22 해설 참조)라고 했
습니다. 물리적으로 천하가 물난리가 난 상황을 걱정하고 이를 해소
한 사람이 문명의 시작을 이끈 우(禹)임금이라면, 춘추전국시대 사람
들의 의식이 황폐화된 상황을 걱정하고, 이를 해소하려고 노력한 사
람이 공자라고 할 수 있습니다. 이 구절에서 공자의 근심(吾憂)은 물리
적인 수재(水災)가 아니라 문화적, 윤리적으로 사람들의 인식이 물에
잠긴 상태로 비유할 수 있습니다.

덕(德)을 이루는 일(博施於民而能濟衆:6.29)에 대해 관심을 멀리하는
모습, 덕(德)을 이루는 일의 방법을 찾고 수행하지 않는 모습에 대해
'닦지 않는다(不脩)'고 표현하고 있습니다. 학문을 연구하고 강의를 통
해 전달하지 않으며, 의로움을 듣고도 따르지 못하며, 선하지 못한
것을 알면서도 고치지 못하는 것은 윤리적 관점에서 사람들의 인식

이 물에 잠기거나 쓸려 내려가 아무것도 할 수 없는 상태라고 할 수 있습니다. 어디부터 복구를 시작해야 할지 모르는 상황입니다.

그 방법은 '인이라는 방법(仁之方)을 통해(己欲立而立人, 己欲達而達人. 能近取譬, 可謂仁之方也已:6.29) 가까운 곳에서 찾고 행하라'고 이미 전달했습니다. 그리고 이 글을 읽는 독자는 지금 눈앞에 보이는 서술(述), 논어(論語)를 통해 능히(能) 가까이(近)에서 그 깨우침(譬)을 얻을(取) 수 있습니다.

子之燕居, 申申如也, 夭夭如也

▶ **해석:** 공자께서 여유롭게 지낼 때면, 펴고 또 펴서 늘리며, 굽히고 또 굽히셨다.

해설

構造: 良[M₁=述而: 儉(o₁=如)]

공자께서 편안하게 머물러(燕居), 펼치고(申) 또 펼치고(申), 굽히고(夭) 또 굽힌다(夭)고 했는데, 무엇을 펼치고, 무엇을 굽힌다는 것일까요? 갑자기 왜, 이런 말을 하는 것일까요?

이 구절의 주제는 절제(儉)와 검약(儉)의 방법(良)입니다. 주제를 살펴본 후, 앞 구절과 흐름을 이어가는 관점에서 생각해보면, 나라가 윤리적으로 황폐화되고 있는 것이 큰 근심(憂)입니다. 4가지 커다란 걱정(憂)거리를 생각하니 잠도 잘 안 옵니다.

이때에 누구나(子) 행할(之) 수 있는 요긴한 방법이 있습니다. 먼저 긴장을 낮추고 편안하게(燕) 머무는(居) 일입니다. 그다음은 2가지 방법으로 나뉩니다. 신체적 관점과 정신적 관점으로 방법을 나누어 가져갈 수 있습니다.

먼저 신체적 관점에서 온몸을 최대한 펼치고 또 펼치고, 접고 구부리는 행위를 통해 스트레스를 푸는 일입니다. 스트레칭, 요가 이런 것과 비슷한 모습을 생각해 볼 수 있습니다. 정신적 관점에서는 생각의 틀에 자신을 가두지 않고 마음껏 펼치(申申)는 일과 펼친 생각의 틀을 다시 접고(夭), 합(夭)하는 과정을 통해 생각을 정리하는 일입니다.

6.29구절에서 소개한 우(禹)임금의 사업 관련, 신신(申申)은 9주(九州), 9도(九道) 관련, 세상을 넓게 펼치는 확장을 이루는 사업이라 할 수 있고, 요요(夭夭)는 9택(九澤), 9산(九山) 관련, 물을 막아(夭) 둑을 쌓고 굽이치는 강물의 흐름을 접고(夭) 산을 뚫어(夭) 길을 내는 사업에 해당합니다. 논어(論語)의 서술 관점에서는 글을 펼쳐 확장(申申)하고, 다시 각 구절의 연관성을 긴밀하게 합(夭夭)하는 일이라고 할 수 있습니다. 5.21구절, 공자가 노나라 젊은이들을 일깨우려고 돌아가자고 결심한 구절부터 3세대 제자들에게 가르침을 잇는 방식을 도입하여, 서술을 확장하고(申申) 다시 13구절 앞의 구절과 접목(夭夭)하여 설명하는 2단 구조로 이루어진 모습에 해당합니다.

여(如)는 '그와 같이 한다'는 의미로 '만일 그와 같은 작용이 이루어진다면'이라는 뜻을 동시에 지닙니다. 즉, 미리 생각해보는 일이라고 할 수 있습니다. 이 구절의 방법은 실행의 실패를 최소화하며, 자원을 절약하고 아낄 수 있는 효율성을 제공합니다. 7.3구절에서 언급한 걱정(憂)을 덜 수 있는 지름길이라고 할 수 있습니다.

子曰 : "甚矣, 吾衰也! 久矣, 吾不復夢見周公."

▶ **해석:** 공자께서 말씀하시길, "심하구나, 나의 쇠약함이! 오래되었구나, 내가 꿈에서도 주공(周公)을 뵙지 못한 것이!"

해설

構造: 良[M_1=述而: 讓(C_1=甚久)]

공자는 왜 이 구절과 같이 그렇다고 말하고 있을까요? 이 글을 서술한 시기가 14년간 천하를 주유(周遊)한 후, 노(魯)나라에 돌아와 후학을 일으키는 일에 전념한 시기이므로 적어도 68세가 한참 넘은 시기라고 할 수 있습니다. 고대에 68세는 평균 수명이 50세 정도 안 되었던 점을 감안하면 상당한 고령에 해당합니다.

글의 흐름 관점에서 살펴보면 7.3구절 관련, 근심과 걱정이 커지는 상황에 이를 해소하기 위해 7.4구절의 방법을 활용하였으나 여의치 않았던 모양입니다. 자신의 집중력이 심각하게(甚) 떨어지고(衰) 약해졌다고(衰) 탄식하고 있습니다. 그 탄식의 이유가 뒤쪽에 이어지는 구문(久矣, 吾不復夢見周公)입니다.

공자가 서술(述)하고 있는 논어(論語)는 문명의 시작 시점인 우(禹)임금 시대가 아닌 약 1500년 후 공자가 살던 시대에 초점을 맞추어 서술이 필요합니다. 하(夏)나라와 은(殷)나라를 거쳐 발전한 문명을 기반으로 문화적 체계를 수립한 주(周)나라를 따르는 것이 본 궤도로 돌아오는 일이라는 뜻입니다. 6장 후반부터 잠시 우(禹)임금 시대의 성

(聖)스러운 일에 초점을 맞추어 서술하고 가르치는 동안, 잠시 주공(周公)이 세운 문화를 잊고 있었다는 탄식입니다.

역사의 초기로 최대한 확장했다가(申申), 다시 시간을 접고 접어(夭夭) 현재의 문화, 현재의 문제로 되돌아오겠다는 선언(讓)이라고 할 수 있습니다.

필자도 잠시 집중력을 잃고, 구절에 도움을 주는 이전 구절에 대한 설명을 접어두고 있었습니다. 논어 서술 방식이라는 관점에서, 생각의 확장(申)과 접목(夭)의 관계를 이루는 구절이라고 할 수 있습니다. 이 구절은 6.22구절과 쌍을 이루는 구절입니다. 6.22구절의 앞부분(知者樂水, 仁者樂山)은 우(禹)임금의 다스림을 상징하며, 뒷부분(知者動, 仁者靜. 知者樂, 仁者壽)은 현재의 문화와 삶을 이루어가는 일을 뜻한다고 할 수 있습니다. 현재 삶의 조화와 균형을 이루기 위한 동적 지식과 지혜는 역사를 통해 지속 발전해왔으며, 앞으로도 발전하는 모습을 보일 것입니다. 그러나 지식과 지혜를 추구하는 일을 멈추면 오히려 잊게 되고, 지(知)식과 지(知)혜의 관점에서 쇠(衰)퇴하는 국면을 맞게 됩니다.

시간의 흐름에 따르는 문화의 지속성 차원에서 지(知)식과 지(知)혜가 지니는 동(動)적인 속성이라고 할 수 있습니다. 구절의 확장(申)과 접목(夭)을 이루는 쌍에 대해 필자가 설명을 지나쳐온 몇 개의 구절에 대해 스스로 찾고 고민해 보셨다면, 학(學)문에 대한 열정이 증가했다고 할 수 있습니다.

혹시, 고민하지 않으셨다고 의기소침할 이유는 없습니다. 지(知)식의 관점이 아니라, 논어가 마냥 좋은(好) 수준을 넘어, 논어를 배우는 것을 즐겁게(樂) 생각했을 수 있습니다. 그렇지 않더라도, 인간성(仁)을 잃는다면 심각하게 괴로워해야 할 사항(擇不處仁, 焉得知:4.1)이지만,

지식을 구하는 일은 조금 늦더라도 크게 문제가 되는 일은 아닙니다. 지식은 인간적인 면에 이로움을 주기 위한 도구이지(知者利仁:4.2), 그 자체가 목적은 아니기 때문입니다.

잠시 지식을 잊고, 지혜롭지 못했다고 자신의 인간성(仁)이 어떻게 되는 것은 아닙니다. 인간 본연의 성질은 아주 천천히 변하는 성질(靜)을 지닙니다. 다만, 주의할 사항은 아주 오랜 기간 동안 인간의 어진(仁) 측면에 대해 잊고 지내는 경우, 자신도 모르게 따듯함(溫)이 사라진다는 점입니다.

두 번째, 구문을 단순히 공자가 주공(周公)을 추종했구나! 그렇게 이해한다면 부족합니다. 왜? 꿈에 그리고 싶었을까요? 무엇이 부족하기 때문에 그렇게 간절히 만나고 싶었을까요? 우(禹)임금이 물리적 문명 기반을 세운 사람이라면(立), 주공(周公)은 문화적 체계의 기반을 세우고(立) 조화와 균형(樂)을 이룬 사람입니다. 조화와 균형을 이룬(樂) 체계를 바탕으로 지(知)혜와 어진(仁) 모습으로 국가를 이끌어 가는 일을 지속하는 것이 태평성대(壽)를 이루는 일이기 때문입니다.

子曰 : "志於道, 據於德, 依於仁, 游於藝."

▶ **해석:** 공자께서 말씀하시길, "올바른 길(道)에 뜻을 두고, 덕(德)에 근거를 두고, 인(仁)에 의지하고, 예(藝)에 노닐어라."

해설

構造: 良[M₁=述而, M₂=道德仁藝: 溫(x1=志據依游)]

$$構造: 良[M_1=述而, M_2=道德仁藝: 溫(x1=志據依游)]$$

7.5구절에서 꿈에 그리던 주공(周公)을 추종하는 일은 국가와 사회의 올바른 문화 체계에 따르는 삶을 사는 것입니다. 그 방법(良)으로 도덕인 예(道德仁藝)를 설명하고 있으며, 그것에 관여하는 인간 본(本)연의 성(性)질로 지거의유(志據依游)를 들고 있습니다.

예(藝)는 예(禮), 악(樂), 사(射), 어(御), 서(書), 수(數)의 육예(六藝)를 의미하며, 당시 귀족들이 문화적 소양을 쌓는 과목이라고 할 수 있습니다. 체계의 질서(禮)와 사회 관습적 행동 규칙(禮)을 이해하고 따르며, 시(詩)를 짓고 음악(樂)을 통해 사람들의 마음을 이해하고 조화와 균형을 추구하며, 활쏘기(射)를 통해 자신을 수양하고, 수레 운전(御)을 배워 귀족의 품위를 지켜(敬) 이동하며 자신의 관할 영지를 다스리고, 역사(書)를 이해하여 현재의 거울로 삼고, 수(數)를 배워 자원과 자산을 관리합니다. 수(數)는 셈법이라고 할 수 있으며 세수(稅收)와 자원 관리를 위해서는 필수적이며, 대표적인 사례는 구구단입니다. 이 시대에 구구단을 사용했던 유물과 기록은 박물관에서 쉽게 찾아볼 수 있습니다. 이것이 귀족 사회의 문화적 재능(藝)이라고 할 수 있습니다.

지거의유(志據依游)를 살펴보겠습니다. 지(志)는 사회 생활에서 일어나는 일에 대해 온갖 계산을 품는 마음이 아니라 깨끗하고 순수한 선비의 뜻입니다. 거(據)는 근거(根據), 기반이 되는 사항으로 항상 내가 머물러 사는 주거지(住居地)와 유사한 의미라고 할 수 있습니다. 나의 사회 생활은 집에서 출발하여 다시 집으로 돌아오는 일의 반복입니다. 정신적 근거를 덕(德)에서 출발하고, 지향점도 덕(德)에 둔다는 의미입니다. 의(依)는 사람이 옷을 걸치고 있습니다. 옷을 입는 이유는 부끄러움(恥)이 있기 때문입니다. 사람을 대하는 과정에 인(仁)이라는 옷을 통해 부끄러움(恥)을 가린다는 뜻입니다. 화려하고 사치스러운 옷과 장신구를 걸쳐 나의 부끄러움(恥)을 가리려고 한다면, 덕(德)이 부족하기 때문이고, 순수하고 깨끗한 마음을 기반으로 한 올바른 방법(道)이 무엇인지 모르기 때문입니다. 4개의 글자를 이루는 구문의 순서가 중요합니다. 그래서 맨 마지막에 예(藝)가 등장합니다. 만약 예(藝)부터 등장한다면, 다른 것들의 가치가 예(藝)를 따르는 덕목이라고 할 수 있습니다. 삶의 가치와 목적에 따르는 순서가 뒤바뀌는 일이 됩니다.

문화 체계의 질서(禮)가 의미하는 바는 바로 이런 순서라고 할 수 있습니다. 사회 생활에 셈과 이익에 대한 계산(數) 잘하여 부(富)를 쌓는 일을 가장 우선 순위 앞에 두는 현대인이 많은 이유는 예(禮)가 뜻하는 바를 제대로 교육하지 못했기 때문입니다. 글(書)을 읽지만, 그 의미를 깊이 생각하지 않고, 시험에 통과하고 경쟁에 이기기 위한 도구로써, 외우는 일에 급급했기 때문입니다. 공자가 서술한 문화의 체계, 논어(論語)와는 거리가 먼 일이라고 할 수 있습니다.

정리하면, 인간의 순수한 뜻(志)을 시작으로 서로 돕고 나누는 일(德)이 기반이 되어, 인간적인(仁) 모습으로 부끄러움을 가리고, 그 이후에 문화적 풍요로움(藝)을 누리며 사회가 발전하는 모습이 공자가 꿈에 그리던 모습이라고 할 수 있습니다.

子曰 : "自行束脩以上, 吾未嘗無誨焉."

▶ **해석:** 공자께서 말씀하시길, "스스로 수양에 몸을 담고자 하는 사람 이상이면, 내가 가르치지 않은 적이 아직 없다."

해설

構造: 良[M₁=述而, M₂=道德仁藝: 良(m1=誨)]

배움의 자세에서 가장 중요한 것은 스스로 배우고자 하는 뜻이 있는지 유무입니다. 자행속수(自行束脩)는 스스로(自) 자신을 수양(脩)하는 일에 묶는(束) 행위(行)를 뜻합니다.

7.6구절에서 설명한 체계의 문화를 습득하고 발전을 이루기 위해서 필요한 사항이 교육입니다. 하지만 배우려 하지 않는 사람에게 억지로 가르치는(誨) 일은 좋은 방법이라고 할 수 없습니다.

무회(無誨)를 정확히 이해하면 가르치는 일에 집착하지 않다는 의미입니다. 즉, 배우려는 의지(志)가 있는 사람에게만 가르친다는 뜻에 해당합니다. 7.6구절에서 설명한 첫 번째 사항, 뜻(志)이 없는 이에게 가르치는 일은 불필요한 일이라는 뜻으로 귀결됩니다. 마찬가지로, 배움의 과정에 어떤 흑심을 품거나 순수하지 못한 마음으로 가득 찬 사람이라면, 아마도 공자는 가르쳐 주지 않았을 수도 있을 것입니다. 본인의 행위(自行)가 수양을 닦는 일(束脩)이 아니라 그 이하(束脩以下)이기 때문입니다.

그러나 누가 그런 사람의 속마음을 다 알겠습니까? 아무튼 배우려는 의지만 있으면 누구에게나 가르침을 주는 것이 공자의 철학입니다.

이 구절과 접목(天)이 되는 구절은 6.24입니다. '觚不觚, 觚哉! 觚哉!(:6.24)'에 깊은 철학적 의미가 들어 있습니다. '선비가 선비답지 못하고 행색이 초라하더라도, 선비다! 선비다!' 그렇기 때문에 배움이 가능하다는 의미입니다. 사람의 밖으로 보이는 모습이 사람답지 못하더라도, 한 명의 사람이다! 사람이다! 그렇기 때문에 누구나 배움이 가능하다는 의미입니다. 즉, 배움은 지위고하(地位高下) 및 신분에 관계 없이 인간이면 누구나 추구할 수 있다는 의미입니다. 단, 배우려하지 않는다면 그것은 어쩔 수 없습니다. 스스로 행하는 일(自行)이 아닌 것을 억지로 시키는 것은 그 사람 자유(自由)에 대한 구속을 의미합니다.

그러면 어린이가 배우려 하지 않는 것은 어떻게 하나요? 질문할 수 있습니다. 어린이는 아직 독립(立)적인 성인이 아니기 때문에, 그 삶에 대해 부모가 좌지우지할 수 있습니다. 독립적으로 설(立) 수 있도록 연습하고, 이끌어가는 과정이라고 할 수 있습니다. 그렇기에 부모의 의지가 개입할 수 있습니다. 이때에도 동일하게 적용되는 사항은 부모의 의지가 흑심에 가득 차, 사회 체계의 질서를 문란(非道)하게 만들며 자식을 교육시킨다면, 오히려 가르치지 않는 것이 사회에 도움이 될 수 있습니다.

子曰 : "不憤不啓, 不悱不發, 擧一隅不以三隅反, 則不復也."

▶ **해석:** 공자께서 말씀하셨다. "분발하지 않으면 계도하지 않고, 표현해내지 않으면 일깨워주지 않으며, 한 면을 가르쳐준 후 나머지 세 면에 반응을 보이지 않는다면, 반복해서 가르쳐주지 않는다."

해설

構造: 良[M₁=述而, M₂=道德仁藝: 恭(u₁=擧反)]

構造: 良[M_1=述而, M_2=道德仁藝: 恭(u_1=擧反)]

배움에서 가장 먼저 전제되어야 하는 사항은 스스로 행하는 일(自行:7.7)이라고 했습니다. 스스로(自) 자신을 수양(脩)하는 일에 노력하는(束) 행위(行)가 없다면, 배울 의지가 없다는 것을 뜻합니다.

배운 것에 대해 마음 깊이 새기고, 헤아리는 노력이 발(憤)입니다. 그런 노력이 없는 상황에서 아무리 일깨워 주어도 그것은 시간과 가르치는 사람 노력 낭비에 불과합니다. 마음 깊이 새기고, 헤아린 내역에 대해서 표현하려 애쓰지(悱) 않는다면, 그것에 대해 이해를 구했는지 알 수가 없습니다. 그런 표현의 노력이 없다면 굳이 그것에 대해 힌트를 주고, 표현하도록 먼저 알려주는 일은 스스로 깨닫는 기회를 빼앗는 일이라고 할 수 있습니다.

한 방향에 대한 모습(一隅)을 알려주면, 나머지 3방향에 해당하는 모습(三隅)에 대한 반응을 기대하는 이유입니다. 우리가 사는 계(界)의 모든 것은 동서남북 4방향의 시각에서 바라볼 수 있기 때문에 한쪽

면을 설명하면, 나머지 3면에 대해 궁금함을 갖는 것이 당연합니다. 궁금하지 않다면, 애당초 그것에 대해 관심이 없다는 의미입니다. 관심이 없는 사항에 대해 굳이 반복해서 알려줄 이유는 없습니다(不復).

공자의 가르침에 따라 관심이 없는 사항, 한쪽 면을 바라보고 나머지 3면에 대해 반응이 없는 경우 굳이 반복할 이유는 없으나, 관심을 기울이고 있는 독자를 위해 추가로 사족(蛇足)을 더합니다.

이 구절의 확장과 접목(天)에 해당하는 6.25구절과 7.7, 7.9구절이 나머지 3면(三隅)이라고 할 수 있습니다. 물리적 관점의 4면(四隅)뿐만 아니라, 그 쓰임 측면에서 4면(四隅)을 확인하는 것이 공심(共心)의 관점에서 더 좋은 방법(良)이라고 할 수 있습니다.

子食於有喪者之側, 未嘗飽也.

▶ **해석:** 공자께서는 상갓집에서 식사를 하실 때에는 배부르게 드신 적이 없었다.

해설

構造: 良[M₁=述而, M₂=道德仁藝: 儉(o₁=飽)]

$$構造: 良[M_1=述而, M_2=道德仁藝: 儉(o_1=飽)]$$

앞 구절에서 설명한 바와 같이 이 구절은 4면(四隅)의 일부라고 이해하는 과정 없이 그냥 해석한다면, 이 구절이 왜? 이 위치에 서술되어 있는지, 갑자기 상갓집 이야기를 하는 것인지, 의문만 드는 엉뚱한 구절로 전락합니다.

앞 구절에서 6.25구절의 쓰임이 무엇인지, 이 구절과 대응되는 6.26구절의 쓰임이 무엇인지 공통점을 찾는다면, 이 구절이 전하려는 의도를 명확히 할 수 있습니다. 6.26구절에서 이야기한 것처럼 상갓집에서 배불리 먹지 않는 것이 사회 통례(禮)를 넘지 않는(弗畔) 것이라고 여긴다면, 보이는 모습에 치중하여 이해하는 일입니다.

6.26구절은 군자의 관점에서 마음 깊이 새기고 헤아리는 노력(憤)이 온(溫)에 위치하여야 합니다. 즉, 인간의 본성 인(仁)이라는 관점을 살피는 일이 필요합니다. 6.25구절 또한 인(仁)의 쓰임 관점에서 살펴야 하며, 이 구절의 구조 M2에 기재한 3번째 사항, 인(仁)의 관점을 설명하고 있습니다.

M2사항의 도(道)에 대한 설명은 7.7구절, 덕(德)에 대한 설명은 7.8구절, 인(仁)에 대한 설명은 7.9구절, 예(藝)에 대한 설명은 7.10구절에서

순차적으로 이루어지고 있습니다. 7장의 큰 주제인 M1=述而, 즉 서술의 방법입니다.

가장 몸가짐을 조심해야 하는 상갓집에서, 사람을 대하는 과정에 인(仁)이라는 옷을 통해 부끄러움(恥)을 가린다(依於仁:7.6)는 의미입니다. 죽은 사람에 대해 슬퍼하는 장소에서 부끄러움도 잊은 채, 자신의 배를 불리는 행위에 치중하는 일은 인간적(仁)이라고 할 수 없습니다.

보이는 관점에서 설명하면, 자신의 부끄러움을 잊은 채 행동하는 무절제(儉)를 범하지 말라는 교훈입니다. 굳이 애써서 그것을 표현하면(俳), 상갓집에서 과도하게 술에 취하고, 사람들을 만나서 자신을 자랑하고 드러내며, 조직이나 사회에서 자신의 입지를 굳히려는 영업이나 정치적 노력을 취하고, 슬픔의 상황을 이용하여 돈을 벌거나, 이득을 취하려는 행위들이 자신의 배를 불리는 일이라고 할 수 있습니다. 수치심이 없는 행위라고 할 수 있습니다. 절제(儉)할 일입니다.

子於是日哭, 則不歌

▶ **해석:** 공자께서는 상(喪)가의 곡(哭) 소리를 들으신 날에는, 노래를 부르지 않으셨다.

해설

$$構造: 良[M_1=述而, M_2=道德仁藝: 讓(c_1=於是)]$$

7.6구절의 '游於藝' 관련, 때와 상황을 가려야 한다는 가르침입니다. 7.9구절이 장소의 관점이라면, 이 구절은 시간적 관점이라고 할 수 있습니다. 슬픈 일이나 슬픈 상황에 처해 있는 사람이 옆에 있는 경우에(於是), 마음을 같이 이루는 일(讓)을 잊고 자신의 즐거움이나 쾌락을 추구하는 것은 하늘이 싫어할 일입니다. 하늘이 싫어할 일(天厭 之:6.27)입니다.

子謂顏淵曰：“用之則行, 舍之則藏, 惟我與爾有是夫.” 子路曰：“子行三軍則誰與?” 子曰：“暴虎馮河, 死而無悔者, 吾不與也. 必也臨事而懼, 好謀而成者也.”

▶ **해석:** 공자께서 안연(顏淵)에게 말씀하시길, "쓰임이 있으면 행하고, 내버려 두면 드러나지 않는다. 오직 나와 너만 이렇게 할 수 있으리라." (이 말을 듣고) 자로(子路)가 말하길, "스승님께서 삼군(三軍)을 통솔하시게 된다면 누구와 함께 하시겠습니까?" 공자께서 말씀하시길, "호랑이를 때려잡고 얼어붙은 강을 건너다가 죽어도 후회하지 않는 일은 함께하지 않는다. 반드시, 일에 임하면 두려워하고, 좋은 계획으로 완성을 이루는 일과 함께 한다."

해설

構造: 良[M_1=述而, M_2=(死不與, 臨事成): 溫(x_1=暴馮, 無悔, 懼, 好謀)]

장소와 시간에 적절하게 그 쓰임이 있으면 그에 따라 행하고, 쓰임이 없으면 조용히 있는다는 것의 의미는 7.9~7.10구절과 같은 상황 설명을 통해서 의미를 명확히 할 수 있습니다. 물론, 여기에서는 단순히 상갓집 상황이 아니라, 일반적인 상황에서 그 쓰임에 대한 설명입니다. 뒤에 이어지는 자로(子路)의 질문을 통해서 지위나 직위의 관점이 아니라 쓰임의 관점에서 설명하고 있다는 점에 대한 이해가 필요합니다.

안연(顏淵)을 등장시켜 이야기하는 이유는 그 태도와 모습(顏)에서 큰 호수나 바다와 같이 깊이 있는(淵) 사람이라는 의미입니다. 자신의 쓰임에만 관심을 두며, 자잘한 일에 연연하지 않습니다. 즉, 쓰임이 없다면 깊은 바닷속과 같이 숨겨져 있는 모습입니다. 물결이나 표면의 파도와 같은 출렁거림에 연연하지 않습니다. 첫 구문은 공자가 생각하는 중용(中庸:6.28)의 자세와 태도라고 할 수 있습니다.

안연(顔淵)에 대한 칭찬을 듣고, 자로(子路)가 나서고 있습니다. 고대 군사 편제는 좌(左), 우(右), 중(中)군으로 나뉘며, 3군(三軍)을 통제한다는 것은 임금(君)으로부터 전권을 받았다는 의미이거나 임금(君)이 된다는 것을 가정하는 질문입니다. 자신이 용감하다는 전제 아래에 칭찬의 답을 구하고 있지만, 공자의 답변은 냉정하고 단호합니다.

이어지는 답변에서 '자(者)'에 대해서 어떤 일 또는 어떤 것이라고 해석하는 것이 더 좋습니다. 그런 '일'에 대해서는 같이 하지 않겠다는 의미를 전달하는 쓰임이 있습니다. 만약 '자(者)'를 사람으로 해석한다면, 그런 사람, 즉 자로(子路) 너와 같은 사람과 같이 하지 않겠다는 직설적 표현이 됩니다. 물론, 친근하고 가까운 관계에서 격의 없이 이야기하는 상황으로 받아들일 수 있지만, 사람의 특성을 지정하고 그에 대해 평가하며 배제시키는 말을 하고 있다는 측면에서, 공자와 같은 군자(君子)의 언어라고 하기 어렵습니다.

'자(者)' 글자 대신에 '사람(人)'으로 표현한 경우는 위와 같은 격의 없는 경우이거나, 계획성이 없는 장수나 참모는 배제하겠다고 선언하는 엄정한 상황이라고 할 수 있습니다. 전쟁을 이끄는 총사령관이 자신의 입맛에 맞지 않는다는 이유로, 자신과 잘 어울리지 않는다고 장수나 참모를 배제하는 일은 스스로 중요 자원을 버리는 일이라고 할 수 있습니다. 그렇게 자신의 부하를 배제하기 시작하면 누가, 언제 배제를 당할지 모른다는 불신을 키우는 일이 됩니다. 부하들의 사기를 꺾

고, 국가에 대한 충성보다는 자신의 목을 먼저 생각하도록 만드는 일
이기 때문에 함부로 행할 일이 아닙니다.

필자가 '자(者)'에 대해 구구절절 부연하는 이유는 '자(者)'의 쓰임에
있습니다. 문장의 뒷부분에서 자리하며, 앞의 문장을 지지하는 하나
의 작은 받침 역할에 불과합니다. 굳이 넣지 않고 빼도(舍之則藏) 의미
전달에는 큰 차이가 없을 수 있습니다. 쓰임이 있기 때문에 작은 역할
이지만, 마다하지 않고 쓰임이 되고(用之則行) 있습니다. 그리고 실제로
글의 의미를 명확히 전달하는 쓰임으로 활용되고 있으며, 중용(中
庸:6.28)의 의미를 전달하기 위한 의도적 표현이라고 할 수 있습니다.

모든 사람이 총사령관이 될 수는 없습니다. 모든 사람이 사업이나
일의 중추가 될 수는 없습니다. 각자의 자리에서 역할을 갖고, 그 역
할을 충실히 함으로써, 하나의 사업과 일이 원활히 이루어질 수 있습
니다. 자(者)는 문장에서 작은 쓰임에 불과하지만, 문장이 의미를 전
달하는 관점에서, 그 덕(德)을 충분히 나누고 있다(中庸:6.28)고 볼 수
있습니다.

작은 쓰임의 차이 같지만, 바다와 같은 깊은(淵) 마음으로 바라보는
시각과 나와 비교하고 견주고, 경쟁의 관점에서 제압하려 하며, 작고
하찮게 여기는 마음은 큰 차이가 있습니다. 중용이 추구하는 덕(德)
의 관점에서 바라보면, 우리 삶을 이루는 수많은 작은 쓰임(中庸之爲
德:6.28)은 모두 소중하고 의미가 있다고 할 수 있습니다.

그럼에도 불구하고 우리는 세상을 너무 쉽게 바라봅니다. 자신이
힘이 있으면, 힘으로 제압(暴)하려 하고, 얼음이 얼마나 두껍게 얼어
서 안전한지 확인하는 과정 없이 그냥 건너(馮) 갑니다. 후회할 일이
발생할지 모르지만, 그것에 대해 전혀 집착하지 않고(無悔), 신경 쓰지
않습니다(無悔). 그 쓰임이 덕(德)을 이루는 일이 아니라, 자신을 위한

일에서 출발하기 때문입니다. 결국, 중용(中庸)의 쓰임을 모르는 자신의 존재가 가볍기 때문에 죽음(死)을 두려워하지 않습니다.

중용(中庸)의 쓰임(德) 관점에서 헛되고 의미 없는 일이 되지 않도록 눈(目)을 들어 이곳(目) 저곳(目)을 살피고, 그것을 모아(隹) 마음(忄)에 담아 두는 것이 두려워(懼)하고 조심(懼)하는 일이라 할 수 있습니다. 마음에 담아 둔 그런 것을 활용하여 다양한 계획을 만들어 사(事)업을 성공으로 이끄는 일(好謀而成)이 공자가 같이 하고자 하는 것입니다.

보통 사람들이 두려움을 느끼는 것과 마찬가지로, 군자(君子) 또한 두려움을 느낄 수 있습니다. 하지만 보통 사람들이 두려움에 대해 슬픔(哀)과 원(怨)망, 후회(悔)라는 자신의 감정에 치우쳐 헤어나지 못한다면, 군자(君子)는 중용(中庸) 관점에서 두려움을 받아들입니다. 나 자신의 감정에 사로잡혀 있는 것이 아니라, 사람들에게 두려운 일이 일어나지 않도록 덕(德)의 관점에서 바라보는 일입니다.

이순신 장군이 전쟁에 대한 두려운 마음이 없었을까요? 전쟁에 대한 두려움이 누구보다도 강했다고 볼 수 있습니다. 그 두려움은 자신의 죽음이 아니라 선량한 서민들이 죽고, 자신의 부하들이 전투에서 죽는 것이라고 할 수 있습니다. 그 큰 두려움을 중용(中庸)이라는 쓰임의 관점에서, 국민의 덕(德)을 위해서 자신의 배도 살피고, 바닷물의 조류도 살피고, 싸움에 승리할 여러 요소를 조목조목 살피고 바라보며 준비하여 승리를 이끈 것(好謀而成)이라고 할 수 있습니다. 단순히 표면적으로 내세우는 덕(德)만으로는 부족합니다. 그 쓰임의 중추와 중심이 무엇인지(中庸)에 대해 명확히 하는 일(良)이 필요합니다. 이런 마음의 기저에는 항상 사람에 대한 따듯한(溫) 마음이 자리하고 있다는 점을 강조합니다.

子曰 : "富而可求也, 雖執鞭之士, 吾亦爲之. 如不可求, 從吾所好."

▶ **해석:** 공자께서 말씀하시길, "부(富)가 추구할 만한 가치가 있는 것이라면, 채찍을 잡고 휘둘러 고관대작의 길을 트는 직업(執鞭之士)이라도, 나 역시 할 것이다. 추구할 만한 것이 아니라면, 내가 좋아하는 바를 따르겠다."

해설

構造: 良[M₁=述而, M₂=(死不與, 臨事成): 良(m₁=(可求, 不可求))]

$構造: 良[M_1=述而, M_2=(死不與, 臨事成): 良(m_1=(可求, 不可求))]$

7.12구절에서 활용하는 방법론(良)은 대립적 비교 판단입니다. M2=(死不與, 臨事成)와 m1=(可求, 不可求)의 관점에서 비교하여 의미를 살펴보고 있습니다. 6.29구절에서 임금(君)의 성(聖)스러운 일과 그에 따르는 군자(君子)의 인간적인(仁) 일을 비교 설명한 것과 이 구절에서 군자(君子)가 추구하는 일과 군자(君子) 위치의 사람을 따라다니는 사람(執鞭之士)의 일을 비교하여 의미를 대조하면 이해에 도움이 될 수 있습니다.

집편지사(執鞭之士)는 권력을 등에 업고, 그 힘을 과시하는 사람으로 거칠 것이 없습니다(暴虎馮河:7.11). 채찍을 들고 사람들을 제압하여, 군자가 지나가는 길을 트는 사람이라는 의미로 그 일을 하는 목적은 하나입니다. 자신의 생계를 잇는 수단이기 때문입니다. 군자를 모시기 때문에 권력의 힘을 빌려, 청탁의 순서를 조정하는 일 등을 통해서 부가적인 이익(富)을 얻었을 수도 있습니다.

현대 사회에 이런 직위나 직업은 없습니다. 그럼에도 불구하고, 조직 내에서 스스로 집편지사(執鞭之士)의 역할을 자처하고 나서는 사람들이 많이 있습니다. 누가 시키지도 않았는데, 충(忠)이라는 미명 아래 스스로 그렇게 행동합니다. 충성(忠誠)이라는 것의 의미부터 제대로 인식하지 못하기에 발생하는 어리석은 모습의 행동이라고 할 수 있습니다. 그렇게 일하는 대가로 자신의 지위와 부(富)를 추구합니다.

힘에만 의존하고(暴虎) 이치(理致)를 둘러 살피지 않는(馮河) 자세와 태도는 결코 선량(良)하다고 할 수 없습니다. 그렇기 때문에 공자는 결국 자신이 좋아하는(好) 것을 하겠다고 말하고 있습니다. 중용(中庸)의 자세와 태도로 사람들에게 덕(德)을 이루는 일, '好謀而成者(7.11)'를 줄여서 '好'라고 표현한 것으로 볼 수 있습니다.

子之所愼, 齊·戰·疾

▶ **해석:** 공자께서 신중히 하시는 바는 국가 체계의 (평안과 안녕을 위한) 질서(齊), (생사와 존망이 걸린) 전쟁(戰), 그리고 (많은 생명에 영향을 주는) 질병(疾)이었다.

해설

構造: 良[M_1=述而, M_2=(死不與, 臨事成): 恭(u_1=所愼)]

'子'는 공자를 지칭하기도 하지만, 통상 사람을 높여서 부르는 존칭이라고 할 수 있습니다. 즉, 의식이 있는 사람(子)이라면, 체계의 질서(齊)와 전쟁(戰), 질병(疾)에 대해서는 심각하게 여겨야 한다는 의미입니다.

무엇보다도 국가 체계의 평안과 안녕을 위한 질서(齊)를 가장 먼저 언급하고 있습니다. 필자가 질서라고 설명하였지만, 제(齊)는 국가를 운영하는 체계(齊)라고 할 수도 있습니다.

임금(君)이 통치하는 정치 체계에서, 강대국이 관리하는 정치 체계로, 체계의 질서가 무엇을 의미하는지도 잘 모르는 상태에서 민주주의로, 다시 왕에 버금가는 독재 체계에서, 군(軍)의 힘을 바탕으로 기존 체계를 뒤집은 통치 체계로, 그리고 조금씩 아주 조금씩 민주라는 것의 의미를 이해해가는 체계로 변해온 것이 우리의 현대 역사라고 할 수 있습니다. 하지만 100년도 안 되는 그 짧은 기간에도 파란만장한 각각의 변화에 대해 현시대(現時代)의 의식이 있는 사람들이 얼마나 심각하게 생각하고 어떤 인식을 갖고 있는지에 대해서는 필자 또한 상당히 궁금합니다.

체계의 질서(齊)를 직접적으로 만들어가는 정치인의 모습을 바라보면, 과연 국민들에게 지어낸 말이 아니라(不作而) 사실을 기반으로 서술하여(述) 국민들에게 호소하고, 과거에 이루어 낸 일을 부정하지 않고(好古而), 이에 대해 믿고(信), 신뢰(信)를 바탕으로 발전하는 방향으로 체계를 만들어가고 있는지, 과거의 정치인들과 비교해볼 일(比於現政老政)입니다. 과연, 현재의 정치인들이 만들어가는 체계의 질서가 과거보다 더 좋아지고 있다고 장담할 수 있을까요? 그렇다면 국가는 발전의 방향으로 나아가고 있다고 할 수 있습니다. 그렇지 않다면, 국가의 체계(齊)는 퇴보하고 있다고 할 수 있습니다.

타국의 전쟁을 거울삼고, 코로나에 시달린 기억을 떠올리면, 전쟁과 질병을 심각하게 여겨야 하는 이유는 굳이 길게 설명하지 않아도 좋을 듯합니다.

정리하면, '齊·戰·疾'은 지극한(愼) 공(恭)의 관점(所)에서 바라보아야 하며, 사람들이 죽음(死)에 이르지 않도록(不與) 최선을 다해야 할 사항들입니다.

子在齊聞〈韶〉, 三月不知肉味, 曰 : "不圖爲樂之
至於斯也."

▶ **해석:** 공자께서 제(齊)나라에서 소(韶)를 들으신 후에, 석 달 동안 고기 맛도 모른
채 식사를 하시고, 말씀하시길, "음악이 이런 경지에 이를 수 있음을 몰랐구나!"

해설

構造: 良[M₁=述而, M₂=(死不與, 臨事成): 儉(o₁=齊)]

$$構造: 良[M_1=述而, M_2=(死不與, 臨事成): 儉(o_1=齊)]$$

공자께서 제(齊)나라에서 머문다(在)는 표현은 체계의 질서에 대해
신중하게 생각해야 할 사항(子之所愼, 齊:7.13)이라는 중의적 의미로 사
용되고 있습니다. 당시, 제(齊)나라는 강력한 국가 체계 질서를 확립하
고 있던 나라였습니다. 공자의 모(母)국인 노(魯)나라에는 집편지사(執
鞭之士)와 같은 공직자들만 가득하여, 삼환가(三桓家)의 힘과 권력을
등에 업고 정치를 어지럽히고 국가의 체계는 혼란하기만 한 상황입니
다. 그런 상황에 부국강병을 이루고 있는 제나라에서 소(韶) 음악을
듣고, 감상하며 한탄하는 상황을 설명하고 있습니다.

소(韶)라는 글자를 해체하면 소리(音)로써 부른다(召)라는 의미를 지
니고 있습니다. 무엇을 부르는 것인지는 생각하는 사람에 따라 다를
수 있습니다. 여기에서는 소리로 태평성대(太平聖代)와 같은 즐거움(樂)
과 행복(樂)을 부른다는 뜻으로 사용되고 있습니다.

사마천의 사기(史記)에 따르면, 순(舜)임금이 우(禹)를 신(臣)하로 두
고, 13년간의 치수 사업에 성공을 이룬 후, 우(禹)의 공로(功勞)을 치하

하며 백관들을 화합으로 이끄는 모습, 태평성대(太平聖代)를 알리는 음악이 바로 소(韶)였습니다.

퉁소(簫)가 부르는 소(韶)의 9악장이 연주(成)되자, 봉황(鳳皇)이 찾아와 그 의를 헤아리고(儀), 모든 짐승조차도 스스로 춤을 추며, 모든 관료(百官)는 신뢰하고(信) 화합(諧)을 이루었다('簫韶九成, 鳳皇來儀, 百獸率舞, 百官信諧': 사마천 사기(史記)).

사기(史記)의 위 구절에서 봉황은 순(舜)임금을 뜻하며, 백수(百獸)는 산과 들에 사는 모든 국민을 의미합니다. 소(韶)라는 음악이 불러오는 것은 태평성대(太平聖代)이며, 그 마지막에 강조되고 있는 사항은 모든 관료의 신뢰와 화합입니다. 즉, 모든 관료의 신뢰와 화합이 없다면, 태평성대도 깨진다는 뜻을 담고 있습니다.

그런 의미를 지닌 소(韶)를 제(齊)나라에서 듣고 있는 상황입니다. 문제는, 당시 노(魯)나라에서는 임금 소(昭)공이 3환(桓)에 의해 국가가 좌지우지되는 모습을 바라보고, 체계의 질서를 바로잡고자, 계(季)씨 집안의 불화를 계기로, 계씨를 공격하여 국가 질서를 바로잡는 시도를 했었습니다. 하지만 숙손(叔孫)씨, 맹(孟)씨가 계(季)씨를 도와서 소(昭)공을 공격하고, 힘이 부족한 소(昭)공은 제(齊)나라로 망명한 상황이었습니다. 일을 행함에 두려움을 갖고(必也臨事而懼:7.11), 철저하게 계획하고 준비하여 이루어야(好謀而成:7.11) 하지만, 오히려 더욱 화(禍)를 키운 결과를 낳았습니다. 이런 상황에 공자가 어떻게 고기 맛을 느끼면서 식사를 하겠습니까?

'不圖爲樂'을 살펴보면, '음악이 이루는 즐거움을(爲樂) 꿈에도 상상하지 못하다(不圖)'는 뜻과 '국가의 다스림(爲樂)을 제대로 계획하지 못하다(不圖)'는 중의적 의미를 표현하고 있습니다. 결국 이런 상황에 이르렀다(至於斯)는 것 관련, 소(韶) 음악의 아름다움과 소(昭)공의 몰락을 동시에 의미합니다.

소(韶) 음악에 대한 계승이 끊어져, 퉁소 연주(簫韶)의 아름다움이 어떤 것인지는 알 수 없으나, 이 구절에서 전달하는 바는 백관(百官)이 임금을 따르고, 화합하는 모습이 태평성대(太平聖代)를 초래하는 기반이며, 국가의 안정과 평안을 위해서는 체계의 질서 변화는 두려움을 갖고, 안정된 계획에 의해 절제(儉)를 기반으로 조금씩 변화를 이루는 것(好謀而成)이 바람직하다는 교훈을 담고 있습니다.

冉有曰 : "夫子爲衛君乎?" 子貢曰 : "諾, 吾將問之."
入, 曰 : "伯夷·叔齊, 何人也?" 曰 : "古之賢人也."
曰 : "怨乎?" 曰 : "求仁而得仁, 又何怨?" 出, 曰 : "夫
子不爲也."

▶ **해석:** 염유(冉有)가 말하길, "선생님께서 위(衛)나라 임금을 위할까요?" 자공(子貢)이 말하길, "(질문에) 동의하면서, 제가 선생님께 여쭤보겠습니다." (자공이 선생님이 계신 곳에) 들어가서, 말하길, "백이와 숙제는 어떤 사람이었습니까?" (공자께서) 말씀하시길, "옛날의 현인이었다." 자공이 묻기를, "원(怨)망했습니까?" 공자께서 말씀하시길, "인(仁)을 추구하여 인(仁)을 얻었는데, 또 무엇을 원(怨)망을 했겠는가?" 자공이 나와서 염유에게 말하길, "선생님께서는 위나라 임금을 위하지 않습니다."

해설

構造: 良[M_1=述而, M_2=(死不與, 臨事成): 讓(c_1=諾)]

이 구절은 상황(於是:7.10, 是吾憂:7.3)에 대한 이해와 연습을 위한 구절이라고 할 수 있습니다. 또한 6.11구절의 염구(冉求)와 6.29구절에서 자공(子貢)이 마지막으로 등장한 상황(是)과 연계하여, 이 구절 대화를 이어가는 이유에 대해 살펴보는 일도 필요합니다.

7.6~7.10구절이 하나의 단락을 이루는 것처럼, 7.11~7.15구절도 하나의 단락을 이루고 있습니다. 7.11구절의 마지막 구문, 계획을 잘 도모하여 성공을 이루는 일(好謀而成:7.11)이 이 구절에서 언(言)어에 뛰어난

자공(子貢)이 도움(襄)을 주는 모습이자, 염유(冉有)가 질문한 사항에 대한 승낙(諾)과 합의(讓)의 실천이라고 할 수 있습니다.

먼저 이 구절 관련, 당시 위나라(衛) 상황을 살펴보면, 위(衛)나라 영공(靈公)이 죽자, 손자 출공(出公)이 왕위를 이어 33대 임금(君)으로 즉위했습니다. 영공(靈公)의 아들 괴외(蒯聵)가 영공(靈公)의 부인이자 자신의 계모인 남자(南子)를 죽이려다 실패하고, 진나라로 도망갔습니다. 이에, 손자가 대신 왕위에 올랐으며, 진나라는 괴외(蒯聵)를 왕위에 올리려는 계획(圖)을 빌미 삼아 위(衛)나라를 침략한 상황입니다. 괴외(蒯聵)가 계모를 살해하려 했던 이유는 진나라에 사신으로 가던 중, 송나라 사람들이 남자의 음란함을 조롱하는 노래에 수치심과 분노를 참지 못하고 돌아와 계략을 도모했으나 실패하였습니다. 괴외(蒯聵)는 후에 아들 출공(出公)을 몰아내고, 34대 장공(莊公)이 되었으며, 즉위 후 남자(南子)를 죽인 것으로 알려져 있습니다.

이 구절은 괴외(蒯聵)가 진나라로 달아나, 진나라의 힘을 빌려 위나라를 치려는 시국에 대해 공자의 의중을 염유(冉有)가 묻고 있습니다. 염유(冉有)는 6.11구절에서의 부끄러움이 아직 마음에 크게 남아 있는 모양입니다. 감히, 직접 공자께 여쭤보지 못하고, 동문인 자공(子貢)에게 묻고 있습니다. 6.29구절에서 성인의 사업을 질문하여, '己欲立而立人'의 답변을 이끌어 낸 제자 자공(子貢)답게, 이번에는 백이, 숙제(伯夷, 叔齊) 사례를 들어 공자에게 묻고 있습니다. 왕위의 순서가 뒤바뀐 것에 대한 의중을 묻는 것이라 할 수 있습니다.

이에 대해 공자는 현인(賢人)이라고 설명합니다. 백이, 숙제(伯夷, 叔齊)는 수양산에서 굶어 죽었는데, 왜 현명하다고 했을까요? 천자의 신하로서 제후나 왕의 자리를 놓고 다툼을 하기 쉬운데, 그런 것에 연연하지 않고, 인(仁)을 택했기 때문입니다. 위(衛)나라 괴외(蒯聵)의 모습과는 반대되는 일이라고 할 수 있습니다.

자신이 얻고자 하는 것을 인간적인(仁) 관점에서 추구했으면, 그 일의 성공과 실패에 연연할 이유가 없습니다. 인(仁)을 추구했고, 그것(仁)에 따라 일을 이루어(成) 갔으면, 성과(果)에 상관없이 인(仁)을 다한 것이라고 할 수 있습니다. 그런 상황에서는 누구를 원망하거나, 원한을 품을 이유가 없습니다.

그러나 괴외(蒯聵)는 자신의 원(怨)을 풀고, 제후의 자리에 복귀하려고, 수많은 사람을 희생시키는 전(戰:7.13)쟁을 유발하였습니다. 자신의 왕위를 찾으려고 전쟁을 유발하여, 위나라 체제(齊)를 전복시키려는 괴외(蒯聵)의 행위는 과하다고 할 수 있습니다. 다른 더 좋은 방법을 도모하여 일을 이룰 수(好謀而成)도 있기 때문입니다. 애당초 죽음(死)이라는 방법은 크게 두려워해야 할 사항입니다. 비록 계모가 도덕적으로 타락하여 왕실의 권위를 떨어뜨렸다고 하더라도, 함부로 그런 일을 저지를 사항은 아니며, 다른 방법으로 그것을 복권할 수 있는 길은 있습니다. 공자는 이미 그런 일과 함께하지 않는다(死而無悔者, 吾不與也:7.11)고 7.11구절에서 선언을 했음에도 불구하고, 염유(冉有)가 다시 묻는 것은 복습을 유도하기 위한 의도가 담겨 있습니다.

이 구절은 세상이 복잡하게 얽혀 있는 것처럼, 그 의미가 상당히 복잡하게 얽혀 있습니다. 각 등장 인물 및 연관된 구절에서 전달하는 가르침에 대해 차근차근(冉)하게 살펴보고, 허술하게 이해하는 일을 멀리하는 노력(貢)이 필요합니다. 염유(冉有)와 자공(子貢)이 등장하는 이유라고 할 수 있습니다.

子曰：“飯疏食飲水, 曲肱而枕之, 樂亦在其中矣.
不義而富且貴, 於我如浮雲.”

▶ **해석:** 공자께서 말씀하시길, “거친 식사와 물을 마신 뒤에 팔을 베고 누웠으니, 그 가운데에 즐거움이 있다. 의롭지 않은 방법으로 부귀를 얻는 것은, 나에게는 뜬구름과 같다.”

해설

構造: 良[M₁=述而: 溫(x₁=樂亦在其中)]

‘飯疏食飲水, 曲肱而枕之’는 7.15구절의 옛 현인(古之賢人), 백이(伯夷)와 숙제(叔齊)를 따르는 모습입니다. 백이(伯夷)와 숙제(叔齊)는 제후의 아들로 태어났지만, 불의(不義)라면 뜬구름과 같은 일로 여기고 수양산에서 굶어 죽었습니다.

공자가 편안하게 여기는 삶(燕居:7.4)은 펼치고 펼쳐도(申申) 초라한 식사(疏食)와 물 한 모금(飲水)이 전부이며, 구부리고 구부려도(夭夭) 자신의 팔을 베게 삼아 누워서 하늘을 바라보는 것이 전부입니다.

초라해 보일지 몰라도 세상 가득 행복한 모습이며, 그 속에 행복이 있다(樂亦在其中)고 설명하고 있습니다. 인간의 따듯함(溫)을 누리는 삶은 이 정도면 충분하다는 의미입니다. 세상을 사는 방법(良) 관련, 어떤 것을 얻기 위해 구구절절, 호시탐탐, 버둥버둥, 사람들과 부딪혀 갈등을 만들고, 원망을 쌓아가며 살아갈 이유가 무엇이 있겠습니까?

7.17

子曰 : "加我數年, 五十以學易, 可以無大過矣."

▶ **해석:** 공자께서 말씀하시길, "나에게 몇 년의 시간을 더한다면, 학문을 수행한 지 50년으로 바뀌니, 세상일에 큰 과오가 없음이 가능하구나."

해설

構造: 良[M₁=述而: 良(m₁=可以無大過)]

공자는 15살에 학문에 뜻을 두었고(志于學), 학문을 수행한 기간 50년을 더하면 공자의 나이 65세 정도라고 할 수 있습니다. 세상의 일을 순리에 따라 듣고 이해하게 되는 단계, 즉 이순(耳順)의 나이에 해당합니다.

이 구절에서, 이(易)는 구문의 끝에서 '바뀌다'와 '쉽다'는 중의적 의미로 쓰이고 있습니다. '바뀌다'는 의미로 이해하는 경우 시간적 흐름 속에서 50년이라는 기점을 이루고 바뀐다는 뜻으로 제사 축문과 비교해 보면, '세월의 차례가 천천히 흐르고 바뀌어(歲序遷易)'라는 표현과 동일한 용법입니다. '쉽다'는 의미로 이해하는 경우, 50년이라는 학문 수양을 통해서 세상의 이치에 대해 쉽게 받아들이고 접근할 수 있다는 의미입니다. 즉, 순리(順理)에 따르는 일이 쉽게(易) 되어 세상일에 큰 과오를 범하지 않을 수 있다는 뜻입니다.

'無大過'라는 표현에 주목할 사항은 50년 학문을 통해 수양을 쌓은 60대에도 자잘한 과오(小過)는 있을 수 있다는 점에서 허물이나 과오를 전혀 만들지 않는다는 의미가 아닙니다. 인간이기에 과오가 없을 수는 없으며, 작은 실수는 오히려 인간적인 면이라고 할 수 있습니다.

'易' 관련, 수양하기를 50년이 지났기 때문에 세상의 현상이 편안해(易色)지므로, 옛 현인(古之賢人) 삶의 방식을 따르고 받아들이기에 '飯疏食飮水, 曲肱而枕之:7.16'와 같은 삶에서도 즐거움(樂)과 행복(樂)을 찾을 수 있습니다. 자신에 대한 수양(修養)의 성숙함을 이루어 간다는 의미입니다. 이런 삶에서, 어려운 일이 무엇이 있을까요? 현명(賢)하고, 또 현명(賢)한 삶은 세상(色)을 쉽고 편안하게(易) 이해하는 일(賢賢易色:1.7)이라고 할 수 있습니다.

이 구절과 접점(天)이 되는 7.5구절의 맥락과 연결하여 생각해보면, 주(周)나라 문화의 기틀을 마련한 주공(周公)을 다시 꿈에서 볼 수 없을 것이라는 것은 50년 학(學)문의 길을 통해 세상에 큰 과오를 만들지 않는 것이 가능하게 되었으니, 이제 주공(周公)이 이룬 문화에 얽매여 꿈속을 헤매지 않고, 공자가 자신의 독자적인 길을 나아가겠다는 뜻을 상징한다고 할 수 있습니다. 논어(論語)를 서술하고, 후학 양성을 통해 세상을 밝은 길로 이끌겠다는 의미로 이해할 수 있습니다.

子所雅言, 《詩》·《書》·執禮, 皆雅言也

▶ **해석:** 공자께서 우아한 언어로 여기시던 것은 『시경』, 『서경』, 예를 모은 기록 『예기』이다. 이것들은 모두 아름다운 언어다.

해설

$$構造: 良[M_1=述而: 恭(u_1=雅言)]$$

공자께서 아름다운 언어, 아름다운 글로 여기는 것은 시(詩)경, 서(書)경, 그리고 체계의 질서를 정리한 예를 모아 놓은 글인 예기(禮記)입니다. 사회 구성원들의 공(恭)경과 공(恭)손함, 사회 공(共)동체의 마음(心)을 올바르게(志於道, 據於德, 依於仁, 游於藝:7.6) 이끄는 글들입니다. 이 글들은 주나라 초기 주공(周公)이 이룬 문화라고 할 수 있습니다.

7.16구절에서 '樂亦在其中矣'라는 표현에서 '樂在其中矣'라고 단정짓지 않은 이유가 이 구절에 있습니다. 군자의 즐거움과 행복은 단순히 소박한 삶에서만 이루어지는 것이 아니라, 아름다운 글과 문화를 추구하는 행복 또한(亦) 있기 때문입니다. 사회를 올바르게 이끄는 활동, 즉 서술(述而)이 이끄는 일이라고 할 수 있습니다.

생각해 볼 사항은 고대의 3대 경(三經)전으로 여기는 시(詩), 서(書), 역(易) 가운데, 역(易)은 아름다운 언(言)어에서 빠져 있다는 점입니다. 논어(論語) 어디를 찾아봐도 역(易)을 중요하게 서술한 곳은 없습니다. 오히려 '점치는 일은 하지 말라(不占而已矣:13.22)'고 단언하는 구절은 존재합니다.

역(易)은 그 용도가 국가의 대소사에 대해 길흉을 점치는 글이기 때문에 아름답다고 할 수 없습니다. 하늘의 뜻을 풀이하고 해석하는 관점의 글이므로 어떤 설명이나 논리적인 해석이 불가능한 글입니다. 하늘의 뜻과 미래를 어떻게 알 수 있을까요? 역(易)은 왕실이나 특정 집단을 위한 특수한 목적의 글이라고 할 수 있습니다.

글을 통해 언어가 기록되고 전달되는 점에서는 같지만, 글이 사회 공동체의 공심(共心)을 이끈다는 관점에서, 시(詩), 서(書), 예(禮)와 역(易)은 그것을 사용하는 사람과 목적하는 바가 다릅니다. 공자가 생각하는 아름다운 언어(雅言)는 사악한 생각이 없는(思無邪) 시(詩), 사실을 기록한 서(書), 사회 공동체를 공(恭)으로 이끌기 위해 체계를 운영하는 질서를 정리하고 기록한 예(禮)와 같은 글입니다. 특수 목적을 위해 특정 집단의 사심을 채우는 일을 위한 글은 아름답다고 할 수 없습니다.

葉公問孔子於子路, 子路不對. 子曰 : "女奚不曰,
其爲人也, 發憤忘食, 樂以忘憂, 不知老之將至云
爾."

▶ **해석:** 엽공(葉公)이 자로(子路)에게 공자에 대하여 물었는데, 자로(子路)가 응대
하지 않았다. 이에 공자께서 말씀하시길, "너는 왜 답하지 않았느냐? '그 위인은,
분하면 밥 먹기를 잊고, 근심을 잊음으로써 즐거워하며, 늙는 것도 잊고 사는 사
람일 따름입니다.'"

해설

構造: 良[M₁=述而: 儉(o₁=發樂不知)]

이 구절에서 공자의 대답은 7.16구절의 '不義而富且貴'를 설명하고
있습니다. 불의(不義)를 통해 부와 귀(富且貴)를 얻는 일을 바라보면 밥
먹는 것도 잊고 분하게 여기며, 그런 일은 둥둥 떠다니는 뜬구름 잡
는 일에 불과한 것으로 생각합니다.

나이가 오래되어 언제 쓰러질지 모르는 고목(古木)과 같은 존재이지
만, 근심이나 걱정에 연연하지 않고 늙어가는 것을 인식하지 않고 사
는 사람이라고 설명하고 있습니다.

섭공(葉公)은 공교롭게 이름에 공(公)이 포함되어 있으나, 제후를 의
미하는 공(公)이 아닙니다. 섭윤(尹)이라고 불리기도 했으며, 섭(葉)이
라는 지역의 지방관이었습니다. 섭지역은 초나라에 위치하여, 공자가
천하를 주유한 나라 가운데 가장 서쪽에 위치한 나라의 한 지역입니

다. 거리가 멀어 중원(中原)의 문화가 상대적으로 가장 적게 전달된 곳으로 지엽(葉)적이라는 의미를 지닙니다. 섭(葉), 또는 엽(葉)이라고 불리는 이 글자는 나무의 잎(葉)을 의미합니다. 엽(葉)은 뿌리(中原)에서 가장 먼 곳에 해당하며, 새로 피어나고(發), 성장의 활동이 눈에 두드러지게 드러나는 곳이지만 나무의 중추와는 거리가 있습니다.

자로(子路)가 섭공(葉公)의 질문에 답변하지 않은 이유라고 할 수 있습니다. 공자가 머물 곳은 아니라는 의미입니다. 의(義:7.16)는 국소적이고, 지엽적인 행복을 추구하는 일이 아니기 때문입니다. 의(義)는 뿌리나 나무의 큰 줄기와 같이 전체를 지지하고, 지탱하는 일을 의미합니다. 나뭇잎처럼 자신을 화려하고 풍성하게 만들지는 않지만, 그 질박(樸)한 속성에 따라 자신을 절(儉)제하여 내세우지 않고 한결같이 물과 양분을 전달하는 검약(儉約)의 속성을 지니고 있습니다.

자신 스스로(自) 땅에 지지하고(束) 굳고 견고하게 자신을 수양(脩)하며 물과 양분을 전달하는(行) 이상(以上) 나무는 죽지 않고, 푸르고 풍요로운 잎을 유지하는 조화를 누립니다(自行束脩以上:7.7).

子曰 : "我非生而知之者, 好古, 敏以求之者也."

▶ **해석:** 공자께서 말씀하시길, "나는 나면서부터 아는 사람이 아니라, 옛것을 좋아하여, 민첩하게 그것을 구한 사람이다."

해설

構造: 良[M₁=述而: 讓(c₁=非生而知之者)]

'非生而知之者' 관련, 태어나면서부터 아는 사람이 어디 있겠습니까? 공자는 옛것을 믿고 좋아하여, 민첩하게 배우기를 50년 가까이 수행한 결과(加我數年, 五十以學 易:7.17) 세상의 이해가 쉬워진 사람입니다. '生而知之者'는 태어나면서부터 안다고 통상 말하지만, 살면서 동시에 아는 사람이라는 의미로 어떤 노력이 필요 없는 상태를 뜻합니다. 첫 구문은 저절로 얻어지는 것은 없다는 점을 강조하는 표현이라고 할 수 있습니다. 만약 저절로 얻어지는 것이 있다면, 그것은 나에게 뜬구름과 같은 것(於我如浮雲:7.16)을 의미합니다.

7.19구절에서 살펴본 것처럼, 공자는 자신의 고향인 중원의 동쪽 끝 노(魯)나라에서 서쪽 끝 섭공(葉公)이 사는 초나라 지역까지 유랑을 통해 세상을 더 넓게 살펴보고 견문을 넓힌 결과, 중국 전체 사회 모습과 민심을 살피고 천하(天下)에 대한 이해(讓)를 얻었기에 '非生而知之者'라고 언급했습니다.

지식과 지혜를 넓히는 일에 온 힘을 다하고(憤:7.8), 구분하여 표현(悱:7.8)하고, 한 면에 대한 인식을 확장하여 나머지를 알아가는(舉一隅以三隅:7.8) 일의 반복(復:7.8)이었습니다.

子不語 怪·力·亂·神.

▶ **해석:** 공자께서는 괴이한 일, 힘(권력)에 대한 일, 문란한 일, 신에 관한 일을 말씀하지 않으셨다.

해설

$$構造: 良[M_1=述而: 溫(x_1=不語)]$$

왜, 공자(孔子)는 괴력난신(怪力亂神)을 자신의 언어(語)로 표현하지 않았을까요? 현대 사회에서 영화는 괴력난신(怪力亂神)을 잘 이용해야 흥행에 성공합니다. 이런 사항을 포함하는 언어는 허구에 해당합니다. 사실을 기초로 과장을 덧붙이는 작업이 교묘하고, 심해지면 심해질수록 반전과 재미를 줄 수 있습니다. 사람들에게 흥미거리를 제공하지 않는 논어(論語)라는 서술(述而)에는 이런 언어를 포함하지 않습니다(不語).

단순한 말(言)이 아닌, 자신의 뜻이 담긴 공식적인 글인 어(語)에 괴력난신(怪力亂神)은 불가합니다. 현실의 삶에 대한 조화와 균형(樂)이 담긴 글과 거리가 먼 사항들이기 때문입니다. 사회 속에서 인간을 마음 깊이 새기고 헤아리는 따듯함(溫)과 인간 본성인 인(仁)이 결여되거나 인간을 벗어나 초월한 이야기는 지나치다(過)고 할 수 있습니다.

본성(本性)을 벗어나 자신의 욕구만 충족시키는 일(食於有喪者之側, 未嘗飽:7.9)은 지나친(過) 일이며, 인간적(仁)이라고 하기 어렵습니다. 만약 나라를 다스리는 사람이 괴력난신(怪力亂神)을 활용한 언어를 사용하고 있다면 크게 경계해야 할 것입니다. 욕구와 욕심이 인간의 따듯함(溫)보다 앞서는 지나친(過) 일이라고 할 수 있습니다.

7.22

子曰 : "三人行, 必有我師焉, 擇其善者而從之, 其
不善者而改之."

▶ **해석:** 공자께서 말씀하시길, "세 사람이 함께 길을 가면 반드시 나의 스승이 있
다. 그 가운데 좋은 점을 선택하여 따르고, 그 좋지 못한 점은 바로잡는다."

해설

構造: 良[M₁=述而: 良(m₁=從之, 改之)]

이 구절에서 자(者)는 어떤 사람, 또는 어떤 것으로 이해해도 무방
합니다. 다만, 사람으로 이해하는 경우 그 사람이 어떤 기준에서 나
보다 조금 잘한다고 하더라도, 상황에 따라서는 선(善)한 선택(擇)을
하지 못할 수 있다는 점은 고려해야 합니다.

상황에 따라서(於是:7.10) 방식을 의심(怪:7.21)하고 그것을 택(擇)하여
따르거나, 고쳐서 실행하는 것이 이 구절이 전달(主題)하려는 방법(良)
입니다.

子曰 : "天生德於予, 桓魋其如予何?"

▶ **해석:** 공자께서 말씀하시길, "하늘이 나에게 덕을 내리셨는데, 환퇴(桓魋)가 나를 어떻게 하겠는가?"

해설

構造: 良[M$_1$=述而: 恭(u$_1$=天生德於予)]

동양의 사상은 하늘(天)을 우러러 바라보는 일(恭)에서 출발합니다. 즉, 하늘은 온 세상을 감싸는 보이지 않는 어떤 것이라고 할 수 있습니다. 오해하지 말아야 할 사항은 보이는 것(示)을 확장(申)한 개념의 신(神)과는 차이가 있습니다. 글자가 뜻하는 바를 해석하면, 신(神)은 우리가 알고 있는 것을 확장하여 초월적 능력을 부여한 것이라는 의미를 담고 있습니다.

하늘(天)은 사람이 팔을 벌리고 서 있는 상황(大)에 저 위에 있는 무엇인가를 의미합니다. 누가 내 머리 위에서 항상 나를 바라보고 있다고 여기는 것이 하늘(天)이 나를 대하고, 내가 하늘을 대하는 방식입니다. 무엇인가가 나를 감싸고 나에게 알 수 없는 힘과 동기, 능력을 제공하는(德) 것이 하늘(天)이 나에게 부여하는 유무형의 어떤 작용이며, 내가 하늘(天)로부터 받았다고 여기는 것입니다.

하늘로부터 그런 덕(德)을 받아 논어를 서술하고 있는데(述而), 감히 환퇴(桓魋)가 물리적인 힘(力:7.21)으로 나를 어떻게 하겠는가? 반문하고 있습니다. 하늘의 덕(德)을 의심하지 않는다는 뜻입니다. 지금 나에게는 논어를 서술하여 세상에 덕을 펼칠 쓰임(用之則行:7.11)이 있습니다.

환퇴(桓魋)의 환(桓)은 나무가 크고 기이한 모습을 의미하고, 퇴(魋)는 귀신(鬼神)이 그 나무에 새 둥지(隹)를 틀고 있는 형상입니다. 하늘로부터 내려오는 덕(德)을 그 자리를 오래 지키고 있는 오래된 나무(桓) 한 그루가 가릴 수 있겠는가!

子曰 : "二三子, 以我爲隱乎? 吾無隱乎爾. 吾無行
而不與二三子者, 是丘也."

▶ **해석:** 공자께서 말씀하시길, "제자들아, 내가 숨기는 것이 있다고 생각하느냐?
나는 너희에게 숨기는 것이 없다. 너희들과 함께하지 않은 일이 없는 것, 이것이
구(丘)다."

해설

構造: 良[M₁=述而: 儉(o₁=無隱)]

다른 마음을 품고, 다르게 행동하는 것은 자신이 속한 공동체를 어
지럽히는 일(亂:7.21)이라고 할 수 있습니다. 제자들을 호칭할 때에 2
자(子), 3자(子)라고 한 것은 직접적 관련자(2자), 간접적 관련자(3자)라
는 의미를 포함합니다. 즉, 공동체에서 직, 간접 관련자에 대한 절제
(儉)된 마음과 행동을 뜻합니다. 2, 3자 모르게 은밀하게 어떤 것을
숨기는 마음과 행동은 공동체를 어지럽게 만드는 일입니다. 7.12구절
의 집편지사(執鞭之士:7.12)와 같이 겉과 속이 다른 모습은 사람들을
혼란스럽게 만듭니다.

공자가 추구(可求)하는 일이 아닙니다. 맨 마지막 구문, 구(丘)는 공
구 자신의 본명, 본래 모습을 의미합니다. 또한 중의적으로 숨길 것이
없는 작은 언덕(丘)을 뜻합니다.

子以四教, 文·行·忠·信.

▶ **해석:** 공자께서는 네 가지를 가르치셨으니, 글(文), 행(行), 충(忠), 신(信)이다.

해설

構造: 良[M_1=述而: 讓(c_1=四教)]

위 4가지는 살면서 저절로 얻어지는 것과는 거리가 먼 사항(非生而知之者:7.20)입니다. 단순히 초월적 존재인 신(神:7.21)을 믿음으로써 얻을 수 있는 것과 달리 삼가고 신중을 다하여 투명하게 노력을 통해서 얻을 수 있는 것(所愼:7.13)에 해당합니다.

이 4가지는 사회를 어떤 귀신(鬼神)이 요술을 부리는 것 같은 일에 현혹되지 않도록 만드는 도구들에 해당합니다. 사회적 인식을 하나로 모으고 도움을 이루는(讓) 필수적인 도구라고 할 수 있습니다.

언어를 통해 글(文)로 남기는 일은 말로 지어내는 모호함을 배제합니다. 글(文)이라는 근거가 명확하게 유지되기 때문에, 괴이한 일에 현혹되지 않으며, 괴이한 방법으로 사람들을 혹 되게 만드는 일 또한 불가(不可)합니다.

물리적 힘(力)이나 권력을 남용하는 일의 방지를 위해서는 행(行)위를 올바로 하고, 겸양(謙讓)의 미(美)를 발휘하는 일이 필수적입니다.

사회적 혼란(亂)을 피하기 위해서는 생각과 마음(心)의 중(中)심, 충(忠)이 기반을 이루어야 합니다. 자신의 이익을 위해 무엇인가를 숨기고, 숨은 행동을 통해 구하는 것이 있어서는 곤란합니다.

헛된 믿음(神)을 멀리하고, 사회 구성원인 사람에 대한 신(信)뢰는 소통(言)을 통해 사회에 도움(襄)을 이루는 기반이 됩니다. 공자가 4가지를 가르친 이유입니다.

7.26

子曰：“聖人, 吾不得而見之矣. 得見君子者, 斯可矣.”

▶ **해석:** 공자께서 말씀하시길, “성인(聖人)은 내가 얻거나 만날 수 없겠지만, 군자(君子)의 행위를 얻고 보는 일, 이것은 가능하다.”

해설

構造: 良[M₁=述而: 溫(x₁=斯可矣)]

이 구절의 대소주제(主題)를 한 문장으로 엮으면, ‘述而, 斯可矣’ 서술을 이루어 (새로운 문화를 남기는 것), 이것이 가능하다는 뜻입니다. 노(魯)나라에서 소(韶) 음악을 들을 수(聞韶:7.14) 있을 정도로 성군(聖君)을 기대하는 일은 현실적으로 불가능하지만, 공자 자신이 논어 서술을 통하여 군자의 일을 이루는 것은 가능하다는 의지를 표현한 구절입니다.

당시에 ‘聖’이라는 글자는 아무 곳에나 사용할 수 있는 글자가 아닙니다. 임금(君) 중에 선(善)한 일을 통해 그 덕(德)이 국민에게 고루 펼쳐진 경우(:6.29)에만 사용할 수 있는 글자입니다. 그렇기 때문에 성인(聖人)은 요순(堯舜) 임금(君)과 같은 사람을 호칭하곤 합니다.

그래서 공자는 ‘己欲立而立人, 己欲達而達人(:6.29)’이라는 인을 이루는 방법(仁之方也)을 활용하여 최선을 다해 논어를 서술(述而)하여 후학을 양성하고 있습니다. 국가(君)에 무엇을 기대하는 일 이전에 인간의 따뜻한(溫) 본성(仁) 관점에서 내가 할 수 있는 사항에 대해 최선을 다하는 모습입니다.

7.27

子曰 : "善人, 吾不得而見之矣. 得見有恒者, 斯可
矣. 亡而爲有, 虛而爲盈, 約而爲泰, 難乎有恒矣."

▶ **해석:** 공자께서 말씀하시길, "선(善)한 사람은 내가 되거나 만날 수 없지만, 항상 일관된 마음을 가진 사람이 되거나 만날 수 있다. 없으면서 있는 체하고, 비었으면서 가득 찬 체하고, 가난하면서 풍족한 체하면, 일관성을 이루기 어렵다."

해설

構造: 良[M₁=述而: 良(m₁=有恒)]

선인(善人)이라는 단어, 또한 당시 성인(聖人)처럼 임금에게만 붙일 수 있는 호칭에 해당합니다. 현대에서는 선남(善男), 선녀(善女)라고 일반적인 보통사람이라는 의미로 널리 사용되지만, 공자 시대에는 함부로 사용할 수 없는 표현이었습니다. 성군(聖君)을 찾아뵐 수 없으니, 선(善)한 임금이라도 좋겠지만 그나마 여의치 않습니다. 대신 선(善)한 특성을 따라서(擇其善者而從之:7.22) 일관성(恒)을 갖겠다고 설명하고 있습니다. 그리고 3가지 선하지 못한 일(其不善者而改之:7.22)에 대해 설명하고 있습니다.

이 구절은 구절의 대, 소주제(主題) 관점에서 일관된(恒) 방법을 설명하고 있습니다. 서술(述而)에 일관성을 유지하겠다(有恒)는 중의적 의미를 담고 있습니다.

이 구절에서 눈여겨 살펴볼 글자는 '항(恒)'입니다. 서술(述而)에 관련한 설명이 시작되는 7.1구절에 등장하는 노팽(老彭:7.1)의 도덕경(道德

經)에서 상당히 강조하고 중요하게 여기는 글자가 바로 '항(恒)'입니다. '항(恒)'을 두고 어떤 학자는 바로 도(道)에 해당한다고 설명하는 사람이 있을 정도로 의미를 부여하는 글자입니다. '항(恒)'이 바로 도(道)는 아니지만, 올바른 방법(道)은 일관성(恒)이 기본이라고 할 수 있습니다. 때에 따라서 방법이 바뀐다면, 어떤 장단에 맞추어 방식을 선택해야 할지 곤란하게 됩니다. 그래서 국가 수장인 임금(君)의 덕목 중에서 항(恒)은 중요하다고 할 수 있습니다. 윗사람이 수시로 변덕을 부린다면, 그런 상황처럼 괴로운 일은 없습니다. 어떤 장단에 맞추어야 할지 알 수 없기 때문입니다.

정리하면, 7.27구절은 상황에 따라 올바른 방법(道)을 일관되게(恒) 취할 수 있도록 논어(文)를 서술(述而)하겠다는 의미를 담고 있습니다.

子釣而不綱, 弋不射宿.

▶ **해석:** 공자께서는 낚시질은 했지만 그물로 잡지는 않으셨다. 사냥은 했지만 둥지에 있는 새는 쏘지 않으셨다.

해설

構造: 良[M₁=述而: 恭(u₁=不綱, 不射宿)]

$$構造: 良[M_1=述而: 恭(u_1=不綱, 不射宿)]$$

7.27구절에서 올바른 방법(道)을 따르는 일관된 행위를 추구한다고 설명했습니다. 이 구절에서는 그런 행위에 대한 설명입니다. 낚시로 물고기를 잡지만, 그물로 크고 작은 물고기를 모두 잡아버리는 행위는 하지 않습니다. 새를 사냥하지만, 둥지(宿)에 머물러 알을 품고 있거나 새끼를 돌보고 있는 새에게 화살을 쏘지는 않습니다. 어떤 일관성을 의미한 것일까요?

인간은 누구나 부족하고 없으면 구하기 마련입니다. 그 과정에서 나의 욕심 채우는 일만 생각하면 같이 세상을 사는 공동체라는 것을 잊기 쉽습니다. 작은 물고기까지 모두 잡는 행위나, 둥지를 모두 털어가는 행위는 자연과 나눔이라는 측면에서 자연계를 이어가는 항(恒)상성을 보존하는 일이 아니라 씨를 말리는 몰살을 의미합니다. 한마디로 부덕(不德)한 일이라고 할 수 있습니다.

공(恭)의 관점에서 하늘이 나에게 덕을 내린 가운데(天生德於予:7.23), 나는 세상에 죽음이라는 덕(死德)으로 보답한다면 하늘이 나를 어떻게 바라볼까요? 무엇이 나에게 남아 있을까요? 세상을 같이 살아가는 공(共)동체라는 마음(心)을 지닌다면, 내가 꼭 필요한 만큼만 구하고, 나머지는 같이 공존하고 지속적으로 삶을 이어간다는 관점에서 행하지 말아야 할 일이 있습니다. 그런 일을 행하는 것은 현대 사회에서 말하는 환경과 사회를 지속적으로 이어가는 다스림(ESG)에 역행하는 일이라고 할 수 있습니다.

공존(共存)과 지속성(恒)이라는 올바른 길(道)을 무시하고 내 마음대로 하고, 내가 모든 것을 차지하려는 마음은 탐욕입니다. 욕심은 인간 본성(本性) 가운데 가장 근원적 요소에 해당합니다. 인간을 지탱하며 죽기 전까지 버릴 수 없는 것이 욕구이자 욕심이기에 항상 자신을 따라다닙니다. 그런 자신의 욕심을 누르고 사회적 나눔을 실현하는 일이 덕(德)이라고 할 수 있습니다.

정리하면, 그물로 물고기 잡는 일과 둥지에 있는 새 사냥의 사례를 들어 같이(共) 살아가는 마음(心), 나누는 마음, 덕(德)을 설명하고 있습니다.

사회 현상과 사회적 관계에 대해 주로 서술하는 논어(論語)에서 갑자기 자연계를 소재 삼아 설명하고 있다는 점에 주목해 볼 필요가 있습니다. 노자(老子) 사상인 성인(聖人)의 관점, 인간 사회를 포함한 온 세상 만물로 시야의 폭을 더 넓힌 모습이라고 할 수 있습니다.

子曰 : "蓋有不知而作之者, 我無是也. 多聞, 擇其
善者而從之, 多見而識之, 知之次也."

▶ **해석:** 공자께서 말씀하시길, "대개, 잘 알지도 못하면서 새로운 것을 지어내는
사람이 있지만, 나는 그런 일이 없다. 많이 듣고, 그 가운데 좋은 것을 골라 그것을
따라 행한다. 많이 보고 아는 것, 지식은 그 차선이다."

해설

構造: 良[M₁=述而: 儉(o₁=次也)]

이 구절 첫 문장은 '述而不作:7.1'에 해당합니다. 잘 모르는 사람들
이 마구 지어낸다고 설명하며, 본인은 그런 일을 하지 않는다고 선언
하고 있습니다. 그렇다면 당연히 그다음 문장은 '信而好古:7.1'에 해당
하게 됩니다. 지어내지 않고 옛 사람들의 글을 좋아하여 믿고 따르는
일입니다. 단순히 믿고 신뢰하는 것으로 끝난다면, 그것은 신뢰하지
않는 것과 동일합니다. 신뢰한다면 그것에 따라 자신의 행동을 취하
는 일이 필요합니다.

올바른 방법(道)이라고 믿는다면, 당연히 그것에 따라 행동할 것입
니다. 무엇인가 미심쩍은 사항이 있기 때문에 주저하고, 머뭇거리며
따르지 못하는 모습을 보입니다. 우리가 사는 삶의 바람직한 모습이
덕(德)을 나누는 행위라고 믿는다면, 당연히 그것에 따라 행동할 것입
니다. 그것에 따르지 않는 것은 나눔의 행위, 덕(德)보다 자신의 욕심
이 앞서기 때문입니다. 탐욕의 노예가 되어 자신이 물질에 끌려가면

서도 다른 사람과 주위를 돌아보지 못하는 것은 세상을 바라보는 시각이 자신과 자신의 미래로 한정되어 있기 때문입니다.

그렇기 때문에 '信而好古:7.1'가 참이라면, 그중에 선한 것을 택하여 따르는 일(擇其善者而從之)이 필수입니다. 믿지만 좋아하지는 않는(信而非好古) 경우, 옛 글이 올바른 일이지만 나에게 거부감이 있다는 뜻입니다. 나의 철학과는 동떨어진 일이라는 의미입니다. 실천하지 못하겠다는 마음이 기저에 자리함을 의미합니다. 논어가 좋은 글은 맞지만, 내가 따르는 현대 사회에는 적합하지 않아! 이렇게 단정하는 것과 같습니다. 논리적으로 참이 아닌 상황입니다. 마음의 기저에 이미 논어는 좋은 글이 아니야, 믿을 수 있는 것이 못 돼! 이런 단정이 마음 기저에 자리한다고 할 수 있습니다. 결국, 자신의 실천과 실행을 이끌어내는 것은 그것에 대한 믿음입니다. 자신과 사회를 이어주는 연결고리 역할이 바로 믿음(信:2.22)과 신뢰(信)의 쓰임이라고 할 수 있습니다.

많이 배워서 인식이 넓어지고(識之), 지식이 확장(知之)되는 일은 올바른 것에 대한 실천(從之)보다 차(次)선의 일이라는 점을 강조하고 있습니다. 인식(識)과 지(知)식만 모은 사람에 대해 어떤 분야에 뛰어난 사람이라고 사람들이 칭송하더라도, 올바른 방법(道)과 같이 나누는 덕(德)을 따르지 않는(非從之) 사람은 사회 공동의 가치를 나누는 사람이 아니라고 할 수 있습니다.

이 구절은 다문(多聞)과 다견(多見)을 굳이 나누어 설명한 이유는 듣는 것에 대해 믿고 신뢰를 더하는 과정에 믿을 만한 사항인지 구분하는 능력이 더 어렵다고 할 수 있으며, 강조한다는 의미를 담고 있습니다. 눈으로 보고 인식하고 지식을 쌓는 일은 상대적으로 수월하다고 할 수 있습니다.

이 구절과 대구가 되는 '加我數年, 五十以學 易:7.17'을 연관하여 생각해보면, 50년 학문과 수양을 통해 이제 사람들의 말을 듣고, 그것에 대해 도(道)와 덕(德)의 유무를 구분하는 일이 쉬워(易)졌다는 의미입니다. 이순(耳順)의 나이에 들어 순(順)리가 귀에 들린다(耳)는 것의 의미라고 할 수 있습니다.

순리(順理)가 아니라 아직도 돈 버는 일, 자신의 욕심을 채우는 일만 귀에 들리고 눈에 보인다면, 그때마다 욕심을 절제(儉)해야 한다고 스스로 상기하는 것이 좋습니다. 이것이 수양(修養)을 따르는 일(從之)의 의미입니다.

7.30

互鄉難與言, 童子見, 門人惑. 子曰 : "與其進也, 不與其退也, 唯何甚? 人潔己以進, 與其潔也, 不保其往也."

▶ **해석:** 호향(互鄉) 사람들은 함께 이야기를 나누기가 어려웠다. 그곳의 한 아이가 공자를 뵙자, 문하(門下)의 사람들이 의아하게 생각했다. 이에 공자께서 말씀하시길, "그 나아가는 일과 함께하고, 퇴보하는 일은 함께하지 않는다. 어떻게 심하게 대하겠느냐? 사람이 자신을 깨끗이 하고 나아가려 할 때, 그 깨끗이 하는 일과 함께하는 것이며, 그 과거를 보증해 주는 것은 아니다."

해설

構造: 良[M_1=述而: 讓(c_1=互鄉難與言)]

7.29구절에 이어, 이 구절은 '竊比於我老彭:7.1'에 해당하는 설명입니다. 이 구절에서 '竊'은 '述而不作 信而好古:7.1'의 과정에서 옛것에서 믿고 좋아하는 것을 가져다 활용함을 의미합니다. 그대로 가져다 쓰는 것이 아니기 때문에, 노자의 것과 비교하라는 의미입니다. 즉, 도덕경 62장 '道者, 萬物之注也'와 그 의미를 비교하여 이해할 필요가 있습니다.

그에 앞서 이 구절의 구조와 주요 의미가 담긴 글자를 먼저 살펴보겠습니다. 이 구절의 주제는 생각의 틀에 대한 사회적 합의, 양(讓)입니다. 또한 사람들에게 언(言)어를 통해 제공하는 도움(襄), 교(敎)라고 설명할 수 있습니다. 7.29절에서 설명된 식(識)과 지(知)를 쌓도록 도움을 주는 것이 교(敎)라면, 도(道)와 덕(德)을 수양하도록 도움을 주는 일이 교(敎)입니다.

호향(互鄕) 지역의 사람들과 언어를 같이 나누기 어려우므로 필요한 사항이 교(敎)입니다. 그래서 文·行·忠·信(7.25) 4가지로써(以四) 가르치고(敎) 있습니다. 뒤에 이어지는 공자의 말씀 전체가 공자가 서술한 글(文)이 되며, 나아가고 퇴보하는(進退) 일을 설명하는 2구문이 행(行)동, 자신을 깨끗이 가다듬는 결기(潔己) 2구문이 충(忠), 마지막 구문의 보(保)가 신(信)의 의미를 담고 있습니다.

'호(互)'라는 글자는 위, 아래 뒤집혀 같은 모양새입니다. 자신의 관점에서만 바라보고 행동하는 모습을 뜻합니다. 즉, 상호 간에 서로 어긋난 형태로 행동하는 성향이라고 할 수 있습니다. 그래서 호향(互鄕)은 동네 사람들 모두가 보통의 사회적 모습과 어긋난 곳을 의미합니다. 체계의 질서에 크게 어긋난 사람들이 사는 곳, 이런 곳은 크게 2가지 종류를 예로 들 수 있습니다. 하나는 제대로 교육받지 못한 사람들이 주를 이루며, 가난하고 보통의 삶을 영위하기에는 절박한 상황이 많은 사람들이 모여 사는 곳이며, 또 다른 하나는 효(孝), 제(弟), 인(仁)을 기본으로 하는 사회 보편적 교(敎)육보다 부(富)와 권력을 쌓고 유지하는 지식에 대한 교(敎)육 수준이 훨씬 높으며, 부(富)와 권력을 지니고 보통의 삶을 따르는 일보다 가진 것을 잘 활용하여, 체계의 질서를 넘어서는 사람들이 모여 사는 곳입니다.

물론 가난한 동네에서 위와 같은 성향이 아닌 사람이 있을 수 있으며, 마찬가지로 부유한 동네에서 꼭 위와 같은 성향의 사람만 있는 것은 아닙니다. 여기에서 강조하는 사항은 자신의 관점에서만 사회를 바라보고, 자신의 행위가 사회 보통의 기준에서 어떤 형태로든 어긋나 있다는 점입니다. 사회적 합의(議)를 이루는 일에 분열과 갈등을 키우는 요인이 되기 때문에 교(敎)육이 필요하다는 점에서 동일한 처방이 필요합니다.

그 처방이 공자가 서술한 글(文)과 도덕(道德)경 62장에 들어 있습니다. 7.18구절에서 언급한 시(詩), 서(書), 예(執禮)와 같은 아름다운(雅) 글(文)만으로는 부족하다는 의미입니다. 도(道)와 덕(德)을 추구하는 일이 필요합니다. 그래서 논어(論語)에는 오히려 도덕경보다, 더 많은 도(道)와 덕(德)이라는 글자가 서술(述而)되고 있습니다.

'與其進也, 不與其退也'는 '道者, 萬物之注也. 善人之寶也, 不善人之 所寶也. 美言可以市, 尊行可以加人'(도덕경, 62장)에 해당합니다. 올바른 방법(道者)은 만물(萬物)을 올바른 방향으로 흐르도록(注) 만드는 역할을 하며, 선한 사람(善人)이 보배(寶)와 같이 여기고, 선하지 못한 사람들(不善人) 또한 보배와 같이 여기는 것(所寶)입니다. 공자가 아름다운 언어(子所雅言:7.18)로 여기는 것은 시장(市)에서 구할 수 있지만, 존경받는 행동(尊行)은 사람들에게 그런 존경스러운 행동을 행함으로써 (以加人) 구할 수 있다(可)고 설명하고 있습니다. 만약 공자가 어긋난 마을에 사는 동자를 제자로 받아들이지 않고, 그의 발전을 방치하고, 퇴보를 그냥 내버려둔다면 존경스러운 행동을 행한다고 할 수 없습니다.

그렇기 때문에 어떻게 심하게 아이를 대하겠느냐(唯何甚)? 언급하고 있습니다. 이는 사람의 선(善)하지 못한 것에 대해 어떻게 그것을 버리겠는가(人之不善也, 何棄之有: 도덕경, 62장)에 대응되는 구문입니다.

'人潔己以進, 與其潔也'는 '故立天子, 置三公, 雖有拱之璧以先駟馬, 不 如坐而進此.'(도덕경, 62장)에 해당합니다. 천자를 세우는 일도, 3대 제후를 모시는 화려한 그 어떤 것도 가만히 앉아서 올바른 방법(道)을 정진하는 일만 못합니다. 세상 그 어떤 것도 자신을 깨끗이 다듬고 정진하는 일에 비할 수 없습니다. 그런 일에 마음(心)의 중(中)심을 두고 함께하지 못한다면, 무엇이 공자에게 남겠습니까?

'不保其往也'는 '古之所以貴此道者 何也. 不謂 求以得 有罪以免邪. 故 爲天下貴.'(도덕경, 62장)에 해당합니다. 도(道)를 귀하게 여기는 이유는, 구하면 얻을 수 있고, 죄가 있더라도 사악함을 면할 수 있기 때문에 세상 사람들이 귀하게 여깁니다. 이 구절에서 오해하기 쉬운 부분은 죄를 지은 과거의 행위에 대해 사면함이 아니라, 그 죄를 짓게 만든 사악함에 대해 면할 수 있다는 것입니다. 공자는 이 점(免邪)을 분명히 설명하기 위해서 과거에 문제가 있었던 사항, 과거의 상황에 대해서 보증하는 것이 아니라(不保其往)는 표현으로 서술하였습니다. 도덕경을 이해하는 과정에 많이 실수하는 부분을 명확히 서술한 것에 해당합니다. 아무리 믿음(信)이 있다고 해도 과거의 잘못을 되돌릴 수는 없습니다. 하지만 역으로 사악함을 면할 수 있다는 믿음(信)이 없다면, 과거를 개선하여 현재를 올바로 하는 일 또한 불가합니다. 믿음과 신뢰가 주는 가치는 어떻게 나와 사회, 다른 사람들과 관계를 이어가는지에 있습니다. 즉, 자신과 사회를 이어주는 연결고리 역할입니다. 그런 연결고리를 잇는 방법을 올바른 방법, 도(道)에 따르는 일이 무엇보다 귀중하다는 의미입니다. 자신의 사악한 마음을 면하도록(免邪) 이끌어(道) 덕(德)을 행하도록 하기 때문입니다.

자신의 욕심만 채우는 일과 같은 사악한 마음에서 벗어나지 못하는 일은, 결국 자신을 귀하게 여기지 않는다는 뜻이며, 자신에 대한 신(信)뢰와 믿음(信)이 부족하기 때문에, 자신의 진실한 중심(忠)을 올바른 방법에 두지 못하고, 실행(行)으로 옮기지 못한다는 의미입니다. 그것을 도와주는 것(讓)이 도(道)와 덕(德)을 서술한 글(文)이라는 의미를 담고 있습니다.

子曰 : "仁遠乎哉? 我欲仁, 斯仁至矣."

▶ **해석:** 공자께서 말씀하시길, "인(仁)이 멀리 있는가? 내가 인(仁)을 원하면, 그 인(仁)에 이를 수 있다."

해설

構造: 良[M_1=述而: 溫(x_1=斯仁至矣)]

이 구절의 '斯仁至矣'는 7.26구절의 '斯可矣'와 대구를 이룹니다. 군자(君子)로서 인(仁)에 이르는(至) 일이 가능(可)하다는 의미입니다.

7.26~7.30구절이 오래된(好古) 성인(聖人)에 대한 가르침이라면, 7.31~7.35구절은 현(現)시대 군자(君子)에 대한 가르침이라고 할 수 있습니다. 7.27~7.30구절이 문행충신(文行忠信)에 대한 서술이라면, 7.32~7.35구절은 언행충신(言行忠信)에 대한 서술에 해당합니다. 각 구절의 흐름을 비교하면, 그 의미를 더욱 명확히 이해할 수 있습니다.

陳司敗問: "昭公知禮乎?" 孔子曰: "知禮" 孔子退, 揖巫馬期而進之, 曰: "吾聞君子不黨, 君子亦黨乎? 君取於吳, 爲同姓, 謂之吳孟子. 君而知禮, 孰不知禮?" 巫馬期以告. 子曰: "丘也幸. 苟有過, 人必知之."

▶ **해석:** 진(陳)나라 사패(司敗)가 묻기를, "소공(昭公)은 예(禮)를 아십니까?" 공자께서 답하시기를, "예(禮)를 아십니다." 공자께서 물러가자, 사패(司敗)는 무마기(巫馬期)에게 (예(禮)를 다해) 인사(揖)하고 그에게 다가가서 말하길, "나는 군자(君子)는 편을 들지 않는다고 들었는데, 군자도 역시 편을 듭니까? 노(魯)나라 임금(君)이 오(吳)나라 아내를 맞이할 때에 같은 성씨(同姓)를 감추기 위해 그녀를 오맹자(吳孟子)라고 불렀습니다. 노(魯)나라 임금이 예(禮)를 안다면, 누가 예(禮)를 모르겠습니까?" 무마기(巫馬期)가 이 사실을 공자께 아뢰자 공자께서 말씀하시길, "나는 행복하다. 만약 (나에게, 소공에게) 지나침이 있더라도, 사람들은 반드시 그것을 안다."

해설

構造: 良[M_1=述而: 良(m_1=人必知之)]

진사패(陳司敗)는 동(東)쪽 언덕(阝)이 무너지는(敗) 것을 지키는(司) 사람입니다. 즉 동방의 지역은 공자가 살았던 노(魯)나라를 의미하고, 예가 실패하고 무너지는 것을 살피고 지키는(司) 사람이라는 중의적 의미를 담고 있습니다. 맨 마지막 구문에서 언덕을 의미하는 구(丘)가 행(幸)복하다는 것의 이유가 됩니다.

소공(昭公)은 공(公)정함을 밝게 비추는(昭) 임금(君)이란 의미인데, 자신의 처신은 예(禮)에 어긋날 정도로 어두운 일을 저지른 상황입니다. 공(共)의 일은 밝게 비추어보지만, 자신은 밝게 비추어보지 못한 모양입니다. 자신의 처지와 상황을 밝게 돌아보지 못하였기 때문에, 결국은 삼환(三桓)에게 내몰려 제(齊)나라로 도망갑니다(:7.14).

무마기(巫馬期)라는 이름은 망령된 믿음(巫)에서 달려나가(馬)는 일을 기(期)대한다는 의미를 지니고 있습니다. 소공(昭公)에 대해 공정(公正)하고 예(禮)에 밝을 것이라는 믿음을 갖고 있지 않을 것이라는 기대 아래 무마기(巫馬期)에게 질문하고 있습니다.

오맹자(吳孟子)라는 호칭은 오(吳)나라 으뜸(孟)이 되는 사람(子)이라는 의미로, 소공과 동성(同姓)임을 숨기기 위해, 그렇게 부른 것이라 할 수 있습니다.

소공(昭公)이 예(禮)에 벗어난 행위를 한 것은 이미 공자도 알고 있습니다. 그러나 효(孝)와 제(弟)는 인(仁)의 기본이라고 하였습니다. 그 국가의 신(臣)하로서, 그 국가를 이끄는 군자(君子)로서, 인(仁)이라는 덕목을 뒤로하고 예(禮)를 먼저 찾을 수는 없습니다. 순서가 뒤바뀐 일 또한 체계의 질서, 예(禮)에 어긋나는 일이기 때문입니다.

이 구절에서 소공(昭公)이라는 호칭을 구절 첫머리에 드러내고, 이후 지속적으로 '군(君)'이라는 호칭으로 설명을 이어가는 이유는 군(君)을 따르는 사람이 군자(君子)라는 점을 강조하려는 의도입니다. 군자(君子)의 입장에서 자신 언(言)어의 일관성(恒)을 갖는 것은 군자(君子)로서 행(行)위를 포기하고 임금(君)을 편드는 옹졸한 사람이 되더라도, 인(仁)을 따르는 것이 최선(善)의 방법(良)이라는 의미입니다. 이는 '斯仁至矣:7.31' 구문에 대하여 일관성(恒)을 유지하는 일에 해당합니다.

만약 공자가 한 말에 어떤 일관성(恒)이 깨지는 부분이 있다면, 선(善)

한 방법(良)이 아니라는 논리가 성립되며, 그것은 결국 올바른 방법(道)이 아니라는 뜻입니다. 방법론적 측면에서 공자는 올바른 방법과 일관성을 지키고 있지만, 소공의 행위에 대한 사실적 측면에서 예(禮)에 어긋난 사항이 존재하는 것은 반론의 여지가 없습니다. 그렇기 때문에 혹 공자가 어쩔 수 없이 거짓을 이야기하거나, 실수하더라도 사람들이 틀림없이 올바르게 안다는 점에 대해 다행으로 여기고 있습니다.

마지막 구문의 논리를 확장하면, 공자가 아니라 그 어떤 누구라도 사실이 아닌 사항을 이야기하는(言) 경우에, 사람들은 그것이 거짓이라는 점에 대해 안다는 의미를 담고 있습니다.

子與人歌而善, 必使反之, 而後和之.

▶ **해석:** 공자께서 사람들과 함께 노래를 부르는데 노래가 잘 이루어지면, 반드시 그것을 다시 부르시고, 이후에 화합을 이루셨다.

해설

構造: 良[M$_1$=述而: 恭(u$_1$=而後和之)]

이 구절은 사람들 마음을 함께하는(共心) 관점에서, 7.32구절을 다시 되돌아보고(反之) 있습니다. '人歌而善'은 7.32구절에서 진사패(陳司敗), 무마기(巫馬期), 공자가 나눈 언(言)어에 해당합니다. 진사패(陳司敗)는 무마기와 공자에게 옳고(可) 옳은(可) 노래(哥)에 해당하는 언어를 전달하였습니다. '사(司)'라는 글자 또한 옳다는(可) 의미를 두 번 겹친 모양이라고 할 수 있습니다. 법을 다스리는 일, 사법(司法)은 올바름(可)이 그 생명이라고 할 수 있습니다. 항(恒)상 올바른 모습에는 일관성이 필요합니다. 만약 이번에 가능(可)한 판결이 다음번에 가능하지 않다면(不可), 그것은 올바른 사법(司法)이라고 할 수 없습니다.

합창(哥)에서도 한번 화합을 이룰(可) 수 있지만, 다음번에 그것이 가능하지(可) 않다면 조화롭다고 할 수 없습니다(不和). 공자가 그것에 대해 필히 다시 반복하(必使反之)는 이유입니다. 반복함으로써, 조화를 이루었는지(而後和之)를 알 수 있습니다.

글(文)은 그것이 행(行)위로 이어지는지 확인 후 판단하고, 언(言)어는 그것에 대한 반복적인 언어 행(行)위를 통해서 일관성의 유무를 알 수 있습니다. 언어에 일관성이 부족하여 때에 따라 다른 말을 한다면, 그런 언어는 덕(德)을 나누는 일이 아닌 자신을 합리화하기 위한 언어에 해당합니다.

7.32구절에서 공자의 마지막 구문 '苟有過'는 사람들이 과실에 대해서 각자의 관점으로 다시 살펴보는 일(必使反之)에 해당합니다. 그리고 '人必知之'는 그것에 대해 일관성 차원에서 올바른 것인지 알게 되고, 그것에 대한 사람들의 이해가 화합을 이루는 일(而後和之)에 해당합니다. 부족하고 잘못된 점이 있다면, 반드시 그것을 다시 살펴보고 그 의미를 나누어 사람들이 조화(和)롭게 그 마음(心)을 공(共)유할 수 있는 방법을 설명하고 있습니다. 이는 공(恭)이라는 덕목에 해당하는 일입니다.

子曰 : "文莫吾猶人也, 躬行君子, 則吾未之有得."

▶ **해석:** 공자께서 말씀하시길, "글에 있어서는 내가 다른 사람과 같을지 모르나, 군자의 길을 몸소 실천함에 있어서, 즉 나는 얻어야 할 것이 없다."

해설

構造: 良[M₁=述而: 儉(o₁=未之有得)]

문(文)은 글과 관련된 모든 것이라고 할 수 있습니다. 즉, 글을 서술하는 일과 사람들의 글을 읽고 배우는 일이 모두 포함됩니다. 공자보다 글을 잘 쓰는 사람이 있을 수 있으며, 더 많은 글을 읽고 지식을 쌓은 사람도 있을 수 있다는 의미입니다. 실언(失言)이나 허언(虛言)이 아닌 겸손의 말입니다.

궁행(躬行)은 몸소 행동으로 실천하는 일입니다. 7.29구절에서 지식이 부족하면서 막 지어내는 일은 하지 않는다고 선언했습니다. 즉, 글을 쓰는 일에서 군자(君子)다운 실천을 이루고 있다는 뜻입니다. 또한 글로 된 지식보다 사람들의 말에 더 귀를 기울이고 선한 일을 구분하여 실천한다고 설명했습니다. 이 또한, 사람들의 마음까지 헤아리는 군자(君子)의 실행(躬行)이라고 할 수 있습니다. 7.32~33구절에서 언어의 실행(躬行)과 조화(和)를 설명한 바 있습니다. 우리의 삶에서 글(文)과 말(言)에 대한 실행(躬行) 이외에 무엇이 더 있을까요? 나머지는 동물도 실행하는 먹고, 자고, 배출하는 신체적 활동이라고 할 수 있습니다.

군자(君子)의 실행(躬行)과 관련해 더 배우거나 얻을 것이 없다(則吾未之有得)고 말한 이유는, 이미 얻은 지식 그대로 실천하고 실행하면 그만이라는 의미입니다. 지식이나 물질적 관점에서 무엇인가 더 얻으려하고, 더 많은 것을 추구하는 일에 매진하다 보면 욕심이 나를 더 지배하고 이끌기 쉽습니다. 군자(君子)의 실행(躬行)은 욕심에 의존하여 더 많은 것을 추구하는 일에 있지 않습니다. 자신 마음(心)의 중(中)심을 잡았으면, 그 이후에는 자신을 비우는 일, 무엇인가(有)를 얻는 일(得)에 대해 연연하지 않는 절제(儉)의 미덕이 필요합니다. 그것이 바로충(忠)이 의미하는 바입니다.

子曰：“若聖與仁, 吾豈敢? 抑爲之不厭, 誨人不倦, 則可謂云爾已矣.” 公西華曰: “正唯弟子不能學也.”

▶ **해석:** 공자께서 말씀하시길, "성(聖)인이 함께하는 인(仁)에 대해, 내가 어찌 감히 언급할 수 있겠느냐? 억지로 설명하면, 그것을 위하는 일에 싫증 내지 않고, 사람들을 가르치는 일에 게으르지 않는다. 즉, '그렇게 할 따름이다'라고 말하는 것이 가능하다." 공서화가 말하길, "올바름이 바로 저희들이 능히 배우지 못하는 점입니다."

해설

$$構造: 良[M_1=述而: 讓(c_1=爲之不厭, 誨人不倦)]$$

'若聖與仁, 吾豈敢?'은 7.30구절의 '互鄕難與言'과 대구를 이룹니다. 성(聖)은 임금(君)에게만 사용되는 글자이기 때문에, '聖與仁'은 임금(君)이 행하는 어진(仁) 일이라는 의미로서, 임금(君)의 인(仁)에 대하여 말로 설명하기 어렵다는 뜻입니다. 7.34구절, 군자의 행동(躬行君子)을 언급한 사항에서 한걸음 더 나아가 임금의 행위에 대해서는 감히 왈 가불가하는 일은 있을 수 없다는 의미를 담고 있습니다.

그래도 억(抑)지로 말을 더하면, 성(聖)인의 어진(仁) 행위에 대해 싫어하지 않고, 사람들을 가르치는 일에 게을리하지 않을 따름입니다. 군자의 관점에서 성(聖)인의 어진(仁) 행위는 감히 평가가 불가합니다. 항상 성(聖)인의 행위는 믿고(信) 따르며 사람들도 따르도록 할 뿐입니다.

7.30구절이 올바른 방법(道)의 관점에서 바라보고 있다면, 이 구절은 덕(德)의 관점에서 임금(君)과 군자(君子)의 신(信)을 기반으로 한 언어와 행동을 설명하고 있습니다.

임금(君)이 어리석고, 몽매한 사람이며, 객관적으로 군자(君子)의 어짊(仁)이 임금(君)의 어짊(仁)보다 클 수 있습니다. 그러나 군자(君子)가 진실로 어질(仁)다면, 몽매한 임금을 올바로 보필하여, 임금을 어질게 하는 것이 순리라고 할 수 있습니다. 몽매한 임금을 함부로 대하며, 자신 마음대로 나라를 다스리는 일은 불충(不忠)이며, 부정(不正)이라고 할 수 있습니다. 단지, 임금(聖)이 어진(仁) 일을 할 수 있도록 최선의 노력을 다하고, 사람들도 그렇게 하도록 이끌어 가는 것(讓)이 올바른(正) 일이라고 할 수 있습니다.

그렇기 때문에, 공서화는 임금(君)과 군자(君子)와의 관계는 위의 공자의 언어와 같은 모습이 올바른(正) 것이며, 제자들이 능히 배우지 못하는 것이라고 설명하고 있습니다.

7.23구절과 연결하여 살펴보면, 하늘이 공자에게 논어를 서술(述而)하여 덕(德)으로 세상을 이끌도록 했습니다(天生德於予:7.23). 현(現)시대에서 평가하면 어떤 성군(聖君)의 다스림보다 군자(君子)인 공자의 논어(論語)가 큰 덕(德)이라고 할 수 있지만, 당시 공자는 직접적으로 정치를 통해 임금을 보필할 수 있는 상황이 아니었습니다. 자신의 소명을 다하여 올바른(正) 길(道)을 가는 일에 최선을 다한다는 의미를 담고 있습니다.

7.36

子疾病, 子路請禱. 子曰: "有諸?" 子路對曰: "有之. 〈誄〉曰, '禱爾于上下神祇.'" 子曰: "丘之禱久矣."

▶ **해석:** 공자께서 병이 위중하자, 자로(子路)가 기도를 드리자고 청했다. 공자께서 말씀하시길, "무릇, 그런 일이 있었느냐?" 자로(子路)가 대답하길, "그런 일이 있었습니다. 기도 주문에 '천지신명에게 빕니다.'라 했습니다." 이에 공자께서 말씀하시길, "내가 그렇게 빌어 본 지는 오래되었다."

해설

構造: 良[M$_1$=述而: 溫(x$_1$=丘之禱久矣)]

인간은 나이가 들면 노화되기 마련입니다. 그런 시기에 늙고 병든 것에 대해 객관적으로 받아들이는 것(述)은 자연스러운 일입니다. 그런 자연스러움을 뒤로하고 사람들은 어떤 신(神)에게 간절히 기도하고 건강의 회복을 원하곤 합니다. 일반적인 사람들이 행하는 길(子路)에 해당하며, 기도를 통한 믿음(信)에 의지하는 일입니다. 하늘의 뜻에 따라 덕(德)을 나누는 일, 논어를 서술(述而)하고 있는 공자와 어떤 신(神)이라도 붙잡아 빌어보고 싶은 마음을 지닌 보통 사람인 자로(子路)가 대화를 이어가고 있습니다.

의학기술이 없던 고대에 병에 걸리면, 천지(上下)신에게 명(命)에 대해 기도하는 것 외에는 특별히 할 수 있는 방도가 없었습니다. 무속인을 통해 기도를 올리자는 자로의 청이었으나, 공자는 거절합니다. 당시 사회적 관념에서 볼 때에, 공자는 아주 독특한 인물이라고 할 수 있을 것입니다. 누구나 자신이 병들고 위중하면 신(神)에게 의지하던 시대에, 그것을 허락하지 않았기 때문입니다. 신(神)에게 의지하지 않을 정도로 자신의 사상이 내면을 꽉 채우고 있기 때문에, 절박한 상황이라도 기도에 의미를 두지 않았습니다. 수행을 오래 한 사람으로서, 자신의 신체가 병들고 아픈 상황에서도 항(恒)상심을 잃지 않는 모습입니다.

맨 마지막 구절의 丘之禱久에서 공자의 이름 구(丘)는 중의적 의미를 지니고 있습니다. 언덕의 역할은 사람들이 기대고 의지하는 존재입니다. 사람들이 삶의 터전인 언덕(丘)에 대해 기도하고 빌어야 하는 경우는 땅이 가물고 황폐하게 되면 하늘을 바라보고 기도하는 일에 해당합니다. 세상이 올바른 방법(道)에 따라 덕(德)이 이루어지는 순행(順行)의 모습이 아니라, 역행에 해당합니다. 그렇기 때문에 따뜻한 온(溫)기가 몸에 남아 있는 동안, 군자(君子)는 자신을 위해 사람들이 노력과 시간을 들이는 일을 수용하지 않습니다.

오래되었다(久)는 글자가 암시하는 것은 공자가 어렸을 때에는 기도를 했다는 의미를 담고 있습니다. 자신의 의지가 아니라, 무녀(巫女)인 모친(母親) 안징재에 의한 기도라고 볼 수 있습니다. 이는 심리적 관점에서 다양한 해석을 이룰 수 있겠지만, 어머니에 대한 그리움, 온(溫)정이 아련히 남아 있는 표현이라고 볼 수 있습니다.

우리가 갈 길은 기억 속에 남아 있는 아련한 온(溫)정보다, 스스로 올바로 이끄는 자신(子)의 길(路)을 가야 합니다. 그런 의지의 표방이라고 할 수 있습니다.

정리하면, 50년 동안 배우고(學) 수양(修養)을 이루어, 사람들의 이야기를 귀담아 순리를 듣고(耳順), 순리(順理)가 아닌 허황된 믿음이나 관습은 멀리하며, 순리에 의지하여 사람들이 올바른 삶을 살 수 있도록 따뜻함(溫)을 나누는 모습이라고 할 수 있습니다.

子曰 : "奢則不孫, 儉則固, 與其不孫也, 寧固."

▶ **해석:** 공자께서 말씀하시길, "사치스러우면 불손해지고, 검소하면 고루한데, 불손한 것보다는 차라리 고루한 것이 더 낫다."

해설

構造: 良[M_1=述而: 良(m_1=寧固)]

결과적으로 공자는 사치와 불손(不遜)보다는 고루함(固)을 택했습니다. 자신의 욕구와 욕심을 채우는 일보다, 조금 낡고 부족한 듯하지만 선(善)한 방식에 해당합니다. 7.36구절에서 언급한 무당을 불러 기도하는 일은 사치스러운 일에 해당하며, 질병을 스스로 이겨내는 일은 고루한 일이라고 할 수 있습니다.

子曰 : "君子坦蕩蕩, 小人長戚戚."

▶ **해석:** 공자께서 말씀하시길, "군자(君子)는 마음이 평온하고 너그러우며, 소인은 마음이 항상 근심, 걱정으로 조마조마하다."

해설

構造: 良[M₁=述而: 恭(u₁=坦蕩蕩)]

삶의 큰 굴곡을 헤치고, 연륜이 쌓인 사람, 군자(君子)는 욕심이나 교만, 사치스러움을 추구하는 일보다 검소하고 자연스러운 모습에 순응합니다. 나이 들어 병들고 약해지는 경우에도 누군가에게 기대고 의존하는 일보다 스스로 건강 유지를 위해 노력합니다.

큰 산이 비와 바람을 받아 오랜 시간이 지나면 평평하고 거침이 없는 평야가 되듯 군자의 모습을 탄평평(坦蕩蕩)이라고 표현하고 있습니다. 평평한 땅(土)에서 태양(日)이 떠오르고, 그런 대지에 물(氵)기를 품고, 햇빛(昜)을 받아 풀(艹)이 자라는 모습을 그린 글자입니다. 즉, 평야(平野)의 초원에 초록빛이 물결치는 모습을 의미합니다.

소인(小人)의 성향은 장척척(長戚戚)이라고 표현하고 있습니다. 길게(長) 걱정(戚)하고 근심(戚)하며 살아가는 사람입니다. 나이 들어서도 사치와 교만에 빠지고, 무엇인가를 더 얻지 못해서 전전긍긍하는 일은 소인의 모습이라고 할 수 있습니다.

군자와 소인의 성향을 비교 설명한 것으로 이 구절을 읽고 끝내면 아쉬움이 많이 남습니다. 사회적 공심(共心)의 측면에서 살펴볼 필요가 있습니다. 사회가 공심(共心)을 유지하는 모습에 대한 설명이라고 할 수 있습니다.

군자(君子)는 자신의 욕심, 사치와 권위를 절제하고 드넓은 평야와 같이 확 트인 모습을 보이고, 소인은 가까운(近) 근심을 버리고 멀리(長) 걱정(戚)하는 모습을 설명하고 있습니다. 만약, 군자(君子)가 정치를 올바르게 하지 못하는 경우, 소인에 해당하는 보통 사람들은 가까운 근심에 휩싸이고, 삶이 어렵게 되기 쉽습니다.

군자는 좋은 것, 소인은 부족하고 좋지 못한 것의 이분법적 관점이 아니라, 군자와 소인 모두 사회를 형성하는 구성원(共)이라는 관점에서 같이 살아가는 마음(心), 각자의 삶과 역할에 대한 존중과 공(恭)경이 앞서는 것이 바람직합니다.

子溫而厲, 威而不猛, 恭而安

▶ **해석:** 공자께서는 따뜻함이 가득하고, 위엄이 사납지 않고, 공손하고 편안하셨다.

해설

構造: 良[M₁=述而: 儉(o₁=恭而安)]

개인의 성향에서 욕구와 욕심을 절제(儉)하면, 오히려 온화하고 따뜻한 마음으로 가득 채울 수 있습니다. 존경이나 공경을 얻으려고 권위를 내세우지 않으면, 오히려 위엄을 갖추면서도 매섭지 않게 됩니다. 이는 공(恭)손과 평안함을 모두 가질 수 있는 효율적(儉)인 방법입니다.

없으면서 있는 체하고, 비었으면서 가득 찬 체하고, 가난하면서 풍족한 체하면(亡而爲有, 虛而爲盈, 約而爲泰:7.27) 공(恭)경과 편안함(安)과 멀어지기 쉽습니다. 공(恭)손과 편안(安)함을 얻는다면, 무엇을 더 구하고 얻을 필요가 있을까요?

8. 태백

8장 태백(泰伯)은 사회 공동체를 하나로 묶어주는 공심(共心)을 담고 있습니다. 7.39구절에서 설명한 공(恭)과 안(安)을 의미하는 단어가 바로 크고(泰), 넓은(泰) 것을 으뜸(伯)으로 여긴다는 이름 태백(泰伯)입니다.

사람들이 자신을 위해 무엇인가 추구하는 일로 사회를 이끌어 경쟁하고 다투도록 만드는 것이 아니라, 인간의 따듯함이 사회 속에서 넓게 펼쳐지는 일, 사람들이 서로 공(恭)경하면서 덕(德)을 나누는 사회로 이끄는 일에 대해 설명하고 있습니다.

子曰：“泰伯，其可謂至德也已. 三以天下讓，民無得而稱焉！”

▶ **해석:** 공자께서 말씀하시길, “태백(泰伯)은, 가히 지극한 덕(德)을 지닌 인물이라고 평가할 수 있다. 세 차례나 천하를 양보했는데도, 서민들이 아는 바가 없어 이야기함이 없었다.”

해설

構造: 恭[U: 溫(x_1=讓)]

태백(泰伯)은 주나라 태왕(太王)의 맏아들로, 셋째 아들에게 왕위를 물려주려는 아버지의 뜻에 따라 왕위를 양보하고, 남쪽지방으로 가서 오(吳)나라를 세웠습니다. 그래서 오태백(吳太伯)이라고도 합니다. 세 번이나 왕위를 양보한 태백의 사례를 들어, 덕(德)의 속성에 대해 이야기하고 있습니다.

덕(德)은 소리 소문 없이 만인을 이롭게 합니다. 그 행위를 내세우는 일이 없습니다. 그래서 태백(泰伯)이 아우에게 왕위를 양보하였음에도 천하의 사람들이 그 사실을 알 수 없었습니다.

현실적으로 생각해보면, 첫째가 왕위를 동생에게 양(讓)보하는 과정에서 조금이라도 머뭇거림이 있었다면 첫째를 옹호하는 세력들이 가만히 있지 않았을 것이며, 셋째가 왕위를 승계한 것이 공표되면 국민들이 그 사실을 모르지 않았을 것입니다.

그럼에도 불구하고, 국가적 혼란 없이 왕위가 자연스럽게 계승이 되었다면, 첫째의 행동이 진심으로 부친의 뜻에 따라 공(恭)손하였음을 의미(孝)하고, 체계의 질서(禮)에 혼란을 초래하지 않고 양(讓)보했다는 의미(弟)를 지닙니다. 이로써 국민들은 평안(安)하게 생업에 종사할 수 있었습니다. 인(仁)의 근본(孝弟:1.2)에 힘써 지극한 덕(德)을 이룬 행위라고 할 수 있습니다.

대개, 지식과 사업을 통해서 일부 사람들의 생업을 일시적으로 돕고 잘 살게 만들 수는 있지만, 국가 체계 질서와 평안에 큰 기여를 이루는 일은 쉽지 않습니다. 이런 관점에서 보면, 국가적 덕(德)을 이루는 행위가 가장 크고, 그다음이 많은 사람에게 도움이 되는 행위입니다. 소인은 소수의 이익을 위한 행위를 일삼고, 사람들에게 손해를 입히는 행위를 벌이며, 최악의 경우는 만인에게 폐를 끼치는 행위를 합니다. 나라를 다스릴 재목이 안 되는 사람이 자리에 올라, 자신을 포함한 소수의 이익을 취하고 다수에게 손해와 폐를 끼치는 경우, 서민들의 삶은 고생길(道)에 들어서게 됩니다.

이 구절은 공이안(恭而安:7.39)과 맥락이 이어지고 있습니다. 국가라는 커다란 사회 공동체가 평화롭고 안(安)정을 유지하기 위한 첫 번째 조건은 공(恭)이라는 덕목에서 출발한 겸양(讓)과 양(讓)보라고 할 수 있습니다. 인간이 갖는 속성 가운데 동물과 비교되는 가장 인간적인 속성은 양(讓)보입니다. 자신보다 사회 전체를 생각(恭)하고 자신의 우선권을 제공하는 일은 동물 사회에서는 찾아볼 수 없는 일입니다.

'民無得而稱焉' 관련, 서민들이 그 사실을 알거나 그것에 대해 이야기함이 없다는 것은 '人不知而不慍, 不亦君子乎:1.1'과 같은 맥락을 이루는 구문입니다. 태백(泰伯)은 그런 관점에서 진정한 임금(君)의 아들(子)이었습니다.

子曰：“恭而無禮則勞, 愼而無禮則葸, 勇而無禮則亂, 直而無禮則絞. 君子篤於親, 則民興於仁, 故舊不遺, 則民不偸.”

▶ **해석:** 공자께서 말씀하시길, “공(恭)손하고 공(恭)경하는 마음이 있으나 예(禮, 체계의 질서)가 없으면 수고롭고, (수고로움을 피하기 위해) 신중히 행하는 마음은 있으나 예(禮)가 없으면 두려우며, (두려움을 떨치기 위해) 용감하지만 예(禮)가 없으면 혼란해지고, (혼란함을 다스리기 위해) 강직하나 예(禮)가 없으면 사람들을 옥죈다. 군자는 주위 사람(親)에게 돈독(篤)하므로, 그 어짊(仁)에 의해서 서민들이 흥(興)하게 된다. 그래서 (군자는) 오래된 것을 잃지 않으므로, 서민들이 야박하게 되지 않는다.”

해설

構造: 恭[U: 良(m₁=禮)]

$$構造: 恭[U: 良(m_1=禮)]$$

국가 체계의 ‘恭而安:7.39’을 이루기 위한 좋은 방법론(良)으로는 예(禮)를 들 수 있습니다. 예(禮)의 바탕을 이루는 정신은 공(恭)이라는 의미이며, 신(愼), 용(勇), 직(直)이라는 덕목이 그 틀을 형성한다는 것으로 이해할 수 있습니다.

공(恭), 신(愼), 용(勇), 직(直)의 덕목이 부족한 경우에 어떤 문제가 있는지 살펴봄으로써, 그 역할과 쓰임에 대해 이해할 수 있습니다. 결국 4가지 덕목은 사회 공동체의 안(安)정과 평화를 불러옵니다. 체계의 질서(禮)를 통해서 안정과 평화를 얻게 된다는 설명입니다.

예(禮)는 자신 근처(親)에 있는 사람, 즉 자신과 함께(親)하는 사람들에게 충실히(篤) 예(禮)를 실천함으로써 시작됩니다. 그 어짊(仁)에 의해서 서민들이 흥하게 됩니다(民興於仁). 예(禮)는 서민들로부터 자발적으로 만들어지는 덕목이 아니라, 군자(君子)가 먼저 솔선수범하여 실천(擇其善者而從之, 識之知之次:7.29)함으로써 서민들을 이끄는 방식에 해당합니다. 군자가 공(恭), 신(愼), 용(勇), 직(直)의 덕목에 대한 실천이 부족한 경우, 예(禮)는 올바르게 이루어지지 않으며, 서민들은 어진(仁) 사회 체계의 질서가 아니라, 왜곡된 질서 체계(禮)에 의해 다스려집니다. 어진(仁) 방식으로 서민을 다스릴 것인지, 구차하고 야박한 방식으로 서민을 다스릴 것인지는 군자(君子)에게 달려 있습니다.

옛 것(사람)을 잃거나 버리지 않는(舊不遺) 일 관련, 인간적인 모습을 바탕으로 그동안 친하게 지내온 것(舊)을 소중히 여기는 일에서 출발합니다. 체계의 질서(禮)가 성립할 수 있는 이유 또한 과거에 쌓아온 인간관계의 돈독함, 관습(舊)과 체계(舊)를 공(恭)경하는 마음이 기반을 이루기 때문입니다. 과거에 이룬 것(舊)에 대해 인정하지 않고, 업신여기며 그것을 버리는(遺) 마음 자세와 태도로는 체계의 질서를 안정적으로 이어가기 어렵습니다. 서민들 또한 체계의 질서를 깔보고(偸), 남의 것을 탐하고(偸), 인심이 야박하게(偸) 되기 쉽습니다. 한정된 자원을 나누어 살아가는 모습(德) 대신, 내가 먼저 차지하려고 경쟁하고(偸), 쟁취하는(偸) 일이 만연하게 됩니다. 인간미(仁)를 잃어가는 방향이라고 할 수 있습니다.

曾子有疾, 召門弟子曰 : "啓予足, 啓予手. 《詩》云, '戰戰兢兢, 如臨深淵, 如履薄氷.' 而今而後, 吾知免夫, 小子!"

▶ **해석:** 증자(曾子)가 병이 들어, 제자들을 소집하여 말하기를, "내 다리와 같음을 일깨워 주는구나. 내 손과 같음을 일깨워 주는구나. 『시(詩)경』에서 말하기를 '전전긍긍하는 것이 마치 깊은 연못 위에 얇은 얼음을 밟고 서 있는 것 같다'고 했는데, 지금 이후 내가 이것을 벗어나게 되었음을 알겠구나, 제자들아."

해설

構造: 恭[U: 恭(u_1=戰戰兢兢)]

이 구절은 상당히 복합적인 관점과 방법으로 해석이 가능합니다. 그만큼 여러 관점에서 살펴볼 수 있고, 그 과정을 통해서 구절의 참 의미를 느낄 수 있습니다. 궁극적으로 전달하고자 한 것이 무엇일까요? 구절의 이해가 어려운 경우, 먼저 대소주제(主題)를 살펴보는 것이 좋습니다. 이 구절의 주제는 공(恭)입니다. 독자와 공심(共心)을 나누는 일이 잘 이루어졌다면, 8장에서 증자(曾子) 설명의 첫 구절인 이 구절은 성공적이라고 할 수 있습니다.

독립적 학과를 형성하고 문(門)하의 제자(弟子)들을 양성한 대학자로서 의미가 있는 구절입니다. 8장에서 유일하게 등장하는 공자의 제자는 증자(曾子)입니다. 논어에서 5개 구절을 연속적으로 설명한 제자는 또한 증자(曾子)가 유일합니다. 증자(曾子)는 공자보다 46살 연하로 거의 공자의 마지막 제자에 해당합니다. 증자(曾子)가 일찍이 학교를 열고, 제자(弟子)를 키웠다는 점에서 학문의 깊이와 넓이는 나이와는 크게 상관없는 듯합니다. 이 구절은 그런 증자의 모습(君子篤於親:8.2)을 공심(共心)의 관점에서 서술하고 있습니다.

　인간이 공심(共心)을 가장 많이 느끼는 경우는 병에 걸려 죽음에 임박한 상황이라고 할 수 있습니다. 죽음이 다가오는 것을 느낄수록 인간은 자신의 부모와 자식과 같은 친인척, 오래된 친구에 대해 사랑(愛)과 애(愛)착을 더 가슴속에 품기 마련입니다. 사회 속에서 의지하며 살아가는 동물이라는 속성 때문에 더욱 그렇습니다. 이 구절에는 제자들에 대한 증자(曾子)의 애착과 사랑이 한없이 드러나고 있습니다.

　'啓予足, 啓予手' 관련, 계(啓)는 헤아리다 또는 일깨워준다는 의미로, 내 수족(手足)과 같이 아끼는 제자들이라는 의미입니다. 내 팔과 같고 내 다리와 같음을 일깨워주는 소중한 제자들이라는 멋진 표현이, 현대어에서는 내 마음대로 부리는 수족(手足)이라는 뜻으로 주로 사용되어 어감이 좋지 못한 방향으로 인식되고 있습니다. 수족(手足)은 그만큼 가까운 사이, 마음(心)을 함께하는(共) 사이라는 의미입니다.

　시(詩)는 공심(共心), 즉 마음을 나누는 글(文)입니다. 시(詩)를 인용하는 기법은 나의 마음뿐만 아니라, 다른 사람들의 마음도 이렇게 표현된다는 공심(共心)을 불러오는 방법입니다. 깊은 호수가 얇게 얼어 있는 상황에, 그런 호수 위에 서 있는 경우 팔과 다리가 전전긍긍하는 모습에 대해서 누구나 머릿속에 쉽게 그려볼 수 있습니다. 제자들을 보지 못하고 죽음에 이를 수 있다는 애타는 마음(戰戰兢兢)을 표현하고 있습니다.

그런 제자들에게 너희들을 만남으로써, 지금 이후에는 그런 마음을 버릴 수(免) 있게 되었다고 합니다. 마음에 편안함이 더해진다는 의미를 담은 공이안(恭而安:7.39)과 맥락이 닿아 있습니다.

인생의 시작에서 끝까지, 그 삶이 공(恭)과 편안(安)함으로 귀결될 수 있으며, 그 과정에 마음(心)을 함께하는(共) 일을 바탕으로 인간적인(仁) 삶을 살았다면 무엇이 더 필요하겠습니까?

'互鄕難與言, 童子見, 門人惑. 子曰: "與其進也, 不與其退也, 唯何甚? 人潔己以進, 與其潔也, 不保其往也.":7.30)을 이 구절에 대입하여 해석하면, 童子는 이 구절의 제자(弟子)에 해당하며, 나아가지(進)도 물러나지(退)도 못하는 모습은 전전긍긍하는 모습에 해당하고, 마음을 깨끗이 씻어 나아가도록(潔己以進) 스승(孔子)이 이끄는 모습입니다. 병에 걸리지 않도록 보장할 수는 없지만(不保其往), 미래를 평안(安)한 길로 이끄는 일이 스승의 역할이라고 할 수 있습니다.

曾子有疾, 孟敬子問之. 曾子言曰: "鳥之將死, 其
鳴也哀, 人之將死, 其言也善. 君子所貴乎道者三,
動容貌, 斯遠暴慢矣, 正顏色, 斯近信矣, 出辭氣,
斯遠鄙倍矣. 籩豆之事, 則有司存焉."

▶ **해석:** 증자(曾子)가 병이 들자, 맹경자(孟敬子)가 그를 문병했다. 증자가 말하길, "새는 죽음에 임하면 그 소리가 구슬퍼지고, 사람이 죽음에 임하면 그 말이 선(善)해집니다. 군자가 귀하게 여기며 이끄는 길(道)은 세 가지가 있습니다. 자세와 태도가 실린 행동이 난폭하고 오만하게 됨을 멀리하는 것, 안색을 바르게 하여 신의와 믿음을 가까이하는 것, 말로 표현함에 비루하고 과장됨을 멀리하는 것입니다. 제사의 제기를 다루는 일은, 그 같은 일을 담당하는 실무자가 있습니다."

해설

構造: 恭[U: 儉(o_1=所貴乎道者三)]

군자가 귀하게 여겨(所貴) 이끄는 것(道者)은 소중하게 아끼고(儉) 함부로 행하지 않는 절제(儉)의 행위 세 가지를 의미합니다. 겉으로 드러나는 태도와 자세(容貌), 표정과 모습(顏色), 그리고 언어로 드러나는 말과 말의 세기(出辭氣)에 대해 절제(儉)한다는 설명입니다.

그런 형식에 치중하는 일은 '변두지사(籩豆之事)'라는 제사에서 제기를 다루는 사람이 주로 하는 일이라고 비유하고 있습니다. 음식을 제기에 담는 일은 과장되고, 두드러지게 보이도록 만드는 작업입니다. 음식을 잘 담는 일, 정돈되게 보이도록 동일한 크기로 자르고 손질하는 과정에서 음식을 낭비하는 일을 행합니다. 이런 일이 얼마나 중요한 일이겠습니까? 제사의 중심은 조상의 넋을 기리는 일입니다. 그 본질에 충실하여, 정성껏 음식을 마련하여 제사를 지내는 사람의 마음을 담는 것이 중심이라고 할 수 있습니다. 자신의 눈을 가려 본질을 잃고, 겉으로 드러나는 과장된 모습과 형식에 치우치는 변(邊)두리에 해당하는 일을 삼가라는 당부입니다.

맹경자(孟敬子)는 공경(敬)심을 으뜸(孟)으로 여기는 사람(子)입니다. 일을 수행하는 과정에 공(恭)과 경(敬)이 우선이지만, 과장된 표현과 모습을 위한 낭비는 바람직하지 못하다는 의미입니다. 일찍이(曾) 사람(子)이 가진 본질, 공(恭)과 경(敬)에 충실하고 절제된 모습을 보이는 증자(曾子)와 맹경자(孟敬子)가 대화를 나누는 이유입니다.

병(疾)이 깊이 들어 숨넘어가는 순간, 자식들에게 남기는 유언에 난폭하고 오만하며, 과장되고 형식적인 말을 하는 사람은 없을 것입니다. 가장 하고 싶은 말을 짧고 간단한 언어로 전달하는 일이 대부분입니다. 절제(儉)된 언어가 가장 효율적이기 때문입니다. 이런 선(善)한 모습은 배움이 없어도 가능합니다. 죽음 앞에 선 인간이 행동할 수 있는 자연스러운 모습은 내가 평소 그렇게 하고자 한다면, 충분히 할 수 있는 사항(我欲仁, 斯仁至矣:7.31)에 해당합니다.

曾子曰: "以能問於不能, 以多問於寡, 有若無, 實若虛, 犯而不校, 昔者吾友嘗從事於斯矣."

▶ **해석:** 증자(曾子)가 말하길, "능히 이루지 못하는 사항에 대해 능히 질문하고, 부족함에 대해 여러 사람에게 물어보며, 있으면서도 없는 듯하고, 충실하면서도 비어 있는 듯하며, 다른 사람이 나를 범해도 갚지 않는다. 옛날에 나의 벗이 일찍이 이렇게 실천했다."

해설

構造: 恭[U: 讓(c_1=以能問於不能, 以多問於寡)]

이 구절은 증자(曾子) 자신에 대해 설명하고 있는 구절이라고 할 수 있습니다. 겸양(謙讓)의 미덕을 발휘하여, 옛 친구가 일찍이(嘗) 이렇게 했다는 설명으로 애써 직접적인 언급을 회피하지만, 8.4구절의 3가지에 사항에 대해 반대되는 실천에 해당합니다.

이 구절에서 언급한 오래전 벗(友)을 찾자면, 7.32구절의 진사패(陳司敗)를 의미합니다. 7.32구절에서 일찍이(嘗) 소공(昭公)이 능히 행해서는 안 되는(於不能:7.32) 일, 즉 예(禮)에 어긋나는 일에 대해 공자에게 능히 질문(能問)하고, 부족함에 대해(於寡) 다른 사람인 무마기에게 물어보며(多問), 소공(昭公)과 공자의 상황에 대해 잘 알고 있지만 없는 듯(有若無, 實若虛:7.32) 이야기하고, 소공(昭公)이 과오를 범했지만 들춰내고 비교하여 대응하지 않았습니다(犯而不校).

과(寡)는 부족한 부분, 부족한 사항으로 해석할 수도 있지만, 임금

(君)이 자신을 부를 때에 과(寡)라는 호칭을 사용하므로, 소공(昭公)을 의미하는 중의적 표현으로 이해할 수 있습니다.

질문의 의도가 무엇인지 다시 살펴보겠습니다. 능히 행하지 못하는 일(於不能)과 부족한 일(於寡)에 대해 살피고 질문하는 이유는 그것에 대해 투명하게 만들어 사람들이 같은 인식(讓)을 하고, 그것을 본받거나, 따르지 않도록 만들기 위한 목적이라고 할 수 있습니다. 이는 언(言)어를 통해서 사회에 도움(襄)이 되는 방향입니다. 만약 부족하고 지나친 부분을 들춰내 그 사람을 비난하고 깎아내리는 것이 목적이라면, 언어를 사용한 폭(暴)력이고 만(慢)용에 해당합니다. 그래서 상대가 허물이 있어도 없는 듯 가깝게 대하고(近), 자신은 바른 모습을 지닐 수(正顔色) 있습니다. 진사패(陳司敗)는 공자를 지키고(司), 동시에 동쪽 노(魯)나라(陳)의 예(禮)가 무너지는(敗) 것을 지키는(司) 사람을 의미하기에, 과오에 대해 명확히 하지 않는다면 체계의 질서를 지키지 못하는 일이 됩니다. 교(校)는 재능(才)을 겨루다(爻), 비교(校)하다는 의미로, 진사패(陳司敗)는 비교하고 겨루는 방식으로 사안을 처리하지 않고, 비루하고(鄙) 과장되지(倍) 않게 사실에 대해서만 간결하게 명시하는 방법(出辭氣)을 활용하여 말에 어떤 힘(氣)이나 의도(氣)를 실어 이야기하지 않았습니다(嘗從事於斯).

曾子曰 : "可以託六尺之孤, 可以寄百里之命, 臨大
節而不可奪也, 君子人與? 君子人也."

▶ **해석:** 증자(曾子)가 말하길, "키가 여섯 자인 임금을 부탁할 수 있고, 백리(百里)
정도의 나라를 다스리는 명(命)을 맡길 수 있으며, 절대 위기에 닥쳐도, 그의 마음
을 빼앗을 수 없는 사람이라면, 군자(君子)다운 사람이 아니겠는가? 군자다운 사
람이다."

해설

構造: 恭[U: 溫(x₁=臨大節而不可奪)]

구조: 恭[U: 溫(x_1=臨大節而不可奪)]

증자(曾子)라는 이름이 중의적으로 상징하는 바는 이미(曾) 일어난
일을 되돌아보는(必使反之:7.33) 사람(子)이라는 의미를 뜻합니다. 그렇
기 때문에 이 구절의 이해를 돕기 위해서는 이미 일어난 일(曾), 역사
(歷史)에 대해 살펴보는 일(反之)이 필요합니다.

역사(歷史)적으로 오(吳)나라를 세운 시조 오태백(吳泰伯:8.1)은 주(周)
나라 태왕(太王)의 맏아들이자, 주나라 시조 문왕(文王)의 큰아버지(伯
父)입니다. 노(魯)나라의 시조 주공(周公)은 문왕(文王)의 넷째 아들이
기 때문에, 결국 오(吳)나라와 노(魯)나라는 혈족 관계라고 할 수 있습
니다. 5백여 년의 세월이 흘러, 그런 사항이 흐려졌기 때문에 노(魯)나
라 소공(昭公)은 오(吳)나라의 공주를 부인으로 삼았지만, 그것에 대한
지탄을 피하기 위해 오맹자(吳孟子:7.32)라고 이름을 바꾸어 부르도록
했습니다. 이는 예(禮)에 어긋나는 행위로 능히 해서는 안 되는 일(不

能:8.5)에 해당합니다.

8.5구절에서 '과(寡)'는 중의적으로 소공(昭公)과 소공(昭公)의 부족함 (寡)을 지칭한다고 설명한 바 있습니다. 소공(昭公)은 자신의 능력이 부족함(不能)에도 불구하고 3환(桓)을 축출하기 위해 노력했으나, 오히려 자신이 내몰리는 처지가 되어 다른 나라를 전전하다 병들어 죽었습니다.

이후, 즉위한 인물이 소공(昭公)의 동생인 정공(定公)입니다. 소공(昭公)이 몰아내려 했던 계(季)씨가 오히려 소공을 몰아내고, 소공(昭公)이 타국에서 죽자 소공(昭公)의 아들인 태자 대신 정공(定公)을 임금의 자리에 앉혔습니다. 정공(定公)이 계(季)씨 마음대로 하기에 편하다는 의미라고 할 수 있습니다. 아직 어린 태자 대신에 다 자란(六尺) 성인 정공(定公)을 임금자리에 앉혔다는 표현이 '육척지고(六尺之孤)'입니다.

춘추전국시대에는 제후와 왕을 고(孤), 과(寡) 또는 불곡(不穀)이라고 호칭했던 점을 참고하면, 정공(定公)은 계(季)씨의 눈치를 보는 고(孤)독하고, 고(孤)아 같은 처지라고 할 수 있습니다. 감히, 누군가 나서서 계(季)씨의 뜻에 벗어나 정공(定公)을 위하는 일을 행하면, 목숨이 위태로운 상황이었습니다(臨大節). 그런 상황에서도 공자(孔子)는 정공(定公)을 위해 신하(臣下)로서 최선을 다했다(不可奪)는 뜻을 담고 있습니다. 진정한 군자의 모습이라고 할 수 있습니다.

曾子曰 : "士不可以不弘毅, 任重而道遠. 仁以爲己
任, 不亦重乎? 死而後已, 不亦遠乎?"

▶ **해석:** 증자(曾子)가 말하길, "선비(士)는 뜻이 크고 의지가 굳지 않으면 안 된다. 임무는 중대하고, 올바른 길(道)은 멀리 있기 때문이다. 자신의 임무 실현으로써 인(仁)을 이룬다, 이 또한 중요하지 않은가? 죽은 후에 이 임무가 끝나므로, 이 또한 먼 길이 아닌가?"

해설

構造: 恭[U: 良(m₁=弘毅)]

8.6구절에서 임금 정공(定公)을 보필하여, 3환(桓)으로부터 나라를 올바르게 하는 임무는 중대하지만, 올바른 길은 먼 상황(任重而道遠)입니다. 그런 길을 가기 위해 선비가 지녀야 하는 좋은(良) 자세와 태도는 뜻을 크고 굳게(弘毅) 갖는 일입니다.

이 구절은 7.34구절과 대구가 되며, 군자로서 실행(躬行君子:7.34)과 더불어 공자의 제자들이 선비로서 가야 할 어려운 길에 대한 각오를 다지는 구절이라고 할 수 있습니다.

子曰 : "興於詩, 立於禮, 成於樂."

▶ **해석:** 공자께서 말씀하시길, "시(詩)를 통하여 (어진 마음을) 일으키고, 예(禮)를 통하여 (어진 행동을) 세우고, 음악(樂)을 통하여 (조화와 균형을) 완성한다."

해설

構造: 恭[U: 恭(u₁=興立成)]

시(詩)를 통해 사회를 이루는 구성원들이 마음을 공(共)감함으로써 인간적인(仁) 마음을 일으키고, 공(恭)을 기반으로 하는 예(禮)를 통해 사회의 체계와 질서를 바로 세우며, 음악(樂)을 통해 조화와 균형을 이루어 사회의 행복(樂)을 완성합니다.

시(詩)는 국가 기관(寺)의 언어(言)가 사악(邪惡)하지 않고 공정(公正)함을 뜻하며, 예(禮)는 국가가 움직이는 모습(示)이 공공(公共)을 위해 질서 정연하고 풍(豊)요로움을 만들며, 락(樂)은 그 다스림(樂)을 이루어 (成) 가는 일이 즐거움(樂)을 의미합니다.

성(成)은 결과(成果)를 의미하기보다 국민의 행복(樂)을 일구어 가는 과정(成)을 의미합니다. 눈에 드러나는 결과, 또는 장밋빛 미래 청사진에 집착하는 일보다 과정(成)을 어떻게 인간적(仁)이며, 조화롭고 균형 있게 만들어(成) 갈 것인가? 그것이 관건이라고 할 수 있습니다.

子曰: "民可使由之, 不可使知之."

▶ **해석:** 공자께서 말씀하시길, "서민들은 그들 의지에 의해 일을 하게 할 수는 있어도, 그들을 이해하여 일을 시킬 수는 없다."

해설

構造: 恭[U: 儉(o_1=由之)]

이 구절을 이해하는 데 주의할 사항은 문장 마지막의 그것(之)이 지칭하는 것이 서민(民)이라는 사항과 사(使)는 주어 서민(民)에게 일을 시킨다는 뜻이라는 점입니다. '사(使)' 뒤에 나오는 구문은 조건을 의미합니다.

즉, 첫 번째 구문은 서민들 스스로의 의지에 의해(由之) 서민들이 일을 하도록 만드는 것이 효율적(儉)이라는 의미입니다. 서민들이 잘 살 수 있는 방법, 효율적으로 일을 할 수 있도록 만들어 주고 그런 방법을 서민들이 자연스럽게 따르도록 만들라는 의미입니다.

두 번째 구문 관련, 모든 서민들의 삶과 처해 있는 상황에 대해서 이해하고 고려한다는 것은 불가능하며, 비효율적인 일입니다. 우리는 한 사람의 삶에 대해서도 신(神)과 같은 입체적 관점에서 볼 수 있는 능력이 없습니다. 한정된 일부분에 대해서 한정된 관점으로 바라보는 것이 인간입니다. 그렇기 때문에, 내가 필요한 관점에서 일부분만 이해하고, 서민들에게 어떤 일을 요구하는 경우 오히려 서민들 삶을 더 힘들게 만들기 쉽습니다. 서민들에 대해 충분히 알고(知之) 일을 시키는 것은 불가하다(民不可使)는 의미입니다.

서민들을 이해하고, 그들에게 일을 시킨다고 말하는 경우, 서민을 위하는 일보다 위정자의 필요에 의해 정치가 이루어지는 위선(僞善)이기 쉽습니다. 서민들이 기대고 의지하는 언덕이 되어야 할 위정자가 거꾸로 서민들에게 청하는 일(請禱:7.36)은 위정자가 힘들고 어려움에 처해 있더라도 하지 말아야 할 일(丘之禱久:7.36)에 해당합니다.

子曰 : "好勇疾貧, 亂也. 人而不仁, 疾之已甚, 亂也."

▶ **해석:** 공자께서 말씀하시길, "용기 있는 것을 좋아하면서 가난을 싫어하면, 곤란하다. 사람들이 어질지(仁) 못하다고 해서, 그것을 너무 미워하면, 곤란하다."

해설

構造: 恭[U: 讓(c_1=亂)]

사회적으로 합의(讓)된 상태는 안정을 추구하는 성향이 있습니다. 새로운 것에 대해 도전하고 변화를 시도하는 일은 다분히 용기가 필요합니다. 새로운 변화의 시작부터 풍요롭고 풍부한 상태가 되는 일은 거의 없습니다. 대개, 첫 시작은 초라하고 빈약하기 마련입니다. 그럼에도 불구하고 처음부터 화려한 시작을 요구한다면, 곤란한 상황이 벌어지기 쉽습니다. 그렇게 만들기 위해서는 상당한 인적, 물적 자원을 초기에 동원하는 일이 필요하기 때문입니다.

하지만 국가 운영 과정에는 큰 변화가 필요한 경우도 있을 수 있습니다. 그런 경우, 변화를 싫어하는 많은 서민들이 어질고(仁) 현명(仁)하지 못하다고, 서민들을 병처럼 싫어한다면, 그것 또한 곤란한 일입니다.

사회 공동체 다수를 이루는 사람들이 어리석은 시각으로 사안을 바라보고, 사람들이 어쩔 수 없이 그런 어질지(仁) 못한 일에 내몰려 있는 경우에는 그 이유와 원인을 살피는 것이 바람직합니다. 나 또한 그들에 포함된 공동체가 아니라, 그들과 나를 분리하여 생각하는 방식은 인간적(仁)인 방법이 되기 어렵습니다. 서민들이 어리석기 때문에 그들이 제대로 알도록 만들고, 그들을 이해시키는 일은 불가하다(不可使民知)고 생각하는 일은 힘과 권력을 이용한 과격한 방식으로 문제를 해결하기 쉽습니다. 이는 8.9구절의 철학을 주어와 목적어를 반대로 해석하는 일에 해당합니다. 먼저, 문제가 되는 사항에 대해 정리하고 사람들과 공유하여 사회적 합의를 도출하는 일이 우선이라고 할 수 있습니다. 만약, 정리한 사항에 대해 사람들이 이해하지 못하고 수용하지 못한다면, 정리된 내용이 부족하거나 설명 방식이 아직 어리석은 형태라는 의미입니다.

인(人)의 의미는 한 사람이 아니라 보편적인 사람들을 의미합니다. 어떤 공동체에 소속된 사람이라면, 그 공동체의 전반적인 보통의 사람들을 의미합니다. 사회 공동체가 드러내는 보편적인 성향은 그 공동체 구성원들의 평균적인 성향이라고 볼 수 있습니다. 만약, 사람들 보편적인 성향이 무식하고, 무지하며, 불손하여 국가의 어진(仁) 정책을 따르지 않는다면, 아직 그 사업을 수행하기에는 시기상조가 아닌가 살펴야 합니다. 화려한 사업을 이끄는 일보다 고루하고 안정된 일(與其不孫也, 寧固:7.37)이 더 필요할 수 있기 때문입니다.

이 구절에서 난(亂)에 대해서 곤란하다는 의미로 가볍게 해석했지만, 8.6~8.10구절을 하나의 문단으로 생각한 이해가 좋습니다. 8.6구절의 군자(君子)가 처해 있는 상황을 고려하면, 국가 권력은 분할되어 역전되어 있고, 군자(君子)가 다스리는 백리에 해당하는 영역에 영향을 미치는 일이며, 그런 사업이 크게 어지럽게(亂) 된다는 의미입니다.

국가 사업의 큰 분야에 난(亂)이 일어나는 경우 결국 인(仁)이 부족하다는 것을 뜻합니다.

子曰 : "如有周公之才之美, 使驕且吝, 其餘不足觀也已."

▶ **해석:** 공자께서 말씀하시길, "만약 주공(周公)과 같은 아름다운 재능을 가지고 있더라도 교만하고 인색하다면, 그 나머지는 볼 필요도 없다."

해설

構造: 恭[U: 溫(x₁=使驕且吝)]

$$構造: 恭[U: 溫(x_1=使驕且吝)]$$

주공(周公)은 주(周)나라 정치와 문화의 기틀을 다진 사람입니다. 그와 같은 뛰어난 재주와 아름다움을 가진 사람이 교(驕)만함과 인(吝)색함으로 자신의 마음과 태도를 방만하게 허용(使)하는 일에 대해 설명하고 있습니다.

교(驕)자를 살펴보면 말(馬)이 높은 대(喬)에 올려져 있는 동상과 같은 모습입니다. 살아있는 말(馬)은 넓은 초원을 뛰어다니고, 넓은 세상에서 그 재(才)량을 마음껏 발휘할 때 의미가 있습니다. 높은 대에 올려져 있는 말이 어떤 가치를 지니겠습니까?

인색(吝嗇)이라는 단어로 조합되어 주로 사용되는 인(吝)은 물질적 측면을 의미하는 것이 아니라, 문(文)화적으로 갇혀(口)있다는 뜻입니다. 즉, 문화(文化)에 대한 인색함을 의미합니다.

'驕且吝'은 앞에 나오는 재(才)와 미(美)와 대구를 이루어 그 재량과 아름다움을 추구하는 일에 인색(吝)하여 사회의 문화와 문명에 기여하지 못하는 모습이라고 할 수 있습니다. 재주와 재능이 있다 하더라도 문화 발전에 기여하여 사회에 아무런 따듯함(溫)을 전하지 못하는 사람은 더 살펴보는 것이 의미 없다는 설명입니다.

7.38구절에서 살펴본 바와 같이 군자(君子坦蕩蕩:7.38)와 소인(小人長戚戚:7.38) 모두 자신의 위치와 역할에서 사회의 발전을 위해 기여하는 바가 있습니다. 그것의 많고 적음에 대해 이야기하는 것이 아니라, 그 쓰임이 사회 공동체를 공(恭)경하고 사회를 따듯(溫)하게 만드는 역할을 이루는지가 관건이라고 할 수 있습니다.

子曰 : "三年學, 不至於穀, 不易得也."

▶ **해석:** 공자께서 말씀하시길, "3년 동안 배운 후에도 수확이 없으면, 얻는 것이 쉽지 않다."

해설

構造: 恭[U: 良(m₁=不易得)]

構造: 恭[U: 良(m_1=不易得)]

8.5~8.6구절에서 과(寡), 고(孤)라는 표현 이후, 이 구절에서 불곡(不穀)이 설명되고 있습니다. 국가를 다스리는 사람은 뛰어난 사람, 재주가 많은 사람보다 부족하고, 외롭고, 결실을 맺지 못하는 사람을 바라보고, 그들을 잘 살 수 있도록 만들어야 한다는 의미를 담고 있습니다. 그래서 제후(諸侯)와 왕(王)은 자신을 호칭할 때에 과(寡), 고(孤), 불곡(不穀)이라고 불렀습니다.

불곡(不穀)의 의미는 학업이나 농사에서나 마찬가지입니다. 첫해 농사에 실패하고, 이듬해에 다시 실패하여 얻는 것이 없고, 그다음 해에도 얻는 것이 없다면, 그 땅에서는 무엇을 얻는 것이 쉽지 않다는 의미입니다. 학업에 있어서도 3년 배움의 기간 동안 아무것도 결실을 맺은 것이 없다면, 그 이후에도 학업과 관련해 어떤 것을 얻는 일은 쉽지 않다(不易得)는 뜻입니다.

이 구절과 동일한 소주제를 지닌, 8.7구절에서 굴하지 않는 크고 굳센 의지, 홍의(弘毅:8.7)를 설명한 것과는 대조적입니다. 어떤 결실을 기대하는가에 따라 과정과 방법은 다르겠지만, 이 구절에서 이야기하는 것은 보통의 삶에서 사회의 문(文)화에 대해 얻는 것을 의미합니다. 8.11구절과 연속된 이해 관점에서 사람들이 남긴 문(文)화와 문(文)명의 한 부분을 의미한다고 볼 수 있습니다.

논어집주(論語集註)를 살펴보면, 곡(穀)의 의미를 녹(祿)이라고 설명하고 있습니다. 녹(祿)이라는 글자에 대해 보이는 일(示)과 새기는 일(彔)의 조합으로, 종이가 없던 시절에 공직(公職)에서 수행한 공적(功績)을 나무판에 기록을 새겨 넣은 증표(:2.18)입니다. 이를 학교에 적용하면 녹(祿)은 학습 실적, 결과를 기록한 증표, 성적표라고 할 수 있습니다. 3년 동안 어떤 책이나 과정을 '통'과한 학습 실적을 기록할 수 없는 상태가 '不至於祿'이라는 의미입니다. 주석(集註)에서는 조금 더 친절하게 학업에 뜻을 두는 것(疑當作志)이 전제된다고 설명하고 있습니다. 관례에 따라 귀족 신분 자제들은 학교에 억지로 보내진 모양입니다. 배움의 뜻이 없는 학생은 3년이라는 오랜 시간을 배움이라는 틀 안에서 보내더라도 결실과 진전이 없다는 의미입니다.

주석(集註)은 공자시대 천년 이후 이해하기 쉽도록 달아 놓은 설명입니다. 문제는 그 설명에 치중하는 순간 오히려 원문에 대한 오해를 불러오기 쉽습니다. 또한 설명에 대한 해석과 이해가 잘못된 경우에도 원문에 대한 해석 과정에 왜곡을 일으키기 때문에, 주석을 살펴보는 경우에는 어떤 의미로 주석을 달았는지, 주석의 해석에 대해서도 신중을 기하는 일이 필요합니다.

子曰 : "篤信好學, 守死善道. 危邦不入, 亂邦不居. 天下有道則見, 無道則隱. 邦有道, 貧且賤焉, 恥也. 邦無道, 富且貴焉, 恥也."

▶ **해석:** 공자께서 말씀하시길, "굳게 믿고 배우기를 좋아하며, 죽음으로써 선(善)하고 올바른 길(道)을 지킨다. 위태로운 나라에는 가지 않고, 혼란한 나라에는 살지 않는다. 천하에 도가 있으면 나타나고, 도가 없으면 은둔한다. 나라에 도가 있는데 가난하고 천한 것은 수치이고, 나라에 도가 없는데 부하고 귀한 것도 수치이다."

해설

構造: 恭[U: 恭(u₁=篤信, 守死)]

構造: 恭[U: 恭(u_1=篤信, 守死)]

배움의 대상은 우리를 둘러싼 문화와 문명을 이루는 모든 것에 해당합니다. 배움에 필요한 사항은 그것에 대한 독실한 신뢰(信)와 배움을 좋아하는(好) 일입니다. 배움에 대한 연결 고리가 믿을(信) 만하지 못하다면, 자주 배움의 끈을 놓게 되며, 배우는 것에 대해서도 회의적으로 여기고 가치를 두지 않습니다. 그런 일이 지속 반복되면 배움의 발전을 이루지 못합니다(不至於穀:8.12). 믿을 수 없는 사항에 대해 좋아하는 일은 어렵기에, 믿음(信)이라는 것이 가장 먼저 설명되고 있습니다. 그냥 믿는 것이 아니라, 배움을 통해 어떤 사항에 대해 이해하고 접근할 수 있다는 독실한(篤) 믿음이 따라야 합니다.

독(篤)이라는 글자가 의미하듯이 눈을 가린(竹) 말(馬)이 전방에 좋은(善) 길(道)이 있다는 믿음을 갖고 앞으로만 전진하는 일이라고 할 수 있습니다. 누군가 좋지 못하고(不善) 험한 길로 나를 인도한다고 생각한다면(不信), 앞으로 나아가지 않는 것이 당연합니다.

인류가 쌓아온 문화와 문명은 큰 그림으로 그려볼 때에 결국은 좋은(善) 방향(德)으로 인류를 이끌어(道) 왔습니다. 당장에는 손해보는 일 같지만, 알게 모르게 사회에 덕(德)을 나누는 일이 쌓이고 쌓여 인류는 번영하고 인류의 인구 숫자는 증가했습니다. 만약 국가가 오랜 기간 올바른 길(道)을 잃고 덕(德)이 사라지는 경우, 그 국가는 퇴보하고 인구의 수는 줄어들었습니다.

"제가 어떻게 인구가 증가하는 것을 알 수 있을까요? 그렇게 상황이 이루어져 왔으며, 이런 이유입니다(吾何以知衆甫, 之狀哉, 以此: 老子 道德經, 21장).", 거시적 관점에서의 인류는 그런 모습과 상태를 이루며 현재의 모습으로 흘러왔습니다.

노자 도덕경 21장은 '큰 덕(德)의 모습(孔德之容)은 오직 도(道)를 따른다(唯道是從)'는 내용으로 시작합니다. 이 구절에서 설명하는 '선하게 이끄는 일(善道)'은 도덕경 21장 '오직 도(道)를 따른다(唯道是從)'는 구절에 해당하며, 8장의 첫 구절 태백(泰伯:8.1)의 큰 덕(孔德)의 모습을 따르고 있습니다.

선하게 이끄는 일(善道)이 없는 무도(無道)의 시기에 부와 고귀함(富且貴)은 황홀(恍忽: 도덕경 21장)한 물(物)질적 허상(象)에 불과하며, 유도(有道)의 시기에 가난하고 천함(貧且賤)은 그 마음(情)이 진(眞)실함을 이루지 못하기 때문에 부끄러운 일이라는 의미입니다. 큰 덕(孔德)을 이루는 선(善)한 길(道)을 따르지 못하는 것은 마음이 허황되고 홀연하여 결국 진실함이 부족하고, 믿음이 부족하다는 의미로 귀결됩니다 (其情甚眞, 其中有信: 도덕경 21장).

'차(且)'는 '또한'이라고 해석하지만, 여기에서는 좌우 2가지 조건을 모두 만족시키는 경우를 의미합니다. 유도(有道)의 시기에 물질적으로 가난하지만(貧) 정신적으로 고귀하다면 전혀 수치스러운 일이 아닙니다. 또한 정신적으로 부(富)유하지만 물질적으로 천(賤)한 일 또한 전혀 수치스러운 일이 아닙니다.

이 구절을 통해서 공자(孔子)는 노자의 도덕경(道德經)을 꿰뚫고 있다고 볼 수 있습니다. 독(篤)실하고 진실된 마음과 신(信)이라는 것으로 사람들을 선하게 이끄는 길(善道)은 문화와 문명을 잇고(繼), 전(傳)파하여 이루는 큰 덕(孔德)의 모습(容)과 밀접하게 연관되어 있습니다. 독실한 믿음과 신뢰(篤信)를 통해 지식을 배우고(學), 그것을 통해 다시 지(知)식을 유지하며 항상(常) 사람들을 선하게 이끌(善道) 수 있습니다. 즉, 항상(常)성을 유지하는 일은 사람들을 선하게 이끄는 일(善道)을 이루는 모습(容)에서 제외될 수 없는 필수적인 사항입니다.

'독(篤)'자는 노자의 도덕경(道德經)에서 1번 나오는 글자로, 도덕경 16장에서는 독(篤)과 신(信)의 속성을 통해 항상(常)을 유지하는 일을 시작으로 인류의 모습이 선도(善道)를 이룬다는 점을 다음과 같이 설명하고 있습니다.

'知常容, 容乃公, 公乃全, 全乃天, 天乃道, 道乃久: 道德經, 16장'
(항상 이루는 그 모습을 아는 것은, 그 모습이 공정함을 이루고, 공정함은 전달되며, 전달되는 일이 천하에 이르며, 천하는 올바르게(道) 되며, 올바름(道)은 오래 지속된다.)

위에 따라, 선도(善道)가 항상(常) 지속되면(唯道是從) 큰 덕(德)의 모습(孔德之容)을 이룬다는 설명이 도덕경 21장에서 이어지는 맥락입니다. 선도(善道)의 모습과 과정은 '容乃公, 公乃全, 全乃天, 天乃道, 道乃

久'에 해당하며, 이는 이 구절의 대소주제(主題) 공(恭)을 기반으로 합니다. 이 구절에서 의미하는 올바른 길(道)의 조건이라고 할 수 있습니다.

필자가 공자(孔子)가 노자(老子)의 도덕경(道德經)을 꿰뚫고 있다고 표현한 이유는 독(篤)이라는 하나의 글자도 소홀히 지나치지 않고, 그 맥락과 의미를 학(學)습하여 지(知)식과 지(知)혜를 얻고, 이를 통해 도덕경 16, 21장과 연계하여 자신의 철학에 활용하여 설명하고 있기 때문입니다.

子曰:"不在其位, 不謀其政."

▶ **해석:** 공자께서 말씀하시길, "그 직위에 있지 않으면, 그 정무를 도모하지 않는다."

해설

構造: 恭[U: 儉(o_1=在, 謀)]

이 구절은 조직 사회에서 독실하게(篤) 믿고(信), 선(善)하고 올바른 길(道)을 지키는(守) 절제(儉)의 방법을 설명하고 있습니다. 조직을 효율적으로 동작하도록 만들고, 자원을 효율적으로 사용하는 일에 해당합니다. 대개, 신뢰하지 못하기 때문에 간섭하게 되지만, 다른 사람의 간섭이 많아질수록 간섭에 의해 휘둘리기 쉽습니다.

이런 간섭의 행위는 그 사람의 지위를 위(危:8.13)태롭게 만들고, 조직 내에서 질서를 혼란(亂:8.13)스럽게 만드는 일에 해당합니다. 그리고 조직 체계를 무례(無禮)하게 만드는 일에 해당합니다. 일은 수고롭게(勞:8.2) 만들고, 공연한, 우(葸:8.2)려 사항은 많아지며, 혼란(亂:8.2)은 가중되고, 그 사람의 목을 죄는(絞:8.2) 일에 해당합니다.

절제(儉)가 부족하고 간섭 행위를 하는 사람이 많으면 많을수록 조직(共同體)은 비효율적으로 운영되며 자원은 낭비하게 됩니다.

子曰 : "師摯之始, 「關雎」之亂, 洋洋乎盈耳哉!"

▶ **해석:** 공자께서 말씀하시길, "지휘자(師)가 연주를 시작하자, 관저「關雎」의 악장(亂)이 넘치고 넘치게 내 귀를 가득 채우는구나!"

해설

構造: 恭[U: 讓(c_1=亂)]

논어(論語) 구절들 중에, 음악과 연관된 짧은 문장을 이해하는 일은 쉽지 않습니다. 앞뒤 구절에 대한 정확한 이해와 전달하는 내역의 흐름을 이해하지 못하면, 자칫 엉뚱한 방향으로 오해하기 쉽습니다. 그런 경우에, 가장 먼저 살펴볼 사항은 구절의 주제입니다. 이 구절 주제는 언(言)어를 통한 사회적 도움(襄), 합의(讓)입니다. 3.20구절에서도 '關雎'를 통해 그 시대의 상황에 대해 이해(讓)를 구한 바 있습니다. 이 구절 또한 시대적 상황을 설명하려는 의도입니다.

관저(關雎)가 상징하는 바는 시경의 첫 번째 시(詩)라는 점에서 새로운 국면의 시작(始)을 의미합니다. 아울러 새(鳥)를 활용한 비유로, 임금(鳳)과 신(隹)하는 뗄 수 없는 관(關)계, 함께(且) 나아가는 관(關)계라는 점을 상징합니다. 마치 8.3구절의 스승과 제자의 수족(啓予足, 啓予手)과 같은 관계라고 할 수 있습니다.

8.13구절에서 선하게 이끄는 일(善道)과 8.14구절에서 타인의 정치를 도모하지 않는 일(不謀其政)에 대해 이야기했음에도 불구하고, 국가의 모범(師)이 되어야 하는 벼슬아치(師)들이 정권을 잡기(摯) 위해

국가를 더욱 혼란(亂)스러운 국면으로 만들고 있습니다. 사(師)는 악단의 지휘자라는 의미도 있지만, 관료 사회의 벼슬아치(師)라는 중의적 의미를 품고 있습니다. 지(摯)는 악단 지휘자의 이름이라고 통상 해석하지만, 3.20구절의 시대적 배경을 참조하면, 정공(定公)이 즉위한 후 벌어지는 양화(陽貨)와 계(季)씨와 맹(孟)씨, 숙손(叔孫)씨 등 벼슬아치(師)가 정치적 권력을 잡기(摯) 위한 쟁탈전의 시(始)작을 의미합니다.

임금(鳳)과 신(隹)하의 함께(且)하는 관(關)계의(之) 대혼란(亂)이 시작되고 있습니다. '洋洋'은 그런 혼란의 시간이 넘치고(洋) 넘어(洋), 정공(定公)이 다스리는 시기 내내 이어진다는 의미를 담고 있습니다. '난(亂)'은 음악에서 악장을 난(亂)이라고 하지만, 중의적으로 국가의 혼란(亂)한 모습을 뜻합니다. 공자의 귀(耳)에 그런 소식이 가득 차고(盈), 공자는 '戰戰兢兢, 如臨深淵, 如履薄氷:8.3'과 같은 마음으로 혼란(亂)의 시기를 보낸 후, 결국은 정공(定公) 말기에 노(魯)나라를 떠나(無道則隱:8.13) 천하를 주유합니다.

8.11구절에서 설명한 주공(周公)의 재주와 아름다운 문화로 시작된 주나라의 체계 질서(禮)가 사라지는 안타까움을 드러내고 있습니다. 8.8구절 설명한 바와 같이 시(詩)를 통해 흥하고(興於詩), 체계의 질서(禮)를 올바로 세워(立)야 하지만, 그런 일과는 거리가 먼 상황입니다. 조화와 균형을 갖는 조화와 균형을 이루어 가는(成於樂) 단계로 향하고 싶지만, 들리는 소식(洋洋)은 나라의 어지러운(亂) 모습이 전부입니다.

8.16

子曰 : "狂而不直, 侗而不愿, 悾悾而不信, 吾不知
之矣."

▶ **해석:** 공자께서 말씀하시길, "곧고 바르지 못한 사나움, 마음의 근원이 없는 미
련함, 믿음이 없는 공허함, 나는 그런 것에 대해 이해하지 못하겠구나!"

해설

構造: 恭[U: 溫(x₁=狂侗悾悾)]

　狂而不直은 사회에 대한 공(恭)경과 자신에 대한 공손(恭遜)함이 부
족하다는 의미입니다. 侗而不愿은 공(共)동체 의식(心)이 결여된 무지
함에서 비롯됩니다. 悾悾而不信은 공경(恭敬)이 없음을 뜻합니다. 이
구절은 인간의 어리석은 3가지 모습을 설명하고 있습니다. 8.4구절에
서 군자가 소중히 여기고 따르는 3가지 속성과 대립적 성질에 해당합
니다.

　광(狂)은 자신이 왕(王)처럼, 그리고 개(犭)처럼 미쳐서 날뛰는 경우
를 의미합니다. 곧고 바른 것이 무엇인지 모르고(不直), 자신 마음대
로 행하는 모습입니다.

　동(侗)은 사람들(亻)과 같은 모습(同)을 유지하려는 성향입니다. 그러
나 문제는 아무 근원(原)도 없고, 영혼(心)도 없이 그냥 따라(同)하는
어리석은 경우에 해당합니다.

　공공(悾悾)은 마음(忄)이 비어(空) 있는 상태로, 욕심을 버린 것이 아
니라 믿음이 없는 상태라고 할 수 있습니다. 사회 공동체와 타인에 대

한 불신(不信)만 가득한 경우입니다. 믿음을 상실하고 불신(不信)만 가득한 경우, 그런 사회는 혼란스럽게 됩니다.

역사적으로 살펴보면, 임금(君)과 신하(隹)의 관(關)계가 밀접하게 (且) 자리 잡아가던 시기인 주(周)나라 초기 상황에 견주어 볼 수 있습니다. 주(周)나라 무왕(武王)이 즉위 후 3년 만에 죽자 어린 임금인 성왕(成王)이 등극하고, 성왕의 숙부이자 문왕(文王)의 셋째 아들 주공(周公)이 성왕(成王)을 대리하여 7년간 섭정합니다. 이에 은(殷)나라의 구신(舊臣)들은 문왕(文王)의 둘째, 넷째, 일곱째 아들을 부추기고 이간질합니다. 이에 넘어가, 자신들이 정권을 잡고자 광란(狂亂)을 일으켰으나, 주공(周公)에 의해 토벌되고 실패합니다. 공공(悾悾)연하게 주공(周公)의 정치를 불신(不信)하고, 아무런 근거와 근원(愿)이 없는 미련한(侗) 행위를 따른 일이라고 할 수 있습니다.

공자가 이런 속성들에 대해서 알 수 없다고 한 이유는 이런 속성의 근원이 무엇인지 헤아릴 수 없기 때문입니다. 어질고(仁) 인간적인 모습이 인간을 이루는 하나의 모습이라면, 그 대립되는 어리석고 비인간적인 모습 또한 인간을 이루는 모습입니다. 어떤 모습을 선택해야 할지 자명하지만, 그럼에도 불구하고 어리석은 방향을 선택하는 것이 인간의 모습이라는 사실은 신기(神奇)할 따름입니다.

그래서 인간은 신(神)처럼 완벽하지 않고, 이렇게도 저렇게도 변할 수 있는 중간자적 모습을 지니고 있는지도 모릅니다. 그러나 한 가지 명확한 사실이 있습니다. 그것에 대한 이해(知)와 선택(矢)과 그에 따른 결과(矣)는 오직 자신(吾)에게 달려 있다는 점입니다. 공자(孔子)가 마지막 구문(吾不知之矣)에서 전달하고 싶었던 사항이라고 할 수 있습니다.

8.17

子曰 : "學如不及, 惟恐失之."

▶ **해석:** 공자께서 말씀하시길, "(학문은 끝이 없기에) 미치지 못하는 것처럼 여겨 배우고, 오직 그것을 잃는 것을 두려워하라."

해설

構造: 恭[U: 良(m₁=學如不及)]

8.16구절에서 설명한 광(狂), 동(侗), 공공(悾悾)의 상태에 있는 사람은 인간 본성의 수양, 배움이 부족한 상태를 의미합니다. 그런 상태에 가장 필요한 일은 자신의 배움이 아직 기본적 소양에 미치지 못하고 있다(學如不及)는 인식입니다. 오직(惟) 그 인식에 대해 잃는 것(失之)을 두려워해야(恐) 합니다.

8.16구절에서 공자는 3가지 속성에 대해 이해할 수 없다고 설명했습니다. 이해할 수 없는 상태(不知)는 그것과 관련된 지식과 지혜에 대한 탐구(學)가 부족한 경우(學如不及)라고 할 수 있습니다. 그래서 배움(學)은 끝이 없고, 아직 그것에 대해 부족한 상황임(學如不及)을 인식하고 정진하라는 의미입니다. 이를 소홀히 여겨 오히려(惟) 3가지 사항에 대해 잊어버리고 사는 경우(失之), 사회는 쉽게 취약한(恐) 상태로 빠지게 됩니다.

사회가 지니고 있는 지식과 지혜에 대해 배울 때에, 항상 자신의 부족함을 겸손히 여기고, 아직 문화와 문명이 더욱 발전할 수 있는 부분이 많다는 점(學如不及)에 대해 인식하고, 발전을 기하도록 끊임없이 정진하고 노력해야 한다는 방법론(良)을 설명하고 있습니다.

子曰: "巍巍乎舜! 禹之有天下也, 而不與焉."

▶ **해석:** 공자께서 말씀하시길, "높고도 크다, 높고도 크구나, 순(舜)임금이여! 우(禹)가 천하에 있으니, (천하의 일에 대해) 관여하지 않았다."

해설

構造: 恭[U: 恭(u₁=不與)]

이 구절에서 순(舜)임금과 우(禹)의 관계는 임금(鳳)과 항상 함께 하는(且) 신하(隹)의 관(關)계입니다. 순(舜)임금으로부터 왕위를 선양(禪讓)받아 임금이 되어 하(夏)나라를 세우기 이전의 일이라고 할 수 있습니다.

하늘 아래의 세계(天下)를 다스리라고 하늘(天)로부터 명(命)을 받은 순(舜)임금에게 9년간 황하강이 범람하여 온 세상이 수재(水災)에 빠진 상황이 이어졌습니다. 이에 순(舜)임금은 신하 우(禹)에게 물을 다스려, 천하(天下)의 어려운 상황을 구하라고 명(命)을 내립니다. 이에 신하 우(禹)는 그 명(命)을 받들어, 13년간의 치수 사업을 성공적으로 이끌고 천하(天下)를 평안하게 만듭니다. 관련 설명은 6.22, 6.29, 7.14 구절의 해설을 참고하시기 바랍니다.

이 구절은 신하이자 제후(諸侯)인 우(禹)에게 천하를 위임하고, 그것에 대해 일절 간여(不與)하지 않음으로써, 전권을 받은 우(禹)가 다른 신하와 제후(諸侯)를 통제하여 사업을 성공으로 이끈 일을 언급하고 있습니다. 그런 혜안(慧眼)을 가진 임금이 순(舜)임금이라는 의미입니다.

만약 순(舜)임금이 13년을 기다리지 못하고, 조급하게 생각하여 이런저런 방향으로 근거 없이 수시로 방법과 정책을 간섭하고 바꾸었다면(狂而不直, 侗而不愿, 悾悾而不信:8.16), 그리고 신하 우(禹)를 독실하게 믿지(篤信:8.13) 못했다면 치수(治水) 사업은 성공하지 못했을 것입니다. 신하 우(禹) 또한 순(舜)임금의 명령을 믿고 죽음과 바꿀 자세로 그것을 지키지(篤信, 守死:8.13) 못했다면 치수(治水) 사업은 실패했을 것입니다.

순(舜)임금은 임금의 관점에서 자신이 부족한 점을 인식하고(學如不及:8.17), 그 인식을 놓지 않은(惟恐失之:8.17) 결과이며, 우(禹)는 사업의 실행자 관점에서 자신이 부족한 점을 인식하고(學如不及:8.17), 그 인식을 놓지 않고(惟恐失之:8.17) 지속해 현장에서 발로 뛰며 현실을 직시하고 방법을 강구하여 성공한 사례라고 할 수 있습니다.

이 구절과 대구가 되는 8.6구절 관련, 순(舜)임금은 제후(孤) 우(禹)에게 천하를 맡긴 일(可以託六尺之孤:8.6)에 해당하며, 제후(孤) 우(禹)는 절체절명의 사업에 임하여 의지와 뜻을 굽히지 않고(臨大節而不可奪也:8.6) 사업을 성공으로 이끌었다고 할 수 있습니다. 이것은 진정한 군자의 모습(君子人也:8.6)이라고 할 수 있습니다.

이것은 임금과 신하의 공심(共心), 사람에 대한 존중, 공(恭)과 사업에 대한 존중, 경(敬)이 기반에 자리하기 때문에 가능한 일이며, 무엇보다 국가 공동체, 국민에 대한 공경(恭敬)이 바탕이 됨으로써 가능한 일입니다.

'외(巍)'는 흔히 사용되는 글자는 아닙니다. '높고', '크다'라는 뜻을 지니고 있지만, 글자를 해체해 의미를 살펴보면 다음과 같습니다. 산(山)을 헐고 귀신(鬼) 같은 능력을 발휘하여 곡식(禾)을 생산하는 일을 맡긴다(委)는 뜻으로 해석할 수 있습니다. 즉, 9주(九州), 9도로(九道), 9연못(九澤), 9산(九山)을 다스리는 기반구축 사업을 맡기는 일을 의미합니다.

언(焉)은 올바르다(正)와 신하를 상징하는 새(鳥)로 이루어진 글자입니다. 그 사업을 올바른(正) 신하(鳥)에게 맡겨 끝맺음(焉)을 이룬 모습이라는 것을 강조하면서 구절을 마치고 있습니다.

子曰 : "大哉! 堯之爲君也 巍巍乎! 惟天爲大, 唯堯
則之. 蕩蕩乎! 民無能名焉. 巍巍乎 其有成功也! 煥
乎 其有文章!"

▶ **해석:** 공자께서 말씀하시길, "위대한 일이구나! 요(堯)의 (차기) 임금 삼은 일(爲君)
은, 높고도 숭고하구나! 오직 하늘만이 위대한 일을 이룰 수 있는데, 오직 요(堯)가
그렇게 했다. 넓고 광대하구나! 서민들이 능히 이름을 만들어 부르지도 못하였다.
높고 숭고하구나, 그 이루어 갈 공(功)의 존재(有)여! 찬란하구나, 그 문(文)화 시작(章)
의 존재(有)여!"

해설

構造: 恭[U: 儉(o₁=堯之爲君)]

요(堯)임금(君)은 중국 고대 전설상의 첫 번째 임금(君)입니다. 부족 사
회 공동체가 성장하여 체계를 마련하고 최초로 국가를 형성했다는 의
미를 부여할 수 있습니다. 그 이전까지는 오직 하늘이 만물을 다스렸는
데, 하늘이 한 사람에게 그 권한을 부여하여 임금으로 삼았습니다.

오직 하늘만이 임금을 지정할 수 있고, 그런 위대한 일을 할 수 있
는데(惟天爲大), 요임금은 하늘의 뜻에 따라 바로 그런 일을 행했습니
다(唯堯則之). 그 일이 요(堯)가 순(舜)을 임금으로 삼은 일입니다. 즉, 하
늘의 뜻에 따라 임금의 자리를 선양(禪讓)한 것을 의미합니다. 아직 선
양(禪讓)이라는 단어조차 없던 시대이므로 그 덕(德)을 무엇이라고 칭할
수 없는 것은 당연한 일입니다(民無能名焉). 이 구문은 8.1구절의 '其可謂

至德也已. 三以天下讓, 民無得而稱焉' 구절과 맥락을 같이합니다.

하늘의 뜻을 받들어 임금의 자리에 올랐고, 또한 하늘의 뜻을 받들어 차기 임금을 지정하였지만, 아직 국가 이름도, 국가의 체계도, 문화와 문명도 제대로 이루지 못한 상황입니다. '蕩蕩乎! 民無能名焉.' 관련 의미를 역사 시대 이전인 요순(堯舜) 시대로 적용하면, 넓고 넓은 중국 대륙이구나! 서민들은 이름조차 부를 능력이 없었으며, 산(山) 아래로 내려와 넓고 넓은 땅을 개간하여 곡식(禾)을 재배하는 일을 맡아 수행하지만(委), 아직 이름도 없고, 인간적인(仁) 모습을 누리지 못하는 귀신(鬼)이나 다를 바 없는 모습이라고 할 수 있습니다. 그런 서민들의 임금이 되어 서민들에게 덕(德)이 나누어지도록 국가를 다스리는 일은 중요한 임무지만, 그 올바른 방법은 멀기만 합니다(任重而道遠:8.7). 사람들이 인간다운 모습(仁)으로 살 수 있도록 만드는 것이 무엇보다 중요한 임무에 해당합니다(仁以爲己任, 不亦重乎?:8.7).

그런 서민들을 이끌어 이루어(成) 나갈 업적(功)은 높고도 숭고할 것이며(巍巍乎 其有成功也!), 그 찬란한 문화의 시작은 하늘의 뜻에 따라 임금의 자리를 선양(禪讓)함에서 출발한다(煥乎 其有文章!)고 설명하고 있습니다.

문장(文章)은 문(文)화가 새로 시작되는 첫 장(章), 시작을 의미합니다. 장(章)이라는 글자를 자세히 살펴보면 '세우다(立)'와 '시작(早)'이라는 조합 글자입니다. 문화와 문명이 세워지는 시작점이 요임금이라는 의미를 담고 있습니다.

그러면 순(舜)임금의 역할은 무엇일까요? 임금(君)은 과연 어떤 의미를 지니고 있을까요? 임금이 국가의 중심점이 되어 눈에 보이는 큰 역할을 하고, 큰 성공을 이루며, 자원을 임금의 뜻대로 좌지우지하는 모습은 8.18~8.19구절에서 찾아볼 수 없습니다. 임금은 자신에 대한 절제를 통해(儉) 서민들에게 덕(德)이 이루어지도록 보이지 않는 곳에서 그 역할을 합니다. 올바른 문화와 문명의 시작을 열어주는(文章) 역할이 그 하나이며, 모든 인류가 곤궁에 처해 귀신 같은 모습이 되지 않도록 만드는 일(四海困窮, 天祿永終:20.1)이 그 하나이며, 사람들을 인간답게(仁:8.7) 살 수 있도록 이끄는 것이 그 하나이며, 특정 사람이 이름을 날리고 공을 이루는 일보다 사람들 모두 각자의 삶을 통해 자신이 힘쓰고 노력하는 바를 이룰 수 있도록(其有成功) 길을 이끌어주는 역할이 임금의 중책이자 임무라고 할 수 있습니다.

舜有臣五人而天下治. 武王曰: "予有亂臣十人." 孔子曰: "才難, 不其然乎, 唐·虞之際, 於斯爲盛. 有婦人焉, 九人而已. 三分天下有其二 以服事殷, 周之德, 其可謂至德也已矣."

▶ **해석:** 순(舜)임금에게는 신하 다섯 명이 있었고, 천하를 다스렸다. 무왕(武王)이 말씀하시기를, "나에게는 다양한 신하(亂臣)가 열 명이 있다." 공자께서 말씀하시길, "인재를 구하는 것이 어렵다고 하나, 꼭 그런 것만은 아니다! 요순(唐虞)시대 이후, 이때에 인재가 가장 융성했다. 그 가운데 부인이 있었으며, 나머지는 아홉 명이다. 천하의 2/3를 차지하고도 은(殷)나라를 따랐으니, 주(周)나라의 덕(德)은 가히 지극함을 이루었다고 할 수 있다."

해설

構造: 恭[U: 讓(c_1=亂)]

한 편의 시(詩)와 같은 8.19구절에 대해 즐겁게 감상하셨나요? 이 구절은 역사(書)를 기초로 서술되어 있습니다. 구절의 주제(讓)와 글의 앞뒤 흐름을 명확히 이해하고 접근하지 않으면, 다소 복잡할 수 있습니다. 먼저 이 구절 이해에 도움을 주는 구절인 '興於詩, 立於禮, 成於樂:8.8'의 의미에 대해 복습하길 권합니다. 8.19구절을 시작으로 국가가 흥(興)하고, 체계가 수립되어, 번성을 이루는(成) 일의 흐름이 전개되고 있음을 눈여겨볼 필요가 있습니다.

이 구절에서 전제로 설명한 사실 2가지는 순(舜)임금에게 5신하가 있었다는 것과 무왕(武王)이 자신은 10명의 난신(亂臣)이 있다고 언급한 사항입니다. 태평성대를 이룬 순(舜)임금이 물을 다스린 우(禹), 농사를 일군 직(稷), 인적자원을 관리한 설(契), 법을 공정히 한 고요(皐陶), 산림과 하천, 호수를 관리한 백익(伯益) 등 5명의 인재를 거느리고 나라를 다스린 것에 비해 주(周)나라를 세운 무왕(武王)은 더 다양한 재능을 지닌 신하 10명이 있다고 자부하는 상황입니다.

난(亂)은 어지럽고 혼란스럽다는 뜻으로도 쓰이지만, 여기에서는 순(舜)임금 시대에 비해 2배 이상 넓어진 영토의 국가를 다스리는 많은(亂) 신하를 의미합니다. 단순히 숫자상 많다는 의미를 넘어, 여러 다양한 분야와 재능을 지닌 사람들이라는 뜻을 담고 있습니다.

8장은 특이하게, 소주제가 양(讓)에 해당하는 8.5, 8.10, 8.15, 8.20 구절 모두 '난(亂)'이라는 관점에서 의미를 전달하고 이해를 구하고 있습니다. 국가가 번성하고 문화가 확장되면 체계의 질서(禮)는 기존의 범위와 내역을 담기에는 한계에 다다르며, 혼란(亂)을 맞이하게 됩니다. 그런 혼란 속에서 새로운 체계로 거듭나는 것이 인류 발전의 역사라고 할 수 있습니다. 혼란(亂)의 시기에 재능을 지닌 난신(亂臣)이 힘을 모아 좋은(善) 방향으로 국가를 이끌고 가면, 올바른 길(道)로 이어지고 덕(德)은 지속됩니다. 하지만 혼란(亂)의 시기에 자신의 부(富)와 탐욕, 자신의 즐거움(樂)을 채우기에 바쁜 위정자만 가득한 경우, 국가는 무도(無道)하고 덕(德)은 추락하게 됩니다. 이는 은(殷)나라 마지막 주왕(紂王)이 애첩 달기와 벌인 행위에 해당합니다.

그런 무도하고, 혼란스러운 은(殷)나라의 주왕(紂王)을 몰아내고 새로운 나라를 세운 임금이 주(周) 무왕(武王)입니다. 무도(無道)하고 혼란스러운 시기에 인재(才)를 얻는 것이 어렵다고(難) 말하지만, 그렇지 않다고 공자가 설명을 시작하고 있습니다.

공자가 살던 노(魯)나라 정치판에는 무도(無道)한 사람들이 가득한 상황이지만, 그런 시기에도 인재를 얻는 것은 어렵지 않다는 복선을 담고 있습니다. 어려운 이유는 재능을 지닌 인재를 구할 능력이 없고, 구하지 않기 때문입니다. 공자는 인재를 구하는 일에 대해 가장 먼저 '파격'을 설명하고 있습니다.

임금(君)을 구하는 일 관련, '唐·虞之際'를 언급하고 있습니다. 당요(唐堯)와 우순(虞舜)의 사이(際)가 뜻하는 바는 8.19구절에서 설명한 선양(禪讓)을 의미합니다. 하늘의 뜻에 따라 국가를 통치할 사람에게 임금의 자리를 넘겨주는 일(大:8.19)입니다. 그런 문(文)화의 시작(章) 이후, 은(殷)나라 말기, 주(周)나라 초기에 가장 인재가 풍성(於斯爲盛)했다고 언급하고 있습니다.

그런 풍성한 인재(爲盛)를 바탕으로 천하 널리 서민들이 능히 칭하지 못할 정도로 크고 숭고한 성공을 이룬 것(蕩蕩乎! 民無能名焉. 巍巍乎其有成功也!:8.19)에 해당하는 일이 은(殷)에서 주(周)로 왕조를 바꾼 대(大哉!:8.19)업이라고 할 수 있습니다. 그 대업을 이루는 과정에 난신(亂臣)이 있었고, 재능이 있는 사람이라면 파격적으로 여성(有婦人)을 국가 제후로 삼았다는 것을 설명하고 있습니다.

'三分天下有其二 以服事殷'이라는 구문 이후는 무왕(武王)의 부친이자 주나라 시조로 추대된 문왕(文王)에 대한 설명입니다. 문왕(文王)은 은(殷)나라 말기 은(殷)나라의 제후(諸侯)로 그 덕(德)이 크고 넓어, 수많은 제후(諸侯)와 재인(才人)들이 그 아래로 들어와 신하가 되었습니다. 문왕(文王)이 천하의 2/3를 차지하고, 은(殷)나라 주왕(紂王)이 1/3을 차지하였지만, 제후(諸侯)로서 은(殷)나라를 섬기고 주왕(紂王)의 명령에 복종하여(以服事殷) 유배되었다가 풀려나기도 했습니다. 그 일에 대한 설명입니다.

8.18~8.19구절에서 표현한 방식대로 요순지제(堯舜之際)라고 표현하지 않고, '唐·虞之際'로 본명을 사용한 것은 문왕(文王)의 본명 창(昌)을 살펴서 이 구절을 이해하라는 지시라고 할 수 있습니다. 번성(爲盛)은 번창(昌)과 맥락을 같이 하는 글자로 창(昌), 문왕(文王)을 통하여 그 성공에 이르렀다고(其有成功也:8.19) 할 수 있습니다. 문왕(文王)의 큰아버지는 8.1구절에 나오는 태백(泰伯)입니다. 세 아들 가운데 2/3인 2명이 아버지의 뜻에 따라 막내아들인 계력(季歷), 문왕(文王)의 아버지에게 제후의 자리를 넘겨주었으니, 그 선조부터 내려오는 주(周)나라의 덕(德)은 가히 지극하다고 할 수 있습니다(其可謂至德也已矣:8.1). 그 덕(德)에 의지하고, 하늘의 뜻을 받들어 큰일(大哉!)이 이루어졌다는 설명입니다.

子曰：“禹, 吾無間然矣. 菲飮食而致孝乎鬼神, 惡
衣服而致美乎黻冕, 卑宮室而盡力乎溝洫. 禹, 吾
無間然矣.”

▶ **해석:** 공자께서 말씀하시길, “우(禹)에 대해, 내가 감히 말씀조차 올리기 어렵습니다. 초라한 음식이었지만 효가 지극하였으며, 그 혼(鬼)도 탄복할(神) 정도였습니다. 허름한 의복이지만 아름다웠으며, 수를 놓은 면류관 같았습니다. 궁실은 왜소했지만 (치수에) 전력을 다했으며, (농사에 필요한) 물길과 둑을 이루었습니다. 우(禹)에 대해 내가 감히 말씀드리기 어렵습니다.”

해설

構造: 恭[U: 溫(x$_1$=致孝, 致美, 盡力)]

이 구절은 우(禹)임금의 모습을 활용하여 공자의 가치관을 드러내고 있습니다. 제후(君)의 먹고, 입고, 자는 일, 즉 기본 생활에 대한 태도와 방법을 설명함으로써 그런 일에 대한 가치관을 전달하는 구절입니다.

들판에서 쉽게 구하는 풀(艹)이나 다름없는(非) 채소(菲)와 나물(菲)과 같은 조악한 식사를 하지만, 그런 조악한 식사를 하면서도 치수 사업 실패의 죄로 죽은 부친의 뜻(志)을 잊지 않았다는 의미를 효(孝:1.11)라고 표현하고 있습니다. 늙은 사람(耂)과 자식(子) 사이에 부모의 뜻(志)을 이어받아 연속성을 기하는 것이 효(孝:1.11)의 의미입니다. 부친의 치수 사업 실패를 거울삼고, 그 뜻을 이어받아 국가적 사업에 소홀함이 없는 모습을 보이는 일은 부친의 영혼(鬼)도 놀라워할 정도(神)라는 의미를 담고 있습니다.

그런 일을 수행하는 가운데 옷은 해지고 달아, 누덕누덕 기운 것이 마치 수를 놓은 것과 같은 아름다운 모습이었다고 거듭 칭찬합니다. 제후(諸侯)의 궁실이라고 하기에는 초라한 집에서 머물고, 집을 손보는 일 대신에 서민들이 수재에 피해 보지 않고 농사를 지을 수 있도록 물길을 트고 둑을 돌보는 일에 제후(諸侯)가 삽을 들고 직접 나서서 수행하여, 우(禹)의 손발이 부르트고, 물집과 굳은살이 떠나지 않았다는 이야기는 사람들 사이에 많이 회자되곤 합니다.

이런 모습의 우(禹)에 대해, 누가 감히 무엇을 흠잡을 수 있겠습니까? 서민들은 당연히 우(禹)의 그런 모습과 물을 다스려 농사를 잘 지으면 풍요로운 삶을 얻을 수 있다는 희망에 기대어(民可使由之:8.9) 우(禹)의 치수 사업에 온 힘을 다하고, 13년간의 치수 사업은 성공을 이루어(其有成功也:8.18), 태평성대(太平聖代)라고 불리는 시대로 접어들게 됩니다.

9. 자한

공자(孔子)께서 가끔 언급하신 말씀들을 모아 놓은 구절들입니다.

子罕言利與命, 與仁.

▶ **해석:** 공자께서는 이익을 추구하는 명(命), 이익을 따르는 인(仁)에 대해서는 드물게 언급하셨다.

해설

構造: 儉[O: 溫(x₁=命, 仁)]

構造: 儉[O: 溫(x_1=命, 仁)]

한(罕)은 '드물다', '희소하다'는 의미를 지닌 글자로, 어진사람(儿)을 덮고(冖) 가리는(冖) 일에 대해 방패(干)로 지지한다는 의미가 들어 있습니다. 이 구절은 어진사람(儿)을 덮고(冖) 가려서 이(利)익을 취하는 일에 대해, 하늘이 내린 뜻, 명(命)에 따라 인간 본연의 성질인 인(仁)을 지킨다(干)는 의미를 담고 있습니다.

보통 사람들은 8.21구절에서 살펴본 식(食), 의(衣), 주(住) 관련, 이익을 추구하려고 노력합니다. 삶의 이(利)익을 추구하려는 마음이 항상 앞에 서 있기 쉽습니다. 하지만 인간이 절체절명으로 지키고 먼저 생각해야 하는 것이 있습니다. 바로 명(命)과 인(仁)입니다. 명(命)과 인(仁)을 잊고 이(利)익만 추구하다 보면, 어느새 탐욕스럽고 비인간적인 모습으로 변한 나를 발견하기 쉽습니다.

그렇기 때문에 공자는 인간의 사명(與命)과 더불어 이(利)익에 대한 언급, 또는 인간적인 모습을 설명하면서(與仁) 이(利)익을 설명하는 일은 희소하다고 표현하고 있습니다. 그런 일은 특별히 예외적 상황이 아니면 없다는 뜻에 해당합니다.

達巷黨人曰 : "大哉, 孔子 ! 博學而無所成名." 子聞之,
謂門弟子曰 : "吾何執? 執御乎, 執射乎? 吾執御矣."

▶ **해석:** 달항(達巷) 마을 사람들이 말하길, "위대합니다, 공자여! 학문이 깊으면서
도 명성을 이루는 일에 집착하지 않으십니다." 공자께서 이 말을 듣고, 문하 제자
들에게 말씀하시길, "내가 무엇을 해야 하겠느냐? 마차를 모는 일을 해야 하겠는
가? 활을 집어야 하겠는가? 나는 마차 모는 일을 할 것이다."

해설

構造: 傲[O: 良(m₁=吾執御)]

달항(達巷)의 항(巷)은 거리를 뜻하고, 달(達)은 달인을 의미합니다.
즉, 달(達)인들이 모여 거리를 이루는 마을(黨) 사람들이(人) 공자(孔子)
에 대해 평가하고 있습니다. 달(達)인들에게 중요한 사항은 그 이름
(名)을 널리 알리고 유명세를 타는 일입니다. 그에 따르는 이(利)익이
크기 때문입니다.

사람들은 공자(孔子)를 학문의 달(達)인으로 생각하고 있지만, 공자
(孔子)는 명성(名聲)을 이루는(成) 일에 집착하지 않습니다(無所). 그렇
기 때문에 '위대하다(大哉)'고 언급했습니다. 8.19구절의 '大哉!'와 동일
한 표현이며, 마찬가지로 하늘이 내린 명(命:9.1)을 따른다는 의미를
담고 있습니다.

공자(師)가 제자(弟子)들에게 자신이 손수(手) 무엇을 집(執)어야 하는
지 묻고 있습니다. 마차 모는(御) 것과 활(射) 중에서 무엇을 집고, 시(始)

작해야 하는지(之)에 대한 질문입니다. 즉, '師摯之始:8.15'에 대한 물음입니다. 〈關雎〉之亂, 洋洋乎盈耳哉:8.15의 상황에서 공자는 손수(手) 무엇을 집어(執)야 할까요? 답은 마차 모는(御) 것이라고 본문에 나와 있지만, 왜 마차 모는 일을 선택했는지 그 이유에 대한 이해가 필요합니다.

關雎之亂은 임금(君)과 신하의 관계가 긴밀히 함께하지 못하고 어지러운 국면이라고 설명한 바 있습니다. 활(射)을 들어 탐관오리를 소탕하고 정치를 바로잡는 일은 자신의 신(身)체적 힘으로 짧은 시간(寸)에 이룰 수 있지만, 공자는 무인(武人)이 아니며 비인간적(非仁) 방법은 전혀 좋아하지 않습니다. 시간이 걸리더라도 사람들을(彳) 이끌고(御) 인간적인 방법으로 해결하기를 원하고 있습니다. 이미 8.11구절에서 주공과 같은 재능과 아름다움을 갖춘다면(如有周公之才之美:8.11), 말(馬)을 높은 교대(喬) 위에 세워두고, 말(口)로만 글이나 문(文)화를 다루는 일(使驕且吝:8.11)은 하지 않겠다고 언급한 바 있습니다(其餘不足觀也已:8.11). 말고삐를 잡고(執) 수레(御)에 사람들을 태워 전국을 주유하며, 공자의 철학(文)을 널리 전하는 일을 하겠다는 뜻입니다.

군자(君子)에게 활쏘기는 자신의 정신 수양을 위한 도구입니다. 스스로의 자세와 태도를 가다듬기 위한 쓰임의 도구입니다. 무력을 행사하고 타인을 제압하는 도구가 아니라는 점에서 무인들의 활과는 용도가 완연히 다릅니다. 반면, 수레 몰기는 이동을 위한 도구입니다. 우(禹)임금이 물리적인 관점에서 9주(九州), 9도로(九道), 9연못(九澤), 9산(九山)을 다스리는 천하 기반구축 사업을 완성했다면, 공자는 그 길(道)을 따라 논리적, 문(文)화적 관점에서 천하에 올바른 사상(思想)을 전하려는 생각을 드러낸 구절입니다. 즉, 공자의 천명(天命), 대재(大哉)를 가다듬은 구절이라고 할 수 있습니다.

子曰 : "麻冕, 禮也, 今也純. 儉, 吾從衆. 拜下, 禮也, 今拜乎上, 泰也. 雖違衆, 吾從下."

▶ **해석:** 공자께서 말씀하시길, "삼베(麻)로 짠 예모(冕)를 쓰는 것이 예(禮)인데, 지금은 비단(純)으로 만들어 쓴다. 검소(儉)하다면, 나는 사람들의 방식을 따르겠다. 대청 아래에서 절하는 것이 예(禮)인데, 지금은 위에서 절을 하니, 교만한 일이다. 비록 사람들과 어긋나 행하더라도, 나는 대청 아래에서 절하는 예(禮)를 따를 것이다."

해설

構造: 儉[O: 恭(u₁=吾從)]

9.2구절에서 공자는 널리 이름을 날리고 유명해지는 일에 연연하는 것보다, 인간적인 삶과 올바른 길(道)을 추구한다는 설명을 했습니다. 사회 다수가 오류에 빠져 있을 때에 누군가는 올바른 문(文)화가 무엇인지 알려주고 바른길(道)로 이끌어야(御) 합니다. 아무도 그런 쓴소리와 역할을 하지 않는다면, 사회는 나아갈 길을 잃고 헤매기 쉽습니다.

이 구절의 대주제는 검(儉)이며, 소주제는 공(恭)입니다. 공(恭)을 표현하는 방식인 예(禮)가 올바르지 못하고, 잘못된 길로 사회를 이끌고 있는 사례를 설명하고 있습니다. 공자는 대주제가 기반을 이루고, 우선 적용된다는 점에서, 검(儉)이 우선하는 사례를 먼저 소개하고, 교만에(泰) 빠지지 않는 자세와 태도(恭)를 나중에 설명하고 있습니다.

공(恭)경을 다하고, 공(恭)의 표현인 예(禮)를 다하는 일은 의미 있는 일이지만, 그것을 위해 과다한 비용이 소요된다면, 검(儉)소한 방식으로 대처하는 것이 올바르다고 할 수 있습니다. 사람들(共)의 마음(心)이 그런 검소한 방식을 비난하며 업신여기는 문화에 젖어 들면, 불필요한 낭비와 체면에 의존하는 어리석은 방향(驕且吝:8.11)으로 나아가게 됩니다.

마(麻)로 두건(冕)을 만들어 빳빳하게 모양을 유지하는 것이 예(禮)인데, 값비싼 비단(純)으로 두건(冕)을 만들어 부(富)를 드러내는 것을 사람들이 행하고 좋아하는 일에 대해서, 검소하지 않기 때문에 공자는 따르지 않겠다고 설명하고 있습니다.

참고로, 면(冕)의 의미를 살펴보면, 고대에 머리카락을 자르지 않고 길게 유지했기 때문에, 머리카락이 흘러내리고, 단정하지 못한 상태를 정돈하기 위해 머리를 묶고 쓰는 두건입니다. 관직(官職)을 얻는 경우, 그에 해당하는 공식적인 모자를 면류관(冕旒冠)이라 칭하고, 간략하게 줄여서 면(冕)이라고 하는 경우도 있지만, 여기에서는 면류관(冕旒冠)이 아닌 면(冕)의 의미 그대로 해석하였습니다.

두 번째 사례는 큰 비용과 노력이 소요되는 사항이 아닙니다. 그럼에도 불구하고 예(禮)의 표현을 생략하고 간소화한다면, 그런 문(文)화가 사라질 수 있습니다. 본질만 추구하면 된다는 생각으로 예(禮)를 이루는 형식을 모두 없애면, 문(文)화라고 부를 만한 사항은 남지 않을 것입니다. 그래서 통상 사람들이 취하는 태도와 어긋나더라도 예(禮)에 따라서 행하는 것이 올바른 문(文)화를 지키는 일이라는 뜻입니다.

조금 더 생각해 볼 사항은, 큰 비용과 노력이 소요되지 않는다는 것에 대해 주관적으로 해석하여, 온갖 형식과 절차를 지속적으로 만드는 행위는 결코 바람직하지 않습니다. 그것이 쌓이고 쌓여 시간과 노력의 비용이 소요되기 때문입니다. 생활 속에서 군이 행하지 않아도 될 사항을 행하는 낭비를 일삼는 일이 되기 쉽습니다. 문화는 그 것을 얻는 것이 쉽고, 편한 방향으로 흐르기 마련입니다. 불필요한 행위와 비생산적인 형식과 격식을 갖추는 일(不至於穀:8.12)은 사장되기(不易得也:8.12) 마련입니다.

정리하면, 사회의 문화를 이끄는 사람은 사회 다수의 공심(共心)을 수레(御)에 태워 이끌고 간다고 생각하면 좋습니다. 사람들(共)의 마음(心)을 단순히 비생산적인 형식에 치우친 삶이 아니라, 쉽고 편하면서도(易得) 서로의 가치를 존중(恭)하고 공(恭)경하는 길(道)로 이끄는 일이 더 좋다고 할 수 있습니다.

子絶四, 毋意, 毋必, 毋固, 毋我.

▶ **해석:** 공자께서는 네 가지 일을 단절하셨다. 의미에 대해 집착하지 않고, 틀림없이 그렇다고 단언하지 않으셨고, 확고함에 집착하지 않으셨으며, 그리고 자신에 대해 집착하는 일이 없으셨다.

해설

構造: 儉[O: 儉(o₁=絶四)]

9.3구절은 내가 따를 사항(吾從)에 대해 언급하였다면, 이 구절은 내가 버릴 사항 4가지(絶四)를 설명하고 있습니다.

'무(毋)'는 절대 하지 말라는 금지의 명령입니다. 그래서 무의(毋意)는 '뜻이 없다'가 아니라 '어떤 것에 대해 한정된 의미를 두지 말라'는 뜻입니다. 사람의 마음(心)에서 일어나는 소리(音), 즉 현상에 집착하여 감정으로부터 이끌리는 생각은 오류가 있기 쉽다는 뜻입니다.

어떤 것이 확정된 결정이나 의미를 가지지 않는다는 것에서 출발합니다. 그래서 어떤 일이 항상 필연적으로 그렇게 되는 경우는 없습니다(毋必). 그러므로 어떤 한 가지 주장이나 상황에 대한 인식을 고집할 이유도 없습니다(毋固). 결국 앞의 3가지를 포함하여 자신의 이(利)익을 위하는 일에 집착하는 것을 버리는 일(毋我)이 필요합니다.

이 4가지 사항은 절대적인 원칙이라고 여기기보다 이 구절의 주제인 절제(儉)의 관점에서 받아들이는 것이 좋습니다. 낭비의 요소이며 불필요한 사항이므로 버리는 것이 좋다는 의미입니다.

子畏於匡. 曰: "文王旣沒, 文不在玆乎? 天之將喪
斯文也, 後死者不得與於斯文也, 天之未喪斯文也,
匡人其如予何?"

▶ **해석:** 공자가 광(匡)지역에서 두려운 일을 당했다. 이때 말씀하시길, "문(文)왕
은 이미 오래전 죽어서, 문(文)화가 흐려지고(玆) 없지 않은가? 하늘이 장차 이 문
(文)화를 없애려고 한다면, 이후에 죽는 사람들은 이 문(文)화를 같이하지 못할 것
이다. 하늘이 아직 이 문(文)화를 버리지 않았으니, 광(匡)지역 사람들이 나를 어떻
게 하겠느냐?"

해설

構造: 儉[O: 讓(c_1=匡)]

'광(匡)'이라는 글자는 '바로잡다, 구원하다, 구제하다, 앉은뱅이(왕)'
라는 의미로 쓰입니다. 즉, 단순히 지명의 이름 이외에 공자가 이 지
역 사람들의 미개한 문화를 구제하려 한다는 중의적 표현입니다. 그
러나 오히려 그 사람들에게 위협받고, 위험에 처한 상황입니다.

문왕(文王:8.20해설 참조)은 주나라를 세운 무왕(武王)의 아버지로
500여년 전 이미 죽은 지 오래되어 그 문(文)화가 검게 흐려져서(玆)
광(匡)땅에 없다(不在)는 의미입니다.

이 문화(斯文)는 공자가 제자들과 광(匡)땅에서 전파하려는 문화를
뜻합니다. 즉, 공자의 철학, 논어(論語)에 해당합니다. 현대 사회에서는
2500여년 전 공자가 서술한 글(文)의 의미가 퇴색하고 몰락(沒落)하여,

사람들이 잘 모르는 상황이 지속되었으며 공자의 문(文)이 아닌 사문(似文)만 고집하고 떠받드는 모양에 이르렀습니다. 문(文)화를 다듬고 가꾸어 나가지 않는다면, 오랜 세월의 흐름에 따라 올바른 전달과 계승은 끊기기 마련입니다.

하늘이 공자의 문화(天之未喪斯文也)가 끊기도록 두지 않는 이유는 천명(天命)이라고 할 수 있습니다. 8.20구절에서 문왕(文王)의 지극한 덕(德)에 의해 주(周)나라가 세워졌듯이, 하늘(天)이 내린 명(命)에 따라 공자 자신을 위한 일이 아닌 앉은뱅이(匡)와 같이 문화적으로 주저않은 지역(匡)에 올바른 문(文)화를 나누는(德) 일을 위해 왔는데, 두려워해야 할 이유가 무엇이 있겠습니까?

大宰問於子貢曰: "夫子聖者與, 何其多能也?" 子
貢曰: "固天縱之將聖, 又多能也." 子聞之, 曰: "大
宰知我乎? 吾少也賤, 故多能鄙事. 君子多乎哉? 不
多也."

▶ **해석:** 태재(大宰)가 자공(子貢)에게 묻기를, "공자께서는 성스러운 일(聖者)과 함
께 하시니, 어떻게 그토록 다능합니까?" 자공(子貢)이 말하길, "장차 성(聖)스러운
발자취를 남기도록 하늘이 이끌려고, 이에 다능하게 하신 것입니다." 공자께서 이
를 들으시고 말씀하시길, "태재(大宰)가 나를 알겠는가? 나는 젊었을 때 가진 것이
없었기(賤) 때문에 비루한 일을 다양하게 잘할 수 있게 되었다. 군자(君子)는 다양
한 일을 잘해야 하는가? 그럴 필요는 없다."

해설

構造: 儉[O: 溫(x₁=賤)]

構造: 儉[O: 溫(x_1=賤)]

태재(大宰)는 어떤 사람의 이름으로 볼 수도 있고, 춘추전국시대 관
직이라고 볼 수도 있습니다. 주례(周禮)에 따르면 국가의 직제(職制)를
천관(天官), 지관(地官), 춘관(春官), 하관(夏官), 추관(秋官), 동관(冬官)의
여섯 분야로 나누어 다스렸습니다. 국가를 총괄 관리하는 분야가 천
관(天官)이며, 장(長)을 총재(冢宰:14.41) 또는 태재(大宰)라고 합니다.

재(宰)는 실질적인 행정을 의미하는 글자로, 집안의 행정 관리직을
가재(家宰), 국가의 행정 총괄을 태재(大宰)라고 부릅니다. 현대의 국무
총리 정도에 해당한다고 볼 수 있습니다.

그런 태재(大宰)가 자공(子貢)에게 묻고 있습니다. 자공(子貢)은 후에 노나라, 위나라 재상(宰相)에 오른 사람으로 주례에 따르면 태재(大宰)의 직책이라고 할 수 있습니다. 즉, 두 나라의 총리가 대화의 소재로 관직이 없는 대학자(博學:9.2) 공자(孔子)에 대해 언급하는 상황이라고 볼 수 있습니다.

하늘의 명(命)을 받들어 제자들과 노나라를 떠나(9.2) 갖은 어려움을 헤치고 전국을 주유하며 예(禮:9.3)와 철학(絶:9.4) 등 문(文:9.5)화를 널리 전파하여 큰(孔) 덕(德)을 나눈 일(9.5), 하나하나를 성(聖)스러운 일(者)과 함께하는(與) 것이라고 언급하고 있습니다. 다재다능함이 없이는 불가한 일이라는 의미입니다.

국가를 총괄 관리하는 총리의 입장에서 보면, 어떤 이(利)익 관점이 아닌 하늘의 명(命)을 따르는 일, 체계의 질서(禮)와 올바른 문화를 지키는 일, 뜻(意)과 필연(必)과 고정된 사항(固)과 자신(我)를 버리고 헌신하는 일, 목숨이 위태로운 상황에도 덕(德)을 나누는 사명(命)을 지속하는 공자의 행보(行步)는 당연히 성(聖)스러운 모습이 아닐까요? 현대의 어느 정치인과 비교해보더라도 결코 쉽지 않은 일이라는 것을 이해할 수 있습니다.

이에, 이어지는 자공(子貢)의 답변을 보면, 공자에 대해 성인(聖人)의 발자취를 밟도록 하늘이 이끌어 주셨다고 밝히고 싶지만, 예(禮)를 중시하는 유가의 관점에서 임금과 제후에게만 붙일 수 있는 성(聖人)이라는 표현을 함부로 사용할 수 없기 때문에, 성(聖)스러운 일이라는 의미로 인(人)을 생략하여 표현하고 있습니다.

이어지는 공자의 말씀은 겸손하기만 합니다. 자신도 젊었을 때에는 지식과 경제적으로 일천(賤)했기 때문에, 배움과 다양한 경험을 통해 다능(多能)하게 되었다는 설명입니다. 성(聖)이라는 표현이 과하다는 것을 알기 때문에, 자신의 신분으로 추종할 수 있는 최대에 해당하는 군자(君子)에 대해 언급하고 있습니다. 군자는 꼭 다능(多能)하지 않아도 된다고 설명하고 있는데, 그러면 군자에게 필요한 것은 무엇일까요? 그것은 큰 덕(德)을 나누는 일에 스스로 많이 부족(賤)하다는 인식이라고 할 수 있습니다. 이런 공손(恭遜)의 자세는 임금을 대신하여 국가를 다스리는 군자(君子)의 역할에 해당하는 태재(大宰)와 자공(子貢)에게 건네는 교훈이라고도 할 수 있습니다.

인간은 누구나 많이 부족(賤)합니다. 태어나면서부터 모든 것을 다 가진 사람은 없습니다. 물질적 관점에서 부(富)유한 집에서 태어나더라도, 인간의 따듯함을 잃어버린다면 인간으로서 천(賤)한 모습이라고 할 수 있습니다. 귀(耳)를 열고 사람들의 말(口)을 들으며, 그것을 바탕으로 낮은 곳에 임(王)하는 자세와 태도가 인간이 지닌 성(聖)스러운 모습이라고 할 수 있습니다.

9.7

牢曰 : "子云, '吾不試, 故藝.'"

▶ **해석:** 뢰(牢)가 말하기를, "공자께서 말씀하시기를, '나는 관직에 등용되지 않았기 때문에 재주가 많다.'"

해설

構造: 儉[O: 良(m₁=云)]

뢰(牢)는 사람 이름이지만, 중의적 표현에 해당합니다. 소(牛)가 우리(宀)에 갇혀 있는 상태를 뜻하는 글자로 제한된 범위 안에 머문다는 의미를 담고 있습니다. 그리고 뢰(牢)는 공직자에게 녹봉(祿俸)으로 주던 곡식을 뜻하기도 합니다. 또한 하늘에 제사를 지내고, 연회를 베풀기 위해 소, 돼지, 양 각 1마리씩 희생하는 것을 1뢰(牢)라고 표현합니다. 사마천의 '사기(史記), 오태백세가(吳太伯世家)'에 따르면, 주례(周禮)에 따르면 연회용 뢰(牢)는 천자가 12뢰, 상공(上公)은 9뢰, 후백(候伯)은 7뢰를 베풀 수 있다고 그 규모를 절제(節制)하고 있습니다. 이 구절에서 뢰(牢)는 중의적 의미를 지니며, 그 의미하는 바를 한정해야 하는 것은 아닙니다(毋意).

'子曰' 대신 '子云'이라는 표현을 사용한 것에 대해 눈여겨볼 필요가 있습니다. 이는 子執御云이라는 의미로 공자가 말고삐를 쥐고(執御:9.2) 여기저기 구름(云)처럼 자유롭게 운행(云)한다는 의미를 중의적으로 담고 있습니다. 필연적으로 '子曰'이라고 표현해야 하는 것은 아닙니다(毋必).

시(試)는 통상 시험(試驗)이라는 뜻으로 고(固)정적으로 사용되지만, 시험을 통과한 후 공직에 임명되는 일 또한 시(試)라고 표현합니다. 즉, 주례(周禮)에 따르는 국가의 6분야 직제(職制)인 천관(天官), 지관(地官), 춘관(春官), 하관(夏官), 추관(秋官), 동관(冬官) 중의 한 분야에 소속되어, 어떤 특정한 공직의 분야에서 봉사하는 일에 해당합니다. 특정한 분야에 능숙하면 달(達)인이라고 칭하지만, 군자(君子)의 모습과는 거리가 있습니다.

관직에 등용되어, 그 분야의 틀에 갇히지 않고, 여러 방면에 대해 접했기 때문에 다능(多能鄙事:9.6)하고, 재주가 있다(藝)고 표현하였습니다. 이는 자신을 내세우지 않고(毋我), 필요하다면 어느 분야라도 달려가는 자세와 태도로 임했기 때문에 가능한 일(聖)입니다.

닫힌(牢) 생각, 태도, 자세, 행동으로는 재능을 키울 수 있는 범위가 한정(牢)됩니다. 각각 한자의 의미에 대해 제한을 두지 말고, 구름(云)이 하늘을 운행(云)하듯이 자유롭게 생각을 펼치는 방법(良)에 대해 전달한 구절이라고 할 수 있습니다. 9글자 짧은 문장으로 이렇게 많은 의미를 담을 수 있다는 점에서, 글자를 아끼고 자원을 효율적(儉)으로 사용하는 모습을 엿볼 수 있습니다.

子曰: "吾有知乎哉? 無知也. 有鄙夫問於我, 空空
如也. 我叩其兩端而竭焉."

▶ **해석:** 공자께서 말씀하시길, "내가 알고 있는 것은 과연 무엇일까? 아는 것(知)
에 집착하지 않음이다. 비루한 대부들이 나에게 (이것저것에 대해) 묻지만, 비우고
또 비우려고 한다. 나는 앎(知)과 앎에 대해 집착하지 않는(無知) 양단을 모두 두드
리는 데 온 힘을 다하겠다."

해설

構造: 儉[O: 恭(u₁=兩端)]

'무지(無知)'는 지식에 대한 초월을 의미합니다. 지식에 대해 집착하
지 않고, 새로운 것을 받아들이는 자세와 태도라고 할 수 있습니다.
통상 무지(無知)하다는 표현과 무식(無識)하다는 표현을 구분없이 그
것에 대해 알지 못하는 상태로 사용하지만, 없다는 의미의 무(無)에
치중해서 의미를 받아들이고 단어를 사용한 결과입니다.

과연 인간에게 지식이 없을 수 있을까요? 불가능한 일입니다. 무욕
(無慾)이라는 단어와 마찬가지로 인간에게 욕심이 없을 수는 없습니
다. 욕심에 집착하지 않을 뿐입니다.

혹자는 '무지(無知)'에 대해 특정 사항에 대해 지식이 없는 상태라고
주장할 수도 있습니다. 하지만 그것은 언어 습관과 그것을 받아들이
는 관념의 차이에서 발생하는 문제이지, 철학적 관점에서 엄밀히 구
분하면 다른 이야기라고 할 수 있습니다. 최소한 논어에서 사용한 표

현에 따르면, 무지(無知)는 9.8구절에서 처음 등장하는 단어입니다. 9.8구절까지 잘 모르는 상태를 표현하는 경우, 15번 모두 부지(不知)라고 표현했습니다. 그런데 갑자기 무지(無知)를 언급하는 이유는, 그것에 대해 모르는 상태(不知)와 지식이 없는 상태(無知)를 구분하여 이해하기 위한 설명입니다.

무지(無知)는 컴퓨터로 견주면, 아직 메모리에 아무것도 기재하지 않은 초기화 상태를 의미합니다. '0'과 'Null'의 차이로 받아들이면 오히려 이해가 쉽습니다. '0'이 기록되어 있다면, 상태 값이 '0'이라는 정보가 저장된 상황입니다. 상태 값이 '0'이라는 것을 확정 지을 수 있다는 의미입니다. 'Null'의 경우 상태 값이 아무것도 없는 것, 즉 비어 있는(空) 것을 의미합니다. 부(不)는 그것에 대해 알지(知) 못한다고 확정 지을 수 있는 상태 '0'에 해당하며, 무(無)는 비어 있는 상태(空)에 해당합니다.

컴퓨터와 같이 '0'과 '1'의 조합 이진법의 논리에 따라 2가지 상태로 나누어 표현하는 경우도, 엄밀히 따지면 'Null'의 상태가 하나 더 존재합니다. 우리가 세상을 인식하고 표현하는 방식에는 언어적 한계, 논리적 한계 등 한계가 존재합니다. 이를 구분하여 정교하고 엄격하게 나누어 이해하는 일이 생각의 틀을 만드는 사람들, 철학자의 일이라고 할 수 있습니다.

무지(無知)는 비어 있는 상태이기 때문에 '0'이든 '1'이든 받아들이면 그만입니다. 어떤 것에 대해 고수하거나 기존의 것에 집착하거나 영향을 받지 않습니다. 부지(不知)는 '0'의 상태이기 때문에 '1'로 변화를 위한 절차와 방식 및 노력이 필요합니다. 무(無)는 비어 있다(空)는 의미로, 다르게 표현하면 자유롭다는 의미에 해당하며, 어떤 것으로도 채울 준비가 되어 있다는 의미입니다. 그렇기 때문에 내가 무지(無知)

하다는 것을 인식하는 일은 毋意, 毋必, 毋固, 毋我를 기반으로 사람들과 공(共)동의 마음(心)을 담을 준비가 되어 있다는 의미입니다.

'무지(無知)'는 나의 방식대로(毋我), 내가 알고 있는 것(毋意)을 고집하는 일(毋必, 毋固)에 치중하지 않고, 상대방에 대해 공(恭)을 바탕으로 이해하려는 자세와 태도가 포함되어 있습니다. 논어(論語)에서 공자가 제자들의 질문에 답변하는 방식이 뜻(意)과 의(意)미에 대해 고정적이지 않고(毋必, 毋固) 제자에 따라 다른 설명을 전달하고 있습니다. 공자의 가르침을 통해 보여주는 모습과 행위, 또한 공자가 설명한 사항과 일관성(一以貫之)이 있다는 것을 알 수 있습니다.

'생각의 틀'을 다루는 '철학'이 일관성을 잃는다면, 그것에 대해 어떻게 받아들일 수 있겠습니까? 당연한 사항임에도 불구하고, 논어(論語)가 짧은 구절들로 서술되어 있기 때문에 그 일관된 의미를 찾지 못하고(不知), 일관성을 무너뜨리며 오해하는 경우가 상당합니다. 집착하지 않고 받아들일 자세와 태도(無知)가 부족하여, 그릇된 정보('0')로 채워진 사항을 그대로 따라 받아들이기에 발생하는 일이라고 할 수 있습니다.

공직 시(試)험에 통과하여, 6부 직제의 어느 분야에 속해서 한정된 분야에서 일하는 공직자를 비부(鄙夫)라고 표현하고 있습니다. 공직에 있는 높은 사람들이 비공직자인 나에게 질문하지만, 나는 그것에 대해 내가 잘 모를 수 있다(無知)는 전제 아래에 '意, 必, 固, 我:9.4'를 비우고 또 비워서(空空), 앎(知)과 무지(無知)의 양단(兩端)을 두드리고, 그 양단을 갈구(竭求)하는 일에 노력을 다하겠다(竭)는 설명입니다.

비부(鄙夫)의 의미를 조금 더 설명하면, 비루하다(鄙)는 것의 언어적 느낌이 현대에는 그렇게 좋지는 않지만, 고대에는 그런 의미로 쓰이지 않은 모양입니다. 공자 자신도 비사(鄙事:9.6)에 능했다고 설명하고 있는 점을 들어보면, 자신이 일했던 사항과 배움을 비하하고 낮춰서 이야기하려는 의도가 아니라고 볼 수 있습니다. 그런 표현이라면, 오히려 공손(恭遜)함이 결여된 모습이기 때문에, 공자의 언어적 행위의 일관성이 무너진다고 볼 수 있습니다. 비하(卑下) 하는 표현이라는 느낌으로 읽고 있다면, 자신이 갖고 있는 기존의 언어적 관념이 이끄는 오해라고 할 수 있습니다.

'비(鄙)'는 계획하다는 의미 '도(啚)'와 지지하다는 의미의 '부(阝)'가 합해진 글자입니다. 즉, 완성된 체계적 계획(圖)은 아니지만, 간략한 절차와 방식(啚)에 의지(阝)하는 업무라고 할 수 있습니다. 일상적인 업무의 대부분에 해당하는 일입니다. 범위(口)를 명확히 정리하고 체계적인 계획(啚)을 세워 그에 따라 수행하는 사업(圖)과는 차이가 있다는 점에 주목할 필요가 있습니다.

'空空如也' 관련, '空空'이라고 중첩되어 표현함은 강조하고, 또 강조하려는 의도입니다. 절제와 낭비를 최소화하는 서술 중에도 의미를 표현하려면 두 번씩 사용하는 일도 필요합니다. 즉, 꼭 필요한 곳에는 써야 한다는 뜻입니다. 위에서 설명한, 도(啚)와 도(圖)는 모두 계획이라는 의미를 갖지만, 차이 나는 이유는 범위를 정하는 일을 명확히 하지 않고, 써야 할 곳에 쓰지 않았다고 볼 수 있습니다. 여(如)는 '~와 같다'는 뜻으로 주로 쓰이지만, 여기에서는 '~와 같이 행하다'는 의미로 쓰이고 있습니다. 야(也)는 어조사로 통상 해석을 하지 않지만, A 也 B 형식의 구절에서 A와 B는 같은 의미를 지니는 일련의 행위, 사건, 사항을 연결하여 설명하는 어조사입니다. 그렇기 때문에 위 구절에서 也의 앞뒤 구문은 모두 같은 일련의 사항을 설명하는 연속성을 부여하여, 위에 언급한 필자의 해석과 달리 '비우려고 하며, 나는 앎(知)과 앎에 대해 ~와 같이 뒤에 이어지는 구문과 연결하여 해석하는 것도 좋습니다.

마지막 구문은 '我叩其兩端而竭其兩端焉'을 줄여서 표현하고 있는데, 두드리는 것(叩)을 먼저하고, 어떤 방식(曷)으로 세우는(立) 일을 나중에 하는 것은 순서적으로 의미가 있습니다. 일단 먼저 세우는(立) 일에 착수하여, 기초가 제대로 다져지지 못한 사항을 나중에 확인하는 경우 계획(圖)에 큰 차질을 빚게 됩니다. 돌다리도 두드려 간다는 격언이 생각나는 구문입니다. 이는 공경(恭)이라는 덕목이 기반을 이루며, 나를 기준으로, 나에 대해 집착하지 않는 '毋我'가 밑바탕을 이루는 행위라고 할 수 있습니다.

9.9

子曰 : "鳳鳥不至, 河不出圖, 吾已矣夫!"

▶ **해석:** 공자께서 말씀하시길, "봉황(임금)과 새(신하)가 함께 이르지 않으니, 황하도 헤아리는 대로 흐르지 않는다, 나는 끝났구나!"

해설

構造: 儉[O: 儉(o₁=不出圖)]

봉(鳳)은 봉황새로 순(舜)임금과 같은 성인(聖人)을 의미합니다. 순(舜)임금은 신하 우(禹)가 치수 사업을 계획하고 실행하는 일에 대해 간여하지 않습니다(8.18). 9.8구절의 "吾有知乎哉? 無知也. 有鄙夫問於我, 空空如也. 我叩其兩端而竭焉."에 대해 이 구절의 대구가 되는 8.18로 되돌아가 임금(君)의 관점에서 생각해보면, 9.8구절은 순(舜)임금이 말했을 만한 이야기라고 할 수 있습니다. 자신의 지식에 집착하지 않고, 5명 신하(舜有臣五人而天下治:8.20)의 직분을 나누어 우(禹)의 치수 사업을 돕도록 했을 뿐입니다.

신하(鳥)는 임금(鳳)의 뜻을 따르지만, 임금(鳳)이 일일이 간섭하고 일에 관여하는 모습은 아닙니다. 신하(鳥)들이 임금(鳳)의 뜻을 모르고 그 뜻과 함께하지 않는다(鳳鳥不至)면, 문제가 발생합니다. 국가의 계획(圖)을 올바로 세우는 일과 실천하는 일이 모두 틀어지기 때문입니다. 즉, 국가의 가장 큰 자원(河)이 계획에 따라 원활히 흐르(河不出圖)지 않게 된다는 의미입니다.

국가의 인재(人才)와 자원이 계획(圖)에 의해 물(氵) 흐르듯 올바르게

(可) 흐르지 못하고(不出), 탐관오리(鳥)들이 멋대로 정치를 행하는 노(魯)나라에서 공자의 삶은 끝(吾已矣夫)이라는 탄식입니다.

子見齊衰者·冕衣裳者與瞽者, 見之, 雖少, 必作, 過
之, 必趨.

▶ **해석:** 공자께서 상복을 입은 사람, 예복에 면류관을 쓴 사람과 함께 고수가 북
을 치며 지나는 것을 보시면, 비록 젊더라도, 반드시 행하신 것은, 그들이 지나간
후에 필히 길을 달려가셨다.

해설

構造: 儉[O: 讓(c$_1$=必作, 過之)]

이 구절의 주제는 양(讓)입니다. 초상의 행렬에 대해 슬퍼하고 배려
하며 같은 마음을 품는 것은 당연한 일이라고 할 수 있습니다. 내가
수레를 몰고 가는 중에 급한 일이 있더라도 초상 행렬을 맞아 앞질러
가는 것은 절대 좋은 모습이라고 할 수 없습니다.

'齊衰'는 상복을 의미하므로 상(喪)여를 몰고 가는 행렬(者)이라고 할
수 있습니다. '冕衣裳'은 공직자 가운데 예복을 입고 면류관(冕)을 쓰
고 가는 사람을 의미합니다. 뒤에 오는 자(者)는 꼭 사람이라는 의미
보다, 그런 격식을 갖춘 사람이 수레를 몰고 가는 일(者)이 더 정확한
의미에 해당합니다. 그런 수레나 상여에 따라붙는 일은 북 치는 고수
가 사람들에게 지나감을 알리는 것(與瞽者)입니다. 현대로 견주면, 고
위 공무원이 관용차를 타고, 경광등을 켠 경찰차가 호위하는 모습이
라고 할 수 있습니다. '與瞽者'는 앞에 상여 행렬과 고위 공직자의 수
레가 가는 일에 동시에 해당합니다.

초상(喪)은 하늘(天)의 명(命)에 의해 목숨을 거두어가는 일이기 때문에, 그것에 대해 경건한 마음으로 예(禮)를 다한다는 의미를 담고 있습니다. 면류관을 쓴 공직자는 임금(君)의 명(命)에 의해 공적 업무(圖)를 수행하는 중이기 때문에, 경건한 마음으로 그 행렬에 대해 양보(讓步)한다는 의미를 지니고 있습니다.

그래서 그 사람이 젊더라도 먼저 지나가도록(過之) 배려하는 행위를 필히 행하고(必作), 그들이 지나간 후, 자신의 갈 길을 재촉(必趨)하여 수레를 몰고 간다는 설명입니다.

하늘의 명(命)이 있더라도 내가 먼저 행하고 나아가며, 공적(公的)으로 중요하고 긴급한 업무가 수행되더라도 내가 먼저 행하고 나아가는 질서 체계(禮)를 만드는 일은 겸양(謙讓)과 양보(讓步)가 결여된 모습이라고 할 수 있습니다. 사회를 이끌어가는 지도층이 그런 문화를 앞서서 만들어간다면 곤란하지 않겠습니까? 사회에 어떤 문화가 남아 있는지(其有文章:8.19)는 사회를 이끌어가는 사람들에게 달려 있습니다.

이때에 잊지 말아야 할 사항은 공무(公務)를 표현하는 의관이나 차림을 갖추지 않은 상황에서 먼저 행하고 나아가려는 경우, 사람들은 그런 사실에 대해 알 수 없다는 점입니다.

> **9.11**
>
> 顔淵喟然歎曰: "仰之彌高, 鑽之彌堅, 瞻之在前,
> 忽焉在後. 夫子循循然善誘人, 博我以文, 約我以
> 禮, 欲罷不能. 既竭吾才, 如有所立卓爾. 雖欲從之,
> 末由也已."

▶ **해석:** 안연(顔淵)이 감탄하여 말하길, "우러러보면 볼수록 더욱 높아지고, 파고 내려가면 갈수록 더욱 단단하며, 앞에 있는 것을 보았는데, 어느새 뒤로 가 계신다. 공자께서는 차근차근 사람들을 선하게 이끄시고, 글(文)을 통해 내 지식을 넓혀 주시며, 예(禮)로써 나의 행동을 단속해 주시니, 그만두려고 해도 그만둘 수가 없다. 나의 재능을 다 발휘하여도, 마치 그 앞에 우뚝 서 있는 것 같다. 비록, 따라가려고 해도, 따라갈 길이 없다."

해설

構造: 儉[O: 溫(x_1=善誘人, x_2=從之)]

안연(顔淵)이 구절을 소개하고 있습니다. 드러나 보이는 모습, 안(顔)에 해당하는 구문과 그 깊이(淵)를 이루며 사람들에게 도움을 주는 덕(德)에 해당하는 사항을 구분하여 이해하면 좋습니다. 드러나 보이는 모습을 배우고 따를 수도 있지만, 덕(德)에 해당하는 부분을 헤아리고 따를 것을 권합니다.

그것을 짧게 요약하면, '善誘人, 從之, 孔子(之德, 其可謂至德也已矣:8.20)'라고 할 수 있습니다. 이 구절에서 문(文)은 문화라고 이해해도 무방합니다. 사람들이 질서와 차례를 지키고 순연(循然)을 이루어 살아가는 모습(9.10)으로 인도(道)하는 일(善誘人)을 포함합니다. 이는 인간의 따듯한(溫) 모습이라고 할 수 있습니다. 그런 모습을 따르는 것(從之) 또한 인간이 따듯하기 때문입니다.

子疾病, 子路使門人爲臣. 病間, 曰: "久矣哉, 由之行詐也! 無臣而爲有臣, 吾誰欺? 欺天乎! 且予與其死於臣之手也, 無寧死於二三子之手乎? 且予縱不得大葬, 予死於道路乎?"

▶ **해석:** 공자께서 질병이 심해지자, 자로(子路)가 문인을 시켜 가신(臣) 노릇을 하게 했다. 병(病)중에 공자께서 말씀하시길, "오래되었구나, 거짓된 행위를 말미암아 따른 일이! 가신이 없으면서 가신이 있는 체하다니, 내가 누구를 속이겠는가? 하늘을 속이겠는가! 또한 나는 가신(臣)의 도움을 받다 죽는 것보다, 차라리 너희 제자들의 도움을 받으며 죽는 것이 더 낫지 않겠느냐? 또한 비록 내가 설령 성대한 장례를 얻지 못한다 할지라도, 올바름을 이끄는(道) 방식(路)으로 죽어야 하지 않겠느냐?"

해설

構造: 儉[O: 良(m₁=道路)]

이 구절은 앞 구절과 글의 흐름을 연결하여 이해하는 일과 현대어에서 사용되는 글자와 고대어의 의미가 다른 점을 명확히 할 필요가 있습니다.

공자의 병(病)이 아주 깊었(疾)습니다. 현대어에서 질병(疾病)이라고 흔히 사용하는 단어지만, 여기에서는 병(病)이 아주 심해져서(疾) 스스로를 돌아보지 못할 정도의 상태(吾無間然矣:8.21)를 의미합니다. 나이가 들면 인간(子)으로서 누구나 겪어야 하는 과정(路)이라고 할 수 있습니다.

자로(子路)는 공자보다 여덟 살 아래로 공자의 문하(門下) 제자 중에서 가장 연장자이며, 공자의 동생과 같은 역할이라고 할 수 있습니다. 그런 자로(子路)가 스승의 병환이 심해지자, 문하생을 공자의 신하로 삼아 수발을 들도록 했습니다. 자로(子路)의 관점에서 인간적인 조치이자, 차례의 질서를 따르는 일(循然:9.11)이라고 할 수 있습니다.

그러다가, 병환이 조금 좋아진 상황(病間)에 공자가 말을 하고 있습니다. 질(疾)이라는 글자를 빼고 표현한 이유입니다. '由之行詐也!'는 9.11구절에서 따르지 못할 따름이다(未由也已:9.11)의 설명과 연결되는 의미라고 할 수 있습니다. 따르지 않아야 할 사항(未由也已)에 대해, 질병이 심하여 거짓된 행위를 따르고 말았구나(由之行詐也)! 스스로 탄식한 일입니다. 물론, 유(由)를 자로의 자(字)로 해석하면, 자로(子路)가 벌인 거짓된 행각으로 번역할 수도 있지만, 뒤에 이어지는 구문과 문장 수준의 일관성이 무너지므로 좋은 해석이라고 할 수 없습니다.

조금 더 부연하면 공자는 아들 리(鯉)가 먼저 죽는 슬픔을 겪었습니다. 병환이 깊어 임종을 맞는 일도 자식이 할 수 없는 상황입니다. 제자들 가운데 유독 효(孝)가 지극했던 사람이 바로 자로(子路)입니다. 자로의 효심은 '非飮食而致孝乎鬼神:8.21'에 견줄 수 있을 만큼 정성스러웠다고 합니다. 유(由)를 자로(子路)로 해석하는 일은 9.11구절에 대한 배움과 그에 따른 수양이 부족하다는 의미를 담고 있습니다. 이 구절에서 그렇게 표현한 이유는 독자에 대한 일종의 시(試:9.7)험이라고 할 수 있습니다. 9.11구절 해설에서 설명한 바와 같이 눈에 드러나 바로 보이는 모습에 의존할 것인가, 깊이 있는 의미와 덕(德)에 의존하여 이해할 것인가를 확인하는 시(試)험입니다. 자로(子路)의 마음을 헤아리지 못하고, 자로(子路)를 탓하는 공자로 이해한다면, 공자의 수준을 한참 비하하는 일이 됩니다. 안연(顏淵)이 우러러본 공자의 참 모습, '循循然善誘人' 또한 거짓이 되는 일이라고 할 수 있습니다. 중요한 점은 눈에 보이는 부분보다 그 깊은 의미를 헤아리는 일에 부족함이 없는지(末由也已:9.11) 살펴야 합니다.

마지막 구문, '且予縱不得大葬, 予死於道路乎?'에서 구문의 대칭성을 살펴보면, 더욱 이해가 높아질 수 있습니다. 내가 따르는 것(予縱)은 비록 사람(子)들과 같은 죽음(死)이지만, 사람들(子)이 구하는 큰 장례식(不得大葬)이 아니라 올바른(道) 길(路)이어야 되지 않겠는가? 보통 사람(子)의 발자취(路)가 아니라 사람들을 올바르게 이끄는(道) 발자취(路)가 공자가 원한 사항입니다. 현대어에서 차가 다니는 길을 도로(道路)라고 표현하지만, 고대에는 길(道)과 발자취(路)는 다른 의미를 지니며, 현대와 다르게 굳이 2글자를 중복하여 사용하지 않습니다. 여기에서 도(道)는 발자취(路)를 서술하는 형용사로 사용되어 '올바르게 이끄는(循循然善誘人:9.11)' 의미라고 할 수 있습니다.

子貢曰: "有美玉於斯, 韞櫝而藏諸, 求善賈而沽
諸?" 子曰: "沽之哉! 沽之哉! 我待賈者也."

▶ **해석:** 자공(子貢)이 말하길, "여기에 아름다운 옥이 있다면, 그것을 궤에 넣어서
깊이 보관하겠습니까? 좋은 값을 받고 파시겠습니까?" 공자께서 말씀하시길, "팔
아야지! 팔아야지! 나는 살 사람을 기다리고 있다."

해설

構造: 儉[O: 恭(u₁=求善賈)]

構造: 儉[O: 恭(u$_1$=求善賈)]

이 구절의 주제는 공(恭)입니다. 옥(玉)과 같은 보물을 팔고 사는 일
에서 서로의 공(共心)이 부족했다면, 후에 적정한 가격이 아니라 그것
을 말미암아 사기 행위(由之行詐也:9.12)였다고 여기기 쉽습니다. 우리
는 어떤 것에 대해서 잘 알고 있다(有知:9.8)고 생각하지만, 그것에 대
해 잘 알지 못하고(不知), 정보가 없는 경우(無知:9.8)가 대부분입니다.
흥정은 유지(有知)와 무지(無知)의 양단을 잘 두드려서, 그것에 대해 이
해를 더해가는 과정(叩其兩端而竭焉:9.8)을 거쳐 값을 지불하는 행위라
고 할 수 있습니다.

만약, 구매하고 난 후에 잘 알지 못하고(不知) 샀다는 생각이 든다
면, 속았다고 후회하는 일입니다. 상대가 속인 경우도 있겠지만, 상대
는 속일 생각은 없었는데, 자신 스스로 그것에 대해 올바른 이해를
구하지 못한 경우가 오히려 많을 수 있습니다.

이 구절도 자공(子貢)과 공자의 드러나는 대화 모습에 의지하여 이

해한다면, 절반도 이해하지 못하는 일이라고 할 수 있습니다. 보석과 같은 것을 깊숙이 감추어 두고 묵히는 것보다 쓰임을 찾아 거래하는 일이 더 좋다는 것 이외에, 거래 과정에 서로에게 덕(德)이 나누어지는 방법(道路)과 의미를 이해할 필요가 있습니다.

자공(子貢)은 공자의 학문, 유학(儒學)이라고 불리는 학파가 크게 번성하도록 이바지(貢)한 사람(子)입니다. 공자의 답을 이미 예상하고, 그 관점에서 질문하고 있습니다. 즉, 공자가 이번에 설명할 사항은 이(利:9.1)익이 되는 관점이 아니라, 사회에 도움과 쓰임(命:9.1)이 되는 관점, 그리고 그 쓰임이 인간적인(仁:9.1) 따뜻함을 잃지 않는 관점이라는 것을 바탕으로 질문하고 있습니다.

그러면 인간적인(仁) 사항은 무엇을 의미하는 것일까요? 그것은 인간이기 때문에(由) 부족할 수 있다는 점(末由也己:9.11)과 인간이기 때문에(由) 거짓된 행위에 이르는 일(由之行詐也:9.12)이 가능하다는 점입니다. 인간(人)이므로(由) 그런 일을 따르는(由) 모습을 보이는 것이 당연할 수 있습니다. 항상 100% 완벽하다면, 신(神)이라고 할 수 있겠지요? 인(人)간은 자신 스스로(自) 의지에 말미암아(由) 행동하기 때문에 항상 부족합니다.

부족한 사람들이 사회(共)를 이루어 사는 가운데 최고로 아름다운 것(有美玉), 옥과 같은 덕(玉)을 이루는 모습은, 가죽에 소중한 것을 둘둘 말아 깊숙이 감추어 두는 일(韞櫝而藏諸)이 아닙니다. 선한 가치를 추구하고(求善賈), 과거(古)가 물(氵)처럼 선하게 흘러 현재에 이르도록 추구하는 일(求善沽諸)이라고 할 수 있습니다. 이는 차근차근 사람들을 선하게 이끄시는 일(夫子循循然善誘人:9.11)과 같은 맥락으로서, 전달하려는 사항의 일관성을 이어가며 설명하고 있습니다.

9.14

子欲居九夷. 或曰 : "陋, 如之何?" 子曰 : "君子居
之, 何陋之有?"

▶ **해석:** 공자께서 구이(九夷)에서 머물고자 하시자, 어떤 사람이 말하길, "거기는
누추할 터인데, 어떻게 하시겠습니까?" 이에 공자께서 말씀하시길, "군자가 사는
데, 어떤 누추함이 있겠는가?"

해설

構造: 儉[O: 儉(o₁=欲, 如之何)]

이 구절은 절제(儉)하여 간략히 서술하고 있으므로, 구절의 배경과
주제에 대하여 어떤 것을 전달하려 했는지 의도를 이해하는 일이 쉽
지 않습니다. 이에, 대구(夭)가 되는 9.2구절을 먼저 살펴보면, 달항(達
巷) 마을 어떤(或) 사람의 말을 듣고(耳), 제자들에게 말하기를(口), 수
레를 잡는 것(執御)으로 임하(王)겠다고 했습니다. 성(聖)스러운 일, 공
자의 철학과 학문, 문(文)화를 전파하기 위해 전국 주유를 결심하고
떠났다고 할 수 있습니다. 같은 소주제를 지닌 이전 구절에서 '河不出
圖, 吾已矣夫:9.9'라고 언급한 것과 연결하여 생각하면, 공자가 노(魯)
나라에서 머무는 일은 끝난 상황이며, 떠나기로 결심했는데 계획도
세울 겨를 없이(不出圖:9.9) 홍수에 물이 떠밀려가듯(河) 급히 나가는
모양새입니다.

9.13구절에서 옥(玉)을 감추어 묻어 둘 것이 아니라 팔 것이라고 언급
한바, 급히 팔려고 가는 마당에 누추한 곳, 화려한 곳 가릴 형편이 못

됩니다. 그렇지만 좋은 값을 쳐줄 곳은 어디인지 모르는 상황입니다.

이렇게 급하게 물(河)에 떠밀려 가는 모습을 지리적으로 살펴보겠습니다. 노(魯)나라는 산둥 반도 좌측으로 황하(河)가 바다로 나아가기 전 크게 둘로 나뉘는 지역입니다. 황하(河)의 물길은 북동쪽 제나라 방향과, 남동쪽 회수(淮水) 방향으로 갈려 동해로 나갑니다. 구이(九夷)가 정확히 어떤 지역인지 추정하기는 어려우나, 공자가 살던 노(魯)나라에서 황하(河) 물길이 여러(九) 갈래로 갈라지는 북동쪽(夷) 지역이라고 추정해 볼 수 있습니다.

9.2구절에서 2가지 선택지를 제(弟)자들에게 물어보았는데, 거대한 세월의 흐름이라는 물길에 휩쓸려 원하지 않는 방향으로 밀려가는 모습이라면 '埶射'에 해당하는 곳입니다. 이(夷)는 활을 메고 있는 사람을 표현하는 글자로, 글자의 형상이 공손(弟)하고 순한 성향을 지닌 사람이 물에 쓸려 뒤집힌 모습(夷)이라고 할 수 있습니다. '埶'은 '居'를 상징한다고 볼 수 있습니다. 구이(九夷) 사람들은 흙(土)에 풀(艹)을 넣고 다지고 쌓아 방패(干)와 같이 둘러(丸) 집(居)을 만들어 살았으니, 어찌 공자(丘=阝)가 은(乚)둔하여 그들과 하나가(一) 되어 그 안(內)에서 살기에 누(陋)추하지 않겠습니까?

노(魯)나라를 떠난 공자에게 여유롭게 앞으로 갈 방향을 설계하고 선택할 수 있는 시간적 여유와 선택지는 없었습니다. 하늘이 내린 성(聖)스러운 임(壬)무를 다해 9주(九州), 9도로(九道), 9연못(九澤), 9산(九山)을 다스린 우(禹)임금을 거울(卑宮室而盡力乎溝洫:8.21)삼아, 구이(九夷) 지역과 같이 아직 문화적으로 발전되지 못한 곳에 옥(玉)과 같은 아름다운 문화가 뿌리내릴 수 있도록 진력(盡力)을 다하려는 의지가 담겨 있습니다.

이 구절을 군자(君子)는 누추한 곳을 가리지 않고, 검(儉)소와 절제하는 생활도 마다하지 않는다고 가볍게 생각하면 구절의 의의를 충분히 이해했다고 하기 어렵습니다. 검(儉)은 사람들에게 덕(德)이 고루 나누어질 수 있는 성(聖)스러운 일(王)에 최선(盡力)을 다하는 과정, 또는 도구라고 할 수 있습니다. 목적과 의의가 빠진 자세와 태도의 고수는 오히려 사람들을 의미 없는 고행으로 이끌 수 있다는 점을 간과하지 말아야 합니다.

子曰 : "吾自衛反魯, 然後樂正, 〈雅〉·〈頌〉各得
其所."

▶ **해석:** 공자께서 말씀하시길, "내가 위(衛)나라로부터 노(魯)나라로 돌아온 뒤에
음악이 바르게 되었으며, 아(雅)와 송(頌)이 각각 제자리를 찾았다."

해설

構造: 儉[O: 讓(c$_1$=反, 然後, 正)]

9.14구절을 시작으로 공자와 제자들의 14년간 천하 주유가 시작됩
니다. 구이(九夷)에 해당하는 북동쪽 제(齊)나라로 첫발을 내디딘 후,
위나라를 거쳐 서(西), 남(南)쪽 지역의 국가를 떠돌다가, 다시 위(衛)
나라를 거쳐 고국 노(魯)나라도 돌아왔습니다. 세상 어디에도 도(道)
가 실현되고 있는 곳이 없던 혼란의 춘추전국시대였습니다.

14년이라는 강산이 변하는 긴 기간 동안 노(魯)나라의 모습은 정치
적 상황은 좋아진 점이 없지만, 사회 문화적 분야에서는 크게 달라졌
습니다. 삼환(三桓)에 의해 나라의 자원이 마음대로 사유화되고 낭비
되었으며, 임금은 허수아비와 같이 취급되었고, 그에 따라 국가 행사
와 체계를 드러내는 예악(禮樂)이 무너진 것이 오래되었습니다.

체계의 질서인 예(禮:9.3)와 조화와 균형을 의미하는 악(樂)이 무너지
는 것은 먼 옛날(古) 문왕(文王)을 시작으로 주공(周公)이 이룬 문(文)화
가 무너짐을 의미합니다. 즉, 구이(九夷)와 다를 바 없는 문화적 후진
국으로 전락하는 일입니다. 천하를 주유하는 목적과 의의가 공자의

사상과 문화를 전파하는 일인데, 정작 노(魯)나라의 문화는 황폐화되고 있는 상황입니다.

그래서 공자는 발길을 돌려 노(魯)나라로 돌아오고, 사회 문화적 합의(議)를 올바르게 다시 세웠습니다. 국가 행사에서 사용하는 음악(樂)인 아(雅)와 제례에 사용되던 음악(樂)인 송(頌)이 올바르게(正) 사용되도록 한 일을 설명하고 있습니다.

이 구절은 9.10구절과 연결하여 이해할 필요가 있습니다. 9.10구절에서 반드시 먼저 가도록(必作, 過之:9.10) 한 사항은 명(命)에 의해 움직이는 사람들, 상여행렬(天命)과 공무수행자(君命)입니다. 이 구절에서 송(頌)은 초상과 제례, 즉 천명(天命)에 해당하는 일에 사용되고, 아(雅)는 임금의 공식 행사(君命)에 사용되는 음악으로 내용적 측면에서 대구를 이룹니다.

9.6~9.10구절이 명(命)을 수행하는 일, 정치적 관점의 설명이라면, 9.11~9.15구절은 인(仁)과 관련되는 일, 문(文)화적 관점의 설명이라고 할 수 있습니다. 사회가 따듯하고 인간적(仁)인 모습으로 발전하는 과정에는 체계의 질서(禮)와 조화와 균형(樂)이 필수라고 할 수 있습니다.

조화와 균형(樂)을 무너뜨리고, 사회를 혼란스럽게 만드는 일을 통해 정치적 이(利)익을 얻으려는 사람들을 경계할 필요가 있습니다. 순서적으로 인(仁)보다 명(命)이 더 직접적이고 강력한 요구이기 때문에, 이에 굴복하고 순응하기 쉽습니다. 공자가 설명하는 체계의 순서가 그렇다는 의미입니다. 어떤 근거로 필자가 그런 주장을 하고 있을까요? 9.1구절에서 설명한 글(文)의 체계와 순서에 근거합니다.

子曰 : "出則事公卿, 入則事父兄, 喪事不敢, 不勉, 不爲酒困, 何有於我哉?"

▶ **해석:** 공자께서 말씀하시길, "밖으로 나가면 제후(公)와 경(卿)을 섬기고, 집에 들어오면 부모와 형을 섬기며, 초상의 일에서는 함부로 하지 않고, 강요하지 않으며, 과음으로 곤란하게 되지 않으면, 무엇이 나에게 있는가?"

해설

構造: 儉[O: 溫(x$_1$=事)]

'何有於我哉?', 무엇이 나에게 있겠는가? 이 질문에 대해 명확히 대답할 수 있는 사람은 자신의 인생 철학을 세운 사람이라고 할 수 있습니다. 필자가 생각하기에 공자는 하늘이 내린 명(命:9.1)과 인(仁:9.1)이 있다고 했을 것입니다.

공경(公卿)을 섬기는 일은 하늘이 내린 명(命)을 따르는 일에 해당합니다. 부형(父兄)을 섬기는 일은 인간적인(仁) 모습과 행위를 다하는 일에 해당합니다. 상(喪)은 하늘이 명(命)을 거두어가는 일에 해당합니다. 이에 대해 감히 어떤 말이나 행동을 함부로 하는 것(敢)은 불경(不敬)이며, 하늘이 행하는 일에 대해 마치 그것을 내가 관리하는 것처럼 억지로 강요하는 것(勉)은 주제넘은(不遜) 일입니다. 하늘이 행하는 일에 대해 술 먹고 취해 내 멋대로 행동하는 일은 무례(無禮)하기 끝이 없는 일이라고 할 수 있습니다.

이 3가지 일(事), 섬겨야 할 사항에 대해 어떤 이(利)익의 관점도 배제하고, 명(命)과 인(仁)을 따를 수 있다면 충분하다고 할 수 있습니다. 무엇을 더 요구할 수 있겠습니까?

子在川上曰: "逝者如斯夫. 不舍晝夜."

▶ **해석:** 공자께서 강가에 계실 때 말씀하시길, "흘러가는 것이 이와 같구나! 밤낮으로 그치지 않고 흐르는구나!"

해설

構造: 儉[O: 良(m₁=逝, 不舍晝夜)]

'逝'는 강물이 흘러가는 모습을 설명하는 글자입니다. 물의 방향은 꺾여(折) 굽이굽이 서서히(辶) 흐르지만, 멈추지 않고(不舍) 밤낮(晝夜) 구분 없이 흘러내려 갑니다. 수행자는 조용한 계곡 가에 홀로 앉아서, 물이 흐르는 모습과 소리에 귀 기울여 보기를 권합니다.

하늘의 명(命)에 따라 삶을 시작하여, 사회 속에서 인간적인(仁) 모습을 이루며 살아가는 일(事)의 모습은 강물과 같이 끊임없이(不舍晝夜) 흘러가는 모습과 유사합니다. 하늘의 구름과 땅의 변화가 험하고 급하면 흐르는 모습 또한 격렬하여 급류를 이루고, 변화가 완만하고 느리면 강물 또한 유유히 흘러갑니다. 그 앞을 가로막는 어떤 장애물이나 어려움이 있어서, 일시적으로 흐름이 늦춰지고 요동치는 일은 존재하지만, 곧 방향을 바꿔서 흘러가는 것이 이치(理致)입니다.

강물은 강물로서 모습과 쓰임이 있는 것이고, 인간은 인간으로서 모습과 쓰임이 있는 것이라고 할 수 있습니다. 14년간의 유랑을 마치고 돌아와 자신의 살아온 모습을 돌아보며, 인생의 모습과 의미를 되돌아보는 구절이라고 할 수 있습니다. 공자가 겪은 그 세월의 격랑을 어찌 감히 필자가 제대로 설명할 수 있겠습니까?

하지만 큰 강물이든 작은 개천이든 누구나 자신 나름대로 인생의 흐름을 갖고 그에 따라 살아가기 마련입니다. 자신의 입장에서 크고 작은 저항을 만나 굴곡을 이루며, 사람들과 함께 같이 흘러가는 것이 인생이라고 할 수 있습니다.

이때에 잊지 말아야 할 사항은 '같이'라는 조건입니다. 사람의 세월과 강물은 절대 나 홀로 가는 법이 없습니다. 커다란 사회를 이루어 함께하는 것처럼 항상 함께합니다. 우리의 삶은 사람들과 함께, 그 속에서 이루어지기 때문에 인(仁)이라는 덕목이 필요합니다. 명(命)은 하늘(天)에 있지만(在), 인(仁)을 이루는 일은 자신 스스로(自)의 의지(由)에 따라 선량(良)하게 행(行)할 사항입니다.

子曰 : "吾未見好德如好色者也."

▶ **해석:** 공자께서 말씀하시길, "나는 아직 보이는 것(色)을 좋아하는 것처럼, 덕(德)을 좋아하는 것을 보지 못했다."

해설

構造: 儉[O: 恭(u₁=好德)]

강물이 흘러가는 모습을 바라보는 일 관련, 대개 눈에 보이는 모습, 즉 색(色)에 치중하기 쉽습니다. 하지만 사회가 검(儉)을 이루는 방법과 방식은 눈에 보이는 모습(色)에 의존하기보다 눈에 보이지 않는 쓰임에 따릅니다. 눈에 보이는 모습인 색(色)보다 눈에 보이지 않는 나눔과 덕(德)을 좋아해야 한다는 의미입니다.

'색(色)'에 해당하는 대표적 예 3가지를 들어보면 재색(財色), 여색(女色), 주색(酒色)이 있습니다. 이런 것들은 절제(儉)와 거리가 멀며, 사회적 공심(共心)을 나누는 일과도 거리가 있습니다. 어렵고 힘들어도 같이 나누고, 쉽고 하찮은 일도 같이 나누는 것이 덕(德)의 쓰임이라고 할 수 있습니다.

9.19

子曰 : "譬如爲山, 未成一簣, 止, 吾止也. 譬如平地, 雖覆一簣, 進, 吾往也."

▶ **해석:** 공자께서 말씀하시길, "비유하자면 산을 쌓는 것과 같으니, 한 삼태기의 흙을 쌓는 일이 부족한 상황에서 중지하였다면, 내가 중지한 것이다. 비유하자면 땅을 고르게 하는 데에 있어서, 단지 한 삼태기의 흙을 부었을지라도 나아간다면, 이는 내가 전진을 이룬 것이다."

해설

構造: 儉[O: 儉(o_1=吾止, 吾往)]

검(儉)의 속성 관련 강조하는 구절로서, 약간 부족하더라도 나의 의지이고, 자원을 할당하기 시작하여 한 걸음 전진하였다면, 그것 또한 나의 의지에 달려 있다는 의미입니다. 한정된 시간과 자원이라는 관점에서 최선을 다하는 것은 산을 쌓고, 땅을 고르게 하려는 일에 큰 목적과 의의가 있기 때문입니다.

어떤 시(試:9.7)험에 통과하고 고위직에 이르는 일, 많은 돈을 들여 연회와 사치를 즐길 수 있는 부(富)를 얻는 것과 같은 색(色)을 목적과 의의라고 여기면 곤란합니다. 산을 뚫고, 땅을 개간하여 사람들이 그것을 통해 잘 살 수 있도록 만들어 주는 것과 같이 의미가 있는 나눔(德)을 더 좋아하지 않는다면, 9.18구절로 되돌아가 전달하는 주제(恭)의 의미를 깊이 새기는 노력이 필요합니다.

子曰 : "語之而不惰者, 其回也與."

▶ **해석:** 공자께서 말씀하시길, "의미 있는 언어(語)를 전달하면 소홀히 여기지 않는 것은, 그것을 돌아보는 일이 아니겠는가?"

해설

構造: 儉[O: 讓(c_1=回)]

어(語)는 단순히 말(言)이 아니라, 나(吾)의 뜻이 담겨 있는 정제된 언(言)어입니다. 나의 뜻을 담아 언어(言)를 통해 도움(襄)을 주는 행위에 해당합니다. 9.16구절부터 이어져 오는 공자의 정제된 언어가 바로 그것이라고 할 수 있습니다.

그런 언어를 받아들이는 태도와 자세를 담은 글자가 '타(惰)'입니다. 타(惰)는 마음(忄)과 육체(月)의 왼(左)쪽으로 치우쳐 놓는다는 의미입니다. 즉, 한쪽으로 치우쳐 소홀히 대하는 자세와 태도에 해당합니다.

9.16구절의 명(命)과 인(仁), 9.17구절 강물의 흐르는 모습과 보이지 않는 쓰임, 덕(德), 9.18구절의 호색(好色)과 호덕(好德), 9.19구절 스스로의 의지에 따르는 노력의 의미에 대해 소홀히 여기지 않는다면, 되돌아보고(回) 또 되돌아보며(回) 마음속 깊이 중용(中庸)을 이루어 함께하는 일이 필요합니다. 의미 깊은 말을 전해도 그것의 의미를 모르고 되돌아보지 않는다면, 아무런 도움이 되지 않을 것입니다. 부단히 되돌아보며, 자신 마음의 수양이 필요한 사항들이기에 그 의미를 같이 하는(讓) 관점에서 타(惰)와 회(回)라는 글자를 통해 설명하고 있습니다.

子謂顔淵曰 : "惜乎! 吾見其進也, 未見其止也."

▶ **해석:** 공자께서 안연(顔淵)에 대하여 말씀하시길, "애석하다! 나는 그의 전진을 보았지만, 그가 멈춰 서 있는 것을 보지는 못했다."

해설

構造: 儉[O: 溫(x₁=惜)]

공자께서 이전 구절에서 되돌아봄, 회(回)에 대해 언급하고, 제자의 죽음을 되돌아보며 안타까워하고 있습니다. 인간의 가장 근원적 속성 중 하나는 과거(昔)를 되돌아보고(回) 그것에 대해 애정 어린 마음(忄)을 갖는 일입니다. 석(惜)은 과거 잘못이나 실수에 대해 연연하는 단순히 후회(後悔)하는 일과는 다릅니다. 과거에 대한 안타까움과 사람에 대한 그리움이 포함됩니다. 죽은 사람에 대한 그리움은 인간 본연의 성질(仁)이자, 인지상정(人之常情)이라고 할 수 있습니다.

안연(顔淵)의 생몰년도 또한 명확하지는 않으나, 대략 공자와 함께 유랑을 떠난 후, 몇 년 뒤에 죽은 것으로 추정됩니다. 대구(天)가 되는 9.9구절을 이 구절과 연계하여 적용하면, '鳳鳥不至, 河不出圖, 吾已矣夫!'에서 봉(鳳)은 공자를 의미하며, 조(鳥)는 공자를 따르는 제자들을 의미합니다. 공자(鳳)가 안연(鳥)과 같이 노나라로 되돌아오지 못한 것(不至)은 물의 흐름(河)에 밀려 계획대로 이르지 못한 것(不出圖)이라고 할 수 있습니다. 노나라로 돌아와 다시 세월의 흐름을 회(回)고해보니, 애석(惜)한 마음이 가득합니다. 강물이 흘러가듯 멈추지(止)

않고, 갖은 고생을 다하며 나아가는(進) 일에만 매진했던 제자가 안타까울 따름입니다. 쉽게 표현하면, 아들과 같이 여기는 제자 안연(顔淵)이 자신을 따라 천하를 떠돌며 고생만 하고 노(魯)나라로 되돌아오지 못한 일이 안타까울 따름입니다.

子曰 : "苗而不秀者有矣夫! 秀而不實者有矣夫!"

▶ **해석:** 공자께서 말씀하시길, "싹이 돋아났으나, 꽃이 피지 않는 것도 있다. 꽃이 피었으나, 열매가 맺히지 않는 것도 있다."

해설

構造: 儉[O: 良(m₁=苗而不秀, 秀而不實)]

공자가 읊은 짧은 시(詩) 한 수입니다. 앞 구절의 애석한 마음을 달래는 시(詩)라고 할 수 있습니다. 삶을 이루는 모습, 명(命)을 시(時)에 담아 표현하고 있습니다.

어떤 생명은 그냥 돋아나서(苗) 푸르름으로 완성을 이루고 삶을 마칩니다. 어떤 생명은 꽃(秀)을 피우지만, 열매(實)를 맺지 못하는 경우도 있습니다. 명(命)에 따라 세상에 나누고 가는 것이 저마다 다르다고 할 수 있습니다.

어떤 것이 가장 좋은 방식(良)인지는 보는 사람의 관점에 따라 다릅니다. 그 쓰임과 나눔에 더 의미를 두는 사람이 있는 반면, 결실을 맺는 이익에 더 무게를 두는 사람도 있습니다. 하지만 모든 생명은 그 자체로 의미가 존재하고, 자신의 명(命)에 따라 살아갈 따름입니다.

시(詩)를 해석하는 것은 어리석은 일이라 할 수 있습니다. 스스로 느끼고, 자신의 의미를 찾는 것이 더 좋습니다. 필자가 서툰 언어로 어리석은 짓을 저지르고, 수습하기 급급하여 몇 자 더 적어 사족을 붙였습니다.

子曰 : "後生可畏, 焉知來者之不如今也? 四十·
五十而無聞焉, 斯亦不足畏也已."

▶ **해석:** 공자께서 말씀하시길, "이후에 일어나는 일들은 가히 두려워할 만하다.
앞으로 일어나는 일들이 지금과 같지 못할지 어떻게 알겠는가? 나이 사십, 오십에
귀담아듣지 않는 일은, 이 역시 두려움이 부족하기 때문이다."

해설

構造: 儉[O: 恭(u₁=後生可畏)]

構造: 儉[O: 恭(u$_1$=後生可畏)]

후생(後生)은 앞으로 생겨나는 모든 것, 모든 일에 해당합니다. 앞으
로 일어나는 일에 대해 경외(敬畏)심을 갖는 일은 미래에 일어날 일에
대해 단순히 두려워하는 모습이 아니라, 그것에 대해 존중하고 깊이
생각하여 조심하는 것을 의미합니다.

대구(天)가 되는 9.11구절에서 안연(顔淵)의 마지막 구문, '雖欲從之,
末由也已'는 복선을 이루는 의미를 지니고 있습니다. 안연(顔淵)이 공
자를 따르고 싶지만, 그럴 수 없다고 말한 사항이 현실이 되었습니다.

인생은 앞으로 어떤 일이 일어날지 아무도 모릅니다. 내 곁에 있는
사람들에 대해 소중히 여기는 마음이 부족하고, 그들의 말을 귀담아
듣지 않는 것은 아직 젊고 혈기 왕성한 20~30대의 모습이라고 할 수
있습니다. 사십, 오십 대가 되어서도 사람들의 이야기에 대해 귀담아
듣지 않고, 나를 더 내세우고 내 마음에 따라 행동하는 일에 익숙한
것은 아직 성숙하지 못한 모습이라고 할 수 있습니다. 삶에 대한 경

외심이 부족하기 때문입니다. 인생에 대해 내 마음대로 다할 수 있다는 오만함을 버리지 못하는 태도라고 할 수 있습니다.

이순(耳順)의 나이에 이르기 전에 연습할 사항은 사람들의 목(口)소리에 귀담아 순리를 듣고(耳), 그들과 함께 임(壬)하는 태도와 자세를 갖추는 일입니다. 즉, 공자가 천하 주유(周遊)를 통해 올바른 생각의 틀을 사람들과 함께(共心)한 성(聖)스러운 일(夫子循循然善誘人:9.11)에 해당합니다.

子曰 : "法語之言, 能無從乎. 改之爲貴. 巽與之言, 能無說乎. 繹之爲貴. 說而不繹, 從而不改, 吾末如之何也已矣."

▶ **해석:** 공자께서 말씀하시길, "법(法)과 같이 엄정한 의미를 담은 언어는, 능히 따르지 않을 수 있겠는가? 그 언어를 고치는 일은 귀하게 행한다. 공손함이 함께하는 언어는 능히 기쁘지 않을 수 있겠는가? 해석하는 일을 귀하게 행해야 한다. 기뻐하면서 해석하지 않고, 따르고 고치지 않으며, 나도 '그것은 어떤 것과 같다'고 하지 않을 따름이다."

해설

構造: 儉[O: 儉(o₁=末如之何)]

법어지언(法語之言)은 법(法)과 같이 엄정한 의미를 담고 있는 언어를 말합니다. 아직 성문법과 같은 제도가 만들어지기 이전이므로, 이 시대의 법어(法語)는 주로 인간의 기본적인 윤리를 어긴 일에 대한 형벌(刑罰) 부여를 위한 언어와 체계의 질서(禮)를 지키기 위한 언어라고 할 수 있습니다. 이 구절과 대구(天)가 되는 9.12구절에서 자로(子路)가 문하생에게 지시한 언어, 스승을 임금(君)과 같이 모시라는 언어가 이에 해당합니다. 이런 언어는 따르지 않을 수 없으며, 한번 명령이 내려지면, 그것을 고치고 번복하는 일이 없을 정도로 엄중해야 합니다.

손여지언(巽與之言)은 공손하고 완곡한 언어에 해당합니다. 공손하고 완곡한 언어를 싫어하는 사람은 흔하지 않습니다. 듣기 편하고, 듣기 좋은 말에 해당합니다. 이런 언어를 굳이 확대 해석하고, 되돌아보는 일은 불필요합니다. 듣기 좋은 말은 듣고 그냥 흘려버리는 것이 좋습니다. 의미를 부여하고, 해석하는 과정에 오만과 거만이라는 권위 의식이 자라나게 됩니다. 하늘이 내린 명(命)에 대한 경건함과 두려움(畏)이 사라지고, 자신의 지위 높이에서 세상을 내려다보는 것에 익숙해지면 곤란합니다.

이 구절은 앞 구절의 '後生可畏, 焉知來者之不如今也?' 질문에 대한 답으로 서술이 이어지고 있습니다. 법과 같이 엄정한 말을 지키는 이유는 그것이 지켜지지 않았을 때에 앞으로 일어날 일에 대해 가히 두려워하기 때문이며, 공손하고 완곡한 언어를 사용하는 이유는 험악하고 불손한 언어를 사용했을 때에 말을 주고받는 관계 사이에 불신, 불안, 불만과 같은 다양한 부작용이 일어날 수 있기 때문입니다. 9.23 구절이 듣는(耳) 일에 대한 설명이라면, 이 구절은 말하는(口) 것에 대해 임(壬)하는 태도와 자세를 설명하고 있습니다.

9.12구절에서 공자가 한 말, '久矣哉, 由之行詐也! 無臣而爲有臣, 吾誰欺? 欺天乎!'는 봉조부지(鳳鳥不至)와 연관하여, '안회(顏回)가 사망한 지 오래되었지만, 신하가 없는데도 있는 것처럼, 거짓된 행위를 한 것이 오래되었구나! 내가 누구를 속일 것인가? 하늘을 속일 수 있겠는가!'라는 의미로 해석할 수 있습니다. 안회(顏回)를 잃고 천하 주유를 지속했지만, 고국으로 돌아와서 회(回)고해 보니, 그 빈자리가 그립다(惜)는 의미입니다.

하지만 마지막 문구인 '吾末如之何也已矣'에 따르면, 인생은 경외(敬畏)의 대상이므로 최선을 다할 뿐이지, 그것에 대해 어떤 것과 같다(如之何) 또는 어떻게 했어야 한다(如之何)고 하지 않는다고 선언하고 있습니다. 과거를 돌아보며, 어떻게 했어야 한다고 후회하고, 반목하는 말은 불필요하고, 하찮은(末) 일, 낭비(不儉)라는 의미입니다. 이는 군자(君子)가 입에 담을 말이 아니라는 뜻입니다.

9.25

子曰 : "主忠信, 毋友不如己者, 過則勿憚改."

▶ **해석:** 공자께서 말씀하시길, "마음의 중심(忠)과 믿음(信)을 주(主)로 삼고, (그런) 자신과 같지 못한 일(사람)과 친하지 말며, 과실이 있으면 고침을 꺼리지 말라."

해설

構造: 儉[O: 讓(c_1=主忠信)]

이 구절 또한 이전 구절의 '後生可畏, 焉知來者之不如今也?' 질문에 대한 답으로 서술이 이어지고 있습니다. 앞으로 일어날 일에 대해 경외심을 갖기 때문에 해야 할 사항이 자신의 마음의 주(主)인이 되는 일입니다. 스스로 믿음(信)과 신뢰(信)를 갖고 마음(心)의 중(中)심이 흔들리지 않는 주(主)인을 의미합니다.

국가와 사회를 이끄는 군자(君子)의 마음이 갈대와 같이 바람이 불면 이리 흔들리고 저리 쓰러진다면, 그런 군자(君子)가 이끄는 국가와 사회는 우환과 걱정이 끊이지 않고 혼란스러울 것입니다.

'毋友不如己者'는 1.8구절의 '無友不如己者'와 비슷해 보이지만, 어떤 것에 집착하지 않는다는 의미의 무(無)와는 달리 무(毋)는 '어떤 것을 행하지 말라'는 뜻입니다. 전혀 다른 의미에 해당합니다. 자기와 같지 않은 어떤 일(者) 또는 사람(者), 즉 앞 구문에서 언급한 충(忠)과 신(信)을 기반으로 하지 않는 일, 자신답지 못한 모습과 행동이라면, 그런 것과는 친하지 말라는 의미입니다. 충(忠)과 신(信)을 기반으로 하는 모습과 행동은 9.23~9.24구절에서 듣는 행위와 말하는 것에 대해 설명한 바 있습니다.

물론 '자(者)'에 대해 자신과 같지 않은 놈, 사람(者)이라고 범위를 축소하여 해석할 수도 있습니다. 9.23~9.24구절에 나오는 사항인 충(忠)과 신(信)으로 지키는 자신과 다른 놈(者)들과는 벗하지 말라는 뜻으로 받아들일 수 있지만, 해석의 범위를 사람으로 협소하게 바라보는 일이라고 할 수 있습니다.

사람에 대해 평가하고 언급하는 일, 사람을 비하하는 일은 논어(論語)를 읽고 자신을 수양하는 과정에 경외(畏)심을 갖고 크게 두려워해야 할 사항입니다. 좋은 관점에서 평가하고 사람들에게 모범과 귀감이 되는 일을 전파하는 일은 바람직하지만, 그렇지 못한 경우는 공자의 철학이 아니라 사문(似文)에 해당합니다.

사문(似文)을 전파한 사람이 지닌 생각의 틀이 후배에 대해 두려워하는 수준이기 때문에, 후생가외(後生可畏)를 그런 방식으로 적용하여 이해하고, 그 뜻이 전달되었다고 조심스럽게 추정해 봅니다. 뒤에 오는 후배들이(後生) 선(善)하고 능력이 많은 사람들이 많을수록 사회가 좋아질 것인데, 왜 두려워해야 하는지 납득하기 어려운 생각의 방식입니다. 공자는 그런 군자(君子)와 같은 후배이자 제자, 안연(顏淵)을 그리워하고 애석(惜)하게 여기며 자신의 삶을 되돌아보고(回), 그에 따른 삶의 교훈을 전달하고 있는 상황(9.21~9.25)인데, 어떤 구문과 구절에서 그런 해석의 여지를 찾을 수 있는지 필자는 이해하기 어렵습니다.

그럼에도 불구하고, 현대의 국어사전(辭典)에서도 '후생가외(後生可畏)'를 공자의 철학과는 전혀 다른 뜻으로 설명하고 있는 현실은 크게 안타까울(惜) 따름입니다. 자신의 삶과 사회에 대한 인간적인(仁) 마음의 중심(忠)과 신뢰(信)를 회복하는 일이 필요한 사항입니다.

子曰 : "三軍可奪帥也, 匹夫不可奪志也."

▶ **해석:** 공자께서 말씀하시길, "삼군의 장수(帥)를 빼앗을 수는 있지만, 필부(匹夫)의 뜻을 빼앗을 수는 없다."

해설

構造: 儉[O: 溫(x₁=志)]

$$構造: 儉[O: 溫(x_1=志)]$$

9.25구절에 서술되어 있는 사항과 다르게 충(忠)과 신(信)을 주(主)로 삼지 못하고, 사회 구성원들이 자신만 못한 일과 그런 사람들과 친하게 지내는 일이 많아지고(友不如己者), 잘못된 일에 대해 고치지 않을(過則憚改) 때에, 국가는 병들고 약해져 가장 두려워해야 할 일, 즉 강대국의 위협과 전(戰)쟁에 직면하게 됩니다. 전(戰)시에는 법(法)이나 공손(巽)한 언어가 모두 무력한 상태로 전락합니다. 국가가 살아남기 위해 국민에게 어떤 대가를 치르는 일도 요구되는 것이 전쟁입니다.

전쟁과 같은 급박한 위기의 상황에서는 어떤 것을 희생하더라도 효율적인 방식을 동원한 대응이 필요하지만, 가장 효율적인 방식을 택하지 못하고 우왕좌왕하기 쉽습니다. 전쟁은 국가 생존이 걸려 있으므로, 체제의 법(法)칙과 순서에 상관없이 가장 믿을 만한 장수(帥)를 선출(選出)하여 삼군을 지휘하도록 하며, 그 장수가 부적합하다고 여겨지면 임금은 언제라도 장수를 바꾸는 일을 서슴지 않습니다.

하지만 관직에 등용되지 않은 필부(匹夫)의 뜻은 왕이라도 바꾸는 일이 불가합니다. 부(夫)는 아직 관직에 등용되지 않은 선비(士)와 장관에 해당하는 대부(大夫) 사이의 모든 귀족 계층(夫)을 뜻합니다. 앞에 붙은 필(匹)은 '짝을 잃다', '홀로 되다'는 뜻으로, 어진 사람(儿)이 몸을 감추고(匸) 홀로 있는 모습입니다. 고대의 관료는 봉조(鳳鳥)라는 단어에서 의미하는 것처럼, 임금(鳳)과 신하(鳥)가 항상 긴밀한 관계, 짝을 이루는 모습입니다. 그래서 부(夫) 계층의 사람이 짝을 잃고 홀로 된다는 것은 관직에서 벗어난 신분을 의미합니다.

전시(戰時)에 공직에 있는 사람에 대해 국가가 어떤 명령이라도 요구할 수 있지만, 필부(匹夫)에 대해서 그 신체를 국가가 거두어 병사로 만들 수는 있을지라도, 뜻을 빼앗는 일은 불가하다는 의미입니다. 공직자는 임금(君)의 명을 따르지만, 공직에 없는 사람의 경우 하늘(天)이 내린 명(命:9.1), 인(仁:9.1)을 따르는 일이 우선이라는 의미입니다.

여기에서 오해하지 말아야 할 사항은 전시(戰時)에 국가가 위기에 처해 있는데, 나 혼자 살겠다고 전쟁을 외면하는 일에 대해 인간적(仁)이라고 할 수는 없습니다. 하지만 임금(君)과 탐관오리(鳥)가 자신들의 이(利)익을 위해서 탐욕의 전쟁을 벌이는 경우, 그들의 이익을 위해 도구가 되고 그런 전쟁에 목숨을 바치는 일과는 구분하여 생각할 필요가 있습니다.

子曰: "衣敝縕袍, 與衣狐貉者立, 而不恥者, 其由
也與?", '不忮不求, 何用不臧?' 子路終身誦之. 子
曰: "是道也, 何足以臧?"

▶ **해석:** 공자께서 말씀하시길, "해진 솜옷을 입고, 여우나 담비 가죽 옷을 입은
사람과 함께 있어도 부끄러워하지 않는 것은, 그 부끄러워하지 않는 마음을 따르
기 때문이 아니겠는가?" '남을 질투하지 않고 남의 것을 탐내지 말라, 어떻게 (그런
마음을) 감추지 않고 사용하겠는가?' 자로(子路)가 늘 (詩經의) 이 구절만 암송하고
다녔다. 공자께서 말씀하시길, "이런 올바른 방법에 대해, 어찌 감추어 두는 일로
써 만족할 수 있겠느냐?"

해설

構造: 儉[O: 良(m₁=不恥, 不忮不求)]

이 구절은 9.26구절의 빼앗을(奪) 수 없는 것, 인간적인 모습을 따르
는 의지(志)를 어떻게 잘 지니고 있을 것인지, 그것을 위한 방법(良)을
설명하고 있습니다. 탈(奪)은 사람의 가슴, 즉 옷(大) 속에 새(隹)를 감
추고 있는 모습을 형상화한 글자입니다. 옷 속에 새를 감추고 있으면
오래 지니기 어렵습니다. 촌(寸)각의 짧은 시간에 날아가버리기 쉽습
니다. 필부(匹夫)의 뜻을 빼앗을 수 없다고 했지만, 대개의 현실은 그
렇지 않습니다. 온갖 유혹과 현실 세계의 이(利)익 같은 한계에 부딪
혀 무너지고, 뜻(志)을 굽히는 것이 일반적입니다.

옷이 초라하게 해지고 닳도록 긴 시간 동안에도 뜻을 유지하고, 화

려한 옷을 입은 사람이 주위에 있어도 부끄러워하지 않는 사람은 그 자신의 뜻으로 말미암아 그렇게 하는 것 아니겠는가? 반문을 통해 강조하고 있습니다. 눈에 보이는 외부 요소에 의존하지 않고, 스스로의 마음에서 일어나는(由) 것이 인간적(仁)이라는 의미입니다.

화려한 모습과 이익 같은 보이는 요소에 의존하는 보통사람들이 많지만, 9.26구절에서 설명한 사항은 필부(匹夫)의 마음에서 우러나는 뜻, 인간의 스스로 말미암음, 자유(自由)를 빼앗을 수 없다는 것이라고 할 수 있습니다.

질투(忮)와 보이는 것을 구(求)하는 일은 마음에서 우러나오는 것(由)이 아니라, 외부 요소에 의지하고 의존하는 일이라고 할 수 있습니다. 자유(自由)를 버리고 질투(忮)와 구(求)하는 일에 의존하고 따르는 일, 그런 것을 숨기지 않고 사용하는 일(用不臧)은 바람직하지 못하다고 설명하고 있습니다.

자신(子)의 길(路)을 스스로의 의지(由)에 의해 그것을 항상 암송(誦)하는 자로(子路)의 모습을 보고, 공자가 한마디 덧붙이고 있습니다. 자신(子)의 길(路)을 스스로의 의지(由)에 의해 항상 암송(誦)하는 좋은 방법(良)을 어떻게 감추고 남몰래 암송하는 것에 만족할 수 있겠는가? 반어적 물음을 통해서 그 검소하고(儉) 좋은(良) 방법에 대해 다시 한번 강조하고 있습니다.

인(仁)을 수양하기 위해 노력하는 자로의 자세와 태도가 담긴 방법(良)을 칭찬함으로써 그것을 추구하도록 권하는 구절이라고 할 수 있습니다.

子曰 : "歲寒然後, 知松柏之後彫也."

▶ **해석:** 공자께서 말씀하시길, "겨울이 찾아온 후에, 소나무와 잣나무가 (산의) 청록 빛을 새긴다는 것을 알게 된다."

해설

構造: 儉[O: 恭(u_1=歲寒然後)]

9.27구절에서 옷이 해지고 변하는 일, 뜻이 쉽게 변하는 일 등을 설명했습니다. 세상은 변하기 마련입니다. 하지만 소나무가 하늘로부터 받은 명(命)은 늘 푸르름을 유지하며 성장하다가 끝을 맺는 일(事)입니다. 소나무의 삶은 세상에 나와 자신의 일(事)을 묵묵히 섬기며(事) 수행하는 모습입니다.

하지만 우리는 온갖 푸르른 나무와 색(色)에 눈이 팔려, 소나무가 항상 산을 푸르게 새기고(彫) 있다는 사실을 잊곤 합니다.

이 구절이 강조하여 전달하는 사항은 어떤 상황에 처하더라도 항상 명(命:9.1)에 따르는 일(事:9.16)을 섬기며(事:9.16) 그것을 잊지 않는 마음(共心)입니다.

여기에서 명(命)의 의미는 허황된 꿈이나 욕심을 바탕으로 한 것이 아닌, 나무들이 모여 커다란 군집을 이루고 산의 푸르름을 유지하는 것과 같은 일이라고 할 수 있습니다. 사람들의 삶을 황폐하게 만들어, 사회를 병들고 황폐하게 만드는 일이 명(命)이라고 여긴다면, 하늘이 자신에게 내린 명(命)이 사회에 큰 악(惡)을 수행하는 것이라고 오해하는 일입니다.

子曰 : "知者不惑, 仁者不憂, 勇者不懼."

▶ **해석:** 공자께서 말씀하시길, "지혜(知)란 미혹되지 않는 것이고, 어진(仁) 것이란 근심하지 않는 일이며, 용(勇)기란 두려워 떨지 않는 일이다."

해설

構造: 儉[O: 儉(o₁=不惑, 不憂, 不懼)]

$$構造: 儉[O: 儉(o_1=不惑, 不憂, 不懼)]$$

　9.24구절에서 공자가 '이런저런 것 같다고 하는 일(如之何:9.24)'을 하지 말라(未:9.24)고 한 바 있습니다. 9장의 구절들은 설명이 크게 절제(儉)되어 있습니다. 그래서 이전 구절에서 배운 사항을 염두에 두고 이해하는 것이 좋습니다.

　먼저 이 구절의 대구가 되는 9.17구절로 되돌아가 충분히 살펴보기를 권합니다. 강물(川)의 흐름이 보여주는 모습과 쓰임의 관점에서 의미를 새기는 일이 필요합니다. 그리고 9.28구절과 9.1구절을 더듬어 살펴볼 필요가 있습니다.

　지혜(知)로운 사람은 하늘이 내린 명(命)에 따르는 모습과 쓰임을 잊지 않기 때문에, 의혹(惑)된 생각을 품지 않습니다. 하늘이 인간에게 명(命)을 내려 인(仁)간 답게 살도록 하였기 때문에, 헛된 근심(憂)이나 걱정에 사로잡히지 않습니다. 명(命)에 따라 어질게(仁) 살아갈 뿐입니다. 그런 명(命)과 인(仁)을 기반으로 스스로(自) 우러나오는 의지에 따라(由) 행동을 취하기 때문에 혹하지 않고(不惑), 근심에 사로잡히지 않으며(不憂), 외부 환경과 힘의 압력에 대해 두려워하지 않습니다(不懼).

子曰 : "可與共學, 未可與適道, 可與適道, 未可與
立, 可與立, 未可與權."

▶ **해석:** 공자께서 말씀하시길, "함께 지식을 쌓고 배울 수는 있어도, 함께 올바른
길로 갈 수 있는 것은 아니다. 함께 올바른 길로 나아가도, 함께 설 수 있는 것은
아니다. 함께 설 수는 있어도, 인생의 무게(權)를 함께 하는 것은 아니다."

해설

構造: 傚[O: 讓(c₁=可與)]

천명(天命)에 따라 인간으로 태어나 사회 속에서 살아가지만, 각자
의 길이 있습니다. 모두 같은 방향으로 삶이 흐르지는 않습니다. 지
식과 직업의 분야가 더욱 세분화된 현대에서는 더욱더 그렇습니다.
30대, 40대, 50대, 60대, 70대~ 나이가 들고 시간이 흐를수록 저울의
추(權)와 같이, 그 사람이 쌓아가는 인생의 무게(權)는 사람마다 천차
만별로 다르며, 각자 자신 인생의 무게를 짊어지고 살아갑니다.

인간은 누구나 자신의 이로움(利)을 추구하며 사는 존재라고 할 수
있습니다. 다만 스스로 하늘(天)로부터 받은 명(命)이 무엇인지, 그것
을 이해하려고 노력하며, 그것을 위한 올바른 방법(道)을 배우고(學),
실천하는 과정(適)을 거쳐, 삶의 기반과 방향을 세우고(立), 삶의 무게
(權)를 더해 가는 것이 인생이라고 할 수 있습니다.

그 과정에서 항상 사회 속에서 살아가는 인간이라는 사실을 잊지 않
고, 인간성을 잃지 않으며, 인간적인(仁) 모습을 추구하며 살아가는 것

이 우리의 삶이라고 할 수 있습니다. 즉, 어떤 이로움(利)이나 어떤 삶의 무게(權)도 인간이라는 속성을 벗어나는 일은 없다고 할 수 있습니다.

만약 4차 산업혁명으로 의학, 유전자공학, 바이오공학, 생체기계공학, 컴퓨터, 네트워크 등 과학과 기술의 발전과 확장으로 인해 신체가 손쉽게 대체되고, 정신을 확장하는 일이 가능하여, 인간 본연의 모습과 한계를 벗어나는 일이 증가하고 확대될수록, 9장에서 제시한 어진 사람(儿)을 덮고(冖) 있는 최후의 보루(干)가 뚫리고, 무너지는 국면을 맞이할 수 있습니다. 그런 세상에서는 현재 모습의 인간을 기반으로 우리의 존재와 가치에 따르는 기존의 철학이 아니라, 새로운 철학이 절실히 필요할 것입니다.

그런 관점에서 특히, 논어(論語) 9장은 새로운 철학 수립을 위한 기반으로서, 제 역할을 할 수 있을 것입니다. 필자가 해석하고 설명한 사항들은 이해를 위한 최소한에 지나지 않습니다. 각 구절들이 지니고 있는 의미를 기반으로 확장된 체계와 사회 구조를 연구하는 일은 지속되어야 할 일이라고 생각합니다. 9장은 인간의 삶에 대한 군더더기 요소를 최소화하고, 인간의 가장 절제된(儉) 모습과 속성을 바탕으로 되돌아보고 있기 때문입니다.

"唐棣之華！偏其反而. 豈不爾思? 室是遠而." 子曰："未之思也, 夫何遠之有?"

▶ **해석:** "(저수지) 방둑에 앵두나무 꽃이 화려하다! 그 꽃잎들이 만개해 있구나. 어찌 너를 생각하지 않을 수 있으리요? 내가 있는 이곳이 멀리 떨어져서~ (안타깝구나)." 공자께서 말씀하시길, "생각이 미치지 못 함이지, 무엇이 그리 멀리 있다는 말이냐?"

해설

構造: 儉[O: 溫(x_1=未之思)]

이 구절은 시(詩)적 감성이 풍부한 글입니다. 상편의 수업을 9.30구절로써 끝마친 상황에, 마치 봄 소풍을 한껏 기대하며 시(詩) 한 수 읊고, 나른한 봄을 즐기고 있는 모습입니다.

앵두나무 꽃은 앳된 소녀의 모습, 화사하고 따듯한 봄날, 사랑, 우정, 우애, 학업성취, 졸업 등등… 다양한 은유로 해석할 수 있습니다. 저수지 옆 둑의 화사한 앵두나무 꽃이 만개하여 꽃잎 하나하나가 뒤집혀 있는 상황에 대해, 봄을 타는 마음을 드러내는 시(詩)를 듣고, 지나가던 공자가 일침을 가하고 있습니다. 마치 봄 타는 제자들에게 언어적 회초리로 정신 차리게 만드는 모습이라고 할 수 있습니다.

인간은 뜻(志:9.26)에 비해 생각이 미치지 못하기(未之思) 마련입니다. 마음속으로만 꽃을 그리고 있는 것이 무슨 의미가 있겠습니까? 꽃이 그리우면 한걸음에 달려 찾아가면 된다는 말이라고 할 수 있습니다.

마음속으로만 '공부해야 하는데' 생각하는 일도 마찬가지입니다. 무엇이 힘들고, 무엇이 먼 길이냐? 생각이 있다면, 내딛고 그 길로 그냥 전진하면 될 일이라는 의미입니다.

鄕

10. 향당

향당(鄕黨)은 공자의 생활과 모습을 묘사하고 있습니다. 한편의 긴 설명문으로 철학적 체계와 구조에 따른 구절 구분의 의미가 없습니다. 아니, 필자는 10장에서 체계와 구조를 찾지 못했다는 표현이 더 정확할 것 같습니다.

이미, 9.30구절에서 마지막 강의를 끝내고, 9.31구절에서 시(詩)를 동반한 코믹한 공자의 일침으로 마무리 지었습니다. 10장은 영화로 견주면 영화가 끝나고, 마지막 부분에 엔딩크레딧(Ending Credit) 자막이 올라가는 모습이라고 할 수 있습니다. 공자의 말씀이나 대화가 아니라 의(衣), 식(食), 주(住)에 관련한 생활의 모습, 조정에 나가셨을 때의 모습 및 예(禮)법을 실행하는 모습 등을 묘사하고 있습니다.

공자의 생활 모습과 자세, 태도와 같은 사항을 설명하고 있기에, 한 번도 중국에 가본 경험이 없는 필자의 능력으로는 이 장에 대한 해석 및 해설이 불가합니다. 현대와 현저히 달랐던 2500년 전 중국의 의(衣), 식(食), 주(住)에 관한 생활 모습 묘사에 대한 해석은 중국의 역사학자 또는 풍속학자, 고대 생활 연구학자에게 더 어울리는 작업이라고 생각합니다. 어떤 철학적 의미를 배울 수 있는 사항이 아니라고 판단하여 필자는 원문만 수록하고, 해석 및 해설 시도의 번거로움을 생략합니다.

다만, 지루한 영화의 엔딩크레딧(Ending Credit)에 해당하는 자막이 5분 정도 올라간 후, 마지막에 쿠키 영상을 보여주는 듯한 기법이 활용되고 있는 구절에 대해서는 그 재미를 이해하기 위해 설명을 추가합니다..

孔子於鄕黨, 恂恂如也, 似不能言者. 其在宗廟朝廷, 便便言, 唯謹爾.

朝, 與下大夫言, 侃侃如也, 與上大夫言, 誾誾如也. 君在, 踧踖如也, 與與如也.

君召使擯, 色勃如也, 足躩如也. 揖所與立, 左右手, 衣前後, 襜如也. 趨進, 翼如也. 賓退, 必復命曰: "賓不顧矣."

入公門, 鞠躬如也, 如不容. 立不中門, 行不履?. 過位, 色勃如也, 其言似不足者. 攝齊升堂, 鞠躬如也, 屛氣, 似不息者. 出, 降一等, 逞顔色, 怡怡如也. 沒階, 趨進, 翼如也. 復其位, 踧踖如也.

執圭, 鞠躬如也, 如不勝. 上如揖, 下如授. 勃如戰色, 足蹜蹜如有循. 享禮, 有容色. 私覿, 愉愉如也.

君子不以紺緅飾, 紅紫不以爲褻服. 當暑, 袗絺綌, 必表而出之.

緇衣, 羔裘. 素衣, 麑裘. 黃衣, 狐裘. 褻裘長, 短右袂

必有寢衣, 長一身有半. 狐貉之厚以居.

去喪, 無所不佩.

非帷裳, 必殺之.

羔裘玄冠, 不以弔.

吉月, 必朝服而朝.

齊, 必有明衣, 布. 齊必變食, 居必遷坐.

食不厭精, 膾不厭細. 食饐而餲, 魚餒而肉敗, 不食. 色惡, 不食. 臭惡, 不食. 失飪, 不食. 不時, 不食. 割不正, 不食. 不得其醬, 不食. 肉雖多, 不使勝食氣.

惟酒無量, 不及亂. 沽酒市脯不食. 不撤薑食. 不多食.

祭於公, 不宿肉. 祭肉不出三日. 出三日, 不食之矣.

食不語, 寢不言.

雖疏食菜羹, 瓜祭, 必齊如也.

席不正, 不坐.

鄉人飲酒, 杖者出, 斯出矣.

鄉人儺, 朝服而立於?階.

問人於他邦, 再拜而送之. 康子饋藥, 拜而受之, 曰: "丘未達, 不敢嘗."

廐焚. 子退朝, 曰: "傷人乎?" 不問馬.

君賜食, 必正席先嘗之. 君賜腥, 必熟而薦之. 君賜生, 必畜之. 侍食於君, 君祭, 先飯.

疾, 君視之, 東首, 加朝服, 拖紳

君命召, 不俟駕行矣.

入太廟, 每事問.

朋友死, 無所歸, 曰: "於我殯."

朋友之饋, 雖車馬, 非祭肉, 不拜.

寢不尸, 居不容.

見齊衰者, 雖狎, 必變. 見冕者與瞽者, 雖褻, 必以貌. 凶服者, 式之. 式負版者.

有盛饌, 必變色而作. 迅雷風烈必變.

升車, 必正立執綏. 車中, 不內顧, 不疾言, 不親指.

▶ [해석 및 해설] 생략

色斯擧矣, 翔而後集. 曰：“山梁雌雉, 時哉時哉!”
子路共之, 三嗅而作.

▶ **해석:** (10장 향당에서 공자의) 일련의 모습(色)과 행동(色)을 이렇게(斯) 들어 제시
(擧)하고, 삼가 조심스럽게 돌아본(翔) 이후(後) 문집(集)으로 엮었다. (자로가) 말하
기를, “산(山)속에 은둔해 사는 예모(梁)를 쓰고 화려한 깃을 가진 꿩과 같은 인재
(雌雉)들에게 필요한 것은, 시(時)기로다! 시(時)기로다!” 자로(子路)가 그 문집(之)을
바치니(共), 공자가 세 번 그윽이 향기를 맡고(嗅) 일어나셨다(作).

해설

　논어 전편, 10장까지 이렇게 서술을 마무리하고 하나의 책으로 만
든 모습이라고 할 수 있습니다. 나무에 글을 기재하고, 각 장과 구절
의 주제에 따라 엮었기 때문에, 그 공과 노력은 이루 말할 수 없을 것
입니다. 공자 다음으로 연장자인 첫 번째 제자 자로(子路)가 공자에게
한편의 책을 올리니, 그 나무 향기를 맡고 일어나셨다는 글입니다.

　산량자치(山梁雌雉)는 산속에 은둔해 사는 인재를 의미합니다. 공식
석상에서 관직에 있는 사람들이 쓰는 예모(禮帽)가 면류관(冕旒冠)이
라면, 양(梁)은 유학자(儒學者)들이 학교기관에서 예(禮)를 갖추어 쓰던
모(帽)자라고 할 수 있습니다. 유교(儒教)를 따랐던 조선시대에는 유교
의 전통을 받아들여, ‘金梁冠’이라는 이름으로 관모를 호칭했습니다.
金梁冠에 장식된 세로줄의 개수는 관직의 높이를 의미하여, 1품관의

관은 5량(梁)의 금빛을 칠한 줄로 장식했으며, 2품은 4량, 3품은 3량, 4~6품은 2량, 7~9품은 1량의 관을 사용했습니다.

자치(雌雉)는 꿩과의 새(鳥)입니다. 9.9구절 '鳳鳥不至'에서 살펴본 것과 같이 봉(鳳)은 임금(君)을 조(鳥)는 신하(臣)를 의미하는데, 봉조(鳳鳥)는 긴밀한 관계(關雎)로 항상 함께 짝을 이룹니다. 신하 가운데 묏새(雞:18.7)는 들판의 곡식을 주워 먹어 농부들의 식량을 축내는 탐관오리를 의미하며, 이 구절에 등장하는 자치(雌雉)는 앞으로 나라의 기둥(梁)과 대들보(梁)가 될 인재를 의미합니다.

자로(子路)가 말하길 이런 인재(雌雉)들에게 필요한 것은, 좋은 때(邦有道) 또는 올바른 방향으로 나라가 변할 수 있는 시대(時哉! 時哉!)를 타고나는 일이라는 말과 함께 공자에게 논어 전편의 서술을 올립니다. 만약 공자가 한 말이라면, '子曰'이라고 표현했을 것이기 때문에, 자로(子路)가 언급한 사항이라고 볼 수 있습니다.

인간(子)이 살아가는 인생 길(路)에 있어서, 시대(時哉!)를 타고나는 일의 의미를 전달하려는 의도라고 할 수 있습니다.

하론 계속 ▶